大师视角下的
中国传统文化

张军 编

中国出版集团 东方出版中心

图书在版编目（CIP）数据

五老文萃 ： 大师视角下的中国传统文化 / 张军编．
上海 ： 东方出版中心，2024. 12. -- ISBN 978 - 7 - 5473
- 2624 - 4

I. K203

中国国家版本馆 CIP 数据核字第 20244TU272 号

五老文萃：大师视角下的中国传统文化

编　　者　张　军
策　　划　郭银星
责任编辑　王　婷
封面设计　钟　颖　余佳佳

出 版 人　陈义望
出版发行　东方出版中心
地　　址　上海市仙霞路345号
邮政编码　200336
电　　话　021-62417400
印 刷 者　山东韵杰文化科技有限公司

开　　本　710mm×1000mm　1/16
印　　张　27
字　　数　390千字
版　　次　2025年1月第1版
印　　次　2025年1月第1次印刷
定　　价　120.00元

前　言

张　军

　　20 世纪，无疑是中国学术与思想的一个高光时代，可谓群星璀璨。当人们抬头仰望时，清晰可见其中的五颗耀星，他们是：梁漱溟、冯友兰、张岱年、季羡林、任继愈五位鸿儒硕学。

　　五位大先生均出生于晚清或民国初年，自幼都接受过扎实的中国传统文化教育，他们带着这样坚实的基础，逐步迈入成熟之年。他们以中国本源文化为核心，并不失多元文化视角，踏上了一生为之追求与探索的信仰之路。无论风云变幻，始终坚定前行，从未停止，直至生命之烛熄灭，但他们撒落人间"散金碎玉"似的学术之光，却得到了永生。

　　梁漱溟先生（1893—1988），蒙古族，原名焕鼎，字寿铭，笔名寿名、瘦民、漱溟等，后以漱溟行世。原籍广西桂林，生于北京。当代著名的思想家、哲学家、教育家、社会活动家，现代新儒家的早期代表人物，被尊称为"中国最后一位大儒家"。

　　1915 年被蔡元培先生聘为北京大学教授，主讲印度哲学。1924 年后，辗转山东、广东、河南办学。梁先生受泰州学派的影响，在中国发起乡村建设运动。1931 年，在山东邹平创办乡村建设研究院，推动民族自救。抗战时期，任国民参政会参政员，发起组织统一建国同志会，参与组建中国民主政团同盟并任中央常务委员。中华人民共和国成立后，历任全国政协委员、常委。1950 年 9 月，建议设置中国文化研究所，并写作《中国建国之路》。主要著作有《印度哲学概论》《东西文化及其哲学》《漱溟卅文集》《漱溟最近文录》《中国文化要义》《人心与人生》等，有全集行世。

1988 年 6 月 23 日，病逝于北京，享年 95 岁。

冯友兰先生（1895—1990），字芝生，河南省南阳市唐河县人。当代著名哲学家、教育家、思想家。1918 年，毕业于北京大学哲学系。1924 年，获美国哥伦比亚大学哲学博士学位，师从约翰·杜威。回国后，历任清华大学教授、哲学系主任、文学院院长，西南联合大学教授、文学院院长。1949 年，获"儒莲奖"。冯先生曾任第四届全国人大代表，第二至四届政协委员，第六至七届全国政协常委。美国普林斯顿大学、印度德里大学、美国哥伦比亚大学名誉文学博士。

著有《中国哲学史》《中国哲学简史》《中国哲学史新编》《贞元六书》等，均成为 20 世纪中国学术的重要经典，对中国现当代学界乃至国外学界影响深远，被誉为"现代新儒家"。有全集出版。

1990 年 11 月 26 日，病逝于北京，享年 95 岁。

张岱年先生（1909—2004），曾用名宇同，别名季同，河北省献县人。北京师范大学教育系毕业。当代著名的哲学家、哲学史家，北京大学哲学系教授。曾任中国社会科学院哲学研究所兼职研究员、中国哲学史学会会长、中华孔子研究会会长、清华大学思想文化研究所所长等。

张先生 1933 年任清华大学助教，1936 年写成名著《中国哲学大纲》。1952 年调任北京大学哲学系教授。1978 年起，张先生担任中国哲学教研室主任。1979 年，中国哲学史学会成立，张先生被推为会长。张先生长期从事中国哲学史的研究，著作等身，有极高的造诣和广泛的建树。有全集行世。

2004 年 4 月 24 日，病逝于北京，享年 95 岁。

季羡林先生（1911—2009），山东省聊城市临清人。字希逋，又字齐奘。当代著名东方学家、语言学家、文学家、史学家、教育家和社会活动家。历任中国科学院哲学社会科学部委员、北京大学副校长、北京大学东方语言文学系主任、中国社会科学院南亚研究所所长、敦煌吐鲁番学会会长等。

1934 年，季先生毕业于清华大学西洋文学系。1935 年 9 月，赴德国入哥廷根大学，主修印度学。先后师从瓦尔德史米特教授、西克教授，学习梵文、巴利文、吐火罗文，以及俄文、南斯拉夫文、阿拉伯文等。1937 年，兼任哥廷根大学汉学系讲师。1941 年，获哥廷根大学哲学博士学位。1946 年起，任北京大学教授。有全集行世。

2009 年 7 月 11 日，病逝于北京，享年 98 岁。

任继愈先生（1916—2009），字又之，山东省平原人，当代著名哲学家、宗教学家、历史学家。

任先生于 1934 年考入北京大学哲学系，1938 年从昆明西南联合大学哲学系毕业，1939 年考取西南联合大学北京大学文科研究所第一批研究生，1941 年获得硕士学位。1942 年至 1964 年在北京大学哲学系任教，历任讲师、副教授、教授。1956 年，兼任中国科学院哲学研究所研究员。1964 年，负责筹建国家第一个宗教研究机构——中国科学院世界宗教研究所，并任所长。1978 年后，担任中国社会科学院研究生院教授和博士生导师。1999 年，当选为国际欧亚科学院院士。1987 年至 2005年任中国国家图书馆馆长。1996 年，主持重新组建中国无神论学会。有文集行世。

2009 年 7 月 11 日，病逝于北京，享年 93 岁。

上述五位老先生都得享高寿，毕生致力于思想、学术、文化事业，成就卓著，备受尊崇。他们的名字都已镌刻在中国现代文化史上，彪炳千古。敬观五位老先生的人生经历，我们可以发现两个最重要的交集点：一是都曾经在北京大学工作，二是共同发起创建中国文化书院。

1984 年的中国，百废待兴，改革开放各项事业渐次展开。当时，五位老先生尽管均已年过古稀，其中梁、冯二位先生更已是鲐背之年，但壮心不已，仍然高举中国文化复兴的旗帜，率领晚辈学人，发起创建了中国文化书院。一时间，"大学之道，方兴未艾也；士之来学者，盖已千数"，可谓盛况空前。中国现当代文化复兴的序幕，由此揭开。他们被尊称为中国文化书院"创院五老"。

今年正值中国文化书院创建四十周年，书院决定出版《五老文萃：大师视角下的中国传统文化》，由五位老先生的门生弟子从他们的等身论著中，编选学术与文化并重、专业与普及兼顾的代表性文章，各成一章，以表达我们对五老的由衷敬意和纪念之情。

目 录

冯友兰先生学术文萃

张岱年先生学术文萃

季羡林先生学术文萃

任继愈先生学术文萃

五老文萃

大师视角下的中国传统文化

梁漱溟先生学术文萃

导语
一生不忘——读梁漱溟先生

王守常

中国文化书院于 1984 年 10 月在北京成立，至今四十年了。各位同仁一致赞成对中国文化书院这四十年来取得的成绩或走过的弯路进行认真的思考，以便让中国文化书院不负前辈学者的嘱托：让中国文化走向世界，让世界文化走向中国。

这篇文章是为了纪念梁漱溟先生对中国文化书院的发展和对中国前途命运的思考所作出的贡献，在此我对梁先生致以诚挚的敬意！

梁漱溟先生在中国近现代史上是一位极具人格魅力的人。他是我国著名的思想家、哲学家、教育家、社会活动家。他微言隐义，刚介直言。他思考不拘一格，既传统且现代。他行走于官僚政客间，不为献媚，而为农村建设与教育。

我以梁先生《究元决疑论》《东西文化及其哲学》《中国文化要义》《人心与人生》《乡村建设理论》等五本著作为核心，重点选取了梁先生佛学、儒学、乡村建设理论以及东西文化与哲学比较方面的文章。因篇幅有限，所选文章可能不能完全满足读者的需求。有识之士如有所需，可从《梁漱溟全集》（山东人民出版社 1993 年版）中读到更完整的内容，从而对梁先生有更加深刻的理解。

梁漱溟先生于 1893 年生于北京，那是中日甲午战争的前一年，清光绪十九年。1942年，梁漱溟先生应桂林《自学》月刊之约，开始写他的《我的自学小史》之前部分。他说："甲午之战是中国近现代史中最大的关节，所有种种剧烈变动皆由此起来。而我的大半生，恰好是从那一次中日大战到这一次中日大战。"这一次中日大战就是指从1931年至1945年的抗日战争。其实，影响梁漱溟先生前半生思想轨迹的除了两场战争，还有先生早年受其父梁济的言行举止之影响很大。他曾描述过：父亲和母亲一样天生忠厚，用心周匝细密，又磨炼于苦寒生活之中。意趣超俗，不肯随俗流转，而有一腔热肠，一身侠骨。"我最初的思想和做人，受父亲影响，亦就这么一路尚侠、认真、不超脱。"先生还说："我对于四书五经至今没有诵读过，只看过而已。这在同我一般年纪的人是很少的。不读四书，而读地球韵言，当然是出于我父亲的意思。"还有父亲"不主张儿童读经"，这在当时是一破例的事。梁济先生这样教育儿子是有他对世界的理解的。他平素关心国家大局，而中国在那些年间，恰是外侮日逼。1860年（咸丰十年），英法入侵天津，清帝避走热河。1884年（光绪十年）中法之战，安南（今越南）被法国占去。1895年（光绪二十一年），台湾被迫割让给日本。1897年（光绪二十三年），德国占领青岛。1898年（光绪二十四年），俄国强租旅顺、大连。国外列强凌辱，国内清廷衰败，一幅山河破碎的景象。这让梁济先生倾向变法维新，他在日记中写道："却有一种为清流所鄙，正人所斥，洋务西学新出各书，断不可以不看。盖天下无久而不变之局，我只力求实事，不能避人讥讪也。"梁济先生向西学求法维新，也要求年幼的梁漱溟求学西方，自学成人。我们从梁济先生日记中的言语可以知道，梁漱溟从小学到中学的学习与生活中的价值趋向更容易接受西方文化。

1918年农历十月初七，梁济先生选择投湖自尽，留下万言遗书。他强调："弟今日本无死之必要也。然国家改组，是极大之事，士君子不能视为无责。""国性不存，国将不国。必自我一人殉之，而后让国人共知国性乃立国之必要。"当时有人评述，说他认为清王朝将亡，是所殉的殉文化说。这一说法显然浅析之说，只看到表面之现象，完全没有理解梁济先生作为"士君子"的追求。立节操才是"士君子"所为！

1981年，梁漱溟先生在《王国维先生当年为何自沉于颐和园昆明湖的实情》一文中说："我闻讯赶往目睹之下，追怀我先父昔年自沉于积水潭后，有知交致挽联云：'忠于清，所以忠于世；惜吾道，不敢惜吾身。'恰可移用来哀挽静安先生。"梁漱溟先生说的是，其父与静安先生都有悲天悯人之情怀，却又处这无道之世，改变这一风雨飘摇的世界则又不能，唯有坚持"士君子"之操也。

哪里可以找到解决中国问题的道路与方法？梁漱溟先生从小学到中学那段时间就开始思考这一问题了。他曾经回忆道，先父有他自己的思想，以为这样是对，那样则是不对。有些实用主义趋向，但他倾向维新者，实则他感情真挚，关切国事。梁漱溟先生认为自己的性情与脾气颇多相似先父。于是，"先父的思想，乃成为我的思想；先父为一实用主义者，我亦随之而成为一实用主义者"。

梁漱溟先生说他在 20 岁以后变化极大，俨若两人。这在他当初实不及料。先生之说，我以为还有另一番隐语。这是他受其先父性格之影响，终其一生都没有改变的意愿，只要他自己认真思考过，且努力实践过，那么他认为可行的事情，就会"固执"地坚持。先生后半生，50 多年的风风雨雨中，不就是这样度过的吗？具体可参见《梁漱溟全集》第七卷（1953 年至 1988 年散篇论述）和《这个世界会好吗？》一书。《这个世界会好吗？》是梁漱溟先生晚年口述、美国芝加哥大学艾恺教授记录整理的，由生活·读书·新知三联书店于 2015 年出版。

梁漱溟先生对中国近现代政治社会的影响，有许多论说，都不尽相同。先生于 1988 年过世，也有近半个世纪了。我记得 1985 年 4、5 月间，中国文化书院还在筹备期间，汤一介先生就邀请梁漱溟先生加入并担任中国文化书院院务委员会主席一职。那时候我不到 40 岁，任副主席。书院平时的工作由我负责，重要的事情要向梁漱溟先生汇报。当然，也要向院长汤一介先生和季羡林先生报告。我第一次见梁先生时，他和我读其书时的印象完全一致。不苟言笑，有点木讷。有本书说：木讷者，及当大事，毅然执持，人不能夺。先生坚持不已，不仅是其外在的表现，更是他内在信念、价值观的持续追求与坚守。梁先生有一张照片，后来很多出版社的书籍及刊物的封面都用这张照片，我每每看这张照片都莫名感动！梁漱溟先生那专注的眼神和紧闭的嘴唇不是愤怒，也不是怜悯，而是他内心的坚毅和永不放弃的精神表达！我曾说过，梁漱溟先生是中国现代文化史上能找到回家路的"大先生"！

梁漱溟先生离我们远去了，我们会愈加深刻地认识与理解他。殊不知，在不同历史时间中，社会似乎"发生的变化和以前历史思想的遗迹"应该"有些不一样的理解了"。我在上面这段话中两次用了引号。梁漱溟先生在他的文章中也是用类似语气词及符号表达他的思想。如"我本来无学问，只是有思想；而思想之来，实来自我的问题，来自我的认真。因为我能认真，乃会有人生问题，乃会有人生思想、人生哲学"。梁漱溟先生还有类似的表达，"我的思想的变迁，我很愿意说出来给大家听。……我要做我自己的生活，我自己的性情不许我没有为我生活做主的思想；有了思想，就喜欢对人家讲；寻得一个生活，就愿意也把它贡献给别人！这便是我不要谈学问而结果谈到学问，我不是著书立说而是说我想要说的话的缘故"。先生这样的自白有很多，其实他希望别人别把他当成"学问家"。新中国刚刚成立，他坚持不入阁，希望在外边，多走走看看，提出些建议。这就有了在 1953 年 9 月份的几次政协会议上梁漱溟的发言，与最高领导人发生的辩论，以及大多数政协委员的批判与叱责。这场事件对新中国在当时及其以后的影响，仍然在讨论，不绝于耳。当然，涉及的问题很多，这些事情的缘由，还是去看艾恺教授与梁先生在《这个世界会好吗？》中的对话。1953 年那次会议结束后，梁漱溟先生被继续保留政协常委职位，也可以参加活动。不过，梁漱溟由此很少参加活动了，可能会有更多时间看书和思考问题。

老话说得好：树欲静，风不止。人们无法知道"文化大革命"还没结束，又一场"批林批孔"运动来了。

1973 年 11 月，政协小组会上学习"批林批孔"文件时，又把梁漱溟捎带上了。有人点名要他说话。梁先生说："此时我没有多少话说。……毛主席说过，如有不同意见，允许保留。我有不同意见，我愿意保留。我在这里放言高论，是不合适的。"

1974 年 2 月，与会人员又出现在"批林批孔"的会议上，会议主持人和多数委员还要梁先生发言。其实，当时梁先生早已写了近一万字文章，但未写完。他说："在我写此文时，文中一切就是我的判断。我下判断，我要负责。""再则，我于批林必须批孔还不大明白，不晓得我所写的此文，是否有当于当前运动，不敢轻率出手，公之于世。"梁先生在这篇发言稿后附加一段话："1974年1月28日，因我说话中有'我尊重领导，同时亦尊重我自己'一句话，宋委员问我：何谓尊重自己？我答：就是尊重自己人格。于老树德又问及，人格何所指？我答：'表里如一，光明磊落，就是有人格。反之，口是心非，就无人格。'"

1974年3月11日，梁漱溟又发表了一份《我的声明》。他在这份声明中说："上月22日和25日两天，我作了五个小时的连续有组织的发言，其内容主要是谈中国社会发展史问题。在这个问题上，我表明了两点意见。……以上两点意见皆属于纯学术性的分析研究，既远离了当前批林批孔的政治运动，又且有碍于当前群众的批孔，原是我去年11月16日所要自己保留的意见，却不料想忘其所以地说出来。其错误是严重的。本组同人对我的一切批判和斗争都是理所当然，我不应再申说什么。再说话，便是错上加错。我只有静听就是了。特此声明，请原谅！"

梁漱溟先生从新中国成立到1970年代的生活、学习、政治运动中，不断在各地考察，以他在1949年前从事的中国农村改造运动的经验为共和国的发展提出了许多有益的建议。不过，梁先生那两段政治活动，与领导及政协委员的冲突，"文化大革命"中再遭抄家劫难，这些人生的经历，让先生坚定了为中国思考之信念和永远不变的光明磊落之人格。

1985年3月，中国文化书院主办了"中国传统文化讲习班"，梁漱溟先生是第一位演讲者。主持人请他坐下讲，他说自己还是站着讲吧，这是规范。92岁的梁先生讲了近一个小时。这是他时隔30多年后的第一次公开演讲，其声音洪亮，有如发海潮音，给听者带来巨大的震撼和智慧。

1988年6月23日，梁漱溟先生告别了这个世界。7月7日在北京医院的殡仪馆举行了梁漱溟先生的遗体告别仪式。我和几位中国文化书院的朋友前往吊唁，告别仪式肃穆且庄严。

殡仪馆内外，悼念之挽联，放眼望去，不计其数。冯友兰先生的挽联写道："钩玄决疑，百年尽瘁，以发扬儒学为己任；廷争面折，一代直声，为同情农夫而执言。"梁漱溟先生和冯友兰先生在1970年代后，因为政治观念不同，两人情感也曾有些纠葛。冯友兰先生的挽联是对梁漱溟先生一生的评价，一语千钧，过目难忘。

一副挽联写道："华夏伟人，国士风骨，正气凛然，亦佛亦儒；义不苟合，刚介耿直，直言不讳，独寻真理。"

我选这两副挽联，是认为它们最能契合梁漱溟先生对中国政治、社会、文化的思考和创意的表述。费孝通先生说："我正是从梁先生的做学问和他的为人中，看到了一个思想家之所以成为思想家的缘由。他的思想永远是活的，从不僵化；他可以包容各种学科、各种学说，从前人用心思得到的结果中提出新问题，进行新思考，产生新学问。……我对梁先生的治学、为人，是一直抱着爱慕心情的。我认识到他是一个我一生中所见到的最认真求知的人，一个无顾忌、无畏惧、坚持说真话的人。"

费孝通先生对梁漱溟先生的评价，可以借用现代油画界流行的超写实笔法来比喻了。费先生对梁先生的性格、脾气、为人、思考、治学的评价，无疑都是最完美真切的评价！

另外，我还要介绍一位美国学者对梁漱溟先生的评价。艾恺（Guy S. Alitto）是美国芝加哥大学历史系教授。他在《这个世界会好吗？》一书中说："与他谈话之后，我发现梁先生表里如一，他的文章诚实地反映出他的观感，未曾因为要顺应时局而掩饰真心，所以我透过文字所见到的梁先生，与我后来实际上对谈的梁先生，是一致的。是以我虽无缘在书成前见到他，但透过他的文章，我仍然深刻地认识到梁先生的真实的性格与想法。从一个历史研究者的角度看来，我认为就算再过一百年，梁先生仍会在历史上占有重要的地位，不单单因为他的思想，而且因为他表里如一的人格。与许多20世纪的儒家信徒相比较起来，他更接近传统的儒家。确实地在生活中实践他的思想，而非仅仅在学院中高谈。梁先生以自己的生命去实现对儒家和中国文化的理想，就这点而言，他永远都是独一无二的。"

艾恺教授对梁漱溟先生的高度评价与费孝通先生的评价可以说别无二致。

人们在1980年代以后对梁漱溟的认识，和1980年代以前的认识是非常不同的。我在《中国文化书院九秩导师文集——梁漱溟卷》的序言中曾经说过："二十世纪过去了，中国文化书院的一部分导师也随之仙逝。

他们大多出生在十九世纪末和二十世纪初，近百年来他们用心血写就了二十世纪学术史上最恢宏的篇章。他们的心路历程是二十世纪的生活史中最让人心痛的一页。他们有过愉快，有过迷茫，有过痛苦，但他们矢志不渝地爱着中国。他们用心用笔将世界文化引进中国，又将中国文化介绍给世界。"这是 2011 年写的文集的总序，不痛不痒说好话而不知说真话。现在，我才懂得梁漱溟先生说过他一生只说真话，不说假话，但真话不一定对！

艾恺教授写过两部关于梁漱溟先生的书。一部是用英文写的《最后的儒家》，在美国出版；另一部《这个世界会好吗？》是他和梁漱溟在 1980 年、1984 年两年间的访谈记录，是艾恺教授用中文完成的。

这两部书对海内外的读者和学术界产生了很大的影响，尤其是《这个世界会好吗？》，这部书也是一部独特的历史文献。

梁漱溟的写作非常勤奋。在他的回忆文章里就有记录中学时代的写作。他中学毕业后就开始了社会性工作。1911 年，他参与过同盟会京津支部活动。辛亥革命爆发后，他曾经担任天津《民国报》记者。后又有出家念想。居家四年研读佛教经典和当时被日本翻译引入的西方书籍，如梁启超推崇的西方政党制度与立宪主张。这段时间，梁先生在思想与现实方面有无法言说的苦闷。梁漱溟在这一情况下写出《究元决疑论》这一篇重要文章。那是 1916 年夏季。按梁先生的说法，大约十岁到二十岁是他思想形成的第一阶段。以利害得失来说明是非善恶，亦即以是非善恶隶属于利害得失之下也。认为人生要归于去苦、就乐、趋利、避害而已。如果说梁先生思想形成的第一阶段还是实用主义趋向的话，那么，到第二阶段时，梁先生则体悟到：功利主义对于人生是肯定其欲望的。径直可以说，欲望就是人生的一切。人生就是在欲望的满足或不满足中度过的。然而佛教的出世思想不这样认为，它是完全否定欲望的，根本否定人生的。梁先生从功利主义一转为出世思想。他特别指出，要关注"词"与"词"的内涵之不同，要了解指向，即"词"的外延。所以"利害""得失"非二事也，异其名，同其实。何谓苦？何谓乐？苦乐不在外境。苦是与生俱来的。梁先生为解释这句话，他还引用了章太炎《俱分进化论》一文中的话：从原始生物以来，其苦乐皆相连并进。高等动物至于人类，其所有之乐愈进，其所有苦亦愈进。

章太炎的这篇文章是 1906 年发表在《民报》上的，旨在阐明他的社会历史进化理论与达尔文的进化论不同。他以佛教唯识宗理论来解释他的"俱分进化论"。由于"熏习"缘由，阿赖耶识作为种子识就会染有善恶。梁漱溟 15 岁以后读了很多佛教经典，有了出世的想法。当然，他对佛教唯识宗学说也有理解。所以，他说："章太炎先生《俱分进化论》最有卓见……足以勘破世俗之惑。"

梁先生认为佛教的人生是解决问题的最高境界。这一认识固然来源于对佛教的信仰，但梁先生特别关注唯识学派是有他的道理的。民国以来，佛教界有一股复兴的思潮发生，那就是唯识宗。由唐代转入的唯识学主要经典，其后散失日本，又由杨文会接受日本佛教学者南条文雄惠赠，在南京金陵刻经处翻刻流通，受到佛教界、学界众人欢迎。有人称：佛教的复兴，应该称为"唯识学的复兴"，梁漱溟先生也是受益者。唯识学经典具有的名相，即概念，是一严谨逻辑系统，可借用改造中国哲学的体系。梁漱溟是从中体会的，他的好友熊十力也称：如果可以借用唯识学的名相建构中国哲学的概念体系，那将更完美！熊先生写过《佛教名相通释》，不过用来建构他的新唯识论的体系还是不成功。

梁漱溟的《究元决疑论》出版后，受到蔡元培的关注，并邀请梁漱溟到北京大学哲学系讲学。梁漱溟被聘请为专任讲师，教两门课："印度佛教哲学概论"和"唯识学概论"。

梁先生到北大教书后，生活有了很大变化。在《这个世界会好吗？》一书中，艾恺教授问他："您好像是放弃了佛教而入儒家。"梁先生说："那个都不大相干，说放弃，也没有放弃，不过是，原来想出家做和尚，把这个'出家做和尚'放弃了，在思想上还是那样。"梁先生的这一说法还是信仰佛教的吗？不过，他在 1969 年写的《自述早年思想之再转再变》一文中说："近著《人心与人生》，于第七章中曾自述对人类心理之认识前后转变不同，因亦言及人生思想尝有三期之不同：1. 近代西洋功利主义思想，2. 古印度人的出世思想，3. 中国古时的儒家思想。"

梁先生在"自述"中说："大约 1911 年后 1920 年前，都是我志切出家入山之时……我于 1920 年冬放弃出家之念，于 1921 年冬末结婚，所以第三期思想应从 1920 年算起。"他还说到 1920 年讲学于北京大学，次年出版之旧著《东西文化及其哲学》，即以此三条路向或云三种人生态度为其立论之本。

以西方文化、印度文化和中国儒家文化作为"立论之本"，并非个人信仰之表达。梁先生放弃出家，但他个人的生活习惯、行为方式和他以前几乎没有太大区别。这不是梁先生的信仰没有变，而是他长期以来生活的习惯变为定式。在北大教书的这段时间，梁先生的思想开始转向关注中国文化，准切地说是儒家思想文化。

梁漱溟先生的《东西文化及其哲学》于 1921 年出版，其后多次再版，引发的讨论时至今日，仍此起彼伏，其缘由则是梁先生在 20 世纪 20 年代用西方文化、印度佛教、中国文化三条路的理论架构来讲儒家伦理的现实性，指出西学的强弩必将碎落的可能性，把印度文化归结为人类文化的归宿。梁先生归纳分析的哲学说法对当时西学东渐的批评以及对中国文化的推崇也发挥了重要作用。

2024 年伏日

《究元决疑论》附记

《究元决疑论》是民国五年我二十四岁时作的一篇文章，于是年五、六、七月分之《东方杂志》发表的。我自二十岁后思想折入佛家一路，专心佛典者四五年，同时复常从友人张申府（崧年）假得几种小本西文哲学书读之，至此篇发表，可以算是四五年来思想上的一个小结果。当时自己固甚满意，而在他人尤多称道传诵，引起许多位先生的注意，至今好些朋友关系，还是从这篇文字发生出来的。即我到北京大学担任讲席，也是因我经范静生先生的介绍而以此文为贽去访蔡先生，蔡先生看了此文，就商同陈仲甫先生以印度哲学一课相属（但当时因在司法部任秘书，未能承应，而转推许季上先生。至翌年，许先生病辞，乃继其任）。直到五六年后——民国十年——陈嘉异先生在《东方杂志》发表的一篇谈东西文化的文章，还举此文以为印度思想代表，而要大家去看。实则这篇东西现在看起来真是荒谬糊涂，足以误人，我自己早十分后悔了。

此文在今日既已悔悟其非，便不当再印行流布。但我想我便不印，而外间终免不了有人传观，反不如径自印布，而将谬误处批注明白声叙知悔的好些。医学上有所谓"免疫性"，如某种传染病犯过一次之后便可不再染疫，因此有利用轻度染疫以取得免疫性的，例如种牛痘便是这个意思。我现在这个办法，说句笑话便是要大家取得一种思想上的免疫性。以下我即将此文谬误各点指摘出来。

此文原分究元和决疑二部，究元又分性宗相宗两段去说，决疑则以论苦乐一段为重要，而谬误的大端也就在这三段。

（一）叙性宗义的一段　此段以鲁滂的《物质新论》和佛家的《楞严经》《起信论》来比附，立论最是不当。且不论鲁滂的话可靠不可靠，亦不论自安斯坦的发明以来物质的观念变更，从前科学上假定的"以太"取消，而此以"以太"立说者能否成立。根本上这种以相仿佛的话头来比附立论，是使人思想混沌的一条路，是学术上的大障，万要不得的。而且"以太涡动"附会"忽然念起"也实在可笑的。我们求知首当致谨于方法，而若鲁滂《物质新论》的主张，是否从谨严的方法求得来的，盖甚难言。至若《起信论》的宇宙缘起说，其方法更难言了。无方法而讲话，则只是乱讲的而已，其是非臧否，末从而辨也。所以这一全段话内中的是是非非，直无可说，通体要不得。

（二）叙相宗义一段　此段前半摘录《三无性论》等，后半征引太炎先生的文章，以说明无性之义。其实《三无性论》《佛性论》等，在相宗典籍中，其价值如何，是很待商的，而太炎先生的文章，尤多错误杜撰之处。相宗无性之义，殊未易谈，此段中全不曾弄得明白。

（三）论苦乐一段　此段话颇动听，虽有些意思，但可惜也是没方法的乱谈。现在且不暇言方法，只先指出他推论结果是错误。照此处对苦乐问题的究讨，其结果是无论何人其苦乐都是平等，都是苦多于乐，而人类进步，都是日进于苦；要没有苦，须得没有感觉和欲念。我即从这种推论结果，而归心于佛家的大解脱主义、出世主义、无生主义。到后来我这种人生观变了，其故则以发觉前头的究讨含藏着一极大的假定在内，而这个假定则是错的，所以推论结果自亦错误。我且声明他的错误在此；至其所以然，则《三十自述》一文中颇详之。

大约谬误的大端，不外这三段，至其他零碎的小错，如翻译柏格森的几小段，似都有不妥之点（译名之不合于现在普通所用的，则以当时还不曾有人翻译之故），而文中滥用"有为""有漏"等名词皆去佛典原义甚远，则尤为可笑的了。余不一一。

佛　理

（致《甲寅》杂志记者）

记者足下，大志七期独秀君《绛纱记叙》，于佛理颇致讥难，漱溟窃不能安，略有申说。独秀君曰："无明无始，讵有终邪，阿赖耶含藏万有，无明亦在其中，岂突起可灭之物邪，一心具真如生灭二用，果能助甲而绝乙邪，其理为赏识所难通，则绝死弃爱为妄想。"（下略）忆曩《庸言》载蓝君志先《宗教建设论》，于佛教亦颇致讥难，大意谓生灭由无明，然无明果何自来。世之致疑者不独二君，自昔有之矣，从未有为圆满解答者。此何以故，不可解答故。今仆所申说，亦但申说此不可解答。此其说有四，一曰所据以为难者非我本意。凡百事物皆为有对，盖"人心之思，历异始觉，故一言水，必有其非水者，一言风草木，必有其非风非草非木者，与之为对，而后可言可思。"（严译《穆勒名学》）若果为无对者，"则其别既泯，其觉遂亡，觉且不能，何往思议"。（同上《名学》）不可思议，宁可名言，而真如即此所谓无对者，以假施设，名曰真如，故遣以百非而非戏论，而设难者皆峙然有对之言，非我本意，何从置答。一曰不可思议。侯官严氏云："不可思议之云，与云不可名言不可言喻者迥别，亦与云不能思议者大异。（中略）如云世间有圆丸之方，有无生而死，有不质之力，一物同时能在两地诸语，方为不可思议。此在日用常语中，与所谓谬妄违反者殆无别也，然而谈理见极时，乃必至不可思议之一境，既不可谓谬，而理又难知，此则真佛书所谓不可思议"。又云"所以称不可思议者，非必谓其理之幽渺难知也。其不可思议，即在寂不真寂灭不真灭二语，世果何物，乃为非有非非有邪。譬之有人真死矣，而不可谓死，此非天下之违反，而至难著思者邪，故曰不可思议也。"（《天演论》论十按语）独秀君曰，其理为常识所难通，诚哉难通，不可思议之谓矣。一曰非推知之事。有无知，有推知；元知者原于觉性，径而知之；推知者原于推证，纡而知之。前者非逻辑所有事，而后者有待逻辑勘其诚妄。何曰非推知之事，以其为此世之元始问题而又究竟问题也。"如物质之真幻，神道之有无，与夫神质二者之终为同异，宇宙二物，为心中之意、抑心外之端，时之与变是一是二。（中略）其物皆不二而最初，无由推证其所以然"。（《穆勒名学》部首九页）非推知之事，则难者虽有谨严逻辑，以勘我之诚妄，终无当也。一曰此属元知之事。不由推知，将由元知，然此元知不同俗所谓元知，俗所谓元知原于见闻觉知，而此则不原于见闻觉知。赫胥黎云，"物之无对待而不可以根尘接者，本为思议所不可及。"（《天演论》论九）真如涅槃，即此所谓不可以根尘接者，然则何由知之？曰依佛说而事修证，可以证知其境界，难者未尝修证，故弗喻也。四说既竟，吾更举一相类似之问题，还难独秀君，以明独秀君之难，不足以难佛。人性善恶，聚讼纷纭，然必谓性善，则是世不当有恶，以醇善故，今有恶，是知其性必有恶者存也，必谓性恶，则是世不当有善，以纯恶故，今有善，是知其性必有善者存也，性既兼具善恶二者，如独秀君说，将曰"恶能助甲而绝乙邪，其理为常识所难通"，而世固有无恶之圣贤，此何说也。（此特假设为譬而已，不可误以善视真如以圣贤视佛）漱溟土苴百家，归心三宝，然自顾学殖未富，修证曾无，常以宣扬佛说为难，深恐所明不逮所晦，此篇盖亦不得已云。蒋观云先生，曩在《新民丛报》，关于哲学之著述颇多，深所钦仰。顷睹八号先生手函，知改治财政学，大以为可惜，漱溟私意财学固不若哲学之可贵，矧既治哲学有得而中废之邪，矧又为才思如蒋先生者邪，此真大可惜者矣，余再白。

谈　佛

（与张蓉溪舅氏书）

东渡过速，不及晤送，亦歉亦怅。两年来，劳瘁太甚，得此休息，原自大好。至于国危民困，亦但有流涕而已，吾独奈之何哉？留别书读过，根本之论，确切不移。甥常有肆论。舅辛亥迄今，无论关乎政治之行为，或个人私行，为无过誉，无过毁，则"始终不失书生本色"，最为的评。世人颇视书生为贬辞，自我观之，立宪制度下之政治家，实以能保持书生本色者，为最上选，而居议员地位者为尤然也。今之政象不良，未始非一群"不为书生"之政客有以成之。世有明德君子，必不以我为迂也。甥以畴岁极荷青睐，屡思以年来思想，今后志趣，书陈鉴教。值政务鞅掌，未敢多渎，今幸清闲，可毕吾说矣。所谓年来思想者，一字括之，曰佛而已矣！所谓今后志趣者，一字括之，曰僧而已矣！顾吾所谓佛，异乎千年来一般人之所谓佛也。有如苏轼、白居易之流，资质聪明，未闻大道，窃附解脱之说，驱遣烦恼，义惟大迷，语皆非量，斯为最下。[1] 又如宋明诸儒，无欲近似无念，敬静仿佛止观，《订顽》《识仁》诸篇，乃更几于大乘诸经（《订顽》为《西铭》旧名）。论者谓实杂佛老，其或然欤。[2] 然义理良

---

1 苏白均略讲佛，然所造至浅，遽列之《传灯录》中，未免徒慕文名，不求实际。

2 儒以通经致用为主，宋学虽云有《礼记》天理人欲，《孟子》求放心，养浩气等等诸说为根据，而以前究无此专讲性理之一派，何独逾千数百年至宋始发生。有许多人觅得其杂佛确据，但今不记得耳。杂老之说，因梁启超有"濂学渊源出自种放，李之才、陈抟，则道家之流裔也"之语，而濂学者，则宋明之祖师也。从来讲佛者，大都好评论宋学有抑之太过者，（转下页）

知，匪是真如。（梁启超指义理为真如，大谬）利民济物，不出有为，知欲之务去而不悟，即此饥思食，渴思饮，冬求暖，夏求凉者，亦罔非妄。其所以耽著世间而不能出者，亦只差此一间耳。故既曰，学为人而已。又曰，灭人欲净尽，支离矛盾。王船山、谭复生先我而讥之矣。然千年来能仿佛佛理者，固无能出其右，斯为最上。迨乎近世欧风东渐，平等博爱之说以昌，谭、唐、梁摘拾经句，割裂佛说，专阐大悲，不主出世。不学之辈，率相附和，是则晚近一般人心目中之佛所从来也。稽其造诣，又远在濂、洛、姚江之下矣！[1] 然则我之所谓佛，果何如乎？噫难言矣！灵山说法，四十九年，湛渊浩瀚，千经万论，犹不能尽，顾可以毛道如溟者，笔之于片纸乎，无已则亦姑妄言之耳。于此有须先识之者，则权实之判是矣，实者所谓第一义胜义佛理之究竟也。权者所谓世谛俗谛为接初机便钝根而说者也。天竺论师云，佛初时说有，令离恶住善；次说不有而空，令离染住净；再次方说究竟，玄而又玄离言说相矣！此而不辨，则矛盾刺谬荆棘横生，未有不罔措失据者。[2] 若甥今兹所欲云者，以不愿失佛学真相故。说离染住净，以不愿闻者生疑骇故。暂置第一义，权而几于实者矣，审此则吾将为佛教下左之诠释。佛教者，以出世间法救拔一切众生者也。（众生或称有情，一切含生者之谓也）故主出世间法而不救众生者非佛教，或主救众生而不以出世间法者非佛教。前者声闻独觉是，后者孔、墨、耶

（接上页）有扬之太过者，皆坐不明佛学故，不足以论理学。

今人咸谓道教创自张道陵，去老、庄、列之学甚远，甚是。然固非全体杜撰，泰半尚根据老学也。三家之中端推庄子为最高，老病在阴险，列病在诡异，独庄对于世事从侧面下极冷静的批评，间与佛理相发明特远，不如佛学之起，原竟委一丝不漏耳。又，只能有数多之警切句子，而不能为周密之论理，此则周秦诸子之通病也，亦中国书之通病。

又，王阳明良知之说与康德真我自由之说相同，所谓直觉主义是也。然晚近心理学大改革，知、情、意之三分法推翻，均谓此种（道义感）之能力。在新心理学上全无根据，现在吾尚不能下若何之判断，大约亦可为佛学推翻道德说一助力也。

1 谭颇有造诣，不敢一概抹杀。然不甚明出世法，亦不能为其讳。梁则徒有谭之缺点，而无其长处，不足道矣！《佛学杂志》出版必欲得其文冠之首。去岁来京，缁素欢迎均可笑之极。熊希龄亦号称讲佛，恐亦与梁等耳。大约聪明人、有学问人无论从哪方面均可入于佛，但只明一义，出不了权教范围耳。真讲佛者首推章太炎，次则雷西楞，山东教育司长。

2 讲佛者所以派别歧出，儒释问题所以纠缠莫决，苏白派之误解与谭梁派之误解，皆坐不判权实，或则冲突纷起，或则疑猜迷惑，或则抓住两句佛经便算佛理在此。

诸家，社会诸主义是，复进而分别说明之。

一、出世间法　无始终无内外，强名曰法界，法界性即法身。因不觉（或曰无明，或曰妄，或曰染）故，而有情世间器世间以生（器世间指天地及一切无机物）。所谓苦乐善恶要即以此不觉为因，而入于因果律中而起，初非实有，故仍当以觉而返于法界而为法身，名曰涅槃，即出世间法也。觉觉之法若何，则所谓慎勿造因，所谓无念，而藉静虑以证得之是矣。（佛之轮回即吾之所谓因果律静虑，或曰止观，即坐禅入定。按以上所云，一字一字皆有理由来历，甚深微妙。千经万论不出此范围，实一佛教之简而赅的说明也。然但有言说都无实义，须知在佛学中固不值一文也。）质言之，则一切倡言救世者，无不谋人类之生存发达，而佛则从根本上认人类为妄，而绝对否认其生存发达者也。（苟不知此而要讲佛，虽千言万语都无是处。然亦非要人死，盖死仍是造因，则仍不出因果律，必藉静虑证无念乃能绝。因果出轮回不复为人畜生等等矣。此专言其戒慧，二者亦不可缺。）

二、救拔众生　孔仁耶爱，以及一切言救世者，其范围不过止于人类而已，独佛则必曰一切有情（有情即含生），非好为高远也。舍有情而证涅槃实不可得故。盖所谓法身者，统有情世间器，世间而言之也，有一小众生未返于法界，斯法身为不完，斯涅槃为不成。（千年来之讲佛者，主出世者不主救世，主救世者不主出世，以为二者不相容。观此则二者，不但相容，而且只是一事不是两事。彼不懂救世者即是不懂出世，不懂出世者，即是不懂救世。）佛说修静虑波罗蜜多者，得五神通，谭浏阳全本仁学，只发挥此通字。通者，通于一切有情。而不局于四大假合之一体也。故涅槃非寂灭以神通故，非不寂灭以无念故。[1]

声闻独觉，刻苦修证，非世所趋，惟一切世间法，执食色为天性，以生存为前提，最便业识众生五欲之图，故孔耶诸家社会诸主义，藉名经世，盛诩大同，遂以风靡天下，而正法以晦，世乱未已，人苦滋甚，彼皆曰是吾道之未行耳。是故不待其圆满畅行之后，此等大惑，终不得解。即

---

[1]　孔只云毋我，而佛则觅我了不可得。我，即个人也。故道德上说话，佛亦较他家亲切，盖不强派为当然，而从实际上说明其所以然，且可亲证，得其境界也，混德智而一之者也。

佛理无由而彰，然亦非谓诸家之说，必一一行之而后可也。人群演进，由图腾而宗法，而军国，后此并军国亦且不存。而诸家者泰半为军国以前说法。事属过去，其方兴未艾者，独社会主义耳？而人群之进，亦至斯而极，是经世派之救世法，亦至斯而穷，则所谓圆满畅行者，亦独在社会主义而已！（包括无政府诸主义）盖经世诸家，悲悯为怀，睹夫人之受苦为恶，而思所以救济之，志原可敬，特误在"人人饱暖，天下太平，斯即苦恶尽祛，极乐现前。"而不悟苦恶即藉人性，（即妄心耳）而有一方谋人类生存发达，一方谋祛苦恶，实南辕北辙，绝对的不可能也。是故社会主义既行，大同不难立致，而人之受苦为恶，则绝无以异于畴昔。[1] 所谓一切有为之为有漏法者此也。然后诸家乃憬然悟，翻然悔，而别求所谓无漏者，思之思之，鬼神通之，而后知四大假合之非身相，六尘缘影之非心相，则其入于佛也，驷马迫而弗及，千牛挽而莫回矣。故观于今日社会主义潮流之盛，而知佛理之彰不远矣。且雷铤发现原子不生不灭之原则，破宇宙客观存之说不成，而一微空故众微空之义炳若日星，催眼术进步，而心生则种种法生，心灭则种种法灭，复有左证，是以晚近柏林诸哲师，罔不钻研内典。[2] 他日进步，则所谓西洋哲学，尽成佛经注脚无疑矣。（以上年来思想一段完）甥之所谓僧，亦非复一般之僧也。盖在家居士，三惑未尽，（三惑谓娶妻食肉等）不免魔说，聚落喧动，不宜修止，戒定不

---

1 "大同之世人之受苦为恶绝无异于畴昔"，此实吾人弃经世取出世之唯一理由，由此而入于佛，乃为真人，于佛断非怨愤无聊肥遁厌世者所可假冒。（此种偶尔激于感情者之讲佛，只算谤佛耳）千年来大多数之沙门居士所以甘受经世派寂灭之斥，全无驳能力即坐未能察见此经世派之错误，点〔出〕自己之主出世本无充分理由之故，甚至不能赞许经世派，而唱为道并行而不悖，儒释同源诸说，一味含浑模糊，攀援附会，如来大法扫地以尽。（尝考其所以然之故，盖不研哲理，但事戒定所致，是以每修证有得者亦尚不能作一佛理的人生观世界观之明确说明。所谓哲理非他，慧也，但哲理尚不足尽慧。）甥极想依谨严之逻辑为此理作一透澈之说明，但今兹不暇，请俟他日可耳。

又，西哲叔本华或作索宾霍或作旭宾海尔者，其书滨不得见，惟哲学丛书哲学要领章太炎集各载其数语，似是能知此理者。蔡子民亦称其说似佛云。

2 雷铤 radium 为一种化学新质，其说今不详。宇宙不能客观存在，即佛说山河大地以众生妄见而有。众生证涅槃，则此器世间亦同还为法身而不存，今不详述。《佛教日报》译登德人所著佛学问答，章太炎集亦言德哲学家极研内典云。

有，复何学佛之可言？故决定立愿出家为沙门，今已得请于父兄矣（今年七月间事）。然今之僧，既不修学，复不敷教，宗法陵夷，于今为最。甥虽不肖，曾发大愿，一曰研考哲理，以阐佛学。一曰唱导社会主义，以促佛教之成功。（吾所谓社会主义颇与时人所论有异，今不详。）"誓不舍众生而取涅槃"。我佛所诏，誓愿自勉。又僧侣生活，惟恃募化，致今之丛林，尽成偷惰，鄙夫藏身渊薮，颓风不挽，必且每况愈下。养生之途，惟农与医，似尚可取。是以迩者亟致力于中西医。他日布衣蔬食之费，或不难也。至甥此举，似有徒逞理想之讥。此甚不然，甥常谓读书人不当作此语，所谓书皆理想也。读书人皆求理想之实现者也，且自无机而有机，而原始动物，而至于人。或字曰进化，或字曰发展，或字曰意欲。要而言之，实一种不可阻之倾向。哲者因之以推未来，则所谓理想，岂容为能实现与否之商量，实不可逃耳。甥早岁失学，[1] 幸亟自鞭策，略涉理学之藩，又以师友之力，转而耽研哲学，读书无多，但假思考，穷搜瞑索，（虽上圊之顷无成废舍）致成脑疾。辛亥之冬，壬子之冬，两作自杀之谋。（回粤中途而返即因此事也，此中亦多有可述，不能详矣。）渐迄平复，遂入于佛。然夸辩徒逞，实义都无，亦济得甚事？是又可为惕然者矣。后此计画，愿宏力茌，竭蹶之情，瞭若可睹，此亦曾涤生所谓莫问收获，第问耕耘而已。

---

1 甥自九岁入中西小学堂习教科书，迄今中国四书五经全未读过，故曰失学。

又，前言推翻道德有语病。道德之说，自佛理观之全无是处，盖必有人而后有道德也。然有人一日则道德亦须存留一日，经世家亦然，今日皆有存在之必要也。

唯识约言

今欲约举唯识要义，生起净信。由何成立唯识？一切法五种摄尽，所谓心法、心所有法、色法、心不相应行法、无为法。（读《百法明门论》自晓，此不及说。）如是诸法皆不离识，识自相故，识相应故，识所变故，识分位故，识实性故。（小乘七十五法亦判列五种，但不知其不离，故《成唯识论》一一破之而成立其皆不离识。如《述记》卷七八九十一等文。）识言总显一切有情各有八识、六位心所、所变相见、分位差别，及彼空理所显真如。唯言但遮愚夫所执定离诸识实有色等。（《述记》卷四十三第十七页）色等等取余法。色执特强，是故偏说。（唯识之云遮无外境，故破色执独为切要。心物之争充盈玄典，由此兴也。余执较轻，此姑不及破。上略解唯识讫。）

云何色不离识？识所变故。谓识生时内因缘力，变似眼等色等相现。即以此相为所依缘。（《述记》卷七第七页）眼第五根为所依色，眼第五识依之而生，是第八识变。色等五尘为所缘色，眼等五识之所缘。此有二种。一第八识变，是疏所缘。二五识自于本识色尘之上变作五尘相现，是亲所缘。虽有似能缘相，似所缘相现，然譬蜗牛头生起两角，如是识体变似相见二分。实非有二。故契经言无有少法能取余法，但识生时似彼相［现，各取彼物。］（余法者心外实法似彼相者自□□□□□□□□第五）由［是色等即于识现不在余处。（以］[1] 上总现色［不］离识讫。）

1　方括号内文字原作缺，现参照《印度哲学概论》第二篇第二章补齐。——编者

□□□□□□□□□□□但自神经□□□□□□□□□□□□□味鼻舌神□□□□□□□□□□□□□□□□□有。余色等□□□□□□□□□□□□□□□[1]即此识体，反射似色，即此相分。见相同时唯一心故。论说内识生时似外境现故。又说识生时无实作用，非如手等亲执外物，日等舒光亲照外境。但如镜等似外境现，名为了他，非亲能了，亲所了者，自所变故。（《述记》卷四十三第十四页）又说识变时，随量大小顿现一相，非别变作众多极微，合成一物故。（执有色者多持极微合成说，如胜论师、顺世外道、小乘萨婆多等邪计。《述记》卷七第二十七页）又说色等境现量证时，不执为外，后意分别，妄生外想故。（《述记》卷四十三第十一页）又论说若与能缘体不相离，是见分等内所虑托，应知彼是亲所缘缘。若与能缘体虽相离，为质能起内所虑托，应知彼是疏所缘缘。（卷四十四第二十二页）此亲缘者，应知是自反射色。此疏缘者，彼物略当。（此种比附，愚意颇相符顺。究竟妥帖否，愿善知识指教。以上别释五识所变尘讫。）

设许彼物，宁非识外有色。是本质尘，第八识变故，非识外有。（科学家执彼物是实色，与唯识家乖异，歧点在此。）前五识变是异熟生，是别果。此八识变是真异熟，是总果。论说异熟习气为增上缘，感第八识酬引业力，恒相续故，立异熟名。感前六识酬满业者，从异熟起，名异熟生，不名异熟，有间断故。（《述记》云：此是别果，故业名满，引如作模满如填彩。卷十二第十五页）又说眼第六识业所感者，犹如声等非恒续故，是异熟生非真异熟，定应有真异熟心，酬牵引业遍而无断，变为身器，作有情依。若无此心，谁变身器？复依何法，恒立有情？（卷二十一第二十四页）如是等文非一。云何此识变起身器？谓异熟识由共相种成熟力故，变似色等器世间相。即外大种及所造色。虽诸有情所变各别，而相相似，处所无异。如众灯明各遍似一。由不共相种成熟力故，

1　原作此处脱字甚多。现将《印度哲学概论》中与此相应的论述录出如下供参考："有执色香味等非彼物如是有，但自神经由彼刺激而反射。然譬辛烈等味鼻舌神经上反射有，彼姜桂等不如是有。余色等尘类此应知。原无间离而作远近等想，是后分别，非眼耳知。譬生盲等乍得开朗，物无远近咸若目前，是其征验。应知神经即此识体，反射似色即此相分。"——编者

变似色根及根依处，即内大种及所造色，有共相种成熟力故，于他身处亦变似彼。不尔应无受用他义，有义唯能变似依处，他根于己，非所用故。故生他地或般涅槃，彼余尸骸犹见相续。（卷十六第一二页十一二页等）余[1]（下缺）

原作此处以下文字残缺。《印度哲学概论》中与此相应的文字为："余乘外道不知有第八识为真异熟心，变为身器作有情依，由是执有恒实外色。若了第八，当知色法总不离识。"——编者

《印度各宗概略》绪论

印度土沃气暖，谷米易熟。其民不必劳于治生，辄乃游心于远，故夙富于哲学思想。自邃古传说中已有人神关于哲理之问答。《吠陀》时代之人君，时集国中智人论议正理，胜者受上赏。其风至唐玄奘三藏至西域时犹盛。此内典中随处可见。如《瑜伽》等论说论议有六处所。一于王家，二于执理家，三于大众中，四于贤哲者前，五于善解法义沙门婆罗门前，六于乐法义者前。《唯识述记》释《金七十论》命名所由，说有外道以铁镖腹，顶戴火盆，击王论鼓，求僧论议。因诤世界初有后无，谤僧不如外道。王意朋彼，以金赐之。诸如此类不可胜数。奘师所历，如《西域记》及师本传皆有记载。唯识家所讲之真唯识量亦其一故事也。[1] 盖其国君民上下，几以研究哲理为人生唯一事业。故诸宗竞起，异论繁兴，极思想之自由，尽慧悟之能事，辩难征诘，妙穷理致，古今各国罕有及其盛者。可谓洋洋乎极哲理之大观矣。

一、古 代 典 籍

印度典籍之最古者曰《四吠陀典》（*Catur Veda*），为婆罗门所奉神

---

1 《宗镜录》真唯识量者。此量即大唐三藏于中印度曲女城，戒日王与设十八日无遮大会，广召五天竺国解法义沙门婆罗门等，并及小乘外道而为对敌。立一比量书在金牌，经十八日无有一人敢破斥者。量云：真故极成色是有法，定不能离眼识宗，因云自许初三摄，眼所不摄故，同喻如眼识，合云诸初三摄眼所不摄故者皆不离眼识，同喻如眼识，异喻如眼根。

典。印度上世之宗教哲学皆源于此。《吠陀》音义，各有异译多称。翻明论者较通行。[1]《四吠陀》之名目与内容，各书所说亦不同，与今西籍所传亦参差。

一、《黎俱吠陀》（*Rig-Veda*）。旧云《阿由》或《荷力》或《亿力》等。或翻方命，或曰寿论，或云养生缮性之书，或言其明解脱法，或谓为《读诵吠陀》。

二、《耶柔吠陀》（*Yajur-Veda*）。旧云《夜殊》或《冶受》等。或曰祠论，或云祭祠祈祷之书，或言其明善道法，或谓为《祭祀吠陀》。

三、《傞马吠陀》（*Sama-Veda*）。旧云《娑摩》或《三摩》等。或曰平论，或云礼仪占卜兵法军阵之书，或言其明欲尘法，或谓为《歌咏吠陀》。

四、《阿他婆吠陀》（*Atharva-Veda*）。旧云《阿闼》或《阿闼婆拿》或《阿他》等。或曰术论，或云异能技数梵咒医方之书，或言其明咒术算数等法，或谓为《禳灾吠陀》。

右参取西译并中土《翻译名义》《三藏法数》《西域记》《百论疏》《摩蹬伽经》等而列次者。依婆罗门传说，四吠陀皆梵天所演，其声常住不灭。撰集之仙人皆直授之于梵天而流传教化。就中《黎俱吠陀》最古亦最重。其本论又称《黎俱集录》（*Rig-Samhita*），皆印度初祖始居印度时所用赞祷天神之词。《耶柔吠陀》（耶者字基为 Yaj，即祭祀）所集皆祭祀供牺时所用之词。在《四吠陀》中列第二。而依其文义及所事物观之，其出有在《阿他婆吠陀》之后者。又《耶柔吠陀》有二种。一名《黑耶柔》（*Krishna Yajur*），一名《白耶柔》（*Sukla Yajur*）。黑者谓其书紊杂无序，白者谓其不杂。《白耶柔》中有采自《黎俱吠陀》者。《傞马吠陀》即歌咏吠陀，所集皆基于《黎俱》八九两卷而作之歌词。《阿他婆吠陀》其出最后。阿他婆（Atharva）者，为撰集者之名。亦名《婆罗摩吠陀》（*Brahma-Veda*）。所集皆祷谢祝禳祈福之词。祭祀时，每一祭司各主一吠陀。《阿他婆吠陀》初出时，不列《四吠陀》内。故前人但称《三

---

[1] 音译者称如毗陀、皮陀、鞞陀、韦陀、围陀、违陀、波陀等。义译之异称或翻智论，亦翻无对。《唯识述记》：吠陀明也，明诸实事故。《玄应音义》：此云分也，亦云知也。

吠陀》。中土所译佛经中时有见三部吠陀之名，知有佛经时《阿他婆》尚未入四吠陀内也。《阿他婆》中所载多关于家人生事咒愿之词。后人尚可由之以略寻当时生活之状态。

上述者为吠陀中之集录，即歌颂也。每一吠陀皆合三部而成：

一、《曼特罗》（*Mantra*），即歌颂，即集录（*Samhita*）。

二、《婆罗摩》（*Brahmana*），即仪式。

三、《修多罗》（*Sutra*），即规律教条。

又有《森书》与《邬波尼煞昙》者为《吠陀》部属。《森书》解释仪式中深旨。其云《森书》者（*Aranyaka*）谓森林中修行人所诵习之书也。《邬波尼煞昙》（*Upanishad*）或名曰《奥义书》，解释吠陀中玄理。又称曰《吠檀多》（*Vedanta*），义为《吠陀》之究竟。《吠陀》哲学当于此求之。

《四吠陀》有说五《吠陀》者。又有演为二十一乃至千二百六《吠陀》者。又四吠陀外复有六论八论合为十八大经，如《百论疏》等说。[1]

二、宗 计 繁 出

佛典中述外道种类，有列举专名者，如提婆《四宗论》列四大外道。《维摩》、《涅槃》等经列六师。《止观辅行饰宗记》列十师。有从所计执以别之者，如《瑜伽论》列十六计六十二见等。有专名计执杂列者，如《外道小乘涅槃论》列二十种，《大日经·住心品》列三十种。然通说每云

---

1 《百论疏》云《四吠陀》者：外道十八大经亦云十八明处。复有六论，合四皮陀为十。复有八论，足为十八。六论：一《式叉论》释六十四能法，二《毗迦罗论》释诸音声法，三《柯刺波论》释诸天仙上古以来因缘名字，四《竖底沙论》释天文地理算数等法，五《阐陀论》释作首卢迦法，六《尼鹿多论》释立一切物名因缘。八论：一《肩亡婆论》简择诸法是非，二《那邪毗萨多论》明诸法道理，三《伊底呵婆论》明传记宿世事，四《僧佉论》即数论解二十五谛，五《课伽论》明摄心法，六《陀菟论》释用兵杖法，七《犍阐婆论》释音乐法，八《阿输论》释医方。此等皆为古典否不可考，然亦不必皆在《四吠陀》后。印度有所谓五明如中土之称六艺：声明、因明、医方明、工巧明、内明。井上圆了以《四吠陀》入内明，恐不然。五明是学术，吠陀是典籍，不必议其广狭。

关于五明、四吠陀、外道经籍、外道种数名目，井上圆了之《外道哲学》汇次多书，征引累数万言。嫌其干燥无味烦琐重复，本书不取。然欲有所考证，则彼亦足稽也。

九十五种或九十六种，则不能举实。或谓六师各有十五弟子，受行异见，各别有法。师弟统为九十六。或谓九十六中有佛法小乘，其时云九十五者，除佛法言也。[1] 今西方治印度哲学通言六大派，固不能尽印土宗计，然所摄已多，余不足轻重者亦不妨从略。惟佛典中每言必及尼犍子若提子，而六大派中不收。有传即今世之耆那，则西方固别为研究矣。

三、诸宗与佛法

《吠陀》是婆罗门神典。《玄应音义》言梵种满七岁即就师学，学成即为国师，为人主所敬。印度哲学思想之兴，初本起于训释《吠陀》。其后宗计虽繁，特因依故典有所发挥。即自创新义，亦必曲引《吠陀》之言以证成其说，期其见容，不遭婆罗门摈斥。而佛法之出不由《吠陀》，乃故与《吠陀》乖违而反对婆罗门者。凡诸宗之学无不拨遮，毫发不容留，如是诸宗与佛法为对立。佛之出家由慕出世，出世固外道法。既出家往外道仙人处问义，又学外道苦行。经于六年后始成道。所谓生死、轮回、菩提、涅槃皆外道固有之说，佛特别出新义。至于言及世间，则尤漫从其俗而已。佛灭后外道重盛，则其间领袭佛化以饰其说者处处可见。言外道者，有佛以前外道佛以后外道之别。今所谓六宗者，其为说非复佛时所有。如是诸宗与佛法为相因果。（其互相因果处诸篇自详）

四、诸 宗 比 较

印土宗教哲学无不持出世论，殆百家一致之观。其独立一帜者惟顺世外道而已。此为一比较。其余诸宗虽皆为出世论，而同出于吠陀，亦有比较。就承接吠陀以论，弥曼差为最，吠檀多稍次，余如数论、瑜伽、胜论

---

[1] 种种宗计之名目繁不胜列，后此随所宜以表出之，故兹仅总其数而已。从佛典观之，宗计虽繁，似以六师为重。今西方亦称六宗，但所谓不同。六宗如常说。兹列六师名：一富兰那迦叶、二末黎伽拘赊黎子、三删阇夜毗罗胝子、四阿耆多翅舍钦婆罗、五迦罗鸠驮迦旃延、六尼犍陀若提子。

渐远。前二为婆罗门正统，余非正统。非正统中数论竟已持无神论。余犹依违其间。印土哲学本于宗教中求之。诸宗中富于哲学理论者为吠檀、数论、胜论，余则昧略。六派彼此之关系，弥曼差殆可附于吠檀多，瑜伽可以附于数论，尼耶也可以附于胜论。又六派较核当推吠檀多、数论为最胜出。然吠檀多人思想之受影响于人者宁多于其影响于人者。数论则未尝有所受于人，而影响于他派者至巨也。又六派之孰前孰后殊难判定。就思想古近之顺序言，则弥曼差、吠檀多、数论、瑜伽、胜论、尼耶也，以次相差。然学派成立、经典整备为时均不甚相远。其最早建设者当为数论，次瑜伽，次胜论，尼耶也、弥曼差、吠檀多乃最后也。

《东西文化及其哲学》第八版自序

　　我这书于民国十年秋间出版后，不久便有几处颇知自悔。所以于十一年付三版时曾为自序一篇特致声明。其后所悔更多，不只是于某处某处晓得有错误，而是觉悟得根本有一种不对。于是在十五年春间即函请商务印书馆停版不印。所以近两三年来外间久已觅不到此书了。

　　这书的思想差不多是归宗儒家，所以其中关于儒家的说明自属重要；而后来别有新悟，自悔前差的，亦都是在此一方面为多。总说起来，大概不外两个根本点：一是当时所根据以解释儒家思想的心理学见解错误；一是当时解释儒家的话没有方法，或云方法错误。

　　大凡是一个伦理学派或一个伦理思想家都必有他所据为基础的一种心理学。所有他在伦理学上的思想主张无非从他对于人类心理抱如是见解而来。而我在此书中谈到儒家思想，尤其喜用现在心理学的话为之解释、自今看去，却大半都错了。盖当时于儒家的人类心理现实未曾认得清，便杂取滥引现在一般的心理学作依据，而不以为非；殊不知其适为根本不相容的两样东西。至于所引各派心理学，彼此脉络各异，亦殊不可并为一谈；则又错误中的错误了。十二年以后始于此有悟，知非批评现在的心理学，而阐明儒家的人类心理观，不能谈儒家的人生思想，十三四五年积渐有悟，乃一面将这书停版，一面拟写成《人心与人生》一书；欲待《人心与人生》出版再将这书复版。因为这书所病非是零星差误，要改订直无从下手，只能两书同时出版，以后作救正前作。

其他一点根本不对的，所谓解释儒家的话没有方法，其觉悟更早于此，十一年的三版自序固已露其端。序文所云"……我当时所怀抱'格物'的解释亦同许多前人一样，以自己预有的一点意思装入'格物'一名词之下……"便是。大凡一种为人崇奉的古书，类如宗教中的经典或有其同等权威者，其注解训释都是歧异纷乱不过。不惟是种种不同，直是互相违反，茫无凭准。这一面由古人不可复起，古时社会一切事实背影不复存在，凡其立言之由，出语所指，均不易确定；或且中经作伪篡乱，错简讹夺，一切文字上待考证校订处，益滋纷淆；而一面由后人各就己意发挥，漫无方法准则，有意地或无意地附会牵和，委曲失真。仿佛听说有人考过《大学》格物的解释古今有几百种不同。试问若此，我们将何从置信？所以除史实上文字上应亟作考证校理功夫外，最要紧的便是大家相戒莫再随意讲，而试着谋一个讲解的方法以为准则。庶几不致于无从置信的几百种说外又添多一种；而糊涂有清明之望。我深自觉在这本书中所为儒家的讲说没有方法，实无以别于前人。因有《孔学绎旨》之作，期望着有点新的成功；曾于十二年至十三年间为北大哲学系讲过一个大概。所有这书中讲的不妥处亦是预备以新作来救正。

却不谓十五年以来，心思之用又别有在，两种新作到今十八年了，俱未得完成。而由近年心思所结成的《中国民族之前途》一书，却将次写定出版。是书观察中国民族之前途以中国人与西洋人之不同为主眼，而所谓中西之不同，全本乎这本书人生态度不同之说，所以两书可算相衔接的。因此，这本书现在有复版的必要。我尝于自己所见甚的，不免自赞自许的时候，有两句话说："百世以俟，不易吾言。"这本书中关于东西文化的核论与推测有其不可毁灭之点，纵有许多错误、偏颇、缺失，而大端已立，后之人可资以作进一步的研究。即上面之所谓根本不对的，其实亦自经过甘苦，不同浮泛；留以示人，正非无谓。不过《人心与人生》《孔学绎旨》既未得一同出版，只好先以此序叙明年来悔悟改作之意，俾读者知所注意而有别择；是亦不得已之一法。改作的内容新义，未获在这里向读者请教。实是有歉于衷！

2018 年 6 月 21 日漱溟于北平清华园

孔学绎旨 *

儒家孔门之学是一种什么学问？它显然不是自然科学，不是社会科学，乃至亦不是人生哲学，如有些人所指说的那样。哲学 philosophy 出于西洋人爱智的精神，向外在世界求知，其所以产生科学 science 者正在此。说科学虽不限于自然科学、物质科学，而一般恒指目乎此。

然而在东方如印度如中国，从古以来的学术风气恰别是一路。他们都在反躬向内理会自家生命而致力于生活修养。例如印度的佛家以及其他许多教派，中国的老庄道家和儒家孔孟，皆其代表昭著于世。他们往往不悖于科学家之所发明，或有所启发于科学家，但治学方法彼此不同，自是主要的根本的。尤其错误的事，是把他们切己修养之学当作哲学空谈来讲而不去实践，真是一大嘲弄！

当然贵在实践的孔孟之学、老庄之学都涵有其宇宙观人生观，亦即他们各自的哲学。但这皆是其副产物。副产物岂能独自出现和存在？！

今且就通行的《论语》一书看一看儒家孔门之学究竟是一种什么学问，然后再取证于《孟子》一书，以见吾说之正确可信。例如：

（一）孔子曾自道其生平为学的经过云："吾十有五而志于学，三十而立，四十而不惑，五十而知天命，六十而耳顺，七十而从心所欲不逾矩。"

---

* 此为著者 1980 年所作短文，与早年计划撰写之《孔学绎旨》一书非一事，而要旨与标题均同。——编者

从这些话上，首先证明了我们上文所说孔子一生致力的学问非他，就在自己生命和生活的向上进步提高，没有错。其各个阶段，不正是次第不同的进境吗？然而我们却不可盲从往昔学者，就字面上推度来解说各阶段的涵义，例如，"六十而耳顺"竟然解说是什么"声入心通"。认真来讲，孔子本人当其学问达到先一阶段时对后一阶段亦还不尽知晓，旁人又岂能知得？我们应当谨守"知之为知之，不知为不知"的教训，对于"三十而立"，只晓得在说三十岁那时节，何谓"而立"？立个什么？全然不晓。同样地，"四十而不惑"的"不惑"，"五十而知天命"的"知天命"，"六十而耳顺"的"耳顺"，"七十而从心所欲不逾矩"的"从心所欲不逾矩"，我们对每一个字虽都认得，但构成一句话了，却不晓得这话的内涵意旨。

末后要总结地说：虽然此刻我们对于孔门之学所知甚少甚少，却切实掌握着此学根本性质的一点，即：反躬向内理会自家生命和生活，而不是其他。

试展看全部《论语》，不难列举出好多文句为此一结论做证明。

最好莫过于从颜回一称颜渊者来取证，因为他是孔门中最为老师赞赏的好学生。例如鲁哀公问弟子孰为好学，孔子对曰："有颜回者好学，不迁怒，不贰过，不幸短命死矣。今也则亡，未闻好学者也。"（季康子同样的询问，所作答语亦同。）此外《论语》书中孔子赞赏颜回的话还有很多，不备举。却亟需注意者是颜回，所以为老师所赞赏者不是其他优长，只在"不迁怒""不贰过"两点。何谓不迁怒？何谓不贰？我们切不可如后儒凭着推想猜度来加以解说。孔门高才如子贡尚且深深敬服颜回，说"回也闻一以知十"，他自己仅仅："闻一以知二"。不迁怒、不贰过，自是颜子的卓越造诣，乃为孔子所特别提出来赞赏，世有好学深思之士只应参究体认，不应轻谈。

世界文化三期重现说

　　质而言之，世界未来文化就是中国文化的复兴，有似希腊文化在近世的复兴那样。人类生活只有三大根本态度，如我在第三章中所说：由三大根本态度演为各别不同的三大系文化，世界的三大系文化实出于此。论起来，这三态度都因人类生活中的三大项问题而各有其必要与不适用，如我前面历段所说，最妙是随问题的转移而变其态度——问题问到那里，就持那种态度；却人类自己在未尝试经验过时，无从看得这般清楚而警醒自己留心这个分际。于是古希腊人、古中国人、古印度人，各以其种种关系因缘凑合不觉就单自走上了一路，以其聪明才力成功三大派的文明——迥然不同的三样成绩。这自其成绩论，无所谓谁家的好坏，都是对人类有很伟大的贡献。却自其态度论，则有个合宜不合宜；希腊人态度要对些，因为人类原处在第一项问题之下；中国人态度和印度人态度就嫌拿出的太早些，因为问题还不到。不过希腊人也并非看清必要而为适当之应付，所以西洋中世纪折入第三路一千多年。到文艺复兴乃始拣择批评的重新去走第一路，把希腊人的态度又拿出来。他这一次当真来走这条路，便逼直的走下去不放手，于是人类文化上所应有的成功如征服自然、科学、德谟克拉西都由此成就出来，即所谓近世的西洋文化。西洋文化的胜利，只在其适应人类目前的问题，而中国文化印度文化在今日的失败，也非其本身有什么好坏可言，不过就在不合时宜罢了。人类文化之初，都不能不走第一路，中国人自也这样，却他不待把这条路走完，便中途拐弯到第二路上来；把以后方要走到的提前走了，成为人类文化的早熟。但是明明还处在第一问题未了之下，第一路不能不走，那里能容你顺当去走第二路？所以就只能委委曲曲表出一种暧昧不明的文化——不如西洋化那样鲜明；并且耽误了第一路的路程，在第一问题之下的世界现出很大的失败。不料虽然在以前为不合时宜而此刻则机运到来。盖第一路走到今日，病痛百出，今世人都想抛弃他，而走这第二路，大有往者中世〔纪〕人要抛弃他所走的路而走第一路的神情。尤其是第一路走完，第二问题移进，不合时宜的中国态度遂达其真必要之会，于是照样也拣择批评的重新把中国人态度拿出来。印度文化也是所谓人类文化的早熟；他是不待第一路第二路走完而径直拐到第三路上去的。他的行径过于奇怪，所以其文化之价值始终不能为世人所认识；（无识的人之恭维不算数）既看不出有什么好，却又不敢菲薄。一种文化都没有价值，除非到了他的必要时；即有价值也不为人所认识，除非晓得了他所以必要的问题。他的问题是第三问题，前曾略说。而最近未来文化之兴，实足以引进了第三问题，所以中国化复兴之后将继之以印度化复兴。于是古文明之希腊、中国、印度三派竟于三期间次第重现一遭。我并非有意把他们弄得这般齐整好玩，无奈人类生活中的问题实有这么三层次，其文化的路径就有这么三转折，而古人又恰好把这三路都已各别走过，所以事实上没法要他不重现一遭。吾自有见而为此说，今人或未必见谅，然吾亦岂求谅于今人者。

在最近未来第二态度复兴；以后顺着走下去，怎样便引进了第三问题，这还要说一两句。我们已经看清现在将以直觉的情趣解救理智的严酷，乃至处处可以见出理智与直觉的消长，都是不得不然的。这样，就从理智的计虑移入直觉的真情，未来人心理上实在比现在人逼紧了一步，如果没有问题则已，如有问题，那么，这个问题就对他压迫的非常之紧。从孔家的路子更是引入到真实的心理，那么，就是紧辖。当初借以解救痛苦的是他，后来贻人以痛苦的亦即是他；前人之于理智，后人之于直觉，都是这样。在人类是时时那里自救，也果然得救，却是皆适以自杀，第三问题是天天接触今人的眼睑而今人若无所见的，到那情感益臻真实之后，就成了满怀唯一问题。而这问题本是不得解决的，一边非要求不可，一边绝对不予满足，弄得左右无丝毫回旋余地！此其痛苦为何如？第三期的文化也就于是产生；所谓印度人的路是也。从孔子的路原是扫空一切问题的，因为一切问题总皆私欲；却是出乎真情实感的则不能，出乎这真情实感的问题在今日也能扫空，却是在那将来则不能。像这类出乎真情实感的第三问题在今日则随感而应，过而不留，很可以不成为问题；如果执着不舍必是私欲，绝非天理之自然。在将来那时别无可成为问题的，不必你去认定一个问题而念念不忘，他早已自然而然的把这一个问题摆在你的眼前，所以就没有法子扫空了。关于第三期文化的开发，可说的话还很多；但我不必多说了，就此为止。本来印度人的那种特别生活差不多是一种贵族的生活，非可遍及于平民，只能让社会上少数居优越地位，生计有安顿的人，把他心思才力用在这个上边。唯有在以后的世界大家的生计都有安顿，才得容人人来作。于自己于社会均没妨碍。这也是印度化在人类以前文化中为不自然的，而要在某文化步段以后才顺理之证。

孔子学说之重光

今天开孔子诞辰纪念会，按中央规定的典礼节目，有孔子学说一项，现在由我来讲。

我常同大家说：中国近百年来遭遇一种不同的西洋文化，给我们一个很大的打击，让我们历久不变的文化发生变化，显出动摇。大家又都知道孔子在中国文化上的地位关系，所以中国文化受打击，发生动摇，当然亦就是孔子学说的受打击发生动摇。此时孔子之被怀疑，是应有的现象，是不可少的事情。大概是应当这样子，不怀疑不行；只有在怀疑之后，重新认识，重新找回来才行。我曾告大家说中国民族精神，必须在唾弃脱失之后，再慢慢重新认识，重新找回来；他必不能是传统的传下来！因为传统已全无用处。可是重新认识，重新找回，很不容易！不能仍然敷陈旧说。几时是孔子学说重光的时候，我们不敢说。在眼前很明白的还是一个晦塞的时候，怀疑的空气仍然浓厚。

我曾经努力这个工作，即对于孔子学说的重新认识，把晦暗的孔子重新发扬光大，重新透露其真面目。这个工作，依我所见，大概需要两面工夫。一面是心理学的工夫，从现代科学路子，研究生物学、生理学、心理学，这样追求上去，对人类心理有一个认识；认识了人到底是怎么回事，然后才能发挥孔子的思想。如无这面工夫，则孔子思想得不到发挥。因为孔子学说原是从他对人类心理的一种认识而来。孔子认识了人，才讲出许多关于人的道理。他说了许多话都是关于人事的，或人类行为的；那些话，如果里面有道理，一定包含对于人类心理的认识。对于人类心理的认识，是他一切话与一切道理的最后根据。所以心理学的研究是重新认识孔子学说，重新发挥孔子思想，顶必要的一面工夫。还有一面，是对于中国的古籍，或关于孔子的书，要有方法的作一番整理工夫。我们现在无法再与孔子见面，所可凭借参考的，除了传下来的古籍，更有何物？所以要想重新认识孔子，古籍的整理工夫，亦是很必要的。可是从来想发挥孔子思想学说的人很多，似乎都欠方法，很容易落于从其主观的演绎，拿孔子的一句话、一个意思、一个道理去讲明发挥孔子的思想，而没能够有方法的来发现孔子的真面目。仿佛前人大都有此缺欠。所以孔子学说的发挥解释可以千百其途径；一个人有一个说法，一百人有一百个说法，一千人有一千个说法。同是孔子的一句话，我可以这样讲，你可以那样讲。讲孔子学说的人越多，孔子的真意思越寻不出。为什么越讲越分歧，越讲越晦暗呢？就在没有方法。自孔子以后，到现在很多年代，代代都有想讲明孔子学说的人，都自以为是遵奉孔子学说的人。可是遵奉的人越多，越加分歧，讲明的人越多，越加晦暗。今后如果仍然如此下去，岂不更没办法！所以我们现在要想讲明孔子，不能重蹈前辙，必须有方法的去清理一遍才行。当我们作这个工夫，不要忙着往高深处讲，宁可有一个粗浅的意思；如果粗浅的意思而是确定的、明了的、不可摇移的，大家公认的，就要胜过含混疑似两可难定的高深之见！从粗浅起手，步步踏实向前走，不定准的话不说，说了便确定无疑；如此踏实确定地走向深处，庶可清理出一点头绪来，发现孔子的真面目。现在总起来说，大概必须得有这两面：一面作认识人类心理的心理学工夫，一面作有方法的清理古籍的工夫，然后才能对孔子学说重新认识。

今天所要讲的是偏于后一面，即从粗浅的地方脚踏实地地来确定孔子是怎么回事。现在所讲的仍是好多年前——民国十二年——在北京大学讲过的。当我们研究孔子思想学说，首先应问孔子毕生致力研究的到底是一种什么学问？虽然大家都知道孔子的学问很多，许多人称赞孔子博学多能，当然是事实；可是他一定不单是博学多能。他的真正长处不一定在博、在多，假定孔子有一百样才能、一百样学问，那么，现有一百个专家亦不能及得孔子么？恐怕孔子有他一个毕生致力用心所在的学问，为他种种学问的根本。我们如此追问下去，就发现孔子毕生致力用心所在的学问，不是现在所有的学问。虽然现代世界学术很发达，大学专门的科学很繁多，可是统同没有孔子研究的那一门学问，并且给他安不上一个名词来。很显而易见的，孔子研究的学问，不是物理化学或植物动物——不是自然科学；恐怕不单不是自然科学，并且亦非社会科学。孔子学说固亦包含类属社会科学的政治教育乃至其他种种的道理，但孔子毕生真正致力并不在此。也许有人要说孔子学问是哲学，我说孔子学说不单不是自然科学，社会科学，并且亦不是哲学。哲学一名词本非中国所固有，是从西洋外来的；如果哲学内容是像西洋所讲的那样子，则孔子学说可以断定亦非哲学。例如西洋哲学中有所谓唯心论、唯物论、一元论、二元论、人生观、宇宙观、本体论、认识论、机械论、目的论……孔子学说全然不是这一套复杂细密分析系统的理论玩艺。如此看来，孔子学说很难安上一个名词；在事实上所有世界的专门大学很难找到有这样的学科。那么，孔子的学问究竟是什么呢？我们根据比较可靠的古籍《论语》，来看孔子毕生致力用心所在的学问是什么，拿其中许多条来参考勘对，比较研究。我们发现最显著的一条："吾十有五而志于学，三十而立，四十而不惑，五十而知天命，六十而耳顺，七十而从心所欲不逾矩。"这是孔子自己说明他自己的话。我们要想明白孔子，这一条很有关系，很可帮助我们知道他。但这些话的内容是什么呢？"吾十有五而志于学"，志什么学呢？话很浑括，很难明白。"三十而立"，立字怎样讲呢？很不好讲，"四十而不惑"，不惑的究竟是什么？对什么不惑？不惑两字仿佛会讲，大概就是不糊涂吧！但其内容究是什么，则非吾人所可得知。"五十而知天命"。什么是天命？什么是知天命？亦不好乱猜。"六十而耳顺"，耳顺是一种什么境界？更不可知。"七十而从心所欲不逾矩"，就字面说似乎好讲，可是事实上更不好懂，因这是他学问造诣的顶点，是从志学……耳顺等等而来，对于那些我们尚且不懂，如何能懂得他七十岁时的进境呢？所以我们不愿随便去讲古人的话，不愿往深奥高明里去探求。我们只注意这些话是孔子自己诉说他自己学问的进境与次第，至其内容如何，我们不愿乱猜。在前人亦许就要讲了，什么是不惑，什么是知天命，什么是耳顺，什么是从心所欲不逾矩。前人都可有一个解释给你。而我们则暂且留着不讲，先从粗浅处来看。这些话所讲的大概不是物理学、化学，乃至政治学、教育学吧？甚至亦不是哲学吧？哲学不像是这样。这些怎能是哲学呢？他仿佛是说他自己，——说他自己的生活，说他自己的生命，说他自己这个人。仿佛可以说，他由少到老，从十五到七十，所致力用心的就是关乎他自己个人的一身。我们隐约地见出他是了解他自己而对自己有办法。照我所体会，他的学问就是要自己了解自己，自己对自己有办法；而不是要自己不了解自己，自己对自己没办法。比如他说"不惑""耳顺""从心所欲不逾矩"，内容固然不好懂，可是我们隐约看出，到那时候，他的心里当很通达，自己很有办法，自己不跟自己打架。平常人都是自己跟自己打架，自己管不了自己，自己拿自己没办法。而孔子从心所欲不逾矩，自己生活很顺适，自己对自己很有办法。这个意思我们可以体会得到，不是随便乱猜或妄说的。孔子毕生致力就在让他自己生活顺适通达，嘹亮清楚；平常人都跟自己闹别扭，孔子则完全没有。这种学问究竟是什么学问，安一个什么名词才好呢？恐怕遍找现代世界所有大学、研究院，学术分科的名词，都找不到一个合适的给他安上。孔子毕生所研究的，的确不是旁的而明明就是他自己；不得已而为之名，或可叫做"自己学"。这种自己学，虽然现代世界学术很发达，可是还没有。这就是我们从《论语》上得到关于孔子学说的一点消息。现在再举《论语》一章可以帮助明白这个意思。"哀公问弟子孰为好学，孔子对曰：有颜回者好学，不迁怒，不贰过，不幸短命死矣！今也则无，未闻好学者也。"孔子最好最心爱的学生是颜回，而颜回最大的本领最值得孔子夸奖赞叹的就在"不迁怒，不贰过"。究竟"不迁怒，不贰过"如何讲，我们不懂，暂且不去讲明；但可以知道的一定不是自然科学、社会科学或哲学。从这二句话，又可证实上面发现的消息：大概"不迁怒，不贰过"是说颜回生活上的事情。还是我们上面所说：研究他自己，了解他自己，对自己有办法。"不迁怒，不贰过"，大概就是不跟自己闹别扭，自己对自己有办法。孔子学问是什么，于此似乎又得到一个证明。从学生可以知道先生，从弟子可以知道老师，最好的学生就是最像老师的学生。譬如木匠的好学生就是会作木工活的。裁缝的好学生就是最会缝衣服的。而孔子的好学生，没有旁的本领，是"不迁怒，不贰过"，则老师的学问是什么，亦可从而知之了。现在结束这面的话：我们要想讲明古人的学问必须注意方法，不能随便往高深处讲。说句笑话，我不是孔子颜子；即使是孔子颜子，我才四十二岁，如何能知道孔子六十而耳顺，七十而从心所欲不逾矩的境界呢！所以我们现在只能从粗浅易见的地方来确定孔子的学问是什么。虽属粗浅，可是明白确定；明白确定，就了不得！比方孔子学问很古怪，不是这个，不是那个，说来说去都是说"他自己"；我们确定孔子学问是如此。意思虽很粗浅，可是很明白，很确定，可以为大家承认，毫无疑问，无可再假。我们如果这样一步踏实一步，一步确定一步，慢慢走向高明深远处，则孔子的真面目亦可被我们清理出来重新认识。

这是关于整理古籍方法一面的话；底下转回来讲孔子的学问。

孔子的学问是最大的学问，最根本的学问。——明白他自己，对他自己有办法，是最大最根本的学问，我们想认识人类，人是怎么回事，一定要从认识自己入手。凡对自己心理无所体认的人，一定不能体认旁人的心理；因为体认旁人心理无非以我度他，了解旁人必须先了解自己。我随便举一个例，如吃辣子，看见旁人张嘴作态，我就明白那是感觉辣的表现；我何以能知道？就在我曾经有过那样的经验，从我自己的经验可以推度旁人。不然，我对旁人的心理就无法知道。所以要想认识人类必须从认识自己入手；只有深彻地了解自己，才能了解人类。而了解人类则是很了不起的学问；因社会上翻来覆去无非人事，而学问呢，亦多关人事。如历史、政治、教育、经济、军事，都是研究人事的学问。所以明白了人，不啻明白了一切学问；明白了人类心理，能作的事就太多了。他可以办教育，开工厂，干政治，可以当军事官，带兵，因这些无非是人事啊！可是孔子学问之大远不在此，虽然对于人类心理的认识，是一切学问知识的最后根据，不过这仍为一种知识学问，孔子的伟大尚不在此。

孔子学说的真价值，就在他自己对自己有办法，用他自己的话说，就是从心所欲不逾矩。自己对自己有办法，亦就是自己不跟自己打架，自己不跟自己闹别扭。所谓自己对自己有办法，其实尚是我们解释他的话，在他自己无所谓有办法无办法，只是他的生命很圆满，他自己的生活很顺适而已！此即孔子学说真价值所在。申言之，所有办法皆从了解来，因为一切学问都包含两面：一面是对其研究对象的了解，一面是对其研究对象的有办法；而办法则从了解来。办法是偏乎应用一面，了解是纯粹研究的工夫。如果对于人类心理有认识有办法，那一定是从深彻的了解个人自己起；了解自己与对自己有办法，是丝毫离不开的。如对自己没办法即不能对自己有了解，对自己无了解亦不会对自己有办法。反之，有一点了解即有一点办法，有一点办法亦有一点了解。愈了解自己便愈对自己有办法，愈对自己有办法便愈了解自己；所以办法与了解是一回事的两面，即了解即办法，完全离不开。这是一种最亲切最有用的学问。

现在的西洋人，我敢断定，将要失败。我更说一句话，现在的西洋人要失败在中国人面前。"为什么？"大家一定会诧怪发问。就是因为西洋人对什么都了解都有办法：天上的电，地下的矿，山上的草木无不了解；上穷天际，下极地层，都有办法。西洋人对一切都考查研究过，一切都明白都有办法。可是他就差了一点，少回来了解他自己，体认他自己，所以对自己没有办法。西洋人诚然发达了许多学术，不过对自己尚没有顶亲切而有用的学问。他对物的问题算有解决，而对自己则无办法。这就是我说西洋人非失败不可的原因。中国人占一个便宜，即他一向受孔子的启发与领导，曾在了解自己的学问上用过心。我在《中国民族自救运动之最后觉悟》一书中有几句话与刚才说的意思相关系，大家可以用心去想：

> 中国文化和印度文化有其共同的特点，就是要人的智慧不单向外用，而回返到自家生命上来，使生命成了智慧的，而非智慧为役于生命。

西洋人至近代以来，学术虽很发达，可是都系智慧向外用的结果。所谓智慧为役于生命，即系智慧单单成立了生命的工具。中国最高学问与印度的最高学问，是让智慧回到自己生命，使生命成立了智慧的生命。而普通人的智慧都向外用，生命仍是蠢生命。智慧回头用在了解自己，认识自己，自己有办法，此时生命不是蠢生命而是智慧的生命。西洋人虽然会造飞机，上升天空；可是他的生命是蠢的，所以制造无数飞机放炸弹，自己毁灭他自己，自己对自己没办法。自己对自己没办法，则其他办法都不是真办法。中国人对其他办法——征服自然一方面很不够，而回头认识他自己，了解自己，对自己有办法，亦没作到好处；作到好处的只有少数圣贤，这是中国人今天失败的原因。可是西洋人对于人类根本地方，少所了解，少有办法，所以我断定他亦要失败。等到西洋人失败的时候，中国文化的坠绪从新接续，慢慢再发挥光大。孔子学说的价值，最后必有一天，一定为人类所发现，为人类所公认，重光于世界！

《中国文化要义》节选

一、自　序

这是我继《东西文化及其哲学》（作于 1920—1921），《中国民族自救运动之最后觉悟》（作于 1929—1931），《乡村建设理论》（作于 1932—1936），而后之第四本书。先是 1941 年春间在广西大学作过两个月专题讲演。次年春乃在桂林开始着笔。至 1944 年陆续写成六章，约八万字，以日寇侵桂辍笔。胜利后奔走国内和平，又未暇执笔。1946 年 11 月我从南京返来北碚，重理旧业，且作且讲。然于桂林旧稿仅用做材料，在组织上却是重新来过。至今——1949 年 6 月——乃告完成，计首尾历时九年。

前后四本书，在内容上不少重见或复述之处。此盖以其间问题本相关联，或且直是一个问题；而在我思想历程上，又是一脉衍来，尽前后深浅精粗有殊，根本见地大致未变，特别第四是衔接第三而作，其间更多关系。所以追上去看第三本书，是明白第四本书的锁钥。第三本书一名《中国民族之前途》。内容分上下两部：上半部为认识中国问题之部，下半部为解决中国问题之部。——因要解决一个问题，必须先认识此一问题。中国问题盖从近百年世界大交通，西洋人的势力和西洋文化蔓延到东方来，乃发生的。要认识中国问题，即必得明白中国社会在近百年所引起之变化及其内外形势。而明白当初未曾变的老中国社会，又为明白其变化之前提。现在这本《中国文化要义》，正是前书讲老中国社会的特征之放大，或加详。

于此见出我不是"为学问而学问"的。我是感受中国问题之刺激，切志中国问题之解决，从而根追到其历史，其文化，不能不用番心，寻个明白。什么"社会发展史"，什么"文化哲学"，我当初都未曾设想到这些。从一面说，其动机太接近实用（这正是中国人的短处），不足为产生学问的根源。但从另一面说，它却不是书本上的知识，不是学究式的研究；而是从活问题和活材料，朝夕寤寐以求之一点心得。其中有整个生命在，并非偏于头脑一面之活动；其中有整整四十年生活体验在，并不是一些空名词假概念。

我生而为中国人，恰逢到近数十年中国问题极端严重之秋，其为中国问题所困恼自是当然。我的家庭环境和最挨近的社会环境，都使我从幼小时便知注意这问题。[1] 我恍如很早便置身问题之中，对于大局时事之留心，若出自天性。虽在年逾半百之今天，自叹"我终是一个思想的人而非行动的人；我当尽力于思想而以行动让诸旁人"。然我却自幼即参加行动。[2] 我一向喜欢行动而不甘于坐谈。有出世思想，便有出世生活；有革命思想，便有革命实践。特别为了中国问题，出路所指，赴之恐后；一生劳攘，亦可概见。[3]

就在为中国问题而劳攘奔走之前若后，必有我的主见若心得。原来此一现实问题，中国人谁不身预其间？但或则不著不察；或则多一些感触，多一些反省。多感触多反省之后，其思想行动便有不得苟同于人者。纵不形见于外，而其衷之所存，未许一例相看。是之谓有主见，是之谓有心得。我便是从感触而发为行动，从行动而有心得，积心得而为主见，从主见更有行动；……如是辗转增上，循环累进而不已。其间未尝不读书。但读书，只在这里面读书；为学，只在这里面为学。不是泛泛地读，泛泛地

1　具见于《我的自学小史》第四第五两节。

2　此指八岁时在北京市散发传单而说，事见《我的自学小史》。

3　少年时先热心于君主立宪运动，次参与 1911 年革命，1927 年以后开始乡村运动，1937 年以后为抗战奔走，其中包含国内团结运动及巡历于敌后。至胜利后又奔走和平。

学。至于今日，在见解思想上，其所入愈深，其体系滋大，吾虽欲自昧其所知以从他人，其可得乎！

说我今日见解思想，一切产生于问题刺激，行动反应之间，自是不错。然却须知，尽受逼于现实问题之下，劳攘于现实问题之中，是产不出什么深刻见解思想的；还要能超出其外，静心以观之，才行。

于是就要叙明我少年时，在感受中国问题刺激稍后，又曾于人生问题深有感触，反复穷究，不能自已。[1] 人生问题较之当前中国问题远为广泛、根本、深澈。这样便不为现实问题之所囿。自己回顾过去四十余年，总在这两问题中沉思，时而趋重于此，时而趋重于彼，辗转起伏虽无一定，而此牵彼引，恰好相资为用。并且我是既好动又能静的人。一生之中，时而劳攘奔走，时而退处静思，动静相间，三番五次不止。[2] 是以动不盲动，想不空想。其幸免于随俗浅薄者，赖有此也。

就以人生问题之烦闷不解，令我不知不觉走向哲学，出入乎东西百家。然一旦于人生道理若有所会，则亦不复多求。假如视哲学为人人应该懂得一点的学问，则我正是这样懂得一点而已。这是与专门治哲学的人不同处。又当其沉潜于人生问题，反复乎出世与入世，其所致力者，盖不徒在见闻思辨之见；见闻思辨而外，大有事在。这又是与一般哲学家不同处。异同得失，且置勿论。卒之，对人生问题我有了我的见解思想，更有了我今日的为人行事。同样地，以中国问题几十年来之急切不得解决，使我不能不有所行动，并耽玩于政治、经济、历史、社会文化诸学。然一旦于中国前途出路若有所见，则亦不复以学问为事。究竟什么算学问，什么不算学问，且置勿论。卒之，对中国问题我有了我的见解思想，更有了今日我的主张和行动。

所以"我无意乎学问"，"我不是学问家"，"以哲学家看我非知我者"，……如此累次自白（见前出各书），在我绝非无味的声明。我希望我的朋友，遇到有人问起：梁某究是怎样一个人？便为我回答说：

1　人生问题之烦闷约始于十七岁时，至二十岁而倾心于出世，寻求佛法。

2　过去完全静下来自修思考，有三时期：（一）在 1912 年后至 1916 年前；（二）在 1925 年春至 1928 年春；（三）在 1946 年退出国内和谈至今天。

"他是一个有思想的人。"

或说：

"他是一个有思想，又且本着他的思想而行动的人。"

这样便恰如其分，最好不过。如其说：

"他是一个思想家，同时又是一社会改造运动者。"

那便是十分恭维了。

这本书主要在叙述我对于中国历史和文化的见解，内容颇涉及各门学问。初不为学者专家之作，而学者专家正可于此大有所资取。我希望读者先有此了解，而后读我的书，庶不致看得过高或过低。

"认识老中国，建设新中国"——这是我的两句口号。继这本书而后，我将写《现代中国政治问题研究》一书。盖近几十年来政治上之纷纭扰攘，总不上轨道，实为中国问题苦闷之焦点。新中国之建设，必自其政治上有办法始。此无可疑也。然一旦于老中国有认识后，则于近几十年中国所以纷扰不休者，将必恍然有悟，灼然有见；而其今后政治上如何是路，如何不是路，亦遂有可得而言者。吾是以将继此而请教于读者。

1949 年 10 月　　漱溟自记

二、宗 教 在 中 国

宗教在中国，有其同于他方之一般的情形，亦有其独具之特殊的情形。文化都是以宗教开端，中国亦无例外，有如王治心《中国宗教思想史大纲》所述，最早之图腾崇拜、庶物崇拜、群神崇拜等，即其一般的情形。其自古相传未断之祭天祀祖，则须分别观之，在周孔教化未兴时，当亦为一种宗教，在周孔教化既兴之后，表面似无大改，而留心辨察实进入一特殊情形了。质言之，此后之中国文化，其中心便移到非宗教的周孔教化上，而祭天祀祖只构成周孔教化之一条件而已。

往者胡石青先生论中国宗教，[1] 似未曾留心此分别，兹先引述其说，再

1　见胡著《人类主义初草》第 34 页。此书胡氏自印，坊间无售处。

申明我的意见。

胡先生列世界宗教为三大系：希伯来一系，印度一系，而外中国亦为一系。他说，"大教无名，唯中国系之宗教足以当之"，其内容"合天人，包万有"；约举要义则有三：

一、尊天。"天之大德曰生"，"万物本乎天"，人之存在，不能自外于天地。

二、敬祖。"人为万物之灵"，而"人本乎祖"，究本身之由来，不能自外于祖先。

三、崇德报功。渔牧工业，宫室舟车，文物制度，凡吾人生活日用皆食古人创造之赐，要莫能外。——按祭孔应属于此一则中。

此三原则，皆有充量诚信之价值，决不利用人民因理智不到而生畏惧之弱点，以别生作用。亦不规定入教之形式，不作教会之组织，以示拘束。与此不悖之各地习俗或外来宗教，亦不加干涉，不事排斥，亘古不见宗教战争，故实为人类信仰中之唯一最正大最自由者。——以上均见胡著《人类主义初草》第一篇第三章。

胡先生一面不把中国划出于宗教范围外，一面亦不曾歪曲了中国的特殊事实，贬损了中国的特殊精神。这是一种很通的说法，我们未尝不可以接受之。却是我愿点出：凡此所说，都是早经周孔转过一道手而来的，恐怕不是古初原物。如我推断，三千年前的中国不出一般之例，近三千年的中国，则当别论。胡先生似不免以近三千年的中国为准，而浑括三千年前的中国在内。以下接续申明我的意见。

前于第一章列举"几乎没有宗教的人生"为中国文化一大特征，说中国文化内缺乏宗教，即是指近三千年而言。何以说中国文化，断自周孔以后，而以前不计？则以中国文化之发展开朗，原是近三千年的事，即周孔以后的事；此其一。中国文化之流传到现在，且一直为中国民族所实际受用者是周孔以来的文化。三千年以上者，于后世生活无大关系，仅在文化史上占分量而已；此其二。周孔以来的中国文化，其中有一些成为显然属于宗教范畴，何以说它缺乏宗教，说它是"几乎没有宗教的人生"？则以此三千年的文化，其发展统一不依宗教做中心。前说，非较高文化不能形成一大民族，而此一大民族文化之统一，每有赖一大宗教。中国以偌大民族，偌大地域，各方风土人情之异，语音之多隔，交通之不便，所以树立其文化之统一者，自必有为此一民族社会所共信共喻共涵养生息之一精神中心在，唯以此中心，而后文化推广得出，民族生命扩延得久，异族迭入而先后同化不为碍。此中心在别处每为一大宗教者，在这里却谁都知道是周孔教化而非任何一宗教。

两千余年来中国之风教文化，孔子实为其中心。不可否认地，此时有种种宗教并存。首先有沿袭自古的祭天祀祖之类。然而却已变质，而构成孔子教化内涵之一部分。再则有不少外来宗教，如佛教、伊斯兰教、基督教等等。然试问，这些宗教进来，谁曾影响到孔子的位置？非独夺取中心地位谈不到，而且差不多都要表示对孔子之尊重，表示彼此并无冲突，或且精神一致。结果，彼此大家相安，而他们都成了"帮腔"。这样，在确认周孔教化非宗教之时，我们当然就可以说中国缺乏宗教这句话了。

三、周孔教化非宗教

中国数千年风教文化之所由形成，周孔之力最大。举周公来代表他以前那些人物；举孔子来代表他以后那些人物；故说"周孔教化"。周公及其所代表者，多半贡献在具体创造上，如礼乐制度之制作等。孔子则似是于昔贤制作，大有所悟，从而推阐其理以教人。道理之创发，自是更根本之贡献，启迪后人于无穷。所以在后两千多年的影响上说，孔子又远大过周公。为判定周孔教化是否宗教，首先要认清孔子为人及孔门学风。

孔子及其门徒之非宗教论者已多。例如美国桑戴克（Lynn Thorndike）《世界文化史》一书所说就很好，他说：

> 孔子绝不自称为神所使，或得神启示，而且"子不语怪、力、乱、神"。
> 孔子没后，弟子亦未奉之为神。
> 孔子不似佛之忽然大觉，但"学而不厌"，"过则勿惮改"。

孔子绝无避世之意，而周游列国，求有所遇，以行其改革思想（这对于宗教出世而说，孔子是世俗的）。

孔子尝答其弟子曰："未能事人，焉能事鬼"，"未知生，焉知死"，"务民之义，敬鬼神而远之，可谓知矣"，其自表甚明。

费尔巴哈在《宗教本质讲演录》中，曾说"唯有人的坟墓才是神的发祥地"，又说"若世上没有死这回事，那亦就没宗教了"。这是绝妙而又精确的话。世间最使人情志动摇不安之事，莫过于所亲爱者之死和自己的死。而同时生死之故，最渺茫难知。所以它恰合于产生宗教的两条件：情志方面正需要宗教，知识方面则方便于宗教之建立。然在宗教总脱不开生死鬼神这一套的，孔子偏不谈它。这就充分证明孔子不是宗教。

随着生死鬼神这一套而来的，是宗教上之罪福观念，和祈祷禳被之一切宗教行为。但孔子对人之请祷，先反问他"有诸？"继之则曰"丘之祷也久矣！"对人媚奥媚灶之问，则曰"不然，获罪于天无所祷也！"

宗教所必具之要素，在孔子不具备，在孔子有他一种精神，又为宗教所不能有。这就是他相信人都有理性，而完全信赖人类自己所谓"是非之心，人皆有之"，什么事该作，什么事不该作，从理性上原自明白。一时若不明白，试想一想看，终可明白。因此孔子没有独断的标准给人，而要人自己反省。例如宰我嫌三年丧太久，似乎一周年亦可以了。孔子绝不直斥其非，和婉地问他"食夫稻，衣夫锦，于汝安乎？"他回答曰"安"，便说："汝安则为之。夫君子之居丧，食旨不甘，闻乐不乐，居处不安，故不为也。今汝安，则为之！"说明理由，仍让他自己判断。又如子贡欲去告朔之饩羊，孔子亦只惋叹地说："赐也！尔爱其羊，我爱其礼！"指出彼此之观点，而不作断案。谁不知儒家极重礼，但你看他却可如此随意拿来讨论改作；这就是宗教里所万不能有的事。各大宗教亦莫不各有其礼，而往往因末节一点出入，引起凶争惨祸。试举一例，以资对照：

英王亨利第八曾亲身审判信奉 Zwingli 主张之新教徒，并引据圣经以证明基督之血与肉，果然存在于仪节之中，乃定以死刑，用火焚而杀之，1539 年国会又通过法案曰"六条"（Six Articles），宣言基督之血与肉公然存在于行圣餐礼时所用之面包与酒中，凡胆敢公然怀疑者，则以火焚之。（下略）（见何炳松《中古欧洲史》第 278 页）

这是何等迷信固执不通！在我们觉得可骇亦复可笑，其实在他们是不足怪的。宗教上原是奉行神的教诫，不出于人的制作。其标准为外在的，呆定的，绝对的。若孔子教人所行之礼，则是人行其自己应行之事，斟酌于人情之所宜，有如礼记之所说"非从天降，非从地出，人情而已矣"。其标准不在外而在内，不是呆定的而是活动的。

照王治心先生《中国宗教思想史大纲》所述，中国古来崇信"天"之宗教观念，沿至东周而有变化，至春秋战国百家争鸣之时而分两路。儒家和道家，皆怀疑一路之代表；唯墨家则代表信仰一路。道家老子庄子，显然具有无神论及唯物论机械论之论调，儒家孔子虽没有否定神之存在，而言语间模棱含糊，其神好像存于主观而止。所以墨子《非儒篇》讥评他们"无鬼而学祭礼"，是很切当的。下传至孟子荀子，孟子还从民意验取天意，荀子就根本否认天的意志，而说君子"敬其在己而不慕其在天"，其反对"错人而思天"，与《左传》上"国将兴，听于民；国将亡，听于神"意思相同。后来汉朝王充作《论衡》，极力破除迷信，似渊源于荀派。墨子学派后来不传，其所根源古代的天神崇拜，则影响于中国下层社会甚大云。——这所说，大体都很对，只末一句，待商。

四、以伦理组织社会

设为礼乐揖让以涵养理性，是礼的一面；还有"安排伦理名分以组织社会"之一面，略说如次：

前章讲中国是伦理本位的社会，此伦理无疑地是脱胎于古宗法社会而来，犹之礼乐是因袭自古宗教而来一样。孔子自己所说"述而不作"，大约即指此等处。而其实呢，恰是寓作于述，以述为作。古宗教之蜕化为礼乐，古宗法之蜕化为伦理，显然都经过一道手来的。礼乐之制作，犹或许以前人之贡献为多；至于伦理名分，则多出于孔子之教。孔子在这方面所作功夫，即《论语》上所谓"正名"。其教盖著于"春秋"，"春秋以道名分"（见庄子《天下篇》）正谓此。

我起初甚不喜"名分"之说，觉得这诚然是封建了。对于孔子之强调"正名"，颇不感兴趣；所以《东西文化及其哲学》讲孔子处，各样都讲到，独不及此。心知其与名学、论理不甚相干，但因不了然其真正意义所在，亦姑妄听之。我之恍然有悟，实在经过几多步骤来的。领悟到社会结构是文化的骨干，而中国文化之特殊，正须从其社会是伦理本位的社会来认识，这是开初一步。这是早先讲东西文化及其哲学时，全未曾懂得的。到讲乡村建设理论时，固已点出此伦理本位的社会如何不同于西洋之个人本位的社会或社会本位的社会；然只模糊意识到它是家族本位的宗法社会之一种蜕变，还未十分留意其所从来。最后方晓得孔子特别着眼到此，而下了一番功夫在。这就是我以前所不然的"名分"与"正名"。假如不经过这一手，历史亦许轻轻滑过，而伦理本位的社会未必能形成。

封建社会例有等级身份等区别；此所谓"名分"似又其加详者。等级身份之所以立，本有其政治的意义和经济的意义；但其建立与巩固，则靠宗教。盖一切宗法的秩序，封建的秩序要莫不仰托神权，而于宗教植其根，此验之各地社会而皆然者。阶级身份之几若不可逾越不可侵犯者，正为此。中国之伦理名分，原出于古宗法古封建，谁亦不否认；却是孔子以后，就非宗法封建原物，愈到后来愈不是。此其变化，与礼乐、宗教之一兴一替，完全相联为一事，同属理性抬头之结果。

我们试举几个浅明事例——

印度和中国，同为具有古老传统的社会，在其社会史上皆少变化进步。但他们却有极端不同处：印度是世界上阶级身份区别最多最严的社会，而中国却最少且不严格（这种较量当然不包含近代欧美社会）。像印度之有几千种区别，举其著者犹有八十几种，在中国人是不得其解的，且不能想象。像印度有那种"不可摸触的人"，中国人听说只觉好笑，没有人会承认这事。此一极端不同，与另一极端不同相联。另一极端不同是：印度宗教最盛，而中国恰缺乏宗教，前者正是由于宗教，而使得社会上固执不通的习俗观念特别多；后者之开豁通达，则理性抬头之明征也。

再一个例，是日本。日本渡边秀方著《中国国民性论》一书（北新书局译本），曾指出中国人计君恩之轻重而报之以忠义，不同乎日本武士为忠义的忠义（见原书23页）。如诸葛亮总念念于三顾之恩，其忠义实由感激先帝知遇；在日本的忠臣更无此计较之念存。难道若非三顾，而是二顾或一顾，就不必如此忠义吗？他不晓得这原是伦理社会的忠义和封建社会的忠义不同处，而却被他无意中点出了。封建社会的关系是呆定的；伦理社会，则其间关系准乎情理而定。孟子不是说过：君之视臣如手足，则臣视君如腹心；君之视臣如犬马，则臣视君如国人；君之视臣如土芥，则臣视君如寇仇。儒家的理论原如是，受儒家影响的中国社会亦大致如是。唯日本过去虽承袭中国文化，而社会实质不同于中国，亦犹其后来之袭取西洋文化而社会实质不同于西洋一样。关于此层（日本社会是封建的而非伦理的），本书以后还论到，可参看。

三则，中国社会向来强调长幼之序，此固伦理秩序之一原则，封建秩序所鲜有。然即在重视长幼之序中，仍有谚语云"人长理不长，那怕须拖尺把长"，可见其迈往于理性之精神。

从上三例，恰见有一种反阶级身份的精神，行乎其间。其所以得如是结果，正由当初孔子所下的功夫（所谓"正名"，所谓"春秋以道名分"），初非强调旧秩序，而是以旧秩序为蓝本，却根据理性作了新估定，随处有新意义加进去。举其显明之例：世卿（卿相世袭），在宗法上说，在封建上说，岂非当然的？而春秋却讥世卿非礼。又如弑君弑父于宗法封建之世自应绝对不容，然而依春秋义例，其中尽多曲折。有些是正弑君的罪名，使乱臣贼子惧；有些是正被杀者的罪名，使暴君凶父惧。后来孟子说的"闻诛一夫纣，未闻弑君"，正本于此。司马迁说"春秋文成数万，其指数千"，如此之类的"微言大义"、"非常异义可怪之论"，是很多的。旧秩序至此，慢慢变质，一新秩序不知不觉诞生出来。

新秩序，指伦理社会的秩序，略如我前章所说者。其诞生尚远在以后——须在封建解体之后，约当西汉世。不过寻根溯源，不能不归功孔子。孔子的春秋大义，对当时封建秩序作修正功夫，要使它理想化，结果是白费的。但虽没有其直接的成就，却有其间接的功效：第一便是启发出人的理性，使一切旧习俗旧观念都失其不容怀疑不容商量的独断性，而凭着情理作权衡。固然那些细微曲折的春秋义例，不能喻俗；而情理自在人心，一经启发，便蔚成势力，浸浸乎要来衡量一切，而莫之能御。此即新秩序诞生之根本。第二便是谆谆于孝弟，敦笃家人父子间的恩情，并由近以及远，善推其所为，俾社会关系建筑于情谊之上。这又是因人心所固有而为之导达，自亦有沛然莫御之势。中国社会上温润之气，余于等威之分，而伦理卒代封建为新秩序者，原本在此。

伦理之代封建为新秩序，于此可举一端为证明。例如亲兄弟两个，在父母家庭间，从乎感情之自然，夫岂有什么差别两样？然而在封建社会一到长大，父死子继，则此兄弟两个就截然不同等待遇了——兄袭爵禄财产，而弟不与。此种长子继承制由何而来？梅因（Henry S. Maine）在其《古代法》名著中，曾指出一个原则："凡继承制度之与政治有关系者，必为长子继承制。"大抵封建秩序宗法秩序，都是为其时政治上经济上有其必要而建立；而超家庭的大集团生活则具有无比强大力量，抑制了家庭感情。及至时过境迁，无复必要，而习俗相沿，忘所自来，此一制度每每还是机械地存在着。战前（1936）我到日本参观其乡村，见有所谓"长子学校"者，讶而问之。乃知农家土地例由长子继承，余子无分。余子多转入都市谋生，长子多留乡村；因而其教育遂间有不同。此足见其去封建未久，遗俗犹存。其实，就在欧洲国家亦大多保留此种风俗至于最近，唯中国独否。中国实行遗产均分诸子办法，据梁任公先生《中国文化史》说，几近二千年了（见《饮冰室合集》之专集第十八册）。这不是一件小事，这亦不是偶然。这就是以人心情理之自然，化除那封建秩序之不自然。所谓以伦理代封建者，此其显著之一端。在一般之例，都是以家庭以外大集团的势力支配了家庭关系。可说由外而内，其社会上许多不近情不近理不平等的事，非至近代未易纠正。而此则把家庭父子兄弟的感情关系推到大社会上去。可说由内而外，就使得大社会亦从而富于平等气息和亲切意味，为任何其他古老社会所未有。这种变化行乎不知不觉；伦理秩序初非一朝而诞生。它是一种礼俗，它是一种脱离宗教与封建，而自然形成于社会的礼俗。——礼俗，照一般之例恒随附于宗教，宗教例必掩护封建，而礼俗则得封建之支持。但此则受启发于一学派，非附丽于宗教，而且宗教卒自此衰歇。它受到社会广泛支持，不倚靠封建或任何一种势力，而且封建正为它所代替。

即此礼俗，便是后二千年中国文化的骨干，它规定了中国社会的组织结构，大体上一直没有变。举世诧异不解的中国社会史问题，正出在它身上。所谓历久鲜变的社会，长期停滞的文化，皆不外此。何以它能这样长久不变？十八世纪欧洲自然法思潮中魁斯奈（Francois Quesnay，1694—1774）尝解答说：中国所唤作天理天则的，正是自然法其物；中国文物制度正是根本于自然法，故亦与自然同其悠久。这话不为无见。礼俗本来随时在变的，其能行之如此久远者，盖自有其根据于人心，非任何一种势力所能维持。正如孟子所说"圣人先得我心之所同然"，孔子原初一番启发功夫之恰得其当，实最关紧要。

以我推想，孔子最初着眼的，与其说在社会秩序或社会组织，毋宁说是在个人——个人如何完成他自己；即中国老话"如何做人"。不过，人实是许多关系交织着之一个点，做人问题正发生在此，则社会组织社会秩序自亦同在着眼之中。譬如古希腊一个完满的人格与最好的市民，两个观念是不易分别的。这就是从团体（城市国家）之一分子来看个人，团体关系遂为其着眼所及。中国情形大约最早就不同，因而孔子亦就不是这看法，而着眼在其为家庭之一员。而在家庭呢，又很容易看到他是父之子，子之父……一类的伦偶相对关系，而置全体（全家）之组织关系于其次。一个完满的人格，自然就是孝子、慈父……一类之综合。却不会说，一个完满的人格，就是最好的"家庭之一员"那样抽象不易捉摸的话。——这是开初一步。两条路就从此分了：一则重在团体与个人之间的关系；一则重在此一个与彼一人之间的关系，且近从家庭数起。一个人既在为子能孝，为父能慈……而孝也，慈也，却无非本乎仁厚肫挚之情；那么，如何敦厚此情感，自应为其着眼所在。——这是第二步。而孔子一学派所以与其他学派（中国的乃至世界的）比较不同之点，亦遂著于此；这就是人所共知的，孔子学派以敦勉孝弟和一切仁厚肫挚之情为其最大特色。孝子、慈父……在个人为完成他自己；在社会，则某种组织与秩序亦即由此而得完成。这是一回事，不是两回事。犹之希腊人于完成其个人人格时，恰同时完成其城市国家之组织，是一样的。不过，市民在其城市国家中之地位关系与权利义务，要著之于法律；而此则只可演为礼俗，却不能把它作成法律。——这是第三步。而儒家伦理名分之所由兴，即在此了。

礼俗与法律有何不同？孟德斯鸠《法意》上说：

> 盖法律者，有其立之，而民守之者也；礼俗者，无其立之，而民成之者也。礼俗起于同风；法律本于定制。（严译本十九卷十二章）

这是指出二者所由来之方式不同。其实这一不同，亦还为其本质有着分别：礼俗示人以理想所尚，人因而知所自勉，以企及于那样；法律示人以事实确定那样，国家从而督行之，不得有所出入。虽二者之间有时不免相滥，然大较如是。最显明的，一些缺乏客观标准的要求，即难以订入法律；而凡有待于人之自勉者，都只能以风教礼俗出之。法律不责人以道德；以道德责人，乃属法律以外之事，然礼俗却正是期望人以道德；道德而通俗化，亦即成了礼俗。——明乎此，则基于情义的组织关系，如中国伦理者，其所以只可演为礼俗而不能成法律，便亦明白。

张东荪先生在其所著《理性与民主》一书上说，自古希腊罗马以来，彼邦组织与秩序即著见于其法律。唯中国不然。中国自古所谓法律，不过是刑律，凡所规定都必与刑罚有关。它却没有规定社会组织之功用，而只有防止人破坏已成秩序之功用。社会组织与秩序大部分存在于"礼"中，以习惯法行之，而不见于成文法（见原书 62—67 页，原文甚长，大意如此）。他正亦是见到此处，足资印证。不过为什么，一则走向法律，一则走向礼俗，张先生却没有论到。现在我们推原其故，就是：上面所言之第三步，早决定于那开初一步。西洋自始（希腊城邦）即重在团体与个人间的关系，而必然留意乎权力（团体的）与权益（个人的），其分际关系似为硬性的，愈明确愈好，所以走向法律，只求事实确定，而理想生活自在其中。中国自始就不同，周孔而后则更清楚地重在家人父子间的关系，而映于心目者无非彼此之情与义，其分际关系似为软性的，愈敦厚愈好，所以走向礼俗，明示其理想所尚，而组织秩序即从以奠定。

儒家之伦理名分，自是意在一些习俗观念之养成。在这些观念上，明示其人格理想；而同时一种组织秩序，亦即安排出来。因为不同的名分，正不外乎不同的职位，配合拢来，便构成一社会。春秋以道名分，实无异乎外国一部法典之厘订。为文化中心的是非取舍，价值判断，于此昭示；给文化作骨干的社会结构，于此备具；真是重要极了。难怪孔子说："知我者，其唯春秋乎；罪我者，其唯春秋乎！"然而却不是法典，而是礼。它只从彼此相对关系上说话，只从应有之情与义上说话，而期望各人之自觉自勉（自己顾名思义）。这好像铺出路轨，引向道德；同时，使前所说之礼乐揖让乃得有所施。于是道德在人，可能成了很自然的事情。除了舆论制裁（社会上循名责实）而外，不像法典有待一高高在上的强大权力为之督行。所谓以道德代宗教者，至此乃完成；否则，是代不了的。

不过像春秋所设想的那套秩序，却从未曾实现。此即前面所说的："孔子对当时封建秩序，作修正功夫，要使它理想化，结果是白费。"其所贻于后世者，只有那伦理秩序的大轮廓。

《人心与人生》自序

在民国十年出版的《东西文化及其哲学》自序中，我曾自白，我起初实在没有想谈学问，没有想著书立说；而且到现在还是不想。并且也不能，谈学问和著书立说。我只是爱有我自己的思想，爱有我自己的见解——为我自己生活作主的思想和见解。这样子，自然免不了要讨论到许多问题，牵涉到许多学问。而其结果，倘若自己似乎有见到的地方，总愿意说给大家。如此，便是不谈学问而卒不免于谈学问，不著书而卒不免于著书之由。现在要为这本《人心与人生》作序，依旧是这个意思。

这个意思要细说起来，是须得把我三十年来的历史叙出，才可以明白当真是如此。所以我曾经说过要作一篇《三十自述》，却是四五年来始终不曾做出，并且不知几时才得做他。目前只能单就这本书去说：为什么有《人心与人生》这本东西出来？ —— 我为什么要谈心理学？

我们应当知道，凡是一个伦理学派或一个伦理思想家，都有他的一种心理学为其基础；或说他的伦理学，都是从他对于人类心理的一种看法，而建树起来。儒家是一个大的伦理学派；孔子所说的许多话都是些伦理学上的话；这是很明显的。那么，孔子必有他的人类心理观，而所有他说的许多话都是或隐或显地指着那个而说，或远或近地根据着那个而说；这是一定的。如果我们不能寻得出孔子的这套心理学来，则我们去讲孔子即是讲空话。盖古人往矣！无从起死者而与之语。我们所及见者，唯流传到今的简册上一些字句而已。这些字句，在当时原一一有其所指；但到我们手里，不过是些符号。此时苟不能返求其所指，而模模糊糊去说去讲，则只是掉弄名词，演绎符号而已；理趣大端，终不可见。如何不是讲空话？前人盖鲜不蹈此失矣！然欲返求其所指，恐怕没有一句不说到心理。以当时所说，原无外乎说人的行为——包含语默思感——如何如何；这个便是所谓心理。心理是事实，而伦理是价值判断；自然返求的第一步在其所说事实，第二步乃在其所下判断。所以倘你不能寻出孔子的心理学来，即不必讲什么孔子的伦理学。进而言之，要问孔子主张的道理站得住站不住，就须先看他心理学的见解站得住站不住。所以倘你不能先拿孔子的心理学来和现在的心理学相较量、相勘对，亦即不必说到发挥孔子道理。但这两方的心理学见解明是不相容的；稍有头脑的人都可以觉得。现在流行的几个心理学派，在他们彼此间虽然纷歧牴牾，各不相下，却没有一个不是和孔子的心理学见解相反对者。——假如今日心理学界有共同趋势，或其时代风气可言，那么就是和孔子的心理学见解适不相容的一种趋势、风气。所以倘你不能推翻今日的心理学，而建树孔子的心理学，亦即不必来相较量、勘对！

明白这一层，则知我虽然初不曾有意要讲心理学，而到现在没有法子避心理学而不谈。虽然西文程度太差，科学知识太差，因而于现代学术几无所知，原无在现代学术界来说诘的能力；而心难自昧，理不容屈，逼处此际，固不甘从默谢短也。《人心与人生》之所为作，凡以此而已！

更有一层是这本书所以要作的原故，即对自己以前讲错的话，赶须加以纠正修改。从前那本《东西文化及其哲学》原是讨论人生问题，而归结到孔子之人生态度的。自然关于孔子思想的解说为其间一大重要部分，而自今看去，其间错误乃最多。根本错误约有两点。其一：便是没把孔子的心理学认清，而滥以时下盛谈本能一派的心理学为依据，去解释孔学上的观念和道理；因此就通盘皆错。其二：便是讲孔学的方法不善，未曾根本改掉前人以射覆态度来讲古书的毛病。除于十一年原书付三版时，有一短序对第二点稍致声明外，忽忽五年，迄未得举悔悟后的见解，改正后的讲法，整盘地或系统地用文字发表过。直到今日才得勉成此书以自赎；——然亦只就第一点有所改正，其关于第二点则将另成《孔学绎旨》一书。故尔，此书之作，不独取祛俗蔽，抑以自救前失，皆不容已也。

此书初稿本是《孔学绎旨》的一部分，——原初只是《孔学绎旨》一部书而已。《孔学绎旨》在民国十二年秋讫十三年夏的一学年（1923—1924），曾为北京大学哲学系讲过一遍。凡此大意，尔时约略已具。但当时只系临讲口授，虽粗备条目，未曾属文。是秋赴曹州办学，遂从搁置。（外间有以笔记流传者，概未得我许可，抑且未经我寓目，全不足据。）及今动笔，睹时人言心理者率从俗学，一世耳目皆为所蔽，念非片言可解，而旧讲于此，亦复发挥未尽。因划取其间涉论心理之部分，扩充附益，自成一书，别取今名。所余部分还如旧制，亦将继此写定出版。是虽裂为二制，而譬则本末一气，前后所言相为发明；读者双取，可资互证。

略说人心

　　说人心，应当是总括着人类生命之全部活动能力而说。然一般说到人心却多着眼在人之对外活动的一面。实则人类生命之全部活动能力，应当从其机体内外两面来看它。（一）所谓对外一面即：人在其自然环境和社会环境中，即有所感受，复有所施为，既有所施为，复有所感受的那些活动能力。在此对外一面的心理活动，主要是依靠大脑皮质高级神经活动通过感官器官来完成的。这未能举人心之全。（二）还有其另一面在，即：个体生命所赖以维持其机体内部日夜不停的活动能力。凡此种在人死之前，恒时不停的生理上——有时兼病理上——一切机能运转，统属植物性神经系统之事，一般无待大脑来指挥；然大脑仍为其最高调节中枢，大脑和内脏之间固息息相联通，以成其一个完整的活体。通常将此后一面内部生活划归生理学、病理学去讲，但在吾书却定须涉及到它，而不划分出去。要知生理学上消化系统的机能、生殖器官的机能等等，是直贯到心理学上的各种本能活动而为其根本，事实上原分不开的。

　　这里又须知：（一）并非所有一切对外应付之事，无例外地都要通过大脑以高级神经活动出之，而是亦有不少直接出自机体生理的反射或本能的对外应付活动。所以只说对外应付主要在大脑。（二）说对外，虽主要是指身外的自然环境或社会环境而说，但有时机体内部感受刺激亦通过大脑而起着内脏功能种种调整应付作用。说大脑主要在对外者，此外非定指

身外；从生命来说，一切所遇莫非外也。¹

说人心虽应当是说人类生命的全部活动能力，然此生命活动能力既从进化发展而来，还在不断发展之中，未知其所届，所谓"全部"是很难讲的。而且发展到人之后再向前发展，总不过是可能性的更发展——更发展出有可能如何如何——而非发展出一定的新面貌，所以又是很难讲的。²因此吾书于此只是简略地就一般人的一般情况有所阐说而已。所谓一般人的一般情况者，即略去了如下种种不同：

略去人类初现尚在未开化之时和其后社会文化发展下的很大不同；

略去人的个体从初生婴儿到童年到少壮到衰老的种种不同；

略去各不同肤色种族的多少有些不同；

略去男女两性的不同（有些处亦谈到，顾不及详）；

略去有失于健康生理时（病变）的许多不同。

此外则人的天资不同，智愚贤不肖之间个别差距有时甚突出，亦为言人心者所不可不知，而此亦不及详也。这里点明这些不同出来，意在提醒读者莫忽忘人心之发展不住，变化不定而已。读者诚不忽忘于其恒有发展变化，而又能把握其间共同一贯之处，则吾书致力以求者为不虚矣。

一般之言人类心理者，大抵着眼在个体生命上，虽亦有所谓社会心理学之类，而于人类社会发展史中随有之人心发展顾未之及。人类生命既重在其社会生命一面（见前），是岂非重有所遗漏乎。如我所见：人类在其个体生命一面固然随着身体从幼小成长起来的同时而有其心理之开展成熟的过程，在社会生命亦复同样有之。原始社会正像一个幼儿，社会发展到末后共产主义成功，便像是其长大成人。在此社会发展过程中，正亦有其身的一面和心的一面之可见，并且亦是随着身一面的发育成长而心一面开展成熟的。吾书于此，行将具言我之所见以就正于读者。

任何一种学问均必由浅入深，由近及远，由常人所及知者引入其所不及知。普通心理学所研究的人心，是在现前实际生活上起作用的人心，吾书自当亦由此入手。然吾书虽在起首，即不能不有哲学意味。上文固曾说

---

1 然而同时从生命来说，一切问题又莫非内也；容后详之。

2 读者或不明我此言之所指，且待全书读竟自可明了。

过心理学不同其他科学，它是介于科学与哲学之间的一种学问。哲学似为深远之谈，而其实则眼前随处就遇到，避免不得。虽无可避免，却不作深谈。必待末后乃引入形而上学[1]，有所透露。尤其在介绍古东方学术时，势须谈得稍多。此即是说：吾书言人心，将从知识引入超知识、反知识，亦即从科学归到形而上学，从现实生活上起作用的人心归到宇宙本体。——此愿为预告于读者。

认识人心，既须照顾全面，又贵乎得其要领。否则，博而寡要，斯亦不足取也。此即上文之所云必在不忽忘人心恒在发展又变化多端的同时，要能把握其共同一贯之处。又上文所云，为当从现实生活上起作用的人心来讲起者；下文即试为之。

扼要地问一句：何谓心？心非一物也；其义则主宰之义也。主谓主动；宰谓宰制。对物而言，则曰宰制；从自体言之，则曰主动；其实一义也。心之与物，其犹前之与后，上之与下，左之与右，要必相对待而有见焉。如非然也，心物其一而已矣，无可分立者。

客有以如何认识人心为问者，吾辄请读《毛泽东选集》。毛泽东善用兵亦善言心。选集中《抗日游击战争的战略问题》《论持久战》两文，人见其言用兵也，我则见其言心。前后两文中，一皆列举主动性、灵活性、计划性之三点以言用兵，而要归于争取主动。实则此三点者，非即人心之所以为人心乎？用兵要归于争取主动，同样地，整个人生亦正是要归于争取主动而已。盖人生大道即在实践乎人心之理，非有他也。

今我之言心，即将从此三点者入手而申说之。当然，我借取他的话来讲我的话，如其有不合之处，其责任在我；读者识之。

《论持久战》等两文非有意乎讲人心也，却在无意中指点出人心来，此即其所云"自觉的能动性"是已。主动性、灵活性、计划性三点是自觉

1　此处"形而上学"一词，沿用自古希腊哲学家，盖以讨究宇宙本体等问题为事者。其作为一种与辩证唯物主义相对立的思想方法，为今时所讥称的"形而上学"一词，根据《反杜林论》，盖原于"最近四百年"（恩格斯文内语）自然科学知识初盛之时一般习用之观察自然事物的方法而来，既有所不同于古代本义。在恩格斯且曾说：形而上学的思维方法依所研究对象在一定领域中是合用的甚至是必要的。（见《马克思恩格斯文选》[两卷集]，卷二，第131页）

的能动性之内涵分析。同时，又无妨把自觉的能动性简化而称为"主动性"。说主动性，是又可以涵括灵活性、计划性两点在其内的。

人心非一物，不得取来放在面前给大家去认识。但人莫不有心，凡我之所云云，却可各自体认之。心为主宰之义，以主动、宰制分析言之，是一种方便。其又曰自觉的能动性者，是另一最好的说法，来说明此主宰之义。以下分三点次第进行。虽分三点而各点相通，仍在说明一事也。凡此皆为说话方便，俾易有所体认而已。幸读者识之!

人类生命之特殊

生命发展至此，人类乃与现存一切物类根本不同。现存物类陷入本能生活中，整个生命沦为两大问题的一种方法手段，一种机械工具，浸失其生命本性，与宇宙大生命不免有隔。而唯人类则上承生物进化以来之形势，而不拘拘于两大问题，得继续发扬生命本性，至今奋进未已，巍然为宇宙大生命之顶峰。

关于宇宙大生命的话，这里要讲一讲。

在生物界千态万变，数之不尽，而实一源所出。看上去若此一生命彼一生命者，其间可分而不可分。说宇宙大生命者，是说生命通乎宇宙万有而为一体也。[1] 讲到生命，舍生物无以见之；而生物之为生物也，其必对照无生物而后见乎！请试对照来看。

任何一种无生物（石、金、柴等）如其与外界环境各种因素（空气、水分、阳光乃至其他）的影响隔绝，是可以保存着的。但生物则相反。它在这种隔绝情况下，就会死亡，不再成其为生物。生物一定要不断吸收同

---

1 尝闻一农家老妇云："别看我人笨，我的身体可真聪明。节气来到了，或是天气要变，它都先知道（指筋骨酸痛不适等）。"中国古医家每言人身病变与天地造化之气运节候息息相连通，相应知。大抵有宿疾在身者皆有此经验。是即宇宙人生一体不隔之明证。又曾见《参考消息》（北京出版）转载国外科学新闻，报导音乐可使乳牛增加产乳量，音乐又可使稼禾加速其生长率。此即生物界千态万变而实一源所出，看上去若此一生命彼一生命者其间可分而不可分之明证。

化其外界环境各种因素，以合成生活物质（此谓同化作用），又不断分解之，释放出"能"来（此谓异化作用）以活动。必如是，它才是活生生的生物。因此，最要领会到：说生物是不可能以其机体为限的。把生物有限的机体指目为生物之所在，是庸俗观点，不科学的，不合实际的，至多算一种方便说法。此即是：实在应该把这陈旧观念扩大，联系着机体和其环境当成一个总体来看，而不应该脱离那关系着生物机体所赖以生存的环境一切条件而孤立地看它。若能这样看，既不是孤立地看了，同时亦就不是静止地看。因为当我们联系着机体和环境时，岂不就是从其生物的生长、变化、活动过程来看了吗？生物既不可以其有限之机体体积为限矣，则亦岂可以其机体之有限生存期间为限？此在生物机体从其生殖机能而蕃衍不绝，固已显示之矣。

凡以有限之机体及其有限之生存，勾划一个生物观念者，只是吾人一种方便措置，俾便于涉思——亦即便于说话——而已；事实上却是划不出其范围界限来的。认识生命必先认识这不容限隔，亦无可界划之一义。[1]盖生命托于机体以为中心而联通于一切；既有其局守之一面，同时更重要的是有其通灵之一面。通是正面，局是其负面。然局守之一面世俗易见，其另一面通灵之无所限也，多为世俗所忽焉。

生命本性要通不要隔，事实上本来亦一切浑然为一体而非二。吾人生命直与宇宙同体，空间时间俱都无限。古人"天地万物一体"之观念，盖本于其亲切体认及此而来。此必从张目四望之散乱意识收敛、潜默、凝合到生命本身，亦即从有所对待转入无所对待方得。世俗或以为那所谓一体只是意识上把横竖不相联属的一切东西浑括在一起的一个假设（拟想）观念，未免无识可笑。[2]

1　1971 年 8 月看到如下几句话可供参证：生命活动体系除了包括机体本身外，还有总是和机体密切联系作用的物质环境。所以从广义上说实体结构不止指机体而是概括了机体以及其环境相互作用的整个物质系统。（《自然辩证法研究通讯》，1966 年，第二期，第 38 页。）

2　前于第三章中说到人类大脑主要在对外之时，曾申言此对外之云非必指此身之外，虽身体内部问题亦是外；从生命来说，凡其所遇到的问题何莫非外乎？然而晓得了生命通乎宇宙为一体，初无范围可言，正又可说一切莫非内，虽远在千里亦内出。何肝胆之非秦越；何秦越之非肝胆？盖生命虽必有所凭借却无形体，不占有一定空间，而一切空间又莫非它的空间也。

世俗错误盖由其见有空间，而不知空间之不空。在空间上亦即在事物上，人们为了便于一时的规划设计、操纵利用而有种种分划并合，而不悟其不可以当真。不悟其分也，合也，要不过理智之能事而一出于人之所为；其在宇宙大自然固漫然无限浑然一体耳，何曾分合之有哉！

特别是人们从其擅长分划的理智，极容易分划出空间上时间上的自己个体来，而外视一切，若不相干。此一错误观念，在理智分别不足的动物却不会有的；相反地，它生活于本能之中，一片天机，倒仿佛较为接近于生命的一体性。但其实不然。人们的错误出于后天人为，能错的就能对。当人类知识进步，从意识上去分的，不难还从意识上合起来，纠正了那错误。这是一层。更重要的一层尚在其后，那就是亲切体认到一体性。而在动物则于此之错也对也皆无可谈，可为其陷于本能生活，缺乏灵活自由之故。其卒陷于本能、缺乏自由者，则为其得从本能解决了两大问题而自安自足，不更向上奋进争取自由之故。原夫生物之图存也，传种也，无非延展生命之向上奋进于不断不绝。今乃为图存而图存，为传种而传种，迷失其向上奋进之本性，其于宇宙一体之大生命岂不有隔阂？其仿佛较为接近一体性者，岂不就限止在仿佛较为接近上而已耶？

前于第五章讲灵活性时，曾说过：

> 生物进化初非有目的有计划地前进，第从其一贯争取灵活若不容已之势而观之，恰似有个方向耳。然在进程中始终未曾迷失方向者亦唯脊椎动物有人类出现之一脉。其他物种所以形形色色千差万别，正不妨说是种种歧误之先后纷出。前说它们一一止于其所进之度者，盖既陷于歧误乃往复旋转其间耳。

今更申明其义。如前所明，生命之在生物也，既有其局守之一面，同时复有其通灵之一面，而生命本性则趋向乎通。生物进化即从局向通而发展，亦即向于灵活主动而不断地争取。然其发展也不一其途径，亦即不一其如何图存如何传种之生活方法。生物类型种别千千万万之不同，即此图存传种方法之不同耳。旷观生物界之历史发展，其中唯有从原始生物经历脊椎动物终于出现人类之一条路线，其通的灵敏度步步增高，高至人类犹且在不断向上争取，信为能贯彻生命本性者。其他则有不少曾一时蕃殖称盛，顾已灭绝不传者；亦有见其既进而复退者；其现存于今者自是极大多数，却各止于其所进之度，一似长途旅行或于此，或于彼，或先或后，而休歇焉。对于贯彻始终不迷失方向者而言之，岂不为歧误之先后纷出乎？

寻其所以致此之外缘内因，头绪复杂纷繁，谁能道其详。姑试从内外两方抽象地一推论之。譬如古生物之绝种不传者，大抵为其生存条件的环境骤然大变，而不能适应之故。此由外缘所致，或有不可抗者在。然可抗不可抗总是相对的；能适应不能适应，要亦视乎生物本身之如何。其若不可抗者，得毋有生物本身之发展有偏，临变不能回旋应付之因素在耶？假如不落一偏，其或能灵活应变焉，未可知也。此本身发展方向之有偏，即我所谓歧误之歧也。而歧则由误来。何以言之？

夫生命固时时在发展变化，不断适应环境之有变，将度过一关一关以赓续向上也。当其所向之偏也，果谁使之？——谁使其发展之失乎中耶？发展是它自己发展，失中是它自己失中，无可归咎于外。窃以为是必其耽溺于现前方法便利，不自禁地失中耳。质言之，是其所趋重转落在图存传种之两事，而浑忘其更向上之争取也。如上文所云，现存动物得从本能解决了两大问题而自安自足者，正同属此一回事。即此一息之懈，便违失生命本性。我所云歧误之误，盖指此；我又云歧由误来者，胥谓此也。读者毋疑吾言之落于唯心论也，试看生物进化中既进而复退之寄生动物（附着于其他有机体而不复动），讵非耽溺现前生活方法便利而违失生命向上之显例？在从原始生物经历脊椎动物终于出现人类之一脉，其步步发展总不迷失方向者，亦岂有他哉？正无外向上奋进曾不稍懈而已。是则问题只在懈不懈，岂不明白乎？

前既言之，生物进化即是从局向通而发展；其懈者，滞于局也。滞于局者，失其通。吾故谓现存生物于宇宙大生命之一体性都不免有隔。盖自一面看，一切生物说，通都是通的；而另一面看，则其通的灵敏度大为不等。人类而外各视其在进化程中所进之度可以决定其通灵之度。唯人类生命根本不同，只见其进未见其止，其通灵之高度谁得而限定之耶。其独得亲切体认一体性者在此矣。

谈人类心理发展史

　　此章为吾书临末结束之文，非有前此未曾道出之新义，要在汇合前后各章有关论点而重温之，从而读者可得一非新而似新之概括观念：人类心理时时在发展中，其发展趋向所在若有可睹。

　　为行文方便分条来进行如下。

　　1. 吾书第一章即揭出人心实资借于社会交往以发展起来，同时，人的社会亦即建筑于人心之上，并且随着社会形态构造的历史发展而人心亦将自有其发展史。此人心之随社会发展而发展，则第九章以"人资于其社会生活而得发展成人如今日者"为题，略有所阐说，可参看。

　　2. 说人心是总括着人类生命之全部活动能力而说，人的全部活动能力既然从生物演进而得发展出现，且"还在不断发展中，未知其所届"（见第三章），是则必有其发展史之可言。但社会形态的发展古今较易比观而得，人心之发展史惜尚未能明切地细致地分析言之耳。

　　3. 恩格斯有"劳动在从猿到人转变过程中的作用"一文，即是略说人类身心由于生产劳动而得其发展。第八章援引其文，就人与自然界相互间的影响关系，申论人的身心在发展，同时，自然界亦为之而改变，便有了整个宇宙从古至今的演化史。

　　4. 人心的一切发展皆见于其身，身心发展相应不离。心的活动主要在大脑神经，第五章引据《神经系的演化历程》一书，指出人的机体构造在今天曾未成定型，是即人心时在发展中之一明征。

现存各大洲土偏远地带一些未开化之民或浅化之民，其视历史悠久富有文化文明之国民所不同者，既在文化文明上，更且见于其身体肤发间。例如见其头颅型式，指纹型式，以至见于其体表胸前四肢甚或颜面之多毛。人类学家于此多有研究。其文化文明之浅陋是即其心的发展历程短浅，而其浅也同见于其身矣。

5. 然须晓得：论知识积累，智力开发，在往古虽不逮后世，而论心地感情则古人诚实笃厚又大非后世人所及。世界各方各族情况不可一概而论，但于此则大抵不相远。此亦犹之个体生命，人当幼小时的天真无欺乎？风俗人情古厚今薄，万方同概。[1]

6. 原始人群长期为小集体生活，紧密于内，疏隔于外，个人完全沉浸在集体中，恒若只有其群的意识而难有各自人的意识之可言。氏族社会的历史甚长甚长，入后而内部渐有分化，亦或以被侵夺于外而有分化，个人意识之萌苗发达终不可免。由此而人情风俗渐起变化，欺诈与暴力俱时而兴，其势有可以想见者。当然亦就有了其反面的否定欺诈，否定暴力。

7. 然集体由小而大，或始于族姓之别，或渐属阶级之别，大抵界别分明严著；在集体内部总是不许可欺诈与暴力的，而在对外时则无所谓，甚

1　录取恩格斯一段以资参考——

　　在爱尔兰住了几天，我重新生动地意识到该地乡村居民还是如何深刻地在氏族时代的观念中过着生活。农民向土地所有者租地耕种，土地占有者在农民眼目中还俨然是一种为一般人利益而管理土地的氏族长；农民以租金方式向他纳贡，但在困难时应得到他的帮助。该地并认为，一切殷实的人，当他的比较贫苦的邻人有急需时，须给予帮助。这种帮助，并不是施舍，而是较富有的同族人或氏族长理应给予较贫苦的同族人的。经济学家和法学家抱怨爱尔兰农民不能接受现代资产阶级财产观念，是可以理解的；只有权利而无义务的财产概念，简直不能灌输到爱尔兰人的头脑中去。当具有这样天真的氏族制度观念的爱尔兰人突然投身到英国或美国的大城市里，落在一个道德观念和法律观念都全然不同的环境中，他们便在道德和法律问题上完全迷惑失措，失去任何立足点……（见《马克思恩格斯文选》[两卷集]第二卷，第284页小注2）

　　这段话是同《共产党宣言》指出资本社会"使人与人之间除了赤条条利害关系之外，除了冷酷无情的现金交易之外，再也找不出什么别的联系了"恰相印证的。从而见得：（1）世界各方各族风俗人情的厚薄总是有今不如古之叹；（2）同在十九世纪同在欧美而各地区之间，城市与乡村之间风俗人情竟然大不相同，不容漫然不加分判。至于在东方，在中国，更有当别论者。

且认为当然之事。此所以集体（或社会）范围之步步拓大，正是社会形态发展可见之一面。此一面之历史发展在今天尚滞留在一国之内，或且一阶级之内。其在国家对国家，阶级对阶级，则方在发展中，方在容许不容许之疑似间。是必在未来共产社会大同世界乃举世公认地不许可欺诈，不许可暴力耳。

8. 马克思所为社会发展史分五阶段之说，是就社会生产方式次第升进以为分判，而社会生产方式不同，则决定于财物（主要是生产资料）归谁掌握享有——氏族共有，或奴隶主享有，或贵族僧侣享有，或资本家享受，最后为社会公共所有。财物者，吾人所资以生产和生活之物也。凡物之于人有二义焉：人类一切手脑创造活动之对象，一也；人类所资取依赖以存活者，二也。由此二义转生第三意义：当人类脱离自然状态而进入一定社会组织关系后，一个不能掌有物，对物不能自由利用的人，便失去独立自主，恒将听命于控制着财物的人。换言之，此时谁控制了物亦将控制乎人。奴隶制社会中奴隶全失去独立自主，封建制社会中农奴半失去独立自主，资本主义社会中劳工势必听命资本家。唯在今后历史发展出共产主义社会中，人乃归复其原初自主地对物活动焉。心为主动，物为所动，一切活动莫非出乎此心而有资于物。社会发展五阶段者，人对物的关系先后转变不同之五阶段也，即从而显示着人类心理活动的发展变化史。

9. 此人类心理活动的发展变化史概括言之：自古历来的社会发展直到资本主义高度发达时，均属身心自发性的发展时期；必待社会主义世界革命起来乃进入人类身心自觉活动时期，发扬其自觉性以创造其历史前途焉。

身心不可分而可分——见第十、第十一、第十二各章。自发性的社会发展盖发乎身体而心为身所用的时期。反之，科学的社会主义革命正由人类自己认识到其社会发展的前途所在，主动地负起历史使命而行，自觉性取代了自发性，恰便是进入了身为心用的时代。

人类所不同乎动物者，原在其有意识；但初时意识尚在蒙眬，比及资本主义时代人的意识可谓明利矣。顾其明利者个人意识耳。社会生产陷于无政府状态，造成周期性的经济恐慌，人人各自为谋而缺乏社会整体意识也。是故前期历史不名自觉，自觉之云，唯在后期。心理发展，分划昭然。

10. 人在个体生命上，随着身体发育从幼小成长起来的同时，有其心理之开展成熟的过程。此表见身先而心后的过程，在社会生命上同样可见，如上所云社会发展史自发在前自觉在后者是已。盖远从低级生物之进于人类，一切生命现象原是随身（生物机体）的发展而后见出心来的。

11. 心随身来是固可见之一义，然在身心关系上其趋势却是此身卒因心之发展而随以降低到身为心用之地位。人类活动率皆以外物为对象，甚且以对外物者对其身。如西方医家治病，是其显例。此盖从吾人意识活动之常途而务为冷静察考外在之所遇者。其探讨精明，积渐深入，成就得近代至今的各种科学，全赖于意识内蕴之自觉不忽。古东方学术有异乎是：不务考究外物而反躬以体认乎自家生命，其道即在此自觉心加强扩大，以至最后解脱于世俗生命，如第十三章述及古东方三家之学者是。此盖文化之早熟者（如我所屡屡阐说），正为世界未来文化之预备。其中如古道家之学，古儒家之学之复兴正不在远。此学术发展史，非即人类心理发展史乎？

12. 人类原不过以自然界之一物而出现于地上，顾其后以文化文明之发达进步乃逐渐转而宰制乎自然界浸至腾游天际攀登星月，俨若为自然界之主人如今日者，此人类能力之日进无穷，岂非就是人类心理发展史乎。

13. 就人类心理涵有理智、理性（见第七章）而分别言之：科学技术之发明创造，人得以制胜乎物而利用之者在理智；社会人情渐以宏通开朗而社会组织单位益见拓大以至"天下一家"者则要在理性。此其两面相资有不待言；合而言之，便是人类心理逐渐发展史。

14. 人类是由脊椎动物界趋向于发达头脑（见第五章）卒于成就得其理智生活之路者。理智由其萌苗而成就，自始得之于有所减损而非有所增益（见第十二章）；减之又减而理性即不期而然地从以出现（见第六章第四节）；人类生命之特殊在此焉（见第六章第五节）。就人心——人类生命——而言之，理性为体，理智为用（见第七章）。而言乎人类文化文明之创造也，理智为科学之本，理性为道德之本。言科学，则从自然科学进而有社会科学；言道德，则先有循从社会礼俗的庸俗道德，至若自觉自律成风其唯著于社会主义进入共产社会之世乎？社会主义思潮先为空想的，后乃进而为科学的，即是偏乎理性要求的进而为理性与理智合一的，亦即主观理想与客观事实合一的。道德原不外人生之实践而已（见第十七章），正为其事实之如此也，人生所当勉励实践者亦即在此。"理想要必归合乎事实"，早在吾书第一章指出之。人类负起其历史使命，勉励为共产社会之实现，那便是向着道德世界努力前进。而其前途则将从道德之真转进于宗教之真（并见第十八章第二十章）——一部人类心理发展史至此说完。

15. 人类心理发展史其有完乎？无完乎？吾不能知，不能说。这却是为何？道德唯在人类乃有可言，为其唯一能代表向上奋进之宇宙本性以贯彻乎争取主动、争取自由灵活也（见第十七章）。比至社会主义世界革命，达成全人类大解放，社会上自觉自律成风，呈现了真道德，却总不出乎世间法。世间法者，生灭法也；生灭不已，不由自主。争取自由者岂遂止于此耶？有世间，即有出世间。宗教之真在出世间。于是从道德之真转进乎宗教之真。前不言乎，人类有出现即有消逝，却是人类将不是被动地随地球以俱尽者，人类将主动地自行消化以去（见第十八章末尾）。此在古印度人谓之还灭，在佛家谓之成佛。然而菩萨不舍众生，不住涅槃，出世间而不离世间。夫谁得为一往究极之谈耶？然尽一切非吾人之所知，独从其一贯趋向在争取自由灵活，奋进无已，其臻乎自在自如，彻底解放，非复人世间的境界，却若明白可睹。不是吗？

《乡村建设理论》自序

　　当我将中国问题认识清楚，并将它的前途想通了的时候，让我不能不叹息佩服许多过去的和现在的有识之士，他们没有多少凭借而见事那样的确，真是聪明！随举眼前遇到的来说罢。那日看《世界日报》（1926年1月某日）有《中日关系的透视》一文，其中引用素日研究中国社会的斯密斯博士（Arther Smith）说："中国如无外面力量而欲进行改革，正如要在大海中造船一样。"这是多么罕譬而喻呢！后一两千年的中国文化入于盘旋不进的状态，其自身永无从发生革命，完全从这句话给点透了。往日又曾见曾劼刚先生（纪泽）答友人书有云："世界日辟其机自外国动之，其局当于中土结之，其效即不在今日也当见诸千百年后。"横的东西两世界，纵的千百年历史变化，一语论定无遗。距今五十年前能说这话，又是何等的远识卓见！像这一类的高明识见，我从各处遇着的还有，不过一时举不出来许多。

　　高明有识之士，是见到了；一般人还是见不到。像斯密斯的话，多数中国人大概都不懂得。像曾公的话，多数中国人更相信不及。天下事，明白的人自是明白，不明白的人总是不明白，这又不能不让我长叹息！在这里或者就用得着我这不算聪明也不算笨的人了吗？我没有将复杂问题一眼看透彻的聪明，但我有抓住问题不放手的研索力，就会有被我弄通了的一天。从这困勉工夫也能将高明人见到的而我也见到了。这本书，就是困勉研索的结果，正好给高明人的话作注解；给不明白的人作桥梁。

前些日又见美国名著作家丕斐（Natheniel Peffer）到沪，在太平洋联会席上演讲"远东问题之局外观"，对中国前途似示惋惜又怀疑问。他说：

> 欧西人士，今日已深感到陷入漩涡，无法自拔之苦；而远东方面不引为前车之鉴，反思效尤，其结果岂不将同出一辙乎？日本早已从乎欧西之后，今日更无选择之自由。乃中国年来所采取之途径，概括言之，也不过锐意发展物质建设与提倡民族主义两者。此殆由某种环境之影响，中国人士或认为非采此途径不可；然循此途径以往，将来所生之结果如何，实为一极端耐人寻思之问题也！（见 1926 年 1 月 13 日《申报》）

我于此有两层感想。一是像丕斐先生所惋惜而怀疑的，大概多数中国人（尤其是所谓有知识的人）都不能了解；他们在今日除了发展物质建设和提倡民族主义外，真是没有第二个念头。他们或者要反问丕斐：你不赞成我们这样干，你叫我们怎样干呢？又一感想是可惜丕斐先生没有读到我这本书，他读到也许疑闷之情为之豁然吧！丕斐先生的心境倒不是我很关切的事；我所关切的是怎样让多数中国人能了解丕斐先生对中国前途的惋惜之意。假令这意思得到多数中国人了解的话，那末，我的主张也将不难获得同情了。

这里面的见地和主张，萌芽于民国十一年，大半决定于十五年冬，而成熟于十七年；曾讲于广东地方警卫队编练委员会（题为《乡治十讲》），自十八年春欲将全盘意思写定成书，中间屡作屡辍至今七八年未成。今天这本书，前一小部分是自己写定稿，后边大部分只是同学听讲笔录的一种删订，所以称"讲演录"。不过在政治问题经济建设各段中颇有自己动笔之处，所以又不像讲时口气了。希望将来能通体写过一遍。今只为外间总不明白我的意思，先杂凑出版，以求教于各方，其中自己不惬意处是很多的。二十六年二月十三日漱溟记。

总计在邹平六年间，前后讲此稿不下五次，末后在济宁也讲过一点大意；其时为余任笔录者有李澂、侯思恭、张汝钦、郝心静、王静如、李萧、吕公器诸子。今附志于此，示不忘诸子之劳。漱溟又记。

乡村建设是什么？

"乡村建设"一词现在已很流行；但其内容意义如何，则人多有望文生义，不免误解者。最显著的例，如在《教育与民众》4卷8期上张宗麟先生所提出的七个问题。他问道："在今日的中国是否需要乡村建设？去年大熟，农民依旧没吃，……所以乡村建设成功以后，是否于农民有真正利益，倒是一个大疑问。"又问道："乡村建设究为着什么人？大多数的银行家特派专员注意农村建设。……表面上看来，好像为着农民；实际上好比喂养肥猪，不是为着猪，而是为着吃猪肉的人。"虽末后结论上他还是肯定的赞同乡村建设；却是从他话里面，见出他已经错解了乡村建设。其意若以为乡村建设只是一种农村生产之增加，富力之增加而已。照他的意思讲下去，则遗误何堪设想，不能不提出来一为申明解答。

一般人对于乡村建设，常容易犯两种误解：一、误解为一乡一邑小范围的事业；二、误解为经济一面的事业。张君的误解差不多就是误解乡村建设为片面的经济事业，同时第一点误解亦连带在内。乡村建设当然包括增加农村的生产与富力的意思；乡村建设当然是建设在乡村。不过，就看成是这样子，实在太狭隘。狭隘本来不能算错，但是如此狭义的乡村建设，为事理上所不可通的，也是事实上不可能的，因此便不能不说为错误。

我们要知道，整个中国社会现在日趋破坏，向下沉沦，在此大势中，其问题明非一乡一邑所得单独解决。局部的乡村建设如何可能！即如破坏乡村的力量很多，而以眼前中国的政治为最大破坏力。但是政治的影响又是哪一处局部的乡村所能逃的呢？假设因为中国政权分裂的方便，或有局部的地方，其政治情况较好，但又如何能够逃得出那无远弗届，无微不入的经济影响呢？譬如邹平一县，划为县政建设实验区后，在政治上所受不良影响当然可以减少；但是，丝业恐慌，棉花价低，粮食跌价等等影响，是遮拦不住的。所以凡以为乡村建设是小范围的事，是从局部来解决问题者，都是错的。同样道理，片面地从任何一方面求乡村建设，亦为不可能。生产增加，不单是经济技术一面的事，乃与经济上各种问题皆有不可离的关系。富力增加，亦不单是经济一面的事，乃与社会各种问题皆有不可离的关系。所以乡村建设天然包含着社会各种问题的解决；否则乡村建设即为不可能。那种事理所不容有的说法，当然是错的。粗略言之，与生产技术进步，最有关系者，是农民合作组织之发达，而合作组织之发达，天然有农民教育程度增高、农民势力强大等等事实包含在内。事实上农民且将成为中国之主人翁，如何会成为张先生所说的被宰割的肥猪呢。我可以断定地说，这只猪或者它将饿死而不能肥；但是它如果能肥的时候，亦一定是它变成人的时候。此其所以然，一面是有一般的理由，一面是有今日中国特殊的理由。若看清今日中国社会的情势，认明今日中国问题的性质，就可以知道它必定如此。

我在山东乡村建设研究院讲"乡村建设理论"，曾经分浅深四层来说：

一、乡村建设运动起于中国乡村的破坏，即是救济乡村运动。

二、进一层言之，起于中国乡村受政治的影响，无限止的破坏，迫得不能不自救；乡村建设运动实是乡村自救运动。

三、乡村建设运动是应乎积极建设之要求，为我民族社会的新建设运动。

四、进一层言之，今日中国问题在其数千年相沿袭之社会组织构造既已崩溃，而新者未立；欲谈建设，应从建设一新组织构造谈起；乡村建设运动实为从新建设中国社会组织构造之运动。

乡村建设真意义实在第四层。我曾有几句话说明此意，引录于次：

　　人非社会则不能生活，而社会生活则非有一定秩序不能进行。任何一时一地之社会必有其所为组织构造者，形著于外而成其一种法制礼俗，是即其社会秩序也。于此一时一地，循之由之则治，违之离之则乱，是在古人谓曰治道。中国此时盖其社会组织构造根本崩溃，法制礼俗悉被否认，凤昔治道已失，而任何一秩序建立不成之时也。处此局中者，或牵掣牴牾，有力而莫能施；或纷纭扰攘，力皆唐捐；或矛盾冲突，用力愈勤而损害愈大。总之，各方面或各人，其力不相顺益而相妨碍，所成不抵所毁，其进不逮其退。外国侵略虽为患，而所患不在外国侵略；使有秩序，则社会生活顺利进行，自身有力量可以御外也。民穷财尽虽可忧，而所忧不在民穷财尽；使有秩序则社会生活顺利进行，生息长养不难日起有功也。识得问题所在，则知今日非根本上重建一新组织构造，开出一新治道，任何事不必谈！

既然是建设范围在整个社会，而不止于乡村，何为而名之曰乡村建设？要解决的问题既于社会各种问题无所不包，何为而名之曰乡村运动？此有三点可说：

一、此建设工作或解决中国问题的工作，必从乡村入手；

二、此建设工作或解决中国问题的工作，必赖乡村人自身的力量为主；

三、此建设工作或解决中国问题的工作的完成，在实现政治重心经济重心都植在乡村的一个全新组织构造的社会。

关于此意，我曾在《山东乡村建设研究院旨趣书》上说过几句话：

我们要认清我们的题目，握定我们的纲领。题目便是辟造正常形态的人类文明，要使经济上的"富"、政治上的"权"综操于社会，分操于人人。其纲领则在如何使社会重心从都市移植于乡村。乡村是个小单位社会，经济组织、政治组织皆天然要造端于此的；一切果从这里建造起来，便大致不差。恰好乡村经济建设要走"合作"的路，那是以"人"为本的经济组织，由是而政治亦自形成为民主的。那么，所谓富与权操于人人，更于是确立。现在所急的，是如何遵着这原则以培起乡村经济力量、乡村政治力量；这培起乡村力量的工夫，谓之乡村建设。——乡村建设之所求，就在培起乡村力量，更无其他。力量一在人的知能，二在物质；而作用显现要在组织。凡所以启发知能，增殖物质，促进组织者，都是我们要作的。然力量非可由外铄；乡村建设之事，虽政府可以作，社会团体可以作，必皆以本地人自作为归。

昨天看见报上行政院汪院长的谈话，有"政府深切感觉中国最急要之事无逾建设；建设中最急要者，尤当以农村复兴为中心"等语。其大体意思自是很对。可是我们要借此申明一句话：中国现在南北东西上下大小的政府，其自身皆为直接破坏乡村的力量。这并非政府愿意如此，实在它已陷于铁一般的形势中，避免不得。乡村建设的事，不但不能靠它，并且以它作个引导都不行。乡村建设天然是中国社会的一种社会运动，要靠知识分子来引导，要靠乡村自身为主力。政府最贤明的政策，是间接地与这种运动以种种的方便，而助成其事，却不是政府包揽负责来作。——此固为社会形势所不许，事实上无论如何不会有的。社会一般人如果以此期望政府，便是增加乡村的破坏。政府如果真这样负责直接来作，便增添政治的纷扰并且扰乱社会。我们祝望政府当局有此自觉，而善用他的力量！

略述乡村建设运动要旨*

兄弟很久就想到四川来。四川虽未到过，朋友却很不少，所以很久就想来。这次来，并承很多朋友到机场相迎，实在不敢当，趁此致谢。

今天市府约我到此讲演。今天要谈的，还是我们在国内提倡的乡村建设运动。乡村建设运动是什么？是中国民族自救运动的最后一个运动。

中国在近百年因为和世界大交通，所以就让这个老的国家陷入新的环境之内，被动的环境包围，受新的刺激，继续不断的变化。因为老的文化不能适应新的环境，不能不变。中国两次革命，无非都是中国人想变化以适应新环境。不过在多次的变法、维新、革命之后，都未达到完成民族命运向上的道路。民族仍在不幸的命运中，向下沉沦，始终没有完成民族自救，民族向上；在这时，就发生了乡村运动。

乡村运动，说远是在民国十年，最清楚是在民国十五年，开展还是在北伐完成以后。民国十五年的北伐，在民族自救运动，有很大的力量；乡村运动就是跟着这时起来的，而开展却是北伐完成以后。这就是说，在北伐以后，还不能看见民族自救运动的好转；这时乡村运动能够格外开展，不啻就是要来完成历来所未完成的民族自救工作。所有前此的维新、革命诸运动，在历史上说，却是不得不有的，但都好像没有完成民族自救，没有完成革命乡村运动，就是完成这个民族自救，完成这个革命的工作。它

---

* 1937 年 6 月 4 日在重庆青年会对中等学生演讲。

是民族的最后觉悟，它是民族自救运动的最后一幕。这是第一层话。

如大家要问，乡村运动它想完成的，与它主张的究竟是什么？从消极方面说，它反对中国民族社会内部的一切斗争、破坏，更反对任何名义的一切国内的战争与破坏。

为什么反对？有两点：

第一点，因为我们看，中国革命，不是中国自发的革命。普通社会的革命，都是从社会内部爆发，而中国革命却是自外引发，这个话细说很长，本来中国历史上没有革命，只有一治一乱的循环。

倘若没有世界大交通，清朝皇帝也许会倒，但起来的也许又是一个明太祖，而不会有孙中山先生领导的三民主义革命。孙中山先生所领导是近代式的革命，无论是 1911 年，或者 1927 年的革命，都不是中国历史上所有的，如明太祖一类的改朝换代。这种自外引发的革命，即表示其由于阶级与阶级间所引起的问题小，而由于民族与民族间问题则大。整个中国是一个民族问题而不是阶级问题。阶级革命就需要内部斗争破坏才能完成。因为是自外引发的革命，就不需要内部斗争。要向外斗争吗？这也不多〔够〕。真正的需要，可以确切地说，只是中国本身的进步。中国本身进步，才能得到国际平等，才能达到中国民族自救的地步。内外都不需要斗争，需要的是进步，是新的建设，因为中国革命是自外引发的。

第二点，因为乡村运动起于两度革命之后，北伐之后。如果中国革命还需要推翻破坏社会秩序的话，就大体说已经过去了。中国在北伐以前，都是社会秩序缺乏，法律无效而不是有一个不平等的秩序。如果是秩序缺乏，就须要作秩序建造工夫。中国不是秩序不平等的问题，而是秩序建造的问题。所以两度革命之后，更需要秩序建造，而不是斗争的革命。

这是说明我们消极一面的主张。

再说我们积极主张的一面。可以说我们所标的建设二字，便是我们积极主张。但我们所需要的建设，是革命的建设；我们反对盲目的建设，没有方针的建设。

我们的方针呢？很简单，就是要从农业引发工业，我们要从乡村进步去繁荣都市，反对从商业的路子繁荣都市，反对离开乡村繁荣都市。

这时我们需要明白西洋社会，乃至日本社会，他们所走的路线，恰是与我们相反的那个路子。大家知道英国是工业最先发达的国家，但英国工业不是建筑在自己社会上的，英国工厂的开门关门，开工停工，完全看他东方的市场、中国市场的销路如何而定。他的工业，不建筑在他本国社会上，而建筑在国外殖民地。他从国外取原料找市场。他的工业离开乡村，不由农村引起来，不从乡村繁荣，而靠外面的殖民地。日本人学西洋也是这个样子。

走这个路子，离开农业，发展工业，离开乡村，发展都市，结果都市畸形发展。英国社会的阶级矛盾，都市与农村矛盾，日本军人与农人一边，政党与财阀资本家一边……也是矛盾，这些矛盾，就是因为都市离开乡村才发生起来的。

我们所需求的，是农业引发工业，农业起来的时候，工业随之起来。农业技术的进步，化学品机械，农产制造，需要工业。更其在生产提高之后，农民购买力也抬头，也需要工业。这两面对工业的需要，自然会刺激起工业的发达，这就是对。因为这样，农业工业可以扣合，而这起来的工业是为中国而有的工业，不是要到外国去找原料找市场的工业。我们要从乡村的进步去发展都市，因为都市就是社会的中心点。在散漫的大社会中，当然需要中心点，经济、政治、文化的中心点。都市的发达自乡村来，就是自然；都市为末，乡村为本，这是合乎本末先后的顺序。

英国人有百分之二十在乡村，有百分之八十在都市，这很不对；因为他们专门靠工商业吸收外国的膏血来养自己，是不对的。这种工业是为营利而生产的。我们要完成的中国新经济，是非营利的经济，是社会化的经济，社会主义的经济，这要从农业引发，自然完成中国民族的经济建设。

我们的正面主张，是从农业引发工业。这个工业是最近代的工业。非有高度工业不能提高中国文化，可是要用工夫在农业上，不能起手于商业。工业要走统筹计划的路，反对走资本主义的商业道路。

末了，点明我们的主张。

我们认定须要以建设完成中国革命，从进步达于平等，不是从破坏达到的。

这是头一层话。

再说，我们的正面主张。我们之所以要讲乡村建设，是要求中国之普遍进步，平均发展。中国农人占全人口的百分之八十，内地最不进步，我们一定要求平均进步发展，如不求这个，我们将不知道要领导中国到什么地方去？领导中国革命要从最不重要的地方下手，从最不进步的社会下手，否则，就是酝酿最不必有的革命。

如从此主张，将完成一个新的社会。这个社会不同于西洋社会，也不同于日本，也不同于中国老的社会。这时将开出一个新文化，创造出一个理想的新社会。这是我们的理想，我们的要求，我们的主张。

由乡村建设以复兴民族案*

　　中国社会教育社于 1933 年春在南京召开理事会，通过以钮永键提出之"由乡村建设以复兴民族案"为二届年会（1933 年 8 月）讨论中心后，曾决定分为五组，均以此题各起草一提案。以下为著者（第一组召集人）起草之提案。其余四组提案从略。——编者

甲　民族复兴问题

　　（一）近百年来，中华民族之不振，是文化上之失败。

　　（二）文化上之失败，由于不能适应世界大交通后之新环境。

　　（三）五六十年来，时时变化，以求适应，但无积极成功，只是本身文化之崩溃。

　　（四）民族复兴，有待于文化之重新建造。

　　（五）所以民族复兴问题即文化重新建造问题。

乙　民族复兴之途径

　　（一）文化建造即社会组织结构之建造。

---

*　此提案刊载于《教育与民众》时曾以《民族复兴之问题与途径及乡村建设之要点》为题。

（二）中国新社会组织结构必肇端于农村。

（三）所谓乡村建设，乃从乡村中寻求解决中国政治问题、经济问题及其他一切社会问题之端倪。此端倪之寻得，即新社会组织结构之发现。

（四）新社会组织结构之发现在农村不过是一苗芽，此苗芽之苗长以至成长，都靠引进新的生产技术、生产组织，乃至一切科学文明。

（五）新社会组织结构之开展，以讫完成，即文化建造成功，亦即民族复兴。

丙　乡村建设要点

（一）乡村建设运动之到来为必然的。

1. 以民族自救运动屡次无功，乃有此最后觉悟。

2. 以乡村破坏日亟，乃有今日之救济乡村运动及乡村自救运动。

（二）乡村建设之目前工作，要在能为乡村发现一最简易之组织。其必要条件：

1. 由此组织而外间最易灌输新知识、新方法，或供给各种资料于乡村。

2. 由此组织而乡村内部最易引起多数人之力量，以渐形成一团体。

（三）同时，更要使国内得相当安定，开出机会以容乡村建设之进行。乡村建设运动，就是使国内得相当安定的力量。换言之，此机会必赖自己开出。

五老文萃

大师视角下的中国传统文化

冯友兰先生学术文萃

导　语

李中华

　　今年是中国文化书院建院四十周年。书院理事会决定在本年度举办一系列纪念活动，以回顾和彰显中国文化书院在四十年的漫长旅途中，为复兴中华民族优秀传统文化所付出的艰苦努力和取得的成绩，并总结经验、提升层次，在新的历史时期把书院办得更好。

　　回顾书院的历史，我们不能忘怀的是书院创院时的五位德高望重的学术老人。他们为中国文化书院的成立、发展和取得的成绩都付出了心血、作出了贡献，冯友兰先生就是其中重要的一员。

　　冯友兰先生（1895—1990），字芝生，河南省唐河县人。他是中国文化书院的创院导师和首位名誉院长，是中国现代学术史上杰出的哲学家、哲学史家和教育家，是中国哲学史学科的奠基者和中国哲学史研究范式的创立者，是中国哲学由古代向近现代转型的推动者，同时也是用现代学术方法，尝试建构完整的中国现代哲学体系的第一人。他一生的学术活动和学术创造，几乎与20世纪中国近百年的思想文化同步而行，是一位对中国哲学和中国文化在世界的传播作出重要贡献并具有时代性、民族性和世界影响的学术思想大家。

　　冯友兰先生一生，志道精思，年寿高古，殚精竭虑，勤于笔耕，故著述宏富，著作等身。其集中西文著述40余种，文章500余篇。其遗书集为《三松堂全集》14卷，600余万言。另有《冯友兰英文著作集》及《庄子·内篇》英译本。此外尚有各类选编的专题文集近20种，实可谓卷帙浩繁，洋洋大观。在其所有著作中，影响最大、流传最广者，莫过于冯友兰先生生前的概括："余平生所著，三史六书耳。三史以释今古，六书以纪贞元。""三史"，指20世纪30年代所著两卷本《中国哲学史》，40年代所著《中国哲学简史》和其晚年所著七卷本《中国哲学史新编》。"六书"，指抗日战争时期所著的《新理学》《新事论》《新世训》《新原人》《新原道》和《新知言》。"三史以释今古，六书以纪贞元"，这十二个字最能概括并反映冯友兰先生一生的学术追求以及他对中国哲学和中国文化的杰出贡献。

本书中冯友兰学术文萃的甄选，本着以"三史""六书"为核心的原则，共分六组，每组约收三篇到四篇可读性较强、影响性较大、有一定代表性的独立文章。又因篇幅和字数所限，所选文章尽量不从"三史""六书"中节选，以避免太多的重复。读者在阅读文萃的六组文章时，可与导语六部分相对应。

一

第一组所选三篇，是反映冯友兰历史观方面的文章。在历史方面，冯友兰虽然没有专门的史学著作，但对中国的历史文献及史料的掌握、对历史理论的娴熟、对不同史观的了解及运用，都达到了很高的水平。如论历史的两重性、论历史与传统、论历史的势与因、论历史的发展与历史人物的关系，以及对信古、疑古和释古的史学观和方法论的研究等，都有许多独到的思考和精辟的见解。

因此，冯友兰对中国哲学史及文化问题的研究，都是在一定的历史观指导之下进行的。他的精神境界和文化心灵都是以其敏锐的哲学睿智和浓厚的历史意识表现出来的。冯先生认为，任何事物都有它的过去，都有它的历史。地球有地球的历史，月亮有月亮的历史。哲学家和哲学史家所研究的是人类社会的认识史。就此而论，人类社会的历史，有如一条奔腾不息的长河，它包含着人类的善恶美丑，泥沙俱下，鱼龙混杂地从远古一直流淌到现在。

人类社会的历史本来是人类自己创造的，然而时过境迁，它就像一个站在浓雾后面的蒙面少女，扑朔迷离地向人类展示着永久的魅力。古往今来的历史学家、哲学家都使尽浑身解数，企图拨开蒙在历史上面的浓雾，揭开历史的面纱，以见少女之真情。但"历史中之事皆一往而不可再现"，"以往之事，已如此即永远如此，不可改易"。这就是冯友兰所谓的"本来的历史"或"客观的历史"。此处还有历史学家"写的历史"。历史学家写的历史与"本来的历史的关系是原本与摹本，或原形和影子的关系。本来的历史是客观存在，写的历史是主观的认识，一切学问都是人类主观对于客观的认识"（《中国哲学史新编·绪论》）。因此写的历史同本来的历史不能完全重合，它只能一步一步地接近本来的历史。所以"写的历史永远要重写"，这样才能保持历史的进步。因为写的历史要反映本来的历史，但如何反映，便产生不同的历史理论或称历史观。冯友兰提出的"释古史观"，即其历史观的杰出表现。

"五四"时期，乃至"五四"以后，在中国史学研究中出现"信古"与"疑古"之争。冯友兰认为，"信古"一派以为凡古书上所说皆真，故最缺乏批判精神。这一派由于盲目相信古书所说，对古之一切皆不加分析，因此从"信古"倒向"复古"。而"疑古"一派，则反"信古"之道而行，以为古书所载，多非可信，甚至全然推翻古说，另造新论。在冯友兰看来，"信古"与"疑古"两派皆有偏于极端之弊，全面的态度应该是"释古"。

冯友兰以"释古"的辩证史观研究中国哲学史，使他能全面把握史料，认为所谓古书的真伪，无非是时代先后的问题，不能因其作伪并假冒时代而一概否定其价值。因为"伪书"对它产生的那个时代来说，不失为一种真史料。对"释古"史观的阐发及对"释古"与"疑古"关系的说明，显明地反映出冯友兰哲学史观的全面性、超越性和辩证性。相比之下，疑古态度有时却导致一种机械论和形而上学。因为"信古"与"疑古"是对待古史的两个极端，在一定条件下，"疑古"也会变成"信古"。如胡适把《大学》与《中庸》作为孟荀之前的材料，把《列子·杨朱篇》作为先秦杨朱的思想，皆有失胡适本人的疑古精神。

冯友兰"释古"的辩证史观，使他的中国哲学史的研究真正进入陈寅恪所评价的"无隔阂肤廓之论"的学术高度和境界。

二

第二组所选三篇文章，主要反映冯友兰先生对哲学和哲学史的看法。实际上，这些看法在其"三史"中已有详细而周密的阐释和论证，此组所选只是对冯先生已有论证的补充。

冯先生认为，要了解哲学史，首先要了解什么是哲学。按着冯先生历史观的看法，任何事物都有它的过去，都有它的历史。科学有科学史，文学有文学史。哲学史家所要研究的是哲学的历史。由此则必须追溯到"哲学"这一主体概念。在中国，"哲学"是一个译名，其西文原字出于古希腊，本是"爱智"的意思。西方哲学家从古希腊开始，对哲学的界说甚多，几乎一家一词，没有定说。如亚里士多德认为，哲学是"寻求各种最初的根源和最高的原因"的学问；神学家托马斯·阿奎那认为，"哲学是用理智来讨论上帝的真理"；霍布斯认为，"哲学研究的是智慧"；爱尔维修认为，"哲学家研究人，对象是人的幸福"；康德把"主体的认识能力"作为哲学研究的对象；黑格尔把"绝对观念"作为哲学研究的对象，认为"哲学可以定义为对于事物思维着的考察"；到了马克思，则有更抽象的说法："哲学是更高地悬浮于空中的思想领域""任何真正的哲学，都是自己时代精神的精华，文明的活的灵魂""人民最精致、最珍贵和看不见的精髓都集中在哲学思想里"。

冯友兰对"哲学"的理解，别开生面，用一句话概括之："哲学是人类精神的反思。"（《中国哲学史新编·绪论》）所谓"反思"，就是人类精神反过来以自己为对象而思之。在冯先生看来，人类精神生活的主要部分是认识，因此可以说，哲学就是对认识的认识。对于认识的认识就是认识反过来，以己之所见为对象而认识之，这就是认识的反思。

冯先生"哲学是人类精神的反思"这一定义或概括及所进行的论证，在哲学和哲学史的研究中具有重要意义。它纠正或补充了学术界历来认为的"哲学就是认识论"的看法。冯先生认为"哲学不等于认识论"，因为认识论讲的是认识的一般形式，但不包括认识的内容。而人类精神的反思，则必须包括认识的内容。因为人类的精神生活是全方位、多方面的，仅靠认识论的形式，是不能完成对全方位、多方面，其中包括自然、社会、人生的广泛而全面的内容的认识。冯先生的这种看法，似乎揭示了西方哲学认识论的欠缺与不足。

冯友兰的哲学思想体系简称为"新理学"。这是他的反思体系"接着"宋明理学讲的。他强调是"接着"讲而不是"照着"讲，这正体现了哲学与哲学史的区别。按着冯先生的看法，哲学史是哲学发展的历史，它并不等于哲学，"在这里也有本来的哲学史和写的哲学史之分"。按着前一组的文章所述，历史学是社会科学的一种，哲学史是历史学中的一个专门史，它是研究哲学这门学问发展的历史，并从中找出哲学发展的一般规律。对此，冯先生还有一种说法：哲学史是"照着"讲，犹如"我注六经"；哲学是"接着"讲，犹如"六经注我"。冯先生的哲学三史，皆为对古代哲学的认识、理解和评说，故称"三史释今古"。其所述、所评，都是针对古人而发的。而哲学，如冯先生之"六书"所构成的新理学体系，则是从今人的立场出发，上接古学，下开今学，故称"六书纪贞元"。"贞元"，乃借用《易·乾》卦辞"元亨利贞"四字所蕴涵的一年四季的消长、更替和循环发展之义，即元为春，亨为夏，利为秋，贞为冬。"贞下起元"，即严冬过后即是春天，以喻抗日战争必将胜利，中华民族新的历史将开始。

新理学之所以区别于哲学史，就在于它是对认识的认识或对反思的反思。人类贵于能"思"，更贵于对"思"能反思，这是人类认识达到很高阶段的产物，也是对人类精神的进一步自觉。因此，读哲学不同于读诗或小说，它是需要深刻的抽象思维能力进行反思的反思，原因即在于此。

三

第三组所选三篇文章，主要体现冯友兰关于人生意义和人生境界的思想。

亚里士多德曾说，人与动物的区别，乃在于人能过政治生活。孟子认为，人与动物的区别在于道德。荀子则认为，"人能群，牛马不能群"。这些都是关于人性本质和人生意义的探讨。

对此，冯友兰别开生面地提出："人之异于禽兽者，在其有觉解。"
（《新原人》）

在冯友兰看来，人对事物有所了解，不但有所了解，还能自觉地有
所了解，此即是人与动物的区别。因为对于动物来说，它们只是遇见可
吃的东西就吃，遇见可喝的东西就喝。它们在吃在喝，却不知道为什么
在吃喝，甚至不知道它们在吃喝。而"人知道吃喝对于他们的意义而又
自觉他们在吃喝"（《三松堂自序》）。这种对事物的了解和自觉，简称为
"觉解"。

"解"是了解，"觉"是自觉。两者合起来，即是"自觉地了解"或
"了解其了解"。而觉解则是对宇宙、自然、社会、人生意义的自觉地了
解，并根据觉解程度的深浅，构成人的不同的精神境界。冯友兰认为，一
个完整的哲学体系，必须能够说明个人与其周围各方面的关系，而他所提
出的所谓自然境界、功利境界、道德境界和天地境界，即是人与周围各方
面可能出现的四种关系或四种境界。

在上述四种境界中，所谓"自然境界"是低层次的精神境界，是人对
周围各方面的一种混沌关系。这种关系有如儿童的天真烂漫，是一种觉解
不高的朴素境界。所谓"功利境界"，"其行为都有他们所确切了解的目
的。他们于此有此种行为时，亦自觉其有此种行为，他们的目的都是为
利"（《新原人》）。在功利境界中的人所求的利是他自己的利，因此是为
"我"和为"私"的。在"道德境界"中的人，其尽伦尽职并不计其行为
所及的对象是不是值得他如此，否则就从道德境界转化为功利境界。天地
境界，他以文天祥的《正气歌》和张载的《西铭》为例，说明天地境界乃
是一种最高、最完善的境界。在这种境界中的人，不但觉解其是"大全"
的一部分，并且自同于大全。一个人自同于"大全"，则天与人、人与物、
我与非我的界限完全泯灭，而达到"体与物冥""万物皆备于我""得其所
一而同"的境界。

冯友兰的天地境界说，是他伦理思想的集中表现，也是他整个新理学
体系的核心和最终归宿。因为在冯友兰看来，哲学的用处不在于增加实际
的知识和才能，而是使人改变自己的生活态度，使人由对宇宙人生的觉
解进而体现出一种人格、胸襟和气象，此即他所经常强调的"极高明而道

中庸"。

总之，冯友兰的"四境界"说在其《新原人》一书中占有重要地位，而《新原人》又在新理学体系中占有重要地位。如果说《新理学》为新理学体系提供了形上学的基础，那么，《新原人》则是为新理学体系提供了一种新的人学形上学。这种人学形上学是新理学哲学体系的灵魂。

四

第四组所选的三篇文章，主要体现冯友兰的文化观。冯友兰先生对文化问题的研究，可以说付出了一生的心血。从 1920 年代初，一直到 1980 年代末，随着历史的发展和人类文明的演进，冯友兰的文化观点也发生多次变化。从这些变化中，我们可以看到冯友兰在文化研究中追求真理的勇气和不倦探索的精神。

冯友兰对文化问题的研究，是从 20 世纪 20 年代初在美国哥伦比亚大学研究院攻读博士研究生时开始的。此时正值国内五四运动末期，作为时代的主要思潮，"五四"前后的文化讨论，冯友兰虽然没有直接参加，但对他的影响却是巨大的。因此，他一到美国不久，就迫不及待地访问了印度诗人兼文化学家泰戈尔，并把访问记整理出来，寄回国内，发表在《新潮》杂志第三卷第一号上，引起当时国内的广泛关注。这篇访问记是冯友兰第一篇专门讨论文化问题的文章，也是他讨论和研究文化问题的起点。

冯友兰对文化问题的关注和研究贯穿其一生始终。从访问泰戈尔到他的晚年，从文化的"种族差异"论和"地域差异"论，到"文化古今"说和"时代差异"论，再到"文化类型"说与"社会差异"论，其文化观经历了三次重大转变。通过这些转变，他对清末的"洋务运动"及"五四"以来的"东西文化论战"、1930 年代的"本位文化与全盘西化的论战"等，作了全面的对比分析和深刻总结，对"本位文化论"和"全盘西化论"均持否定态度，并在"文化古今"说和"时代差异"论的基础上，进一步提出"文化类型"说和"社会差异"论。他认为必须把西洋文化和中国文化作为某种"文化类型"，才能确定何者当取，何者当去。

在冯友兰看来，当时中国落后的原因，主要在于经济上没有经过产业革命。因为西洋文化是代表工业文化类型的，而中国文化是代表农业文化类型的。工业文化与农业文化，形象地说，即是城里和乡下的区别。"中国之所以贫弱愚昧，并不是因为中国人是中国人，而是因为中国人是乡下人。"（《新事论》）为此，冯先生还引用马克思在《共产党宣言》中说过的一段话："工业革命的结果使乡下靠城里，东方靠西方。"（《新事论》）这就是说，城里和乡下的区别是历史的产物，更是经济发展的产物。冯先生此时公开引征马克思，并把东西文化的差别归结为生产方式的不同，可以看出马克思经济史观对他的影响。

用"经济史观"或"文化类型"说解释中西文化差异是冯友兰文化观的最大特点。这种文化理论的深度已远远超出"中国本位文化"和"全盘西化"的肤浅之论，达到了当时文化讨论的最高水平，直到今天仍未过时。因为在冯友兰先生看来，要实现中华民族的强盛和中国文化的复兴，"唯一的办法，即是亦有这种产业革命"。这是当时中国必须要走的路，这条路就是工业化。

五

第五组所选两篇文章，主要体现冯友兰的艺术观。《论语》曾皙言志曰："暮春者，春服既成。冠者五六人，童子六七人，浴乎沂，风乎舞雩，咏而归。"这可以看作儒家求美的典范。故孔子喟然叹曰："吾与点也。"《世说新语》曰："郭景纯诗云：'林无静树，川无停留。'阮孚云：'泓峥萧瑟，实不可言，每读此文，辄觉神超形越。'"此乃道家求美之一例。由此可知，中国传统美学及传统的文艺评论，无论儒家还是道家，其共同点都是强调艺术的品位及由这种品位所反映的作者之境界。

冯友兰作为哲学家，同样继承了上述传统，他的美学文艺理论，兼综儒道，融汇中西，并从其新理学、境界论的高度，审视美学、文学、诗歌和艺术。他谈诗、说画、析舞、论乐、阐意境、评超越、论风流、赞妙赏，提出了许多艺术理论的新观点和新见解。以下仅以其论诗为例看他的艺术观。

冯先生论诗有其独到之处，他虽然是就诗而讲哲学，但对诗的评论分析却有重要的美学意义。首先，他把诗分为两类："一类是止于技的诗"，"一类是进于道的诗"。什么是止于技的诗呢？冯先生认为，一首诗"若只能以可感觉者表示可感觉者"，则其诗是止于技的诗。他举唐代诗人温庭筠的诗云："溪水无情似有情，入山三日得同行。岭头便是分头处，惜别潺湲一夜声。"冯先生认为此诗即是"止于技的诗"。因为此诗想象一溪水为一同伴，一溪水是可感觉的事物，一同伴也是可感觉的事物。而"进于道的诗"，必有所表显，它的意思"不止于其所说者"。冯先生又举苏东坡《赤壁赋》："哀吾生之须臾，念天地之无穷。挟飞仙以遨游，抱明月而长终。""大江、明月是可感觉的，但借大江、明月所表显者，则是不可感觉的无穷的道体。"冯先生认为，"这即是进于道的诗"。

冯先生上述对诗歌的"技""道"之二类分法，有极其重要的美学意义。在中国诗学批评史上，有多种对诗歌的批评理论。如钟嵘《诗品》中的"三品"说、王昌龄的"三境"说、释皎然的"取境"与"造境"的"二境"说，一直到司空图的"二十四品"说及《文心雕龙》的"八体"说等。这些对诗歌品类清浊高下的区分，多以具体的儒家、道家或佛教的基本美学精神为标准，以境象化语言表述出来的，尚未进入较为深入的理论高度，即缺少思辨性或哲学思维对诗歌功能的评价。如王昌龄的"诗有三境"说："物境一。欲为山水诗，则张泉石云峰之境，极丽绝秀者，神之于心，处身于境，视境于心，莹然掌中，然后用思，了然境象，故得形似。情境二。娱乐愁怨，皆张于意而处于身，然后驰思，深得其情。意境三。亦张之于意，而思之于心，则得其真矣。"（王昌龄《诗格》，载《历代美学文库·唐代卷上》）简要地说："物境"之品，其境在于"形似"；"情境"之品，其境在于"得情"；"意境"之品，其境在于"得真"。在王昌龄这里，所谓"得真"，盖是臻至一种通过物和情而表显的内在情思、哲理和生命真谛的最高境界。

冯先生对诗歌的"技""道"二分法，有似于上述物、情、意三境说的三类分法，但其最大的不同，乃是哲学家与文学家对诗歌看法上的差异。冯先生所谓"进于道"的诗，不在于"得真"，而在于"真表显不可感觉者"或"不可思议者"。而这些"不可感觉者"或"不可思议者"又恰恰是通过可感觉、可思议的诗歌形式去表显的。这样，冯先生就以哲学家的抽象思维，赋予了具有形象思维特点的文学诗歌语言一种哲学的功能。从这一意义上说，"进于道的诗可以自比于形上学"。

冯先生用哲学语言所阐述的诗学精神，对美学理论的建构和发展有其重要意义。它表明，作为文学领域的诗歌，其特点不在于解释和说明世界，但它可以用感觉者表显不可感觉、不可思议者的无形世界。这个无形世界与有形世界是密不可分的，它是一个世界的两个部分。因此，诗的作用是通过可感觉者唤起一种意境的升华，使读者在这种升华中领悟不可思议者，从而达到他所推崇的天地境界。

六

第六组所选四篇文章：晚年明志。古人著书立说，多不失其鹄的，即非为著书而著书。冯友兰著述宏富，而其用心也苦，明志也远。他经常引用《诗经》中"周虽旧邦，其命惟新"这句话，作为自己的座右铭。他在《三松堂学术文集》的序言中，对自己的一生作了历史的回顾，认为他所走过的道路及其著述，都是"迹"。此外还有"所以迹"。因此，人们不能只执着于"迹"，更重要的是了解或理解他的"所以迹"。他的"所以迹"是什么呢？他自己回答说："中国处在现在这个世界，有几千年的历史，可以说是一个'旧邦'。这个旧邦要适应新的环境，它就有一个新的任务，即在新的历史条件下，在这块古老的土地上建设新的物质文明和精神文明，这就是'新命'。这个有'新命'的'旧邦'，就是我们现在常说的社会主义祖国。我上面所说的那些问题，都是围绕这个主题而发的。怎么样实现'旧邦新命'，我要作自己的贡献，这就是我的'所以迹'。"（"迹"与"所以迹"，语出《庄子·天运》，庄子引老子的话说："夫六经，先王之陈迹也，岂其所以迹哉！"郭象注："所以迹者，真性也。夫任物之真性者，其迹则六经也。"）

冯友兰的"所以迹"，即是他报效国家和民族的真心或精神，亦可称其为冯友兰的精神境界。有了这样的真心和精神境界，即有了他的生命寄托，也即有了他的哲学创作的源泉和动力。因此，在他看来，"在'迹'上虽然有时路滑摔倒，但总还能爬起来继续前进。60多年来的路程就是这样走过来的"。尤其在冯友兰晚年，对中国哲学和中国文化的普遍关切，随着其生命的有限延续，其情其志可谓愈老弥笃，反复强调自己"旧邦新命"的历史使命，为此他亦从不动摇。

他还经常引用张载的话，"为天地立心，为生民立命，为往圣继绝学，为万世开太平"，"此哲学家所应自期许者也"。在抗日战争最艰苦的岁月，他一直认为，日本侵略中国，是不同民族、不同文化的入侵，故引起整个中华民族的觉醒；全民族奋起抗战，从本质上说，乃是为保存民族血脉、维护中华文化延续和发展的生死斗争。这一思想，在冯友兰为西南联大撰写的校歌歌词和西南联大纪念碑碑文中体现得最为充分："万里长征，辞却了，五朝宫阙。暂驻足，衡山湘水，又成离别……"这苍凉悲壮的诗篇，充满了对民族的热爱，催人泪下，使人奋进，饱含忧患，满怀信心，期许着"复神京，还燕碣"。抗战胜利了，他又期许着新的理想："我国家以世界之古国，居东亚之天府，本应绍汉唐之遗烈，作并世之先进。……亘古亘今，亦新亦旧，斯所谓'周虽旧邦，其命惟新'者也。"无论从何角度看，西南联大校歌歌词和纪念碑碑文，都会随中华民族的历史而长存。

无论是外族入侵，还是十年浩劫，冯友兰献身中国文化的宏图远志须臾没有动摇。就是在他九十五岁住进医院时，还想着他尚未完成的《中国哲学史新编》最后一卷。他在病床上对其女儿钟璞说："只争取治好这一次的病，写完《新编》，以后就不必治了。"据蔡仲德《冯友兰先生年谱》记载，《新编》第七册（最后一册）于1990年6月15日最后完成，五个月后，冯先生离世。冯友兰以惊人的毅力和坚定的信念，用整整十年的工夫，完成了七卷本《新编》的撰写，很难设想，一位从85岁到95岁的老人，用他生命的最后十年，写出了近200万字的中国哲学史，这堪称中外学术史上的一个奇迹。

冯先生把自己比作"蚕"，"一个蚕，它既生而为蚕，就没有别的办法，只有吐丝，它也是欲罢不能"。不难设想，一个人只有把自己的全部生命融于自己向往的事业中的时候，才能做到"欲罢不能"。他还把自己比作薪，火的燃烧要靠薪，文化的承传要靠生命。他说："人类几千年积累下来的智慧真是如山如海，像一团真火。这团真火要靠无穷无尽的燃料继续添上去，才能够继续传下来。我感觉到，历来的哲学家、诗人、文学家、艺术家和学问家，都是用他们的生命作为燃料以传这团真火。……李商隐有两句诗：'春蚕到死丝方尽，蜡炬成灰泪始干。'蚕是用它的生命来吐丝的，蜡是用它的生命来发光的。"（《三松堂自序》）

　　冯友兰先生就是这样一位用自己的生命作燃料来传递中国文化这团真火的人。

信古·疑古·释古

——近年史学界对于中国古史之看法

我想，同学都知道，我个人不是攻研史学的，而我选择这个题目来讨论，是一时兴趣的激动，所以同学对于我的谈话，希望不要以专门研究史学的态度来看，因为假使要那样想，一定会使你们失望的，这正若舞台上的职业演员和票友的表演，不能作同一的批判一样。

近来我国踏上了倒霉的途程，一般人都是这样认为，甚至有一部分人更相信到教育也破产了，道德也沦丧了，一切不仅很少甚至绝无挽救的希望，这自然是一种片面武断的论调，同时也是文化冲突发生的必然现象，所以这种苦闷呼声是应该有的，不过我个人认为近来我国的学术方面的确有很大的进步，不能不说是最近我们对于学术方面努力迈进的结果，而进展中最为显著的，便是带有地域性的史学于近来一二十年里获有特殊的成功。但是此种成功是一般研究史学的人还没有自觉地发现，因为他们是站在当局的立场，不知自己已是很有长足的进步，能够看出他们进步的，乃是我们非研究史学的旁观者较为清楚，现在我要讨论的便是他们研究史学的三个时期，或三个倾向，或是三个看法及态度。

（一）信古——学者具有此种态度较早，是最缺乏批判精神的，所以后来研究史学的对于这种态度渐渐发生转变。我记得民国 4 年，沈兼士先生在北京大学讲授"中国哲学史"，讲了一学期的功夫，才讲到周代，因为他的哲学是由远古讲起的，而我们通常知先秦以前并没有哲学，那时确实没有哲学思想产生，所以那时不应引起我们的注意或研究。而我国近来对于信古，仍有一部分人是不遗余力的，不管他们的动机是怎样，他们那种的"复古运动"真是可惊，学校读经便是最显明的例子。

（二）疑古——关于疑古，是发生于信古以后，是研究史学的另外一种态度。此种自较盲目的信古态度进步些，可是立于研究的立场上说，仍是属于消极方面的，而于研究的效率方面，亦不能得到满意的进展。自然在我们所存在的古书中，伪书很多，所以不能全部尽信，孟子也曾这样说过"尽信书，不若无书"，也是这个意思。因为要使绝对以信古的精神去研究，将定要发生严重的错误，而且这种错误，是不可避免的。沈兼士先生和胡适先生是表现两种不同的研究史学的态度。沈先生认为的中国哲学史的发创的时期比胡先生认为的较早，所以沈先生对于"先秦"以前的哲学以为仍有研究之必要，而胡先生的《中国哲学史大纲》一书，认为中国哲学是应该自"先秦时期"开始。蔡子民先生很重视胡先生此种新颖的见解，确实是对于中国哲学的一种合理的看法。这也是疑古精神的第一步。著作《古史辨》的顾颉刚先生，便是立于疑古的观点研究史学。

（三）释古——释古是研究史学的第三种态度，是与信古、疑古两者迥不相同的，同时也是研究史学的态度进步到第三个阶段：此种态度似乎是介于信古与疑古之间，因为信古和疑古两者都是偏于极端方面的，信古的态度自然不免陷于盲目，而纯粹的疑古态度，仍不能离其"怀疑主义"错误的势力圈外。释古便是这两种态度的折衷，这种是比较有科学精神。因为古籍虽是不可尽信，然也不应该一概否认其发生是有相当原因的。我也曾在我所写的《中国哲学史》一书里，论及这个问题。此种研究史学的态度，表面上看来，似乎有些双关的样子，若我们中国昔日的官吏呈报上司的案情，都是千篇一律的"事出有因，查无实据"八个字。在这简短的两句话里，却兼顾了两种不同的意义。近乎骑墙的态度，可是确是攻研史学的合理态度。例如我国一般传说伏羲氏画八卦和尧舜二帝禅位的事，都是没有确切的信史可考，我们就要从历史上推到其社会背景，再由其社会背景而追溯其历史，这便是释古，是与信古与疑古二者所不同的地方。

关于史书的真伪问题，的确是对于攻研史学者的先决条件，因为它对于史学的本身影响太大。错误的结果，是会使研究者徒劳无功，反因之而灰心失望。举例来谈，在我国班固著的《汉书·艺文志》里，曾谓诸子都是出于王官，而现在我们当然知道是与事实不相符合的。在民国初年，胡适先生他是最早具有这种见解。他曾写有一篇文章是：《诸子不出于王官论》。这篇文章在当时很能得一般人的惊赞，因为这还是胡先生一种新颖的见解，是我们不应该忘记的。这文批判诸子出于王官的说法，完全没有它相当的根据，而在"六经"内，也曾以诸子出于司徒之官，这种见解是陷于机械论的谬误。可是在"事出有因，查无实据"的方面，不能不需要一种新的看法。我们知道我国在"先秦时代"是贵族政治。当时的社会阶级，有贵族与庶民的区别。而关于政治与经济的各种力量，都是操于贵族阶级的手里。一般知识分子，因为需要及环境的各方面，不能不与贵族发生密切的关系或结合。于是知识与学问，仍是同样地笼罩在贵族阶级势力气氛里，也即是贵族势力下所属的官吏。贵族历来是为世袭，而贵族的专家也竟与贵族一样的世袭起来。可是到后来贵族阶级不幸渐渐陷于崩溃的境地，而一般知识分子的专家，也因此而失掉了他们自己的职业。于是一些知识分子自从失势以后，他们便不约而同地散布于民间了，以私人的资格从事于著述，以挽回失业困难的厄运。因此在思想与性质上的各异，还产生了一些分门别类的什么家，若"儒家""墨家"，及"道家"等。到了这个时候，社会里发生了一种空前的变动，正若班固所谓的"官失其守"，"礼失而求诸野"。通常以为"六经"谓诸子出于王官之说似乎不错，其实我们对于一件问题自然不能认为太难，可是也不要看得太容易。就此一般研究诸子起处的问题，我们就用一种批判的精神，向可疑与可信的各方面探讨，兼有疑古和信古的两种精神，这便是用释古的态度来研究，用比较的方法来探悉史学的各种问题了。

关于我国古代"井田制度"，孟子的著述里讨论甚详。当时土地的分配形式，是将田土画为井字形，分为九份，有官田和私田的区别。居在最中央的是为官田，其四周的八份为私田。官田是公有的，八家人合同耕种。私田属于八家私人的，是个别耕种的田地。要认为它是否真实，在信古的观点上看来，因为这话是出于圣人的写作里，当然很有充分的理由去相信它。可是要在疑古的观点上看来，便不是这样了，认为"井田制度"在实际上是没有的，不过仅是孟子个人的理想或学说罢了，是有一种"托古改制"的动机，我们是决不能置信的。而在释古的观点上看来，"井田制度"虽不能尽信它是曾经存在过，但是我们可以认为在当时有一种现象或动机，是能够予孟子的学说有所暗示。这样看法也不能认为是不合理的。又若《诗经》里曾说："溥天之下，莫非王土，率土之滨，莫非王臣。"这些话虽是不免过于夸大，但是当时国王对于子弟的分封，这确是实有的现象。关于政治与经济各种组织，都是连环地维系着，正若贵族与佃户的关系相似。所以关于"井田制度"也可以认为是孟子的一种新看法，因为在那时纷扰的社会里，他希望能对于农民的利益方面有相当的意见。

从效果和价值方面来看，盲目的信古是没有辨伪的疑古来得重要。若近来大家从事《墨子》《庄子》《管子》等书的辨伪，以一两部书的根据来决定它的真伪，这似乎有些武断，这是一种疑古的态度。但是在释古的观点看来，既不能认为它是完全对的，可是也不能认为是绝对谬误的。因为《庄子》是否是庄周自己写的，这对于书的本身关系究竟很少，尤绝对不能先假设其错误，而再批判其真伪。因为这样不啻是责罚以后，才证明其是否犯罪，是不应该的。而在图书馆的书汇里署名著者庄周，这是他们的习惯，不能算是他们的错误。在"先秦时代"是决没有整部的《庄子》《管子》的，完全是零乱的散篇，不过是后来的学者根据它的性质或思想而将它编辑成为整部集子。若《庄子》里的《马蹄篇》或《秋水篇》都是由散乱的篇数收集起来的。不幸后人以史书里的一两句话而决定一书的真伪，这完全是对于当时的社会观念不很清楚。对于书的著者的真伪，我们实认为不必要，而所最重要的是在写作的本身方面。这种现象不仅是在中国特有的，而在中古世纪的欧洲也是这样。疑古的态度是抹杀一切的，这是它的短处，可是对于史学也不无有所相当的贡献；过分的追求，往往会陷于近视的危险，也正若《孟子》里有象引舜入井是否真确一样，也若神农曾坐在"太和殿"的各种无所谓的问题。总之，信古、疑古、释古的三种攻研史学的态度，正若历史进化般的有了"正""反""合"的三种不同的嬗变一样。

1935 年 5 月 19 日辅仁大学讲演记录

秦汉历史哲学

在中国哲学里，历史哲学，在汉代可以说是最发达。为什么历史哲学在汉代最发达呢？我们知道在春秋战国的时候，中国在经济、社会、政治、思想各方面都起了根本的变动。到了秦汉大一统，中国完全进入了一个新局面。在这个新局面中，人有机会也有兴趣把以前的旧局面，把以前的历史，重新研究估价。于此重新研究估价的时候，往往就可发现历史的演变，也是依着一定的公式。把这些公式讲出来，就成为历史哲学。我们可以说春秋战国是创作时期，秦汉是整理时期。中国的历史哲学，就是汉人整理以前历史的产品。

汉人的历史哲学约有三派。一派是五德说。此派始于战国末之邹衍。此说以五行为五种天然的势力，即所谓五德。每种势力，都有其盛衰之时。在其盛而当运之时，天道人事皆受其支配。及其运尽而衰，则能胜而克之者，继之盛而当运。木能胜土，金能胜木，火能胜金，水能胜火，土能胜水。如是循环不息，所谓"自天地剖判以来，五德转移，治各有宜"。历史上每一朝代，皆代表一"德"。其服色制度，皆受此"德"之支配，而自成一套。

五德说之外，有三统说。此派可以董仲舒为代表。三统分为黑统、白统、赤统。每一统各有其一套的服色制度。历史上的一个朝代，若是代表那一统，他就须用那一套的服色制度。此三统的次序也是一定的：黑统之后，一定是白统；白统之后，一定是赤统；赤统之后，一定再是黑统。

五德说、三统说之外，有三世说。此派可以何休为代表。本来在《礼运》中，社会制度已有大同小康之分。何休《公羊注》更确定历史的进化，要有三个阶段，即所谓三世："据乱世，升平世，太平世。"大概何休所谓太平世与《礼运》所谓大同之治相当。所谓升平世与《礼运》所谓小康之世相当。

我们现在又处在一个非常的大转变时期。我们试看以上三种历史观，其中是不是有些意思，我们现在还可用。总括起来，以上三种的历史观，包含有下列的几种意思：

（一）历史是变的。各种社会政治制度，行之既久，则即"穷"而要变。没有永久不变的社会政治制度。《易》所谓"穷则变，变则通"之言，很可以拿来说这个意思。

（二）历史演变乃依非精神的势力。上述之三世说中，不必有此意思。但在五德说及三统说中，此意思甚为明显。五德之转移，及三统之循环，皆有一定的次序。火德之后，一定是水德。白统之后，一定是赤统。这一个朝代若是火德，他一定要行一种什么制度。若是水德，一定要换一种别样不同的制度，白统、赤统亦复如是。这都是一定的公式，不论人愿意不愿意，历史是要这样走的。这一点意思，我们现在还用得着。所谓唯物史观就有这个意思。依照唯物史观的说法，一种社会的经济制度要一有变化，其他方面的制度，也一定跟着要变。例如我们旧日的宗法制度，显然是跟着农业经济而有的。在农业经济中，人跟着地。宗族世居其地，世耕其田，其情谊自然亲了。及到工业经济的社会，人离地散而之四方，所谓宗族、亲戚，有终身不见面的，其情谊自然疏了。大家庭自然不能维持了。由此例看来，我们就知道唯物史观的看法，以为社会政治等制度，都是建筑在经济制度上的，实在是一点不错。而且说穿了也是很平常的道理。说到这里，又有一个问题。社会政治等制度，固然是靠经济制度，人不能以意为之；但是经济制度，人是不是能以意为之呢？也不能。因为一种经济制度之成立，要靠一种生产工具之发明。例如若没有耕田的工具之发明，人即不能有农业经济。若没有机器之发明，人即不能有工业经济。而各种发明之有无，又需看各方面之环境、机会，不是想有就可以有的。有些人论历史，离开了环境机会，专抽象的论某个人或某个民族之努力不努力，聪明不聪明，以为人可以愿怎样就怎么样。我们觉得这种看法是不对的。

话虽如此说，我们并不忽视人的努力及其智慧，以及领袖人物的重要。历史的大势所趋，不是人力所能终究遏止或转移的，但是人力可以加快或延缓这种趋势。有人说美国如果没有华盛顿，也一定要有革命，革命也一定成功。究极言之，这话也未尝不可说。但是我们若看美国初革命时所处境况之危险，应付偶有失宜，即有不测之变之情形，我们可以说：如果没有华盛顿，虽然可以说美国的革命终究必成功，但这一次未必成功。有了华盛顿就加快了美国革命的成功；没有华盛顿或有一个反华盛顿的有力人物，就延缓了美国革命的成功。历史如一条大河一样，它流的方向，是它源头的形势所决定的。人力所能做的，就是疏通它以加快它的流，或防范它以延缓它的流。所以我们不忽视人力及领袖，不过我们反对那专就人力及领袖的力量来看历史的说法。

（三）历史中所表现的制度是一套一套的。这个意思上述三派说法中均有。如五德说以为凡以某德王的，其服色制度皆受此德之支配。如《史记·秦始皇本纪》说：秦始皇以秦为水德，"改年始朝贺皆自十月朔。衣服旄旌节旗皆尚黑。数以六为纪。……刚毅戾深，事皆决于法。刻削无仁恩和义。然后合五德之数"。这是水德的一套。如换一德则须另换一套。三统说亦主张每一统皆有其一套。正赤统有正赤统的一套。正白统有正白统的一套。三世说如《礼运》所说大同小康之治，亦各有其一套。现在唯物史观对于历史的见解，亦有这个意思。一切社会政治等制度，都是建筑在经济制度上。有某种经济制度，就要有某种社会政治制度。换句话说：有某种所谓物质文明，就要有某种所谓精神文明。这都是一套的。比如下棋，你手下要只有象棋盘、象棋子，你就只得下象棋。你要下象棋，你就需照着象棋的一套规矩。你手下要只有围棋盘、围棋子，你就只得下围棋。你要下围棋，你就须照着下围棋的一套规矩。假若你不照着它的规矩，你棋就下不成。关于这一点，我们只看上面所说大家庭制度与农业经济制度之关系，即可概见。现在人已经离开地四方乱跑，大家庭制度一定须改，这是很清楚的。这一点郭象在他的《庄子注》里说的很好。他说："夫礼义，当其时而用之，则西施也；时过而不弃，则丑人也。"又说："夫先王典礼，所以适时用也。时过而不弃，则为民妖。"现在我们也说：

一种的社会政治制度，都是为适合一种的经济制度。在其与经济制度成一套时，即是好的。不然，就是坏的。就其本身说，各种社会政治制度，没有绝对的好坏。郭象也说："揖让之用于师，直是时异耳，未有胜负于其间也。"

（四）历史是不错的。这个意思在五德三统说中，都很显著。每一德当运而实现其一套，另一德当运而实现其另一套。用另一套的人，不能说其前人用别一套者是错的。因为前人用别一套，也是由于客观的必要。三统说中，也有同样的主张。现在我们若用唯物史观看历史，我们也可以有同样的主张。关于这一点，我们可以从两方面来说：第一，我们不能离开历史上的一件事情或制度的环境，而但抽象地批评其事情或制度的好坏。有许多事情或制度，若只就其本身看似乎是不合理的。但若把它与它的环境连合起来看，则就知其所以如此，是不无理由的了。例如大家庭制度，很有人说它是不合理，以为从前的人何以如此愚。但我们若把大家庭制度与农业经济社会合起来看，就可以看出大家庭社会之所以成立，是不无理由的了。再就历史演变中之每一阶段之整个的一套说，每一套的经济社会政治制度，也各有其历史的使命。例如资本主义的社会的历史的使命，是把一切事业集中，社会化，以为社会主义的社会的预备。在资本主义社会完全成功的时候，也就是它应该，而且必须让位的时候。这正是从前持五德说者所谓"四时之运，成功者退"。他退并不是因为他错，是因为他已经尽了他的使命，已经成功。有些人好持一种见解，以为以前的人全是昏庸糊涂，其所做的事全是错的。只有我们才算对了。另外一种见解，以为现在及将来的人都是"道德日下"，其所做的事，全是错的，只有古圣先贤才对。这两种见解可以说是一样的不对。

（五）历史之演变是循环的或进步的。关于这一点，五德说及三统说与三世说的主张不同。五德说及三统说以为历史之演变乃系循环的。此二说皆以为五德或三统之运行，"如顺连环，周而复始，穷则反本"。三世说则以为历史之演变，由据乱世，升平世，而至太平世，乃系进步的。此两种说法，我们若把它连合起来，我们就可以说历史之演变是辩证的。我们把循环及进步两个观念合起来，我们就得辩证的观念。所谓辩证的意思，说穿了也很容易明白。比如我们写字。小孩子写字是没有规矩胡写。胡写不能成为书家，必须照着规矩写。但是仅照规矩写，也不能成为书家。大书家之字要超规矩。所谓超规矩就是不照规矩，而又不离乎规矩，所谓"神而明之"。就其不照规矩说，似乎是小孩的胡写。但他是用过守规矩的工夫的胡写，与原来小孩的胡写，不大同了。我们评诗论画，有所谓神品、逸品者，就是指那些超规矩的作品。若不能超规矩的作品，顶好也只能算个能品。这些意思在中国思想中很普通，所以康有为、谭嗣同虽没有看过黑格尔及马克思的书，而已竟把这个意思来说历史的演变。他们都是讲《春秋》三世及《礼运》的，他们以为在原始的社会中，人是无父子、君臣、夫妇的。后进而有父子、君臣、夫妇。再进则至《礼运》大同之世，人"不独亲其亲，不独子其子"，又是无父子、君臣、夫妇之世界。但这不是退步，而是进步之极。谭嗣同在他的《仁学》里，说有人拿《易》之乾卦来讲这个意思。乾初九为太平世，指太古人之初生，浑浑噩噩，不识不知之状况。九二为升平世，指人已有国家等组织时之状况。九三为据乱世，指各国相争天下混乱之状况。此谓之逆三世。九四仍为据乱世。九五为升平世，指国界渐泯，世界渐归统一之状况。上九为太平世，指无国界，无家庭，人人平等自由之世界。此谓之顺三世。此顺三世中之太平世，"人不独亲其亲，不独子其子"，是有点像原始的社会，在其时人不知亲其亲，不知子其子。大同社会是有点像野蛮，但它实不是野蛮，实是大文明或超文明。我们现在的世界，就一方面来说实有"返朴还淳"的趋势。就西洋说，在政治方面，从前的民主政治，自由主义，现在不行了。替它的是共产党及法西斯党的专制。在经济方面，自由出产，自由竞争，也不行了。替它的是统制经济。在艺术方面，从前的华丽精工的建筑，逼真活现的图画雕刻，现在也不行了。替它的是直上直下四方块的建筑，用笔乱涂，用刀乱砍的图画雕刻。从前西洋的画，是要越像真越好，现在是要越不像真越好。这些现象中，固有些是倒车。有些却不是倒车，而确是前进。不过这前进中，兼有循环与进步。这就是说，这前进所遵之规律，是辩证的。总之，在历史的演变中，我们不能恢复过去，也不能取消过去。我们只能继续过去。历史之现在，包含着历史的过去。这就是说历史的演变，所遵循的规律是辩证的。

（六）在历史之演变中，变之中有不变者存。这一点在三统说中最为明显。董仲舒虽主张三统"如顺连环，周而复始，穷则反本"，但又说"天不变，道亦不变"。这话也不是没有道理的。人类的社会虽可有各种一套一套的制度。而人类社会之所以能成立的一些基本条件，是不变的。有些基本条件，是凡在一个社会中的人所必须遵守的，这就是基本道德。这些道德，无所谓新旧，无所谓古今，是不随时变的。究竟我们所常行的道德中，哪些是跟着某一种社会而有，所以是可变的；哪些不是跟着某一种社会而有，而只是跟着社会而有，所以是不变的，是很难确定。不过有些道德是只跟着社会而有，不是跟着某一种社会而有，所以是不变的；这一点似乎可确定地说。照我们现在想起来，例如"信"之道德，似乎即是一种基本道德。因为社会之组织，靠人之互助，而人之互助，靠一个人能凭别人之话而依赖他。例如我在这里写字，而不忧虑我的午饭是否有。因为我的厨子说与我做饭，所以我可以依赖他。我的厨子也因为我说与他工资，所以他可以依赖我。如果一个社会中个个人皆说话不当话，那个社会就不能存在。人没了社会就不能生存。越是进步的社会，其中的人越是须说话当话。人的生活越是进步，人越离不开社会。孔子说："自古皆有死，民无信不立。"初看这句话的人说，孔子多么残酷，多么不讲人道，叫人不吃饭也要有信；这真是吃人的话。实则人吃饭固是要紧，但是吃饭的条件如果不具备，人是没饭可吃的，或是有饭不得吃的。

以上所讲的并不是要恢复五德三统等说，不过汉人的历史哲学中有上述六点的意思。这些意思到现在还可用。我们用一种历史哲学的时候，本来也不过只师其意，不能把它拿来机械地用。这一点是我们现在应当注意的。

历史与传统

我们常说"日出""日落"。这当然是照传统说法底一种说法。照现在天文学的说法，太阳本无所谓出，亦无所谓落。所谓日出扶桑，没落虞渊，完全是荒唐底神话。虽是如此，我们还可以说，"日出""日落"。我们如此说，我们当然是依照传统底说法。我们虽依照传统底说法，而却并不用传统底说法干涉天文学。因此天文学也不来干涉我们。天文学说日无所谓出，亦无所谓落。我们说，日出日落。二者可以各行其是，并行不悖。

天文学不承认月中有嫦娥。但梅兰芳还可以演嫦娥奔月。梅兰芳的嫦娥奔月，当然也是用传统中底故事。他虽用传统中底故事，但却不勒令天文学家必以为月中有嫦娥。他不干涉天文学，因此天文学也不干涉他，天文学说月中无嫦娥，梅兰芳演嫦娥奔月，二者亦可以各行其是，并行不悖。

我们举这两个例，以见在各方面底所谓传统，虽常与科学或历史不合，但我们对于这些传统，如有了解，则这些传统，仍可与科学或历史，各行其是，并行不悖。某种底判断，必须在某种领域内，才有意义，天文学上底判断，必须于讲天文学时才用得着，才有意义。如果梅兰芳演嫦娥奔月时，忽有一人，大斥其荒谬，则此人才真是大荒谬。因梅兰芳演嫦娥奔月是演戏，并不是讲天文学也。

关于历史上底事情，亦常有些传统底说法，这些传统底说法，往往与历史底实际不相符合。以传统为历史，是错误底。历史家要加以改正，是应该底。但传统虽不合乎历史，而其本身却亦是历史。它本身是历史，它即有历史上底事实所有底地位与功用。如其不合乎历史，我们可以指出它是不合历史，但我们却不能因此不承认其历史上底地位与功用。

例如《三国演义》中所说底关公，与《三国志》中所说底关公，大不相同。《三国志》中所说底关公，不过是一个"万人敌"底名将。此类底名将，在历史中很多很多。但《三国演义》中所说底关公，则是一个圣人，一个神人。社会中一般人心目中底关公，是《三国演义》中底关公。我们可以说，这是传统中底关公。传统中底关公，与历史上底关公，是不同底。对于关公，传统与历史不合。这是历史家所应指出底。这个传统虽与历史不合，但历史上却有这个传统。这个传统，其历史之长不亚于欧美现在各国的历史。而且它在人心中的势力，也是很大底。有人说，凡是中国人所到底地方，不必有孔子庙，但总有关公庙。这个传统对于中国人的团结，有很大底功用。这个传统，使关公成为所谓武德的理想的象征。从此方面看，则说关公如何如何，本不是历史底判断。历史底判断，在此方面，实在是用不着底。

民初以来，有些历史家，竭力证明中国民族是多元底，对于传统底说法，以为中国人都是炎黄之后者，竭力攻击，以为这些传统，不但不合乎历史底事实，而且根本应该杜绝废止。但这些历史家，近又感觉，外人正持中国民族是多元底之说。以离间我们的内部，遂又以为中国民族是多元底之说，又应该杜绝废止。其实，说中国民族是多元底，是依照历史。说中国民族是一元底，是依照传统。中国民族是多元底，是历史上原始底事实。虽有此事实，而我们数千年来，对于精神团结，却有很大底努力。这个努力，表现为上述底传统。此传统虽与历史不合，但其本身亦是很古底历史。这个传统的很古底历史，表示我们内部数千年来底精神底团结。它与历史是各行其是，并行不悖底。

近来报上登有许多讨汪精卫底电报。湖南各界通电有句："敢痛哭上告炎黄在天之灵"云云。这一句话很有精神底力量。如有人出来说，这句话不通，因为照现在历史家的讲法，中国民族是多元底，不都是炎黄之后，而且炎帝黄帝，根本都无其人，此其荒谬，正如天文学家不准梅兰芳演嫦娥奔月。但如有人以为，这一句话既是有精神底力量，则我们讲历史，必须说中国民族是一元底，都是炎黄之后，则其荒谬又正如梅兰芳勒令天文学家必以为月中有嫦娥。炎黄是中国民族数千年来精神团结的理想的象征。"痛哭上告炎黄在天之灵"一句的精神力量，来源在此，历史底判断，在此是用不着底。

在传统中，岳飞亦是武圣之一。有些好翻案底历史家说："我们的考据，岳飞是一专横底军阀。""岳飞是军阀"，这个历史底评断，究竟错不错，我们不论。我们只说，不管历史上底岳飞是如何，传统中底岳飞，亦是武德的理想底象征。这个象征在历史中亦有其地位与功用。

一个人有其物质上底联续，亦有其精神上底联续。一个民族亦是如此。一个人若只有物质上底联续，而无精神上底联续，这个人虽是人而实无异于一般动物。一个民族，若是如此，亦即是野蛮民族。一个民族的精神上联续，大半靠历史与传统。传统虽可与历史不合，但可以与历史各行其是，并行不悖。

在旧日，关帝庙因载在祀典，而二十四史亦是钦定。没有人说，要为关帝立庙，必须修改《三国志》，不修改《三国志》，则与关帝立庙为不通。旧日底办法，是既为关帝立庙亦不修改《三国志》，这办法似乎是不通，而却是真通，似乎是不合理，而却是最合理。

如不如此，则必有如天文家干涉梅兰芳不准演嫦娥奔月，或梅兰芳勒令天文家必以为月中有嫦娥等不通不合理底事发生。在现代世界中，这类底事，实在是多得很。

1929 年 5 月

哲学是人类精神的反思

研究哲学史必须先弄清楚什么是哲学。

哲学是人类精神的反思。所谓反思就是人类精神反过来以自己为对象而思之。人类的精神生活的主要部分是认识，所以也可以说，哲学是对于认识的认识。对于认识的认识，就是认识反过来以自己为对象而认识之，这就是认识的反思。

有人认为，哲学就是认识论。这是看见了事情的一部分。认识的反思是认识反过来以己之见为对象而认识之。认识论也有这种情况。但哲学并不等于认识论，不就是认识论。

认识论讲的是认识的一般形式，其中包括有认识的能力，认识的对象，认识的程序，主观与客观的对立等问题，但不包括认识的内容。讲认识论的人也有偶尔谈到认识的内容的。像巴克莱那样的主观唯心论的认识论就认为，一个桌子如果不被感觉，它就不存在。在这个辩论中，桌子就是认识的内容；但这里提到桌子，仅只是举以为例，以为说明。他要说明的是"存在就是被觉知"。他举别的例也可以，不举例也可以。

认识的内容叫知识。知识这个词，有时也兼指认识的形式。例如认识论也叫知识论，但是它主要的是指认识的内容。例如物理学是一种知识，不能说是一种认识。如果说它也是一种认识，那指的就不是物理学中的原理公式等，而指的是认识这些原理公式的能力和方法。那就是认识论而不是物理学。

认识论是不问认识的内容的，而对于人类精神生活的反思则必包括这些认识的内容。例如，科学研究是人类精神生活的一部分，如果对于这部分精神生活作反思，那就必须包括科学研究在不同科学中的内容，以及一门科学在不同时期的内容。

列宁说："哲学史，简略地说，就是整个认识的历史，全部知识领域的历史。希腊哲学已指示了所有这些环节：各门科学的历史，儿童智力发展的历史，动物智力发展的历史，语言的历史，心理学，感觉器官的生理学。认识论和辩证法应该从这些领域中建立起来。"（《拉萨尔〈爱非斯的晦涩哲人赫拉克利特的哲学〉一书摘要》，《列宁全集》第三十八卷中文译本，人民出版社1959年版，三九九页，参看英文译本第三十八卷三五二至三五三页，有些字句是我参照英译本改译的。）

列宁在这里说，哲学史是"整个认识的历史"，又说，是"全部知识领域的历史"。这两句话好像重复，又好像分歧，其实不然。第一句话是就认识的一般形式说的；第二句话，是就认识的全部内容说的。第一句话说的是认识；第二句话说的是知识。认识和知识是不同的，所以这两句话并不重复。照上边所讲的，人类精神的反思，本来是包括认识的形式和认识的内容，包括认识和知识，所以这两句话也不分歧。列宁的两句话是从两个方面说明了哲学史是什么，也就说明了哲学是什么。

所谓知识的全部领域，包括什么呢？列宁说：看看希腊哲学吧！希腊哲学已指示出来了这些环节，那就是引文中所列举的那些知识。然后列宁总结说："认识论和辩证法应该从这些领域中建立起来。"怎么样从这些领域中建立起来呢？那就是从对于这些领域的反思中建立起来。认识论和辩证法不是超乎这些科学之上的太上科学，也不是从这些知识中拼凑出来的科学大纲，而是对于这些知识的反思所得出来的结论。这个反思就是人类精神的反思，就是哲学。

黑格尔的《精神现象学》，无论从形式或内容说，都是一部完整的哲学著作。他讲的确切就是精神的反思，不过他颠倒了自然和人类精神的关系，以至成为头脚倒置的唯心主义哲学。唯心主义本来都是头脚颠倒的，但因为《精神现象学》的形式明显，旗帜鲜明，所以这种颠倒就更加突出了。这个突出，只说明它是唯心主义，并不说明它不是哲学。作为一个哲学体系说，《精神现象学》讲了人类精神发展的全部过程。人类精神经过了艰苦的斗争，曲折的道路，最后达到了自觉。好像玄奘往西天去取经，在路上经过了许多艰险，战胜了许多妖魔，终于到了雷音寺，见了如来佛。可是如来佛就是他自己。见了如来佛就是认识了他自己。所谓精神的自觉，也就是精神认识了它自己。如果黑格尔把他所说的精神确定为人类的精神，《精神现象学》不失为一部人类精神发展史。但他把他所说的精神说成是宇宙的精神，把自然界说成是宇宙精神的"异化"，那就头脚倒置了。这种倒置是可以再颠倒过来的，马克思就做了这样的工作。

黑格尔的《逻辑学》是《精神现象学》的更抽象的缩本。列宁论黑格尔所讲的《逻辑学》说："逻辑不是关于思维的外在形式的学说，而是关于'一切物质的、自然的和精神的事物'的发展规律的学说，即关于世界的全部具体内容及对它的认识的发展规律的学说。换句话说，逻辑是对世界的认识的历史的总计、总和、结论。"（《黑格尔〈逻辑学〉一书摘要》，《列宁全集》中译本第三十八卷，人民出版社 1959 年版，八十九至九十页，英文译本九十二至九十三页）

这段话的最后一句，英译本作"是对于世界的知识的历史的全部结论"。"对于世界的知识的历史的全部结论"就是人类精神的反思的全部结论，这不是认识论，因为认识论不讲认识的内容。

康德的三个"批判"联合起来也是一部完整的哲学著作，它也是一个完整的人类精神的反思。"批判"这个词表明反思的意思。现在很有些人把批判当作否定，批判一个什么东西就是否定它，打倒它。这不是"批判"的原来的意思。这个词的原来的意思是思考、分析、审查。如康德的《纯理性批判》就是对于"纯理性"的思考、分析、审查，就是"纯理性"对于自己的反思。康德的哲学和黑格尔的哲学，其内容是不同的，康德的哲学是主观唯心主义，黑格尔的哲学是客观唯心主义。但都是对于人类精神生活的反思，不过反思的方法也有不同。黑格尔的方法是从历史的角度讲人类精神的发展所走过的路程、所经历的阶段。康德是从问题的角度，就人类精神生活中所有的重要问题加以分析和发挥。有三个重要问题。一个是关于"真"的问题，这是他的《纯理性批判》中所讨论的。一个是关于"善"的问题，这是他的《实践理性批判》一书中所讨论的。一个是关于"美"的问题，这是他的《判断能力的批判》一书中所讨论的。关于"真""善""美"这三个方面的批判，就是对于人类全部精神生活的反思。

在中国哲学史中，《周易》这部书可以说是一部"精神现象学"。不过这一部"精神现象学"不是一个人作的，而是经过许多年代，通过许多人的发挥才完成的。历代为《周易》作传、注的人，都是对于这部"精神现象学"有贡献的。不过，在战国时期出现的《易传》中，这部"精神现象学"之为精神现象学的面貌，就已经确定了。《周易·系辞》说："范围天地之化而不过，曲成万物而不遗，通乎昼夜之道而知。故神无方而易无体。"这就是说，《周易》这部书，包括了宇宙间的各方面的事物，了解贯通于其间的道理（"通乎昼夜之道而知"），又能用各种的公式把这种道理表示出来，可以应用于自然、社会和个人的人事而不陷于死的条条框框（"神无方而易无体"）。

王充的《论衡》也是一套人类精神的反思。"论衡"二个字有康德所谓"批判"的意思。他自己说："惟人性命，长短有期。人亦虫物，生死一时。年历但讫，孰使留之？犹入黄泉，消为土灰。上自黄唐，下臻秦汉而来，折衷以圣道，析理于通材。如衡之平，如鉴之开。幼、老、生、死、古、今，罔不详该。命以不延，吁叹悲哉！"（《论衡·自纪篇》）这是《论衡》的最后一段话。这一段话概括地说明了《论衡》的内容是一套精神的反思。最后四个字说明了精神于反思后的感叹。

不一定长篇大论才可以成为精神现象学。短篇小论也是可以的。例如周敦颐的《太极图说》和《通书》，不过几千字，也可以成为一部"精神现象学"。他的这些著作也名为《易通》，他也讲到了自然、社会和人事各方面，是一部简明的《周易》，也就是一部简明的《精神现象学》。

哲学史中的大哲学体系都是一套人类精神的反思。它们不必用"精神现象学"这个名字，也不必有"精神现象学"这种形式，但都是一个包括自然、社会、人事各方面的广泛的体系；所以在内容上都是一套完整的"精神现象学"。柏拉图的《对话》是一部"精神现象学"，董仲舒的《春秋繁露》是一部"精神现象学"，朱熹对于四书、五经的注解，也是一部"精神现象学"。

近代的唯物主义哲学，整个的马克思主义体系，也都是人类精神的反思，所以也都是"精神现象学"。费尔巴哈的《基督教的本质》，是人类精神对于人类宗教生活的反思。马克思的《关于费尔巴哈的提纲》是人类精神对于认识及政治生活的反思。恩格斯的《自然辩证法》是人类精神对于自然科学研究的反思，都是"精神现象学"中应有之义。

每个时代的大哲学家的哲学，都是以当时的包括科学在内的、各方面的知识为根据而建立起来的。这个建立并不是驾于那些知识之上的太上科学，亦不是从那些知识之中拼凑出来的"科学大纲"，而是人类精神对于那些知识的反思，恩格斯的《自然辩证法》是以他当时的自然科学为根据的，但它并不是"太上科学"，也不是"科学大纲"，它是对于当时科学的反思。从反思中得出辩证法。"太上科学"是没有的，也是不可能有的。"科学大纲"是可能有的，但是没用的。

哲学与科学是不同的。在历史中，有许多大思想家的思想中，有一部分是科学，有一部分是哲学；这两部分的精神面貌完全不同。例如康德的星云说是讲天体的起源，这是他的科学思想。他的《纯理性批判》讲主观和客观的关系。他的《实践理性批判》的目的，是证明他所说的"上帝存在""意志自由"和"灵魂不死"。这是他的哲学思想。这两部分是各自独立不相混淆的。又例如朱熹看到有些山的岩石中有些蚌壳之类的东西。他由此得出结论说，这个地方原来是海的一部分。这是讲地质的。这是他的科学思想，他所讲的太极、阴阳、理气等理论，是他的哲学思想，而二者也是各自分别，不相混淆的。如果看出来这些各自分别、不相混淆的特点，就可以看出来哲学和科学的不同。

其所以不同，固然是由于关于星云和海陆的学说，只涉及到事物的一部分，而没有涉及到事物的全体。这固然是一个理由，但不是其主要理由。其主要的理由是，这些学说都是对于自然界的研究，而不是人类精神的反思。对于自然的研究也是人类精神生活的一部分。但这不是人类精神的反思。它所得到的结果是科学；人类精神的反思所得到的结果才是哲学。上边已经说过，康德的那三个"批判"是人类精神的反思，这是他的哲学。朱熹的理气说也是从分析人类的认识中得来的；这也是"批判"，这才是他的哲学。

人类精神的反思是人类精神生活达到很高的阶段的产物。对于认识的认识，即认识的反思，是人类认识达到很高阶段的产物。能够反思是人所以高于其他动物的一个特征。其他动物都是有感觉的，都有感性认识，但大概不能把感性认识升高为理性认识。它们的认识大概不能有这样的飞跃。它们大概不能有概念，因此不能思，至于反思，那就更不能了。

黑格尔在《逻辑学》中说："本能的活动分散在无限多样的材料中。"相反地，"智力的和意识的活动"把"动因的内容""从它和主体的直接统一中"分出来，使之"成为它"（主体）"面前的对象"，"在这面网上，到处有牢固的纽结，这些纽结是它的""生活和意识以之作为依据和指导的据点"……

列宁解释说："如何理解这一点呢？在人面前是自然现象之网。本能的人，即野蛮人没有把自己同自然界区分开来，自觉的人则区分开来了。范畴是区分过程中的一些小阶段，即认识世界的过程中的一些小阶段，是帮助我们认识和掌握自然现象之网的网上纽结。"（《黑格尔〈逻辑学〉一书摘要》，《列宁全集》第三十八卷，人民出版社1959年版，九十页）人类和自然是对立的统一。但是在开始的时候，人类还不知道它和自然是对立的。它没有把它自己同自然界区分开来。所以它和自然界的统一是直接的统一，原始的统一。在这个阶段，人类精神还没有自觉。人类不知道它自己和自然之间的对立，并不等于没有对立。经过长时期的对立和斗争，人类逐渐把他自己同自然界分别开来。人类精神开始自觉了。自觉的开始就是认识世界。认识世界是人类精神生活中的一个重要部分。认识这种"认识"，是人类精神更进一步的自觉。

人类的精神生活是极其广泛的。人类精神的反思必然要牵涉到各方面的问题，对于广泛的问题作广泛的讨论。概括地说，有三个方面：自然，社会，个人的行事。人类精神的反思包括三方面以及其间互相关系的问题。这些都是人类精神的反思的对象，也就是哲学的对象。

哲学和哲学史

　　哲学史是哲学发展的历史。它并不等于哲学。在这里，也有本来的哲学史和写的哲学史之分。

　　写的哲学史就是研究本来哲学史的人所写的研究结果，是本来哲学史的摹本。哲学家们对于人类的精神生活作了反思，又把他的反思用理论思维的言语表达出来，成为一个思想体系，这就是他的哲学体系。他是怎么想的、怎么说的、怎么写的，他的体系是怎么建成的，这都是一个哲学史家所首先要研究的。这是需要大量的调查研究工作的。不做这种工作，而只抓住哲学家的片言只语，就断定他是个什么论者，从而批评之。这就是用"戴帽子""抓辫子打棍子"的办法。用这种办法批判今人，必造成冤、假、错案。用这种方法批判古人，必写出不真实的历史。

　　哲学用理论思维，批评一个哲学家的哲学，也需要用理论思维。上面所说第欧肯尼的轶事，可以作为说明。他用步行来反对芝诺，但他又知道，如果谁满足于这样的反对，谁就应该挨打。这些批判驳不倒他所要驳的哲学家，也不能使读者受到理论思维的锻炼。批评一个哲学家，总要把他当成一个哲学家而评论之。

　　上面说过，马克思主义发现了自然、社会和人的思维的发展的一个总规律，辩证法。这个规律也就是研究自然、社会和人的思维的发展方法。自然科学用这个方法研究自然界中的事物，社会科学用这个方法研究社会中的事物。历史学是社会科学的一种，哲学史是历史学中的一门专史，它是研究哲学这门学问的发展的历史。它用哲学所发现的方法，研究哲学发展的历史，这就像《诗经》所说的"伐柯伐柯，其则不远"，就会觉得更为熟悉，更为亲切。列宁在这一方面给我们作了许多范例。他说："辩证法是活生生的、多方面的（方面的数目永远增加着的）认识，其中包含着无数的各式各样观察现实，接近现实的成分（包含着从每个成分发展成的整个哲学体系），——这就是它比起'形而上学的'唯物主义来所具有的无比丰富的内容，而形而上学的唯物主义的根本缺陷就是不能把辩证法应用于反映论，应用于认识的过程和发展。"（《谈谈辩证法问题》，《列宁全集》第三十八卷，人民出版社 1959 年版，四一一页）

列宁在这一段话下面接着讲怎样用辩证法的方法研究哲学史。辩证法是活生生的，人类认识之树也是活生生的。说它们是活生生的，就是说，它们是多方面的，复杂的，变化的，不能用一个或几个条条框框把它们简单化，直线化，片面化，死板或僵化。这些"化"都是形而上学或主观主义的产物。列宁所说的这些"化"，都是指唯心主义说的，可是研究哲学史也可以有唯心主义。历史的发展不是直线，人的认识的发展不是直线，人的理论思维的发展也不是直线。哲学史是哲学的发展史。它是无限地近似一圈圆圈，近似于螺旋的曲线。每一个圆圈都是这一发展的一个环节。就其为一个环节说，它就是那个总的发展所不可少的，它是本来的哲学史的组成部分，写的哲学史也必须把它写进去。

哲学史是一种专门史。一个什么事物的史，就是要讲这个事物的发展。发展必有一定规律，不能乱杂无章。发展必有一个线索，有它的来龙去脉。发展必有一定的阶段，有一定的环节。一个事物的发展总不是孤立的，它必然受到它的周围事物的影响或制约，而又反过来也影响或制约其周围的事物。这些也是讲那个事物的写的历史所必须说明的。讲哲学史也是如此。哲学在历史中表现为各种派别。这些派别表示哲学发展的线索、阶段或环节。这些派别和当时的政治、经济是互相影响、互相制约的。这种互相影响、互相制约，是哲学发展的本来历史所固有的内容。写的哲学史都要把它们写出来，特别要说明这些哲学派别在当时所起的作用，是推动历史前进或者是阻碍历史前进。

研究中国哲学史的特殊任务

中国哲学史是中国哲学的历史。中国哲学，就其内容说，和其他民族的哲学是一样的。如果不是如此，它就不能称为哲学。但就表现形式说，中国哲学和其他民族的哲学，则有所不同。其不同的原因可能很多，其中之一可能是语言、文字方面的问题。中国的语言是单音节的。中国的文字一直到现在是方块字的汉字，其来源是象形文字。这都不利于用字尾的变化表达辞性。例如一个名词，有其抽象的意义，也有其具体的意义。从逻辑方面说，其抽象的意义就是这个名词的内涵，其具体的意义就是这个名词的外延。专门表示内涵的名词称为抽象名词，专门表示外延的名词称为具体名词。这种辞性的不同在西方文字中，可以用字尾的变化表示出来，使人一望而知。但中国文字没有这种方便。例如"马"这个名词，就其内涵说是指一切马所共同有的性质。就其外延说，是指一切的马。有时要明确地专指一切马所共同有的性质，在西方的语言中，可以把马的字尾稍作变化，使之成为一个抽象名词。在现代中国话中，我们可以于"马"字之后加上一个"性"字。一切马共同有的性质，称为"马性"。但是古代没有这个办法。因为没有这个办法，所以在语言中就有困难。战国时期，公孙龙作《白马论》，主张"白马非马"。当时及后来的许多人认为这是诡辩，因为在常识中，一般都说"白马是马"。其实"白马是马"和"白马非马"这两个命题都是真的，并没有冲突。"白马是马"是就马这个名词的外延说的；"白马非马"是就这个名词的内涵说的。"白马是马"的马是就具体的马说的；"白马非马"是就抽象的马说的。它说的是一切马所共同有的性质，是马性。如果在古代就有一种方法，在文字上表明马性同马的不同，《白马论》中的有些辩论本来是可以不必说而自明的。"白马非马"这个命题的意义也是不难理解的。

无论如何，事实是，在以前的中国哲学中，"术语"是比较少的，论证往往是不很详尽的，形式上的体系往往不具备。另外还有很明显的一点，那就是以前的哲学家所用的语言，是古代的语言。必须用现代的中国语言把它翻译过来，才能为现代的人所理解。

在清朝末年，中国人把中国哲学作一门学问来研究之后，也就是中国哲学开始反思的时候，人们开始觉得，中国哲学中的原来的术语很不够用。那时候，西方资产阶级哲学还没有真正进入中国的思想界。人们开始在佛学中找"术语"用。佛学中的相宗是一种"烦琐哲学"，其中名词繁多。当时有一派人就用佛学中的概念、名词解释、评论中国哲学。可是那些名词、概念，有一部分是"相宗"那样的"烦琐哲学"的虚构，是如佛学所说的"龟毛兔角"之类。而且佛学著作翻译过来的文字也还是古文字，所以越说越糊涂。

中国哲学中一个名词往往有许多用法。例如"天"可以指与地相对的"苍苍"者，也可以指"上帝"，也可以指自然。这也是"术语"缺乏的一种表现。一个名词的一个用法就指一个概念，用这个字的人，究竟想说甚么概念呢？有些时候，可以从上下文一望而知，有些时候就不容易决定。

现在研究中国古代哲学史比较容易多了。有许多西方哲学中的"术语"可以用以分析、解释、翻译、评论中国古代哲学。但是翻译必须确切，解释必须适当。这也是不易审的。

中国古代哲学喜欢"言简意赅"，"文约义丰"。周敦颐倒是为他的《太极图》作了一个"说"，但只有一百多字。其他如张载的"心统性情"，程颐的"体用一源，显微无间"，都只提出一个结论。程颐可能认为他的《周易传》就是他的结论的根据，但还不是直接的说明。这些结论显然都是长期的理论思维的结果。哲学史家必须把这种过程讲出来，把结论的前提补起来，但是这种"讲"和"补"当然不能太多。就是说，只能把中国古代哲学家们要说而还没有说的话替他们说出来，而不能把他们还没有要说而在当时实际上不可能有的话说出来。不可太多，也不可太少。太多了就夸张古人的意思，太少了是没有把古人的意思说清楚，讲透彻。怎样才能既不太多也不太少，恰如其分，那就要看这个哲学史工作者对于古人的理解的能力和程度了。

中国古代哲学家们比较少作正式的哲学论著。从古代流传下来的哲学史资料，大多是为别的目的而写的东西，或者是别人所纪录的他们的言语，可以说是东鳞西爪。因此就使人有一种印象，认为中国古代哲学家的思想没有系统。如果是就形式上的系统而言，这种情况是有的，也是相当普遍的。但是形式上的系统不等于实质上的系统。拿一部《论语》来看，其中所记载的都是孔子回答学生们的话。学生们东提一个问题，西提一个问题，其问并没有联系。孔子东答一个问题，西答一个问题，其答也没有联系。孔子并没有和学生们就一个专门问题讨论起来，深入下去（也许有，不过没有这样记载流传下来）。就形式上看，一部《论语》是没有形式上的系统的。但这并不等于孔子的思想没有实质上的系统，如果是那样，他的思想就不成为一个体系，乱七八糟。如果真是那样，他也就不成为一个哲学家了，哲学史也就不必给他地位了。

中国哲学史工作者的一个任务，就是从过去的哲学家们的没有形式上的系统的资料中，找出其实质的系统，找出他的思想体系，用所能看见的一鳞半爪，恢复一条龙出来。在写的哲学史中恢复的这条龙，必须尽可能地接近于本来的哲学史中的那条龙的本来面目，不可多也不可少。

总的说起来，写的中国哲学史，在摹绘本来的中国哲学史的时候，必须首先做到三点：

第一点是：具体地说清楚一个哲学家的哲学体系。哲学中的主要问题是共同的，但每个哲学家，对于这些问题的理解和解决，是不完全相同的。哲学家们各有各自的思路，各有各自的建立体系的过程。所以他们的体系各有自己的特点。一个唯物主义哲学家不尽同于另一个唯物主义哲学家。一个唯心主义哲学家也不尽同于另一个唯心主义哲学家。好像同是一个人而每个人也各有各自的精神面貌。同是一个字，而书法家写出来，各有各自的风格。所以说，要具体地说明一个哲学家的体系，使之成为一个有血有肉的、活生生的体系。不可把哲学家们的活生生的体系分割开来，填入那几个部门之中。这样，就好像把一个活人分割为几块，然后再缝合起来。缝合可以成功，甚至是天衣无缝，但是那个人已经死了，没有生命了。

第二点是：必须具体地说清楚，一个哲学家如果是对于某一问题，得了一个结论，他必然是经过一段理论思维。他可能没有把这段过程说出来。但是，没有说出来，并不等于没有这个过程。哲学史家必须尽可能地把这段过程说清楚，使学习哲学史的人可以得到理论思维的锻炼。

第三点是：必须具体地说清楚，哲学家们所提供的世界观，使学习哲学史的人可以得到一些"受用"或教训。

以上三点，其实就是一回事。一点做到了，其余二点就自然有了。简单地说起来，哲学史家对于一个哲学家，必须先真正懂得他想些什么，见些什么，说些什么，他是怎样想的，怎样说的，以及他为什么这样想，这样说，然后才可以对他的哲学思想作出合乎实际的叙述。重要的是具体，因为历史的东西都是具体的东西。这在研究中国哲学史特别困难，如上面所说的。

在上面工作的基础上，哲学史可以寻找哲学史发展的线索和规律，对于哲学家的功过作适当的评论。上面的工作如果做得好，也许哲学史发展的线索和规律自然就出现了，这些哲学家的功过自然就明白了。如果能如此，哲学史的工作，就算是做到家了。

人异于禽兽者在觉解

　　对于一事物有了解，我们亦称为对之有解。人对于一物，如了解其是怎样一个东西，对于一事，如了解其怎样一回事，则他们对于此事或物，即已有解，有解则此事物对于他们即有意义。不过说了解一物是怎样一个东西，说了解一事是怎样一回事，这了解又可有程度的不同。例如一地质学家了解一座山是哪一种岩石所构成底山，固是了解其为怎样一个东西，但一个人若只了解其是山，亦不能不算是了解其为怎样一个东西。一个人了解一个讲演是哪一种讲演，固是了解其为怎样一回事，但一个人若只了解其是一讲演，亦不能不算是了解其怎样一回事。其了解的深浅多少不同，其所得意义亦异。深底了解，可以谓之胜解。最深底了解，可以谓之殊胜解。不过本章说了解，乃就最低程度底了解说起。

　　究竟怎样底了解，算是最低程度底了解？了解某物是怎样一个东西，或了解某事是怎样一回事，即是了解某事物是属于某一类者，是表现某理者。例如我们了解这座山是山，此即是了解"这座山"是属于山之类者，是表现山之理者。有最大底类，有最大底类所表现底理。对于一事物，若一人完全不了解其所属于底类，完全不了解其所表现底理，则此人对于此事物，即为完全无解。此事物对于此人，即为完全地浑沌，完全地无意义。对于一事物，若一人仅了解其是属于最大底类，表现此类的理，例如一人仅了解一事物是一事物，则此人对于此事物所有底了解，即只是最低程度底了解。

人对于理底知识，谓之概念。上所说，如用另一套话说之，我们可以说，对于事物底了解必依概念。凡依内涵最浅底概念底了解，即是最低程度底了解。如一人看见一座山而了解其是山，此是了解其是怎样一个东西，此是对于它有解。但如另一人看见一座山，而只了解其是一个物，此亦是了解其是怎样一个东西，亦是对之有解。此二人的了解，均依概念，一依山的概念，一依物的概念。但物的概念，比山的概念内涵较浅，故仅了解一山是物，比于了解一山是山者，其了解的程度较低。因此我们说：凡依内涵最浅底概念所有底了解，是最低程度底了解。

最低程度底了解，虽是最低程度低，但比之无解又是高底了。例如一个狗，看见一座山，它只感觉一如此如此，这般这般，不但不了解其是怎样一个东西，并且未必了解其是东西。又例如在空袭警报中，狗亦随人乱跑，但它不但不了解这是怎样一回事，而且未必有事的概念。狗是无了解底。其所有底经验，如亦可谓之经验，对于他只是一个浑沌。

但从另一方面说，一个人可有名言底知识，名言底知识可以说是空底。例如一个人向未吃过甜东西，未有甜味的知觉，但他可以听见别人说，甜味是如何如何，而对于名言中底甜字的意义有了解。此甜字的意义，本是代表甜味的概念。但人若只了解甜字的意义，而无知觉与之印证，则其所了解者，是名言的意义，而不是经验的意义。就其了解名言的意义说，名言底知识，不是空底。就其所了解底意义，不是经验的意义说，名言的知识亦可以说是空底。所谓空者，是就其无经验底内容说。例如有些人讲道德，说仁义，而实对于道德价值，并无直接底经验。他们不过人云亦云，姑如此说。他们的这些知识，都是名言底知识。这些名言底知识，照上所说底看法，对于这些人，都可以说是空底。

一名言底知识，在经验中得了印证，因此而确见此名言所代表底概念，及此概念所代表底理。因此此经验与概念联合而有了意义，此名言与经验联合而不是空底。得此种印证底人，对于此经验及名言即有一种豁然贯通底了解。此名言对于此人，本是空底，但现在是有经验底内容了。此经验对于此人，本是浑沌底，但现在知其是怎么一回事了。例如一学几何的人，不了解其中底某定理，乃于纸上画图以为例证，图既画成，忽见定理确是如此。又如一广东人，虽常见书中说风花雪月，而实未尝见雪，及到北平见雪，忽了解何以雪可与花月并列，此种忽然豁然贯通底了解，即是所谓悟。此种了解是最亲切底了解，亦可以说是真了解。用道学家的话说，此即是"体念有得"。

或可问：有没有对于事物底最高程度底了解，即所谓殊胜解？

于此我们说：就理论上说，这种了解是可能有底。一事物所表现底理，我们若皆知之，则我们对于此事物，即可谓有完全底了解。完全底了解，即最高程度底了解也。不过最高程度底了解，理论上虽是可能有底，而事实上是不能有底。因为一事物之为一事物，其构成底性质，是极多底。此即是说，其所属于底类，及其所表现底理，是极多底。我们知一事物所表现底一理，我们即可就此事物，作一我们于新理学中所谓是底命题，即普通所谓真命题。我们若完全知一事物所表现底理，我们即可就此事物，作许多是底命题。这许多是底命题，即构成我们对于一事物底完全底了解，亦构成此事物对于我们底完全底意义。于是我们始可以说，我们完全了解此事物是怎样一个东西，怎样一回事。但事实上这是不可能底，因此我们对于一事物底了解总是不完全底，而一事物对于我们底意义亦总是不完全底。

以上所说，有些是对于一事一物说底。此所说对于某类物，某类事，亦同样可以应用。例如我们可以离开某一山，而对于山有了解；离开上某课，而对于上课有了解。照上文所说，我们于了解山时，需借助对于某一山底经验；于了解上课时，需借助对于上某课底经验。但于了解以后，我们可以离开某一山，而对于山有了解；离开上某课，而对于上课有了解。对于某类事物有了解，即是知某类事物的理所涵蕴底理。例如我们说："人是动物。"此命题即表示人类的理涵蕴动物的理，此命题即代表我们对于人类底了解。我们对于某类事物有了解，某类事物对于我们即有意义。我们对之了解愈深愈多者，其意义亦愈丰富。我们对于一类事物亦可有最低程度底了解，可有最高程度底了解。我们说'人是物'，此命题表示我们对人类底最低程度底了解。我们若知人类的理所涵蕴底一切底理，我们即对于人类有最高程度底了解。最高程度底了解，即是完全底了解。一类事物所涵蕴底理，可以是极多底。所以对于一类事物底完全底了解，亦是极不容易得到底。虽不容易得到，但比对于某一事物底完全底了解，又比较容易得到一点。

人生亦是一类底事，我们对于这一类底事，亦可以有了解，可以了解它是怎样一回事。我们对于它有了解，它即对于我们有意义，我们对于它底了解愈深愈多，它对于我们底意义，亦即愈丰富。

哲学或其中底任何部分，都不是讲"因为什么"底学问。或若问：因为什么有宇宙？因为什么有人生？这一类的问题，是哲学所不能答，亦不必答底。哲学所讲者，是对于宇宙人生底了解，了解它们是怎样一个东西，怎样一回事。我们对于它们有了解，它们对于我们即有意义。

对于一事物或一类事物底完全了解，是极不容易有底。但其最特出显著底性质，是比较易于引起我们的注意，因而易于使我们在此方面，对于某事物，或某类事物，得到了解。人生亦有其最特出显著底性质，此即是其是有觉解底。

解是了解，我们于上文已有详说。觉是自觉。人作某事，了解某事是怎样一回事，此是了解，此是解；他于作某事时，自觉其是作某事，此是自觉，此是觉。若问：人是怎样一种东西？我们可以说：人是有觉解底东西，或有较高程度底觉解底东西。若问：人生是怎样一回事？我们可以说，人生是有觉解底生活，或有较高程度底觉解底生活。这是人之所以异于禽兽，人生之所以异于别底动物的生活者。

人生的意义及人生中的境界

何谓"意义"？意义发生于自觉及了解；任何事物，如果我们对它能够了解，便有意义，否则便无意义；了解越多，越有意义，了解得少，便没有多大的意义。何谓"自觉"？我们知道自己在做一种事情，便是自觉。人类与禽兽所不同的地方，就是人类能够了解，能够自觉，而禽兽则否。譬如喝水吧，我们晓得自己在喝水，并且知道喝水是怎么一回事；可是兽类喝水的时候，它却不晓得它在喝水，而且不明白喝水是一回什么事，兽类的喝水，常常是出于一种冲动。

对于任何事物，每个人了解的程度不一定相同，然而兽类对于事物，却谈不到什么了解；例如我们在礼堂演讲，忽然跑进了一条狗，狗只看见一堆东西，坐在那里，它不了解这就是演讲，因为它不了解演讲，所以我们的演讲，对于它便毫无意义。又如逃警报的时候，街上的狗每每跟着人们乱跑，它们对于逃警报，根本就不懂得是一回什么事，不过跟着人们跑跑而已。可是逃警报的人却各有各的了解，有的懂得为什么会有警报，有的懂得为什么敌人会打我们，有的却不能完全了解这些道理。

同样的，假如我们能够了解人生，人生便有意义，倘使我们不能了解人生，人生便无意义。各个人对于人生的了解多不相同，因此，人生的境界，便有分别。境界的不同，是由于认识的互异；这，有如旅行游山一样，地质学家与诗人虽同往游山，可是地质学家的观感和诗人的观感，却大不相同。

人生的境界，大体上可分为四类：（一）自然境界——最低级的，了解的程度最少，这一类人，大半是"顺才"或"顺习"。（二）功利境界——较高级的，需要进一层的了解。（三）道德境界——更高级的，需要更高深的理解。（四）天地境界——最高的境界，需要最彻底的了解。在自然境界中的人，不论干什么事情，不是依照社会习惯，便是依照其本性去做；他们从来未曾了解做某种事情的意义，往好处说，这就是"天真烂漫"，往差处说便是"糊里糊涂"；他们既不懂得为什么要这样做，又不明白做某种事情有什么意义，所以他们可说没有自觉。有时他们纵然是整天笑嘻嘻，可是却不自觉快乐。这，有如天真的婴孩，他虽然笑逐颜开，可是却一点都不觉得自己快乐，两种情况，完全相同。这一类人，对于"生""死"皆不了解，而且亦没有"我"的观念。功利境界中的人，对于人生的了解，比较进了一步，他们有"我"的观念；不论做什么事，都是为着功利，为着自己的利益打算；这一批人，大抵贪生怕死。有时他们亦会为社会服务，为国家做点事，可是他们做事的动机，是想换取更高的代价，表面上，他们虽在服务，但其最后的目的还是为着小我。在道德境界中的人，不论所做何事，皆以服务社会为目的。这一类人既不贪生，又不怕死；他们晓得除"我"以外，上面还有一个社会，一个全体。他们了解个人是社会的一部分，个人与社会是部分与全体的关系。就普通常识来说，部分的存在似乎先于全体，可是从哲学来说，应该先有全体，然后始有个体；例如房子中的支"柱"，是有了房子以后，始有所谓"柱"，假使没有房子，则柱不成为柱，它只是一件大木料而已；同样，人类在有了人伦的关系以后，始有所谓"人"，如没有人伦关系，则人便不成为人，只是一团血肉。不错，在没有社会组织以前，每个人确已先具有一团肉，可是我们之成为人，却因为是有了社会组织的缘故。道德境界的人，很清楚地了解这一点。天地境界中的人，一切皆以服务宇宙为目的；他们对生死的见解：既无所谓生，复无所谓死；他们认为在社会之上，尚有一个更高的全体——宇宙。科学家的所谓宇宙，系指天体，太阳系及天河等，哲学家的所谓宇宙，系指一切，所以宇宙之外，不会有其他的东西，我人绝对不能离开宇宙而存在；天地境界的人能够彻底了解这些道理，所以他们所做的事，便是为宇宙服务。

中国的所谓"圣贤"，应该有一个分别，"贤"是指道德境界的人，"圣"是指天地境界的人；至于一般的芸芸众生，不是属于自然境界，便属于功利境界；要达到自然境界或功利境界非常容易，要想进入道德境界或天地境界却需要努力，只有努力，才能了解。究竟要怎样做，才算是为宇宙服务呢？为宇宙服务所做的事，绝对不是什么离奇特别的事；与为社会服务而做的事，并无二致。不过所做的事虽然一样，了解的程度不同，其境界就不同了。我曾经看见一个文字学的教授，在指责一个粗识文字的老百姓，说他写了一个别字；那一个别字，本来可以当作古字的假借，所以当时我便代那写字的人辩护，结果，那位文字学教授这样的回答我："这一个字如果是我写的，就是假借，出自一个粗识文字的人的手笔，便是别字。"这一段话很值得寻味，这就是说，做同样的事情，因为了解程度互异，可以有不同的境界。再举一例：同样是大学教授，因为了解不同，亦有几种不同的境界：属于自然境界的，他们留学回来以后，有人请他教课，他便莫名其妙的当起教授来，什么叫做教育，他毫不理会。有些教授则属于功利境界，他们所以跑去当教授，是为着提高声望，以便将来做官，可以铨叙较高的职位。另外有些教授则属于道德境界，因为他们具有"得天下英才而教育之"的怀抱。有些教授则系天地境界，他们执教的目的，是为欲"得宇宙天才而教育之"。在客观上，这四种教授所做的事情是一样的，可是因为了解的程度不同，其境界自有差别。

　　中庸有两句话："圣人可以赞天地之化育，可以与天地参矣"，所谓"赞天地之化育"并不是帮助天地刮风或下雨，"化育"是什么？能够在天地间生长的都是化育，能够了解这一点，则我们的生活行动，都可以说是"赞天地之化育"，如果不明白这一点，那么我们的生活行动，只能说是"为天地所化育"。所谓圣人，他能够了解天地的化育，所以始能顶天立地，与天地参。草木无知（不懂化育的原理），所以草木只能为天地所化育。

　　由此看来，做圣人可以说很容易，亦可以说很难，圣人固然可以干出特别的事来，但并不是干出特别的事，始能成为圣人。所谓"迷则为凡，悟则为圣"，就是指做圣人的容易，人人可为圣贤，其原因亦在于此。

　　总而言之，所谓人生的意义，全凭我们对于人生的了解。

人生成功之因素

三种因素——才力命

在人生成功的过程中，须具有三种因素，这三种因素配合起来，然后才可以成功。

（一）天才。我们人生出来就有愚笨聪明的不同，而且一个人生出来不是白痴的话，一定会在一方面有相当聪明，而这种生出来就具有的愚笨聪明，无论什么教育家以及教育制度也不能使之改变。换句话说，教育功用只能使天赋的才能充分地发展，而不能在天赋的才能之外使之成功。这正如园艺家种植种子只能使所种的种子充分发展，而不能在这种子充分发展之外使之增加。

（二）努力。无论在哪一方面成功的人，都要努力。如果非常懒惰，而想成功的人，正如希望苹果落在自己嘴里，一样的不可能。

（三）命。这命不是一般迷信的命，而是机会，也可以说是环境。如一个人有天赋才能，并且肯十分努力，但却仍需遇巧了机会。如果没有机会，虽然有天资，肯努力，也是"英雄无用武之地"了。提到机会环境，常会有人说我们可以创造环境，争取机会，这当然是不错的。不过，创造环境，争取机会，却包括在努力之中，而这里所说的机会，乃指一人之力所不能办到的而言。

以上所说的三种因素，可以自中国旧日术语用一个字来代表一下：天资可以用"才"字来代表；努力可以用"力"字代表；机会可以用"命"字代表。一个人要在某方面获得成功，必得需有相当的才、力与命。一提到命，恐怕会有误解。因为谈到命的时候太多，例如街头算命摆卦摊的谈命，旅馆住的大哲学家谈命，而这里所提到的命，却与他们都不相同。在这里所提到的命，乃是中国儒家所谈之命，是与一般世俗所说的命不同的。

一般世俗所谈的命，是天定的，就是我们人在生前便定下了一生的吉凶祸福。看相算卦可以知道人的一生吉凶祸福，我从来就不相信。据我看，这些都是中古时代的迷信，无论是在哲学上或是在科学上都是不合理的。

孔子、孟子所讲的命，并不是这个意思，儒家所讲的命，乃指人在一生之中所遭遇到的宇宙之事变，而且又非一人之力所可奈何的。再重述一下，创造环境，争取机会是属于努力那方面。与这里命无关，不用再多论。现在还是讨论命字，我们人在一生中总会遭遇到非一个人力量所能左右与改变的宇宙之事变。比如说，民国二十六年的事变直到三十四年，经过八年间的抗战，我们才获得最后的胜利。日本人来侵略我们，我们不得已起而抗战。这是非以一人之力所能改变的。更如现在世界战争虽然已经解决，然而仍有许多问题相继发生着。为什么我们生在这么个时代？为什么不晚生若干年，生在未来的大同世界中？此乃命。

以上才、力、命三者配合起来，三者都必要而不同具。也就是成功需要三者配合起来，没有时固不成，有了也不一定成。如同学考试加油开夜车，但也许考不及格。也就是不用功不能及格，而用功，也不一定及格！这道理就是在逻辑学上所谓：必要而不同具。有些人常说不靠命，那末他又在说创造环境争取机会了。不过我已重述过，那是属于"努力"方面的。

说起命来，我们活这末大而不曾死了，命就算相当的好。我们要知道人死的机会太多了，在母胎中，也许小产未出世就死去，这个人能成功不？幼童病死，有什么办法？我们经了八年抗战，经过战争、轰炸以及流亡，如今仍能参加夏令营，我们的运气真好的了不得了。

成功的种类与配合成分

以下我们讨论三者配合是否应该相等？也就是三者成分是不是应该每

份都是百分之三十三点三？这回答却是不应相等，也不能相等，而是以成功的种类不同而每种成分各有不同。成功的种数不外有三：

一、学问方面：有所发明与创作，如大文学家、大艺术家、大科学家等等。

二、事业方面：如大政治家、大军事家、大事业家等等。

三、道德方面：在道德上成为完人，如古之所谓圣贤。

以上列举的三方面，以从前的话来讲，也就是立德、立功、立言三不朽。学问方面的成功是立言，事业的成功是立功，道德方面的成功是立德。除三种之外，也就没有其他的成功了。因为这三种成功的性质的不同，所以配合的成分也就有了多寡。大致说来，学问方面"才"占成分多；事业方面"命"占成分多；而道德方面则是"力"占成分多。

学问方面的成功

学问方面，天才成分占得多。有无发明与创作是不只以得多少分数，几年毕业所能达成的。而且，没有天才，就是怎么用功，也是无济于事。尤其艺术方面，更是如此。所谓"酒有别常，诗有别才"。有些人致力于做诗，并做到十分的努力，然而他做出诗来，尽管合乎平仄，可是不是诗，那末，他就是没有诗的天资；但也许他在其他方面可以成功的。

事业方面的成功

事业方面，机会成分占得多。做学问，一人可以做到不需要别的人来帮助，而且做学问到很高深的时候，别人也帮不上忙。孔子作《春秋》，他的弟子们都帮不上忙。李白、杜甫作诗，也没有人能够给他们帮忙，我们更不能帮助科学家来发明。这大都需要他自己去做的。然而，在事业方面，并非一人之力所能达成：

（一）需要有许多人帮忙合作。如大政治家治政，大军事家用兵等。

（二）需要与别人竞争。如打仗有敌手，民主国家竞选总统，需要有对手。

总结一句话，还是事业方面成功，并非一人之力所能达成。如做一件事，需有多人帮忙，帮助他努力争取，同时，需要对手比他差，才能成功。有时他成，可是遇到的对手比他更成，那时只好失败；有时他不成，可是遇到的对手比他还不成，那时他也能成功。我们从历史上来看，例子很多。比如项羽能力大，偏偏遇到的对手刘邦比他还高明，所以他只好失败。我们看看《垓下歌》："力拔山兮气盖世，时不利兮骓不逝，骓不逝兮可奈何，虞兮虞兮奈若何！""时不利兮"，他毫无办法。有些庸才，偏偏成功，史册上很多，不胜枚举。

　　现在让我提一个故事，纪晓岚《阅微草堂笔记》有这么一段记载：有一个棋迷，有时赢，有时输。一天他遇到神仙，便问下棋有无必赢之法。神仙说是没有必赢之法，却有必不输之法。棋迷觉得能有必不输之法，倒也不错，便请教此法。神仙回答说：不下棋，就必不输。这个故事讲的很有道理。一切事，都是可以成功，可以失败，怕失败就不要做。自己棋高明，难免遇到比自己更高明的对手，则难免失败；自己棋臭，也许遇上比自己棋还臭，臭而不可闻的对手，这时便也可成功，其他事业也是如此。

道德方面的成功

　　道德方面，努力成分占得多。只要努力，不需要天才，不需要机会，只靠大部努力便能在道德方面成为完人。这是什么道理呢？也就是为圣为贤需如何？很简单，只有"尽伦"。所谓"伦"即是人与人的关系，从前有"五伦"：君臣、父子、夫妇、兄弟、朋友。现在不限定五伦。如君臣已随政体的变动而消失。不过人与人的关系却是永远存在。例如现在称同志，也是人与人关系的一种。为父有其为父应做之事，为子有其为子应做之事，应做的就是"道"。所谓君有君道，臣有臣道，父有父道，子有子道，也就是每个人都有他所应做的事。做到尽善尽美，就是"尽伦"。用君臣父子尽其道来比喻，名词虽旧，但意思并不旧。如果以新的话来讲，就是每个人应站在他的岗位上，做他应做的事。那末，为父的应站在为父的岗位上做为父应做的事，为子的应站在为子的岗位上做为子应做的事等等。所以名词新旧没有什么关系，只要意思不旧即可。我们不能为名词所欺骗。有许多人喜欢新名词,听到旧名词君尽君道、臣尽臣道等,立刻表示不赞成。若有人以同样意思,改换新名词,拍案大声说:"每个人应该站在他的岗位上,做他应做的事。"于是他便高高兴兴地表示赞成了。

道德方面的成功,并不需要做与众不同的事。而且,"才"可高可低,高可做大事,低可做小事,不论他才之高低,他只要在他的岗位上做到尽善尽美,就是圣贤。所以道德方面的成功,不一定要在社会上占什么高位置,正如唱戏好坏,并不以所扮角色的地位高低做转移。例如梅兰芳,并不需扮皇后,当丫鬟也是一样。再者,道德方面的成功也与所做的事的成功失败无关。道德行为与所做之事乃两回事,个人所做之事不影响道德行为的成功。如文天祥、史可法所做的事虽然完全失败,但他们道德行为的价值是完全成功的。更进一步来说,文天祥、史可法如果成功,固然是好,但所做的事成功,对他们道德行为价值并不增加,仍不过是忠臣;同时,他们失败,对他们道德行为价值也不减少,仍不失为忠臣。因此道德方面的成功不必十分靠天才,也不十分靠机会,只看努力的程度如何;努力做便成功,不努力做便不成功。这种超越天才与机会的性质,我们称它为"自由",是不限制的自由,并不是普通所说的自由。"人皆可以为尧舜",就是这个意思。不过我们不能说:"人皆可以为李杜"或"人皆可以为刘邦、唐太宗"。诸位于此,会发生两个误会:

(一)道德上成功与天才机会无关,那么自己不管自己天资如何,同时,也不必认真做自己所做的事,只要自己道德行为做到好处就成了。不过这是错误的。一个人做事,如文天祥、史可法做事,尽心尽力到十二分,则虽失败,亦不影响其道德方面的成功,但他们不尽心尽力,失败固非忠臣,成功也属侥幸,因为他们的"努力"程度影响了他们道德方面的成功。

(二)立德立功立言三者划分,实际上乃为讲解方便,其实立德非另外一事,因为立德是每个人做其应做之事,当然立言的人在立言之时,可以立德,立功的人在立功之时,也可以立德,每个人随时随地都可立德,所以教育家鼓励人最有把握就是"人皆可以为尧舜",因此立德与立言立功是分不开的。

与印度泰谷尔谈话

——东西文明之比较观

　　我自从到美国以来，看见一个外国事物，总好拿它同中国的比较一下。起头不过是拿具体的、个体的事物比较，后来渐及于抽象的、普通的事物；最后这些比较结晶为一大问题，就是东西洋文明的比较。这个大问题，现在世上也不知有能解答它的人没有。前两天到的《北京大学日刊》上面，登有梁漱溟先生的"东西洋文明及其哲学"的讲演，可惜只登出绪论，尚未见正文。幸喜印度泰谷尔（Rabindranath Tagore）先生到纽约来了，他在现在总算是东方的一个第一流人物，对于这个问题，总有可以代表一大部分东方人的意见。所以我于十一月三十日到栈房去见他，问他这个问题。现在将当日问答情形，写在下面。顶格写的是他的话，低一点写的是我的话。

　　中国是几千年的文明国家，为我素所敬爱。我从前到日本没到中国，至今以为遗憾。后有一日本朋友，请我再到日本，我想我要再到日本，可要往中国去，而不幸那位朋友，现在死了，然而我终究必要到中国去一次的。我自到纽约，还没有看见一个中国人，你前天来信，说要来见我，我很觉得喜欢。

　　　现在中国人民的知识欲望，非常发达，你要能到中国一行，自然要大受欢迎。中国古代文明，固然很有可观，但现在很不适时。自近年以来，我们有一种新运动，想把中国的旧东西，哲学，文学，美术，以及一切社会组织，都从新改造，以适应现在的世界……

适应么？那自然是不可缓的。我现在先说我这次来美国的用意。我们亚洲文明，可分两派，东亚洲中国印度日本为一派，西亚洲波斯，亚拉伯等为一派，今但说东亚洲。中国印度的哲学，虽不无小异，而大同之处很多。西洋文明，所以盛者，因为他的势力，是集中的。试到伦敦、巴黎一看，西洋文明全体，可以一目了然，即美国哈佛大学，也有此气象。我们东方诸国，却如一盘散沙，不互相研究，不互相团结，所以东方文明，一天衰败一天了。我此次来美就是想募款，建一大学，把东方文明，聚在一处来研究。什么该存，什么该废，我们要用我们自己的眼光来研究，来决定，不可听西人模糊影响的话。我们的文明，也许错了，但是不研究怎么知道呢？

我近来心中常有一个问题，就是东西洋文明的差异，是等级的差异（Difference of Degree），是种类的差异（Difference of Kind）？

此问题我能答之，他是种类的差异。西方的人生目的是"活动"（Activity），东方的人生目的是"实现"（Realization）。西方讲活动进步，而其前无一定目标，所以活动渐渐失其均衡。现只讲增加富力，各事但求"量"之增进，所以各国自私自利，互相冲突。依东方之说，人人都已自己有真理了，不过现有所蔽；去其蔽而真自实现。

中国老子有句话是："为学日益，为道日损。"西方文明是"日益"；东方文明是"日损"，是不是？

是。

但是东方人生，失于太静（Passive），是吃"日损"的亏不是？太静固然，但是也是真理（Truth）。真理有动（Active）、静（Passive）两方面：譬如声音是静，歌唱是动；足力是静，走路是动。动常变而静不变；譬如我自小孩以至现在，变的很多，而我泰谷尔仍是泰谷尔，这是不变的。东方文明譬如声音，西方文明，譬如歌唱；两样都不能偏废；有静无动，则成为"惰性"（Inertia）；有动无静，则如建楼阁于沙上。现在东方所能济西方的是"知慧"（Wisdom），西方所能济东方的是"活动"（Activity）。

　　那么静就是所谓体（Capacity），动就是所谓用（Action）了。

是。

　　如你所说，吾人仍应于现在之世界上讨生活。何以佛说：现在世界，是无明所现，所以不要现在世界？

这是你误信西洋人所讲的佛教了。西人不懂佛教，即英之达维思夫人（Mrs，Rhys Davids），尚须到印度学几年才行。佛说不要现在世界者，是说：人为物质的身体所束缚，所以一切不真；若要一切皆真，则须先消极的将内欲去尽，然后真心现其大用，而真正完全之爱出，爱就是真。佛教有二派：一小乘（Hina-yana），专从消极一方面说；一大乘（Maha-yana），专从积极一方面说。佛教以爱为主，试问若不积极，怎样能施其爱？古来许多僧徒，牺牲一切以传教，试问他们不积极能如此么？没有爱能如此么？

　　依你所说：东方以为，真正完全之爱，非俟人欲净尽不能出；所以先"日损"而后"日益"。西方却想于人欲中求爱，起首就"日益"了。是不是？

是。

　　然则现在之世界，是好是坏？

也好也坏。我说他好者，因为他能助心创造（Creation）；我说他坏者，因为他能为心之阻碍（Obstruction）。如一块顽石，是为人之阻碍；若裂成器具，则是为人用。又如学一语言，未学会时，见许多生字，是为阻碍；而一学会时，就可利用之以做文章了。

依你所说：则物为心创造之材料，是不是？

是，心物二者，缺一不能创造。

我尚有一疑问，佛教既不弃现世，则废除男女关系，是何用意？

此点我未研究，不能答。或者是一种学者习气，亦未可知。

依你所说，则东西文明，将来固可调和，但现在两相冲突之际，我们东方，应该怎样改变，以求适应？从前中国初变法之时，托尔斯泰曾给我们一信，劝我们不可变法。现在你怎样指教我们？

现在西方对我们是取攻势（Aggressive），我们也该取攻势。我只有一句话劝中国，就是："快学科学！"东方所缺而急需的，就是科学。现在中国派许多留学生到西洋，应该好好地学科学。这事并不甚难。中国历来出过许多发明家，这种伟大民族，我十分相信，他能学科学，并且发明科学的。东方民族，决不会灭亡，不必害怕。只看日本，他只学了几十年的科学，也就强了。不过他太自私，行侵略主义，把东方的好处失了。这是他的错处。

你所筹办的大学，现在我们能怎样帮忙？

这层我不能说，这要人人各尽其力的。中国随便什么事，——捐款，捐书，送教员，送学生，——都可帮助这个大学的。现在我们最要紧的，是大家联络起来，互相友爱；要知道我们大家都是兄弟！

谈到这里，已经是一个钟点过去；我就起身告辞了。泰谷尔先生的意见对不对，是另一个问题；不过现在东方第一流人物对东西文明有如此的见解，这是我们应该知道的。我还要预先警告大家一句，就是泰谷尔的话，初看似乎同从前中国中学为体，西学为用之说，有点相像；而其实不同。中国旧说，是把中学当个桌子，西学当个椅子；要想以桌子为体，椅子为用。这自然是不但行不通，而且说不通了。泰谷尔先生的意思，是说真理只有一个，不过他有两方面，东方讲静的方面多一点，西方讲动的方面多一点，就是了。换句话说：泰谷尔讲的是一元论，中国旧说是二元论。

我现在觉得东方文明，无论怎样，总该研究。为什么？因为他是事实。无论什么科学，只能根据事实，不能变更事实。我们把事实研究之后，用系统的方法记述他，用道理去解说他，这记述和解说，就是科学。记述和解说自然事实的，就是自然科学；记述和解说社会事实的，就是社会科学。我们的记述解说会错，事实不会错。譬如孔学，要把他当成一种道理看，他会错会不错；要把他当成事实看，——中国从前有这个道理，并且得大多数人的信仰，这是个事实。——他也不会错，也不会不错。他只是"是"如此，谁也没法子想。去年同刘叔和谈，他问我：中国对于世界的贡献是什么？我说：别的我不敢说；但是我们四千年的历史，——哲学，文学，美术，制度……都在内——无论怎样，总可作社会科学、社会哲学的研究资料。所以东方文明，不但东方人要研究，西方人也要研究；因为他是宇宙间的事实的一部分。说个比喻，假使中国要有一块石头，不受地的吸力，牛顿的吸力律，就会打破，牛顿会错，中国的石头不会错！本志二卷四号所载熊子真先生的信上面的话，我都很佩服；但是不许所谓新人物研究旧学问，我却不敢赞成。因为空谈理论，不管事实，正是东方的病根，为科学精神所不许的。中国现在空讲些西方道理，德摩克拉西，布尔什维克，说得天花乱坠；至于怎样叫中国变成那两样东西，却谈的人很少。这和八股策论，有何区别？我们要研究事实，而发明道理去控制他，这正是西洋的近代精神！　　民国九年十二月六日作于纽约。

这篇文章做成之后，就寄给志希看，志希来信，说："研究旧东西一段，可否说明以新方法来研究旧东西？……泰氏说的（Realization）一段，我不懂……既然是一件事的两面，就无所谓体，无所谓用，与他自己所说的也有出入。"

我答应说：要是把中国的旧东西当事实来研究，所用的方法，自然是科学方法了。中国的旧方法，据我所知，很少把东西放在一个纯粹客观的地位来研究的，没有把道理当作事实研究。现在要把历史上的东西，一律看着事实，把他们放在纯粹客观的地位，来供我们研究；只此就是一条新方法。不过要免误会起见，多说一两句，自然更清楚。

泰谷尔所谓"实现"一段，据我的意见，是说：西洋人生，没有一定目的，只是往前走；东方却以为人人本已有其真理，只是把它"实现"出来就是。如宋儒之所谓去人欲，复天理，就是这个意思。

志希说："既是一件事的两面，就无所谓体，无所谓用……"我说：惟其有所谓体，有所谓用，所以才是一件事的两面。体用两字，在中国很滥了，但实在他们是有确切意思的。宋儒的书，自然还没有人翻；印度的书，他们翻的时候，"体""用"翻成英文的哪两个字，我还不知道。那天晚上，只是随便抓了一两个英文字就是了。此外如心理学上所谓 Organ，Function，伦理学上所谓 Character，Action，都可举为体用之例。体与用是相对的字眼，如以 Organ 为体，则 Function 便是用，如以 Character 为体，则 Action 便是用。没有 Organ，就没有 Function，没有 Function，Organ 也就死了。所以两个是只一个东西的两面。宋儒讲体用一源，就是如此。

关于中西文化问题的一点意见

　　现在，对所谓中西文化问题的讨论又热闹起来了。人们对于这个问题都很感兴趣，这是当然的，因为我们所处的时代，就是一个两种文化冲突矛盾的时代。怎样认识这两种文化，理解这个冲突，解决这个矛盾，当然是大家所关心的问题。关于这个问题的辩论时起时伏，这是因为这个问题还没有根本解决，所以不免就又冒出来了。

　　就这个问题说，现在还有点像五四运动时代，但是，这两个时代的争论重点不同。在"五四"时代，人们所注意的是在西方文化中有哪些成分是我们所要吸收的；现在人们所注意的是中国旧文化中有哪些是我们所要继承的。

　　中西文化的冲突和矛盾，是从 19 世纪中叶开始的。当时的进步人们所提出的解决办法是"以夷为师"，"师夷之长技，以制夷"。这就是说，要向西方学习，学习西方人的长处，以制服西方。什么是西方的长处呢？这就有各种不同的意见。这是因为人们对于西方文化的了解和认识有深浅的不同，有不同认识的人们各本着他们的认识改变中国，这就叫变法。变法的主要之点就是不改变中国社会的根本，只作一些枝枝节节的改变。实践证明，这些办法都不行，于是中国社会就由变法时代进入革命时代，由近代进入现代。

　　中国社会从 1911 年的辛亥革命进入革命时代，先有旧民主主义革命，后有新民主主义革命。旧民主主义革命虽然没有成功，但有一件事情做对了。在旧民主主义的革命纲领中首先的一条是："驱逐鞑虏，恢复中华。"所谓"鞑虏"就是满族，用当时的话说就是"排满"。可是在清朝皇帝被迫退位以后，革命者夺得了全国性的政权，他们就不排满了。他们提出了"汉、满、蒙、回、藏五族共和"的民族政策，联合五个民族，成为中华民族，由此建立的民国成为中华民国。历史证明，这个民族政策是成功的经验，对于中华民族是有贡献的。这个成功的经验，给了我们一个启示：一个革命者在夺得政权以后，应该把革命的对象收过来，为己所用。在这一点上，新民主主义的革命者，在文化政策上走了一段弯路。

在新中国成立后，人们常说，中国是一穷二白，家底子薄，这话不够全面。从物质文明方面说这种情况是有的，从精神文明方面说就不尽然。中国有几千年的精神文明，积累下来了很多东西，怎么说是一穷二白、家底子薄呢？从精神文明这方面说，家底子不是薄，而是很厚。

这一个很厚的家底子，可能是中国人的包袱，应该把它扔掉；也可能是一份遗产，应该把它继承下来。究竟是包袱，还是遗产？这就不能用简单的方法，扣帽子的方法，一概而论。要看革命者怎样对付它，怎样用它。用之得当，腐朽可以化为神奇；用之不得当，神奇可以化为腐朽。这就需要对于旧文化作仔细的研究，有分析，有取舍，取其有用者，舍其无用者。

或取、或舍、或有用、或无用，必须有一个标准，现在什么是那个标准呢？

我们现在正在振兴中华，建设有中国特色的社会主义的现代化国家，这是我们的总方针、总目标，这就是标准。所谓有用或无用，都是就这个标准说的。

有些人觉得很难想象中国旧文化有些什么东西，可以对上面所说的那个总目标有用，在这一点上，我可以举一个例子以为说明。

报刊上常看见有许多不正之风，有人把它归结为"见利忘义"，我不知道这个提法是谁首先提出来的。但这个提法很重要，"义利之辨"是中国古典哲学中的一个重要问题。什么是"义"和"利"？宋明道学（亦称理学）对此作了阐述，它说：义利之辨就是公私之分，为公就是义，为私就是利。有人认为，宋明道学轻视物质利益，这是误解。宋明道学讲

"义"是包括物质利益的，问题在于为谁去追求物质利益。若为自己追求那就是为利，若为社会、为人民追求，那就是为义。现在还有人"见利忘义"，正说明人的精神素质还有待提高，这也就是说，还要提高人的精神境界和文化素养。

在这个时候提出"义利之辨"，这就是中国古典哲学将成为具有中国特色的社会主义精神文明的一个来源的迹象。如果对这一迹象因势利导，必将加速现在精神文明建设的进展，并使之更具有中国特色。这种特色并不是可以从外部涂上去的，而是从内部发出来的。这就好像人的肤色，无论是黄、是白，都是人的内部生理所决定的，不是从外面涂上去的。

由此可见，重新研究中国传统文化，对于现在的总目标是有用的，这是站在革命者的立场而进行的工作。从这个立场出发，这种工作就不是抱残守阙，复古倒退。从这方面看，现在谈东西文化的比较，和"五四"时代打倒孔家店，虽然在形式上有所不同，但在精神上却是一致了。现在的工作是"五四"精神的真正继续，而十年动乱是"五四"精神的歪曲，这是历史发展的辩证法。

对于中国文化前途的展望

　　每一个民族，每一个历史时期的文化，都需要有一个包括自然、社会、人生的广泛哲学体系作为这种文化的中心思想和理论基础，把这种文化的各个方面统帅起来，联系起来，指导它前进。它是这个民族、这个时期的历史情况的反映，也是这个民族、这个时期的文化生活的精神内容，也成为这个民族的民族精神，也成为这个时期的时代精神。

　　在中国历史中，每当国家完成统一，各族人民和睦相处的时候，随之而出现的就是一个新的，包括自然、社会、个人生活在内的广泛哲学体系。中国现在政治稳定、民族团结，正在建设物质文明和精神文明，也必定需要一个包括新文明各方面的广泛哲学体系，作为中国文化的中心思想和理论基础。这是中国文化的发展，也是中国哲学的发展。

　　我们已经有了马克思主义和毛泽东思想。随着历史的发展，马克思主义会发展为中国的马克思主义，毛泽东思想也会发展。中国的马克思主义，这个名词有些人会觉得很奇怪。其实它久已存在，这就是毛泽东思想。毛泽东思想的定义，就是马克思主义的普遍原理与中国革命实践相结合。既然与中国革命实践结合了，那就是中国的马克思主义，而不仅是马克思主义在中国。在中国革命的前几个阶段，这种结合做得很好，关于无产阶级领导农民武装暴动的理论，关于乡村包围城市的理论，都是这种结合的好例。以这些理论为基础的种种战略引导革命走向了胜利。只是在以后的几个阶段，这种结合就做得不那么好，后来更遭到"四人帮"这些阴谋家的严重歪曲，于是出现了极"左"政策，即所谓"文化大革命"，其后果大家都很了解。最近几年拨乱反正，正在努力恢复这种结合。

马克思主义有三个来源，其一就是德国古典哲学。中国文化和哲学的发展，会需要中国古典哲学作为它的来源之一吗？我看，它会需要的。我们应当为这个发展准备材料，铺设道路。我的意思决不是从古典哲学家著作中寻章摘句，编成原始资料汇编。一个哲学体系不是一个拼凑的东西。哲学是一个活东西。你可以用一些预制的部件拼凑成一部机器，但是不能拼凑成一个活东西，连一个小小的昆虫或一片草叶这样的活东西也拼凑不成。你只能向活东西供给营养，让它自己吸取营养。在目前情况下，我感到，我的《中国哲学史新编》有一项新的任务。它应当不仅是过去的历史的叙述，而且是未来的哲学的营养。

在振兴中华的伟大事业中，每一个中华民族的成员，都应该尽其力之所及做一点事。我所能做的事就是把中国古典哲学中的有永久价值的东西，阐发出来，以作为中国哲学发展的养料，看它是否可以作为中国哲学发展的一个来源。我认为中国古典哲学中有些部分，对于人类精神境界的提高，对于人生中的普遍问题的解决，是有所贡献的。这就有永久的价值。像这一类的阐述，我将在我的《中国哲学史新编》中陆续提出来。

这就是我为振兴中华所要做、所能做的事。这不是为中国哲学发展定基调，也不是为它预制部件，这是为它提供营养品。

一个时代的哲学的建立和发展，是需要时间的，往往需要几代人的时间，甚至几个世纪的时间。它是一个活的东西。活的东西的发展都是需要时间的。它的内容也是历史的产物，不是哪一个人或哪几个人随意确定的。有一点我相信，只要振兴中华需要中国哲学的发展，以为中国文化的精神内容，中华民族会生出许许多多的人才，以完成这种事业。

论 诗

　　维也纳学派以为形上学可以与诗比。石立克说:"形上学是概念的诗歌。"诗中所说底话,亦是不可以逻辑上底真假论,亦是无意义底。但其无意义底话,可以使人得到一种感情上底满足。形上学亦说无意义底话,其无意义底话,亦可以使人得到一种感情上底满足。例如:上帝存在,灵魂不灭,意志自由,都是些没有意义底话。这些话虽没有意义,但人听了这些话,可以得到一种感情上底安慰。由此方面说,对于人,形上学有与诗相同底功用。照维也纳学派的说法,这是形上学的真正底性质。形上学如在人的文化中,有其地位,亦是由于它有这种性质。

　　欲讨论维也纳学派的这种说法,我们须先分别,有止于技底诗,有进于道底诗。有有些哲学家的形上学,有真正底形上学。维也纳学派的这种说法,对于止于技底诗,及有些哲学家的形上学,我们亦以为是可以说底。

　　有只可感觉,不可思议者。有不可感觉,只可思议者。有不可感觉,亦不可思议者。只可感觉不可思议者,是具体底事物。不可感觉,只可思议者,是抽象底理。不可感觉亦不可思议者,是道或大全。一诗,若只能以可感觉者表示可感觉者,则其诗是止于技底诗。一诗,若能以可感觉者表显不可感觉只可思议者,以及不可感觉亦不可思议者,则其诗是进于道底诗。

　　例如温飞卿诗云:"溪水无情似有情,入山三日得同行。岭头便是分头处，惜别潺潺一夜声。"此是一首止于技底诗。因为此诗想象一溪水为一同伴。一溪水是一可感觉底事物，一同伴亦是一可感觉的事物。此诗说溪水有情，说溪水惜别，都是没有意义底话。亦都是些自欺欺人底话。不但读诗者知其是如此，作诗者亦知其是如此。不过虽都知其是如此，作诗者与读诗者，都可于想象中得到一种感情上底满足。这种满足，是从一种假话得来底。

维也纳学派说，形上学应该自比于诗。或说，形上学是一种诗。其所谓诗，大概是这种止于技底诗。他们的这种说法，对于有些哲学家的形上学，是可以说底。有些哲学家，在其形上学中，所说底话，是假底，亦可说是无意义底。这些哲学家应该都如詹姆士明白宣布，其如此说，是出于其"信仰的意志"。詹姆士明知上帝的存在，是不可证明底。但他愿意信仰上帝存在。他信仰而又明知其信仰只是信仰。对于上帝存在之说，持如此态度则即是比此说于诗。有些哲学家的形上学，是应该自比于诗，或我们应该将其比于诗。

但维也纳学派的这种说法，对于真正底形上学，不可以说。因为真正底形上学，并不说维也纳学派所谓没有意义底话。此于我们于以上所讨论中可见。维也纳学派的此种说法，对于进于道底诗，亦不可以说。因为进于道底诗，并不是只说无意义底话，自欺欺人，使人得到一种感情上底满足。它也是以可感觉者表显不可感觉者。我们可以说，就止于技底诗及有些哲学家的形上学说，形上学可比于诗。就进于道底诗及真正底形上学说，诗可比于形上学。

进于道底诗亦可以说是用负底方法讲形上学。我们说"亦可以说是"。因为用负底方法底形上学其是"学"的部分，在于其讲形上学不能讲。诗并不讲形上学不能讲，所以它并没有"学"的成分。它不讲形上学不能讲，而直接以可感觉者，表显不可感觉，只可思议者，以及不可感觉，亦不可思议者。这些都是形上学的对象。所以我们说，进于道底诗"亦可以说是"用负底方法讲形上学。

李后主词云："独自莫凭栏，无限江山，别时容易见时难。"就此诸句所说者说，它是说江山，说别离。就其所未说者说，它是说作者个人的亡国之痛。不但如此，它还表显亡国之痛之所以为亡国之痛。此诸句所说，及所未说者，虽是作者于写此诸句时，其自己所有底情感。而其所表显则不仅只此，而是此种情感的要素。所以此诸句能使任何时读者，离开作者于某一时有此种情感的事，而灼然有"见"此种情感之所以为此种情感。此其所以能使任何时读者，"同声一哭"。江山是具体底物，别离是具体底事。这些都是可感觉底。此种情感的要素则是不可感觉，只可思议底。但作者可以只可感觉不可思议者表显之。

陶渊明诗云："采菊东篱下，悠然见南山。山气日夕佳，飞鸟相与还。此中有真意，欲辨已忘言。"渊明见南山、飞鸟，而"欲辨已忘言"。他的感官所见者，虽是可以感觉底南山、飞鸟，而其心灵所"见"，则是不可感觉底大全。其诗以只可感觉不可思议底南山、飞鸟，表显不可感觉亦不可思议底浑然大全。"欲辨已忘言"，显示大全之浑然。

陈子昂诗："前不见古人，后不见来者。念天地之悠悠，独怆然而涕下。""前不见古人"，是古人不我待；"后不见来者"，是我不待后人。古人不我待，我不待后人，借此诸事实，显示"天地之悠悠"。"念天地之悠悠"，是将宇宙作一无穷之变而观之。"独怆然而涕下"，是观无穷之变者所受底感动。李白诗："登高壮观天地间，大江茫茫去不还。"此茫茫正如卫玠过江时所说："见此茫茫，不觉百端交集。"苏东坡《赤壁赋》："哀吾生之须臾，念天地之无穷。挟飞仙以遨游，抱明月而长终。"大江、明月是可感觉底。但借大江、明月所表显者，则是不可感觉底无穷底道体。

我们说：进于道底诗可以自比于形上学。这并不是说，进于道底诗，是如普通所谓哲学诗或说理底诗。这一种的所谓诗，是将一哲学底义理用韵文写出之。严格地说，这并不是诗。进于道底诗，所表显者，虽是形上学的对象；但其所用以表显者，须是可感觉者。所以诗不讲义理，亦不可讲义理。若讲义理，则成为以正底方法讲形上学底哲学论文，不成为诗。旧说："诗不涉理路。"（《沧浪诗话》）所谓说理之诗，若说它是诗，它说理嫌太多；若说它是哲学论文，它说理又嫌太少。此种所谓诗，其功用实如方技书中底歌诀之类。其表面虽合乎诗的格律，但其实并不是诗。进于道底诗，并不讲道。讲道底诗，不是进于道底诗。

进于道底诗，必有所表显。它的意思，不止于其所说者。其所欲使人得到者，并不是其所说者，而是其所未说者。此所谓"超以象外"。（《诗品》）就其所未说者说，它是"不著一字，尽得风流"。（《诗品》）就其所说者说，它是"言有尽而意无穷"（《沧浪诗话》）。进于道底诗，不但能使人得到其所表显者，并且能使人于得其所表显之后，知其所说者，不过是所谓筌蹄之类，鱼获而筌弃，意得而言冥。此所谓"如羚羊挂角，无迹可寻"，"不落言诠"，"一片空灵"。（《沧浪诗话》）

禅宗中底人常借可感觉者，以表显不可感觉，不可思议者。例如竖起指头、举拂子这类，都是如此。他们所用底方法。有与诗相同之处，所以他们多喜引用诗句。《圆悟佛果禅师语录》云："忽一日，官员问道次，先师云：官人，尔不见小艳诗道：'频呼小玉元无事，只要檀郎认得声。'官人都不晓，老僧听得，忽然打破漆桶，向脚根下亲见得了。"（卷十三）禅宗中底人，用这些诗句，都是欲以可感觉者表显不可感觉，不可思议者。佛果"打破漆桶"，是借诗句之所说者，得到其所未说者。

以上是将诗作为一种讲形上学的方法看。我们还可以将诗作为一种表达意思的方式看。诗表达意思的方式，是以其所说者暗示其所未说者。好底诗必富于暗示。因其富于暗示，所以读者读之，能引起许多意思，其中有些可能是诗人所初未料及者。沈德潜云："阮公《咏怀》，反复零乱，兴寄无端，和愉哀怨，俶诡不羁，读者莫求归趣。"（《说诗晬语》）此所谓"若有意，若无意，若可解，若不可解"。若有这种情形，我们不能问，亦不可问，某一诗的固定底意思是甚么。此所谓"诗无达诂"。

无论用正底方法，或用负底方法，讲形上学，哲学家都可用长篇大论的方式，或用名言隽语的方式以表达其意思。这是两种表达意思的方式。前者可称为散文底方式，后者可称为诗底方式。用散文底方式表达意思，凡所应该说底话，都已说了，读者不能于所说者外另得到甚么意思。用诗的方式表达意思，意思不止于其所说者。读者因其暗示，可以得到其所说者以外底意思，其中有些可能是说者所初未料及者。

例如在中国哲学史中，庄子可以说是以诗底方式表达意思。郭象的庄子注，如与庄子比较言之，则可以说是以散文底方式表达意思。庄子的书与郭象的注代表两种表达意思的方式，即使它们的意思完全相同，也不能互相替代。宗杲引其弟子无著云："曾见郭象注庄子。识者云：却是庄子注郭象。"（《大慧普觉禅师语录》卷二十二）正可借用以说此意。

但若将中国哲学史与西洋哲学史比较，则郭象所用底方式，还是名言隽语的方式。这是中国以前底大多数底哲学家所用底方式。他们的名言隽语，是不能以长篇大论替代底。例如《老子》一书只五千言，但我们不能说它没完全地表达它的意思。假使有一人，写五万字或五十万字底书，将《老子》书中底意思重说一遍，但它只是另外一部书，并不能替代《老子》的五千言。这两部书中底话是用两种方式说底。它们可以是"合则双美"，但并不是"离则两伤"。

维替根斯坦的《逻辑哲学论》，也是用名言隽语的方式写出底。它是用诗底方式表达意思，我们并不是说，他所说底，并不是他的推理所得底结论。不过他的结论，以这种方式表达出来，就不仅只是一个推理的结论。他所说底是富于暗示底。读者可于其所说者得到许多意思，其中有些可能是他所初未预料者。我们于第九章，说他实则是以负底方法讲形上学。这也许不是他的意思。但却是他所说底所暗示底意思。

即在文学方面，所谓名言隽语与长篇大论，也并不是可以互相替代底。例如《世说新语》谓："阮宣子有令闻。太尉王夷甫见而问曰：'老庄与圣教同异？'对曰：'将无同？'太尉善其言，辟之为掾。世谓三语掾。"（《文学》）老庄与儒家，不能说是尽同，亦不能说是完全不同，所以说"将无同"。假使有人作一长篇大论底"儒道异同论"，将儒道异同，说得非常详细清楚，但也不能替代"将无同"三字。《世说新语》又谓："桓公北征，见前为琅琊时种柳，皆已十围，慨然曰：'木犹如此，人何以堪？'攀枝执条，泫然流泪。"（《言语》）后来庾信《枯树赋》说："桓大司马曰：'昔年种柳，依依汉南。今日摇落，凄怆江潭。树犹如此，人何以堪？'"庾信的二十四个字，并不能替代桓温的八个字。即有人再作千言万语的文章，也只是另外一篇文章，并不能替代桓温的八个字。

这就是所谓晋人风流。风流底言语，是诗底言语。禅宗中底人喜欢用诗底言语，所以他们也常说："不风流处也风流。"

读"无字天书"与"有字人书"

——《宗璞小说散文选》佚序

抗战前的清华大学，附设了一所职工子弟学校名叫成志小学，小学又附设有幼稚园。宗璞（我们原为她取名钟璞，姓冯，那是当然的。现在知道宗璞的人多，吾从众。）是那个幼稚园的毕业生。毕业时成志小学召开了一个家长会，最后是文艺表演。表演开始时，只见宗璞头戴花纸帽、手拿指挥棒，和好些小朋友一起走上台来，宗璞喊了一声口令，小朋友们整齐地站好队。宗璞的指挥棒一上一下，这个小乐队又奏又唱，表演了好几个曲调。当时台下掌声雷动，家长和来宾们都哈哈大笑。我和我的老伴也跟着哈哈大笑，心中却暗暗惊奇。因为我们还不知道，她是个小音乐家，至少也是个音乐爱好者吧。我们还没有看见她在家里练过什么乐器。那时家里也没有什么乐器。

到了新中国成立以后，我们也没有看见她在家里写过什么文章，可是报刊上登出了她的作品，人们开始称她为作家。我的老伴对我说，女儿成为一个小作家，当父母的心里倒也觉得舒服。我却担心她聪明或者够用，学力恐怕不足。一个伟大的作家必须既有很高的聪明，又有过人的学力。杜甫说他自己"读书破万卷，下笔如有神"。上一句说的是他的学力，下一句说的是他的聪明，二者都有，才能写出他的惊人的诗篇。

十年动乱的前夕，曾为宗璞写过一首龚定庵示儿诗。诗句是这样的："虽然大器晚年成，卓荦全凭弱冠争。多识前言畜其德，莫抛心力贸才名。"我写这诗的用意，特别在最后一句。

人在名利途上要知足；在学问途上要知不足。在学问途上，聪明有余的人，认为一切得来容易，易于满足于现状。靠学力的人则能知不足，不停留于现状。学力越高，越能知不足。知不足就要读书。

有两种书：一种是"无字天书"；一种是"有字人书"。

自然、社会、人生这三部大书是一切知识的根据，一切智慧的泉源。真是浩如烟海，无边无际。一个人如果能够读懂其中的三卷五卷或三页五页，就可以写出"光芒万丈长"的文章。古今中外的真正伟大的作家，都是能读懂一点这样的书的人。这三部大书虽然好，可惜它们都不是用文字写的。故可称为"无字天书"。除了凭借聪明，还要有至精至诚的心劲才能把"无字天书"酿造为文字，让我们肉眼凡胎的人多少也能阅读。

定庵所说的"前言"，指的是有字人书。读有字人书当然也非常重要，但作为从事文学创作的人，绝不可只以读有字人书为满足。而要别具慧眼，去读那"无字天书。"

我不曾写过小说。我想，创作一个文学作品，所需要的知识比写在纸上的要多得多。譬如说，反映十年动乱的作品，写在纸上的，可能只是十年中的一件事，但那一件事的确是十年动乱的反映。这就要求作者心中有一个十年动乱的全景，一个全部的十年动乱。佛学中有一句话："纳须弥于芥子。"好大的一座须弥山，要把它纳入一颗芥子，这是对于一篇短篇小说的要求。怎样纳法，那就要看小说家的能耐。但无论怎样，作者心中必先有一座须弥山。

我教了一辈子书，难免联想到本行。对于一个教师也有类似的要求，一个教师讲一本教科书，最好的教师对这门课的知识，定须比教科书多许多倍，才能讲得头头是道，津津有味，信手拈来，皆成妙趣。如果他的知识，只和教科书一样多。讲来就难免结结巴巴，吞吞吐吐，看起来好像是不能畅所欲言，实际上他是没有什么可以言。如果他的知识还少于教科书，他就只好照本宣科，在学生面前唱催眠曲了。

要努力去读"无字天书"，也不可轻视"有字人书"，那里又酿进了写书人的心血。

宗璞出集子，要我写一篇序，我就拉杂为之。后来没有能用，恰好孙犁同志有评论文章，宗璞得以为序，我很为高兴。

可惜的是，现在书已出来，她的母亲已不在人间，不能看见了。

朋友们以为我这几句话尚可发表，无以题名，故名之为"佚序"。

西南联大校歌歌词

（寄调《满江红》）

　　万里长征，辞却了，五朝宫阙。暂驻足，衡山湘水，又成离别。绝徼移栽桢干质，九州遍洒黎元血。尽笳吹，弦诵在山城，情弥切。

　　千秋耻，终当雪。中兴业，需人杰。便一成三户，壮怀难折。多难殷忧新国运，动心忍性希前哲。待驱除仇寇，复神京，还燕碣。

非一代之盛事，旷百代而难遇

——西南联大纪念碑碑文

中华民国三十四年九月九日，我国家受日本之降于南京。上距二十六年七月七日卢沟桥之变，为时八年；再上距二十年九月十八日沈阳之变，为时十四年；再上距清甲午之役，为时五十一年。举凡五十年间，日本所鲸吞蚕食于我国家者，至是悉备图籍献还。全胜之局，秦汉以来，所未有也。国立北京大学、国立清华大学，原设北平；私立南开大学，原设天津。自沈阳之变，我国家之威权逐渐南移，惟以文化力量，与日本争持于平津，此三校实为其中坚。二十六年，平津失守，三校奉命迁于湖南，合组为国立长沙临时大学，以三校校长蒋梦麟、梅贻琦、张伯苓为常务委员，主持校务，设法、理、工学院于长沙，文学院于南岳，于十一月一日开始上课。迨京沪失守，武汉震动，临时大学又奉命迁云南。师生徒步经贵州，于二十七年四月二十六日抵昆明。旋奉命改名为国立西南联合大学，设理、工学院于昆明，文、法学院于蒙自，于五月四日开始上课。一学期后，文、法学院亦迁昆明。二十七年，增设师范学院。二十九年，设分校于四川叙永，一学年后，并于本校。昆明本为后方名城，自日军入安南、陷缅甸，又成后方（当作"前方"——冯注）重镇。联合大学支持其间，先后毕业学生二千余人，从军旅者八百余人。河山既复，日月重光，

联合大学之战时使命既成，奉命于三十五年五月四日结束。原有三校，即将返故居，复旧业。缅维八年支持之苦辛，与夫三校合作之协和，可纪念者，盖有四焉。我国家以世界之古国，居东亚之天府，本应绍汉唐

之遗烈，作并世之先进。将来建国完成，必于世界历史，居独特之地位。盖并世列强，虽新而不古；希腊、罗马，有古而无今。惟我国家，亘古亘今，亦新亦旧，斯所谓"周虽旧邦，其命维新"者也。旷代之伟业，八年之抗战已开其规模，立其基础。今日之胜利，于我国家有旋乾转坤之功，而联合大学之使命，与抗战相终始。此其可纪念者一也。文人相轻，自古而然，昔人所言，今有同慨。三校有不同之历史，各异之学风，八年之久，合作无间。同无妨异，异不害同；五色交辉，相得益彰；八音合奏，终和且平。此其可纪念者二也。万物并育而不相害，道并行而不相悖，小德川流，大德敦化，此天地之所以为大。斯虽先民之恒言，实为民主之真谛。联合大学以其兼容并包之精神，转移社会一时之风气，内树学术自由之规模，外来"民主堡垒"之称号，违千夫之诺诺，作一士之谔谔。此其可纪念者三也。稽之往史，我民族若不能立足于中原，偏安江表，称曰南渡。南渡之人，未有能北返者：晋人南渡，其例一也；宋人南渡，其例二也；明人南渡，其例三也。"风景不殊"，晋人之深悲；"还我河山"，宋人之虚愿。吾人为第四次之南渡，乃能于不十年间，收恢复之全功。庾信不哀江南，杜甫喜收蓟北。此其可纪念者四也。联合大学初定校歌，其辞始叹南迁流离之苦辛，中颂师生不屈之壮志，终寄最后胜利之期望。校以今日之成功，历历不爽，若合符契。联合大学之终始，岂非一代之盛事，旷百世而难遇者哉！爰就歌辞，勒为碑铭，铭曰：

痛南渡，辞宫阙。驻衡湘，又离别。更长征，经峣嵲。望中原，遍洒血。抵绝徼，继讲说。诗书丧，犹有舌。尽笳吹，情弥切。千秋耻，终已雪。见仇寇，如烟灭。起朔北，迄南越，视金瓯，已无缺。大一统，无倾折。中兴业，继往烈。维三校，兄弟列，为一体，如胶结，同艰难，共欢悦，联合竟，使命彻，神京复，还燕碣。以此石，象坚节，纪嘉庆，告来哲。

阐旧邦以辅新命

——哥伦比亚答词

索尔云校长，狄百瑞教授，女士们，先生们：

我很感谢我的母校给予我的荣誉，我很高兴。我在 1920 年春进入哥伦比亚研究院，1923 年夏通过了哲学博士学位的最终考试。由于我的博士论文当时还没有出版，我没有参加 1923 年授予学位仪式。我的博士学位是在 1924 年我已经回到中国以后正式授予的，所以未能亲自接受文凭。我在 1923 年、1924 年未能得到的机会，我的母校今天给我补上了。

现在，在将近六十年之后，我又终于回到了哥伦比亚。我到此以后，感慨万端。我看到母校已经惊人地发展了；也看到校园犹是，人事全非。我的老师杜威教授、伍德布利奇教授、蒙太格教授都不在了，但是他们的音容，他们对我的教诲和帮助，我依然记忆犹新，历历在目。

我在这里当学生的时候，曾申请一项奖学金。为这件事我请求杜威教授写一封推荐信。他立即写了一封很长的信，信的最后一句说："Mr. Fung is a student of real scholarly calibre（冯君这个学生是一个真正学者的材料）。"我没有得到这项奖学金，但是这句话使我获得鼓舞和信心。倘若杜威教授今天还在，看到这个学生还没有完全辜负他的赞许，也许会高兴吧。

六十年是个很长的旅程，我这个旅程充满了希望和失望，成功和失败，被人理解和被人误解，有时居然受到赞扬和往往受到谴责。对于许多人，尤其是海外人士，我似乎有点令人困惑不解。让我借这个机会说说我的旅程的性质，或许能澄清令人困惑不解的地方。

我生活在不同的文化矛盾冲突的时代。我所要回答的问题是如何理解这种矛盾冲突的性质；如何适当地处理这种冲突，解决这种矛盾；又如何在这种矛盾冲突中使自己与之相适应。

我第一次来到美国正值我国五四运动末期，这个运动是当时的不同的文化矛盾冲突的高潮。我是带着这些问题而来的，我开始认真地研究它们。为了解答这些问题，我的思想发展有三个阶段。在第一阶段，我用地理区域来解释文化差别，就是说，文化差别是东方、西方的差别。在第二阶段，我用历史时代来解释文化差别。就是说，文化差别是古代、近代的差别。在第三阶段，我用社会发展来解释文化差别，就是说，文化差别是社会类型的差别。

在 1922 年，我向哲学系讨论会提交一篇论文，题为《为什么中国没有科学？》，后来发表在《国际伦理学杂志》上。我在这篇论文中主张文化的差别就是东方、西方的差别。这实际上是当时流行的见解。可是待我一深入研究哲学史，就发现这种流行的见解并不对。我发现，向来认为是东方哲学的东西在西方哲学史里也有，向来认为是西方哲学的东西在东方哲学史里也有。我发现人类有相同的本性，也有相同的人生问题。这个看法后来就成为我的博士论文的主要论题。我从中国哲学史和欧洲哲学史中选出实例，证明我的论点。这个论题及其例证就构成我的博士论文，于1924 年出版，题为《人生理想之比较研究》。

这部书虽然否定了对于不同文化矛盾冲突的流行的解释，但是也没有提出新的解释来代替它。这种新的解释却蕴含在我后来的著作《中国哲学史》里。这部书也许是一部较有学术价值的著作，多谢布德教授的翻译，使它得以广泛流传。这部书没有按照传统的方法把历史划分为古代、中古、近代等三个时代，而代之以另一种分法，把中国哲学史划分为两个时代，即子学时代、经学时代，相当于西方哲学史中的古代、中古时代。这部书断言：严格地说，在中国还未曾有过近代哲学，但是一旦中国实现了近代化，就会有近代中国哲学。这个论断含蓄地指明，所谓东西文化的差别，实际上就是中古和近代的差别。

但是中古和近代这两个词的内容是什么呢？不久我开始认识到，中古和近代的差别实际上就是社会类型的差别。西方国家从社会的一种类型到另一种类型的转变，比东方国家早了一步。这一步的关键是产业革命。产业革命之前生产以家庭为本位。产业革命之后，由于采用了机器，生产社会化了，就是说，它规模扩大了，由很大的人群进行，而不是由分散的家庭进行。在四十年代我写了六部书，其中有一部的副题是《中国到自由之路》。我在这部书中指出，这条路就是近代化，而近代化的主要内容就是产业革命。

在四十年代，我开始不满足于做一个哲学史家，而要做一个哲学家。哲学史家讲的是别人就某些哲学问题所想的；哲学家讲的则是他自己就某些哲学问题所想的。在我的《中国哲学史》里，我说过，近代中国哲学正在创造之中。到了四十年代，我就努力使自己成为近代中国哲学的创作者之一。我开始认为，要解释不同文化的矛盾冲突，无论是用地理区域还是用历史时代都不如用社会类型来得令人满意，因为前两种解释不能指出解决的道路，而后一种解释正好指出了道路，即产业革命。

接着中国革命胜利了，革命带来了马克思主义的哲学。绝大多数中国人，包括知识分子，支持了革命，接受了马克思主义。人们深信，正是这场革命制止了帝国主义的侵略，推翻了军阀和地主的剥削和压迫，从半封建半殖民地的地位拯救出了中国，重新获得了中国的独立和自由。人们相信马克思主义是真理。

有人说这是以实用主义的态度对待真理。中国人民不接受这种责难。至于我本人，我不是完全的实用主义者，虽然约翰·杜威是我的老师。我不认为实用主义揭示了真理的实质，但是我认为实用主义提供了发现真理的一种方法。真理的实质是主观观念与客观事实相符合。但是人总是人，人怎样知道哪个观念是符合客观事实的呢？只有用实践和实验来检验。这是个公开的秘密。这个方法，所有的人在日常生活中都在使用。杜威教授的《怎样思想》一书中列举了大量实例来说明这一点。中国人民，包括知识分子，不过是使用了这种常识的方法罢了。

不管怎么说，在五十年代，中国共产党的威信是很高的，这不仅在政治方面，更为重要的是也在道德方面。知识分子们，为革命的胜利所鼓舞，一齐努力，帮助建设新的社会主义社会。我自己的努力是修订我的

《中国哲学史》。这个修订本只出版了头两册之后，我又感到修订得连我自己也不满意。我又着手修订修订本，但是在它即将付印之前，我发现这个修订修订本又必须重新再写。这一次，我完全从头开始重写。三十年已经过去了，就这样修订、重写，还没有出版定本。这样拖延，固然一方面是由于非我所能控制的原因，可是我必须说明，也是由于在许多论点上我还在踌躇，没有作出最后的决定。我一直在左右摇摆。踌躇摇摆是由于这实际上是一个如何解决不同的文化之间的矛盾冲突的问题。这个问题又进一步表现为如何继承精神遗产的问题，五十年代中期我就提出这个问题，一时讨论得很热烈。

最简单的解决办法是简单地宣布：过去的哲学都是为剥削阶级服务的，因而毫无继承的价值。现在应当不管过去，只当它并不存在。现在应当从零开始，一切都要重新建立。这种观点显然在理论上过分简单化，在实践上也行不通。过去的存在是一个客观事实，任何主观的观点都无法抹杀它。持这种观点的人不懂得，现在是过去的继续和发展。高一级的社会类型取代了低一级的社会类型，正像汽船取代了划艇。汽船取代了划艇，但是它的制造和运行所依据的一般原理，却与划艇所依据的相同。划艇的经验和实验都是汽船的基础。在这个意义上，汽船是划艇的发展，这正是"发展"一词的真谛。发展过程是一种辩证的运动。用黑格尔的术语说，就是肯定，否定，否定之否定。换言之，就是正，反，合。这样的合，包括了正、反的一切精华。在这个意义上，现在应当包括过去的一切精华。这是解决不同的文化矛盾冲突的自然方式。这种解决应当是黑格尔称之为"奥伏赫变"的过程。这的确是一种很复杂的过程，是与简单化针锋相对的。

这就是我现在理解的历史发展的意义。本着这种理解，再来修订我的著作《中国哲学史》，我就不再踌躇摇摆了。

通观中国历史，每当国家完成统一，建立了强有力的中央政府，各族人民和睦相处的时候，随后就会出现一个新的包括自然、社会、个人生活各方面的广泛哲学体系，作为当时社会结构的理论基础和时代精神的内容，也是国家统一在人的思想中的反映。儒家、新儒家都是这样的哲学体系。中国今天也需要一个包括新文明各方面的广泛哲学体系，作为国家的指针。总的说来，我们已经有了马克思主义和毛泽东思想。马克思主义会变成中国的马克思主义，毛泽东思想还会发展。中国的马克思主义，这个名词有些人会觉得奇怪。其实它久已存在，这就是毛泽东思想。毛泽东思想的定义就是马克思主义普遍原理与中国革命实践的结合。既然与中国革命实践结合了，那就是"中国的"马克思主义，而不仅是"在中国的"马克思主义。这场革命的前几个阶段，这种结合做得很好。关于无产阶级领导农民武装暴动的理论，关于乡村包围城市的理论，都是这种结合的好例。以这些理论为基础的种种战略引导革命走向了胜利。只是在以后的几个阶段，这种结合就做得不那么好，后来更遭到"四人帮"这些阴谋家的严重歪曲，于是出现了极"左"政策，即所谓"文化大革命"，其后果大家都很了解。最近几年拨乱反正，正在努力恢复这种结合。

马克思主义有三个来源，其一就是德国古典哲学。为现代中国服务的包括各方面的广泛哲学体系，会需要中国古典哲学作为它的来源之一吗？我看，它会需要的。我们应当为这个广泛的哲学体系准备材料，铺设道路。我的意思决不是从古典哲学家著作中寻章摘句，编成原始资料汇编。一个哲学体系不是一个拼凑的东西。哲学是一个活东西。你可以用预制的部件拼凑成一部机器，但是不能拼凑成一个活东西，连一个小小的昆虫或一片草叶这样的活东西也拼凑不成。你只能向活东西供给营养，让它自己吸取营养。在目前情况下，我感到，我的《中国哲学史新编》有一项新的任务。它应当不仅是过去的历史的叙述，而且是未来的哲学的营养。

这个新的广泛的哲学体系出现了。不同的文化在中国的矛盾冲突也就解决了。当然还会有新的矛盾，但那是另一个问题。

这是一个终结。以前的调节不同文化的种种努力都不过是一个开始。我们现在的努力虽不是终结的开始，但它可以是开始的终结。

我经常想起儒家经典《诗经》中的两句话："周虽旧邦，其命维新。"就现在来说，中国就是旧邦而有新命，新命就是现代化。我的努力是保持旧邦的同一性和个性，而又同时促进实现新命。我有时强调这一面，有时强调另一面。右翼人士赞扬我保持旧邦同一性和个性的努力，而谴责我促进实现新命的努力。左翼人士欣赏我促进实现新命的努力，而谴责我保持旧邦同一性和个性的努力。我理解他们的道理，即接受赞扬，也接受谴责。赞扬和谴责可以彼此抵消。我按照自己的判断继续前进。

这就是我已经做的事和我希望我将要做的事。

话说回来，在这个仪式上，我深深感到，母校给予我的荣誉不单是个人荣誉。它象征着美国学术界对中华民族学术的赞赏。它象征着中美人民传统友好关系的继续发展。这种发展正是中国人民的共同愿望。

我谢谢诸位。（原稿用英文，涂又光译）

智山慧海传真火，愿随前薪作后薪

——晚年明志

一别贞江六十春，

问江可认再来人？

智山慧海传真火，

愿随前薪作后薪。

贞江就是哥伦比亚大学西边的 Hudson River（胡适译为赫贞江）。《庄子·养生主》说：火的燃烧靠燃料。前边的燃料着完了，后边的燃料要赶紧续上去。这样火就可以继续传下去，不会熄灭。"火传也，不知其尽也。"人类几千年积累下来的智慧真是如山如海，像一团真火。这团真火要靠无穷无尽的燃料继续添上去，才能继续传下来。我感觉到，历来的哲学家、诗人、文学家、艺术家和学问家都是用他们的生命作为燃料以传这团真火。唐朝的诗人李贺年轻的时候作诗很苦。他的母亲说："是儿将呕出心肝来。"其实何止李贺？历来的著作家，凡是有传世著作的，都是呕出心肝，用他们的生命来写作的。照我的经验，作一点带有创作性的东西，最容易觉得累。无论是写一篇文章或者写一幅字，都要集中全部精神才能做得出来。这些东西，可能无关宏旨，但都需要用全副的生命去做，至于传世之作那就更不用说了。李商隐有两句诗："春蚕到死丝方尽，蜡炬成灰泪始干。"蚕是用它的生命来吐丝的，蜡是用它的生命来发光的。

我于 1946 年至 1947 年曾去美国一次，在各地方讲中国哲学史。这次再去美国，觉得心情与上次完全不同。原来西方的汉学家们，把中国文化当作一种死的东西来研究，把中国文化当作博物院中陈列的样品。我那时在西方讲中国哲学史，像是在博物院中作讲解员。讲来讲去觉得自己也成了博物院中的陈列品了。觉得有自卑感，心里很不舒服。这次我到美国，虽然讲的也是中国的东西，但是心情完全不同了。自卑感变成了自豪感，不舒服变成了舒服。中华民族的古老文化虽然已经过去了，但它也是将来中国新文化的一个来源，它不仅是过去的终点，也是将来的起点。将来中国的现代化成功，它就成为世界上最古也是最新的国家。这就增强了我的"旧邦新命"的信心。新旧接合，旧的就有了生命力，就不是博物馆中陈列的样品了；新的也就具有了中国自己的民族特色。新旧相续，源远流长，使古老的中华民族文化放出新的光彩。现在我更觉得这个展望并不是一种空想、幻想，而是一定要实现的，而且一定能实现的。

在振兴中华的伟大事业中，每一个中华民族的成员，都应该尽其力之所及做一点事。我所能做的事就是把中国古典哲学中的有永久价值的东西，阐发出来，以作为中国哲学发展的养料，看它是否可以作为中国哲学发展的一个来源。我认为中国古典哲学中有些部分，对于人类精神境界的提高，对于人生中的普遍问题的解决，是有所贡献的。这就有永久的价值。像这一类的阐述，我将在我的《中国哲学史新编》中陆续提出来。

这就是我为振兴中华所要做的，所能做的事。这不是为中国哲学的发展定基调，也不是为中国哲学的发展预制部件。这是为中国哲学的发展提供营养品。

一个时代的哲学的建立，是需要时间的，往往需要几代人的时间，甚至几个世纪的时间。它是一个活的东西，活的东西的发展都是需要时间的。它的内容也是历史的产物，不是哪一个人或哪几个人随意确定的。马克思主义必定要与中国的具体实践相结合，成为中国的马克思主义；中华民族也会生出许许多多的人才，以完成这种事业。

> 江山代有才人出，
> 各领风骚数百年。

五老文萃

大师视角下的中国传统文化

张岱年先生学术文萃

导语
修辞立诚　综合创新

魏常海

　　张岱年先生（1909—2004）是我国近现代著名的哲学家、哲学史家，是 20 世纪末到 21 世纪初最有权威的中国哲学研究大师。他既是学界泰斗，又是人世楷模，还是我在北大哲学系最尊敬、最感到亲切、最亲近的老前辈。今年是张先生诞辰 115 周年，也是他谢世 20 周年，由此更引发心中的无比怀念。

　　张先生生于北京，三岁时随母回河北省献县的老家居住。家中历代务农，家境殷实，且有读书传承。其父张濂，字众清，是清末进士，曾任翰林院编修，民国时期曾任众议院议员，又曾任沙河县知事和枣强县知事。晚年在北京闲居，任燕冀中学的校董，喜好"黄老之学"。张先生六七岁时在家乡的私塾中读"四书"，1920 年母亲病逝，即与家人一起随父亲到北京定居。他入北京师范大学附属小学读书，之后考入北京师范大学附属中学，读完初中、高中。在读高中期间，即有学术文章发表。1928 年秋，考入北京（平）师范大学教育系，大学期间，即开启了他的学术历程，走上了"学术救国"一往无前的奋进之路。

一、张岱年先生的学术历程和学术思想开展的四个时期

第一时期，20 世纪 30 年代："将唯物、理想、解析综合于一"的新哲学构思；《中国哲学大纲》的理论体系创建

张先生在北京师范大学读书时，学校施行学分制，他说自己深喜自学，不爱听课，所以过了四年而学分不足，又补了一年学分，到 1933 年才毕业。然而，从 1932 年到 1934 年，他在时任《大公报·世界思潮》主编的长兄张申府的支持与引导下，通过自己的努力，广泛研读了中国古典哲学和西方哲学，发表了《关于老子年代的一假定》《论外界的实在》《谭理》《辩证唯物论的知识论》《辩证唯物论的人生哲学》《先秦哲学中的辩证法》《秦以后哲学中的辩证法》《辩证法与生活》《中国思想源流》等许多篇文章，已经在学界崭露头角。

《中国思想源流》论述了儒、墨、道、佛以及宋明理学与清代反理学思潮的演变过程，并提出了对于新时代哲学的展望。此文的结语说："中国民族现值生死存亡之机。应付此种危难，必要有一种勇猛宏毅能应付危机的哲学。此哲学必不是西洋哲学之追随摹仿，而是中国固有的刚毅宏大的积极思想之复活，然又必不采新孔学或新墨学的形态，而是一种新的创造。"这既是一篇学术文章，又是"学术救国"的战斗宣言，表达了他的学术志向。

他大学毕业后，经冯友兰先生和金岳霖先生推荐，梅贻琦校长批准，被聘为清华大学哲学系助教，讲授"哲学概论"课程。在 1930 年代继续发表论文多篇，其中有代表性的是《论现在中国所需要的哲学》(1935 年)、《哲学上一个可能的综合》(1936 年)，提出了自己哲学创新的设想。

他在《论现在中国所需要的哲学》中说："尤其在中国现在，国家与文化都在存亡绝续之交"，"在此时，如企图民族复兴，文化再生，更必须国人对于世界对于人生都有明切的认识，共同统会于一个大理想之下，勇猛奋斗，精进不息。在此时是需要一个伟大的有力的哲学作一切行动事业之最高指针的"。他认为，中国现在所需要的哲学，最少须能满足如下的四个条件：1. 能融会中国先哲思想之精粹与西洋哲学之优长以为一大系统。2. 能激励鼓舞国人的精神，给国人一种力量。3. 能创发一个新的一贯

大原则，并能建立新方法。4.能与现代科学知识相应合。这样的哲学，他称之为"理想的"。"一个民族，必须有值得为之牺牲的理想，人民更必须有为理想而牺牲的精神，然后这个民族才能盛强。有这种大理想，才能促起人们的努力，才能鼓舞起人们的勇气。有了这种大理想，人们才会觉得人生有意义，才会觉得人生有价值；没有这种大理想，人们会感到空虚、无谓，因而萎靡、堕退。这种大理想，是一个健全的民族所必须有，而宜示这种大理想者，当是哲学。"

1930 年代中期，不少学者试图提出自己的哲学体系，张先生则撰写《哲学上一个可能的综合》，进一步发挥他在《论现在中国所需要的哲学》中的理念，表达自己关于哲学问题的系统观点。他主张："今后哲学之一个新路，当是将唯物、理想、解析，综合于一。"

他想构建的"将唯物、理想与解析综合于一"的哲学体系，是唯物、理想、解析三大元素的综合。在这三大元素中，他以"理想"居中，"唯物""解析"分列左右，似是"理想"的左膀右臂。他说，这"实际上包括两个方面的综合，一方面在方法上将唯物辩证法与形式逻辑的分析方法综合起来；另一方面将现代唯物论哲学与中国古代哲学的优秀传统结合起来"。作为方法的唯物辩证法和逻辑分析法，是西方现成的，而作为理论内容的"理想"，虽然在辩证唯物论中有所论述，但"不够充分"。唯心论哲学"其贡献尤在于认识人之力量，心之作用，能知理想之有力，而创立并宣扬伟大的理想以指导人类的前进"。但其"根本观点是虚妄的"，也是西方的东西，不能照搬到中国来。所以，张先生强调，应着力发现并弘扬中国传统哲学中的"理想"。"中国过去哲学，更有一根本倾向，即是自然论与理想论之合一。中国哲学家大部分讲自然论的宇宙观，而更讲宏大卓越的理想。西洋的自然主义与理想主义那种绝对对立的情形，在中国是没有的。由此，我们也可以说，综合唯物与理想，实正合于中国哲学之根本倾向。"他的这种构想，似可称为"会三归一"的哲学理论。

他的"会三归一"的哲学新思维，也是受到其兄张申府先生的启发。张申府曾提出"列宁、罗素与孔子，三流合一"，即把列宁的唯物辩证法、罗素的逻辑解析法与孔子的仁的学说会综起来。对此，张岱年先生基本认同。但是，张岱年先生认为，关于中国哲学，不但应重视孔子，也应重视道家和墨家的贡献，而更应发扬王船山、颜习斋、戴东原的进步思想。而且，张申府先生只是简单提出一种主张，而张岱年先生则勾画出一个哲学新体系，创造了具有中国特色的哲学理论。关于这一点，我们在后面谈他1940年代的学术思想时，还会进行讨论。

1935年至1936年，他撰成《中国哲学大纲》（《中国哲学问题史》）。这部巨著问世之初，张先生在1937年2月的《自序》中写道："近年来，中国哲学史的研究颇盛，且已有卓然的成绩。但以问题为纲，叙述中国哲学的书，似乎还没有。此书撰作之最初动机，即在弥补这项缺憾。此书内容，主要是将中国哲人所讨论的主要哲学问题选出，而分别叙述其源流发展，以显出中国哲学之整个的条理系统，亦可以看作一本中国哲学问题史。""冯芝生先生谓中国哲学虽无形式上的系统，而有实质上的系统，实为不刊之至论。此书的目的之一，是寻出整个中国哲学的条理系统。"全书分为三部分：第一部分宇宙论，内容又分为本根论、大化论；第二部分人生论，内容又分为天人关系论、人性论、人生理想论、人生问题论；第三部分致知论，内容又分为致知论和方法论。张先生说，书中在对传统哲学固有的概念、范畴的内涵与歧义进行明确分析时，运用了逻辑分析法；而对于概念范畴的发展演变以及各学派之间的相反相成、交光互映进行了比较详细的说明，可以说是唯物辩证法的运用。《中国哲学大纲》的撰写，是他运用自己的哲学新思维来研究中国哲学的重大学术实践。这部书至今仍是中国哲学研究者必读的经典之作。

《中国哲学大纲》首次提出：自宋至清的哲学思想，有三个主要潮流，一是唯理论，即程朱之学；二是唯心论，即陆王之学；三是唯气论，即张载、王廷相、王夫之以及颜元、戴震的学说。在此之前没有人把唯气论看作一个主要思潮。而自《中国哲学大纲》提出"三个主要思潮"之后，逐渐被学界所接受，现今已成为中国哲学研究者的共识。张先生认为，唯气的思潮也就是唯物的思潮。他又把清代王夫之、颜元、戴震的学说称为"事学"，认为"王颜戴的事学，是最接近现代思想的。大体说来，事学的宇宙论与人生论，比较上最为正确"，"是中国旧哲学中活的潮流"，"是足为将来新哲学之先驱的"。

第二时期，20世纪40年代：《天人五论》对他1930年代哲学理论的发挥与完善

1937年"七七事变"后，张先生作为清华大学哲学系的助教，未能随校南行，乃与夫人冯让兰到城内大姐家居住，遂与学校失去联系。幸有滞居北平的前辈学者与同辈友人数人，时有来往，相约闭门读书，不与敌伪合作。1942年春，他开始将历年致思所得整理成篇，从1942年到1948年陆续撰成《哲学思维论》《知实论》《事理论》《品德论》与《天人简论》，合称《天人五论》。《天人五论》试图将现代唯物论与逻辑分析方法以及中国哲学的优秀传统结合起来，探索一种新的哲学，这与他20世纪30年代的哲学追求是一脉相承的。

1948年的《天人简论》，是张先生此前哲学思想的概略。开首即谓："哲学为天人之学。天者广大自然，人者最优异之生物。哲学所研究者即自然之根本原理与人生之最高准则。哲学即根本原理与最高准则之学。"文分天人本至、物统事理、物源心流、永恒两一、大化三极、知通内外、真知三表、群己一体、人群三事、拟议新德十项，把他自己对于各方面的哲学问题的见解作了简明的概括。

张先生说，《天人五论》的哲学观点大部分"前有所承"，但也有一些是"独抒己见"的，约略言之有六点：一、分别本至。古代哲学往往以为世界的本原即是道德的最高标准，如朱子以为太极既是天地万物的本体又是最高的道德标准，他则认为世界的本原与人生的最高原则是二非一。二、提出"物统事理"，以事、理与物为宇宙观的基本范畴。三、肯定和谐的重要意义，认为矛盾为变化之源，而和谐为存在之基。四、提出"充生以达理、胜乖以达和"的人生理想，强调充实生命力与提高道德觉悟的统一。五、以"与群为一"作为道德的最高准则。六、主张以"兼和"易"中庸"。"兼者兼容众异，和者包含多样而得其平衡。兼和可以引导品德事业日新永进而不陷于停滞。"（《八十自述》）他所说"独抒己见"的六条，是他结合中西哲学的内容，独自体会出来的哲学道理。其中最引人瞩目的是关于"和谐"的论说，他列为第三条，实是通贯六条。他谈到事物变化的对立统一规律时，把对立之相互冲突称为"乖违"，把对立之聚合而得其平衡称为"和谐"。认为"凡物之毁灭，皆由于冲突；凡物之生成，皆由于相对的和谐"。"如无冲突则旧物不毁，而物物归于静止；如无和谐则新物不成，而一切止于破碎。""乖违为旧物破灭之由，和谐为新物生成之因，事物变化，一乖一和。""生命之维持，尤在于和谐。如有生机体之内部失其和谐，则必致生之破灭，而归于死亡。人群亦然，如一民族内部斗争过甚，则必亡国、灭族。"（《事理论》）《天人五论》的各"论"中，都多有类似的表述。张先生在 80 年前就如此对"和谐"反复强调，无疑是继承并发挥了中国优秀的传统思想，是他的哲学理论的突出亮点，这对我们反思过往、面对现实、筹划未来都具有重要的意义。

第三时期，20 世纪 50 年代：中国哲学研究的开新

新中国成立后，1952 年高校实行院校调整，全国各地的哲学系教师都集中到北大。1954 年至 1955 年，张先生与冯友兰先生共同主讲北大哲学系的中国哲学史课，他编写了《宋元明清哲学史提纲》，1957 年至 1958 年在《新建设》杂志上发表，是新中国成立后第一部关于宋明哲学史的论著。1954 年撰写了《王船山的世界观》，是新中国成立后第一篇关于船山哲学的专论，详细分析了船山的唯物论学说和辩证法思想，据此在《光明日报》上发表了《王船山的唯物论思想》。1955 年撰写论文《张横渠的哲学》，经冯友兰先生推荐，发表在当年《哲学研究》的创刊号上。1957 年发表了《中国古代哲学中若干基本概念的起源与演变》《中国古典哲学的几个特点》等论文，出版了《中国伦理思想发展规律的初步研究》《张载——十一世纪中国唯物主义哲学家》《中国唯物主义思想简史》等专著。

对于张先生来说，新中国成立后的前几年，是他中国哲学史研究和哲学思维创新的春天，如果如此持续下去，张先生的学术成就当不可估量。

然而，他做梦也想不到，1957 年的暑假刚过，便突遭厄运，竟被打成右派，被剥夺了教学的权利，也不能发表文章。1962 年 7 月"摘帽"，可以参加教学工作了，但仍难以发表文章。"文革"当中又成了被批判对象。在这长达二十年的岁月里，他虽然靠自己的信念、靠自己对真理的追求和对学术的执着，始终努力参加当时被允许的中哲史的教学工作和

教材编写工作，并顽强地坚持着自己的学术研究，例如，他在 1964 年和 1965 年就写了 20 多篇"研思札记"和"读书札记"（见《全集》8），但是，不可能按照自己的愿望进行正常的学术研究和发表论著。对此，我们也只能长太息。

第四时期，"文革"后：中国哲学、伦理学研究视域的拓展与理论观点的深化；"文化综合创新"论的提出与"自强不息，厚德载物"民族精神的高扬

"文革"后，张先生于 1979 年 1 月得以彻底平反，1983 年，终于实现了自己的夙愿，加入了中国共产党。

1978 年开始，他为"文革"后的第一批研究生讲授"中国哲学史史料学"和"中国哲学史方法论"两门课，几年后整理成书正式出版。

1980 年代初，他将自己 1930 年代以来的原有论文结集成《中国哲学发微》《求真集》等书正式出版。又将 1980 年代初所写论文编为《玄儒评林》，1984 年至 1986 年所写关于哲学史与文化的文章四十篇编为《文化与哲学》，1986 年和 1987 年出版了《中国伦理思想研究》《中国古典哲学概念范畴要论》两部专著。1996 年《张岱年全集》出版。

"文革"后的论著，主要有三个方面的内容：一是关于中国哲学史和哲学理论的，二是关于中国伦理思想和价值观的，三是关于文化问题的。

关于中国哲学史，他广泛而深入地研讨了孔子、墨子、老子、庄子、《管子》、《易传》、宋明理学和中国古典哲学概念范畴的体系、中国古代人学思想等，研究的范围大为扩展。其中，着重研究了孔子及儒家思想。

1980 年，发表论文《孔子哲学解析》，对孔子思想进行辩证分析，提出孔子思想的十个特点：1. 述古而非复古；2. 尊君而不主独裁；3. 信天而怀疑鬼神；4. 言命而超脱生死；5. 标仁智以统礼乐；6. 道中庸而疾必固；7. 具生知而重闻见；8. 宣正名以不苟言；9. 重德教而卑农稼；10. 综旧典而开新风。1990 年发表《儒学奥义论》，把儒学分为"浅层思想"和"深层思想"，儒学中维护等级区分的思想是浅层思想，而儒学的深层思想即儒学的奥义，儒学的微言大义，对于文化思想的发展起了非常重要的积极作用。对此，他举出六点：天人合一；仁智合一；知行合一；义命合一；

以和为贵；志不可夺，刚健自强。1995 年发表《儒家学说与新的世纪》，他指出："儒家的一些深湛观点，却不因其年代久远而失去其理论价值。现在已到达世纪之交，展望二十一世纪，新的世纪必然会有新的思潮。但儒家学说中的一些深湛观点也将对于解决新世纪所面临的问题有一定的启发。"

关于哲学理论问题，他承接 1930 年代、1940 年代的思想，在 1993 年发表《分析与综合的统一》《客观世界与人生理想》两文，把自觉平生的哲学观点概括为十个方面：1. 物我同实；2. 物统事理；3. 一本多极；4. 物体心用；5. 思成于积；6. 真知三表；7. 充生达理；8. 本至有辨；9. 群己一体；10. 兼和为上。

关于中国伦理思想与价值，他接着《中国哲学大纲》的人生理论进行深入的探讨和分析，又提出了一些新的观点。例如，关于道德的阶级性与继承性的问题，提出了"道德的普遍性形式与特殊性内容"的关系问题；在人性论的研究方面，提出了"人性是具体的共相"的命题，认为人性概念之中，包含人类的共性以及各种类型的特殊性。

关于中国哲学中价值观的研究，是张先生在 1980 年代首先提出的。他撰写了《中国哲学中的价值学说》等文章，首先指出，价值观的名称是近代才有的，而关于价值的思想，则不论中国或西方，都是古已有之。中国古代与现在所谓价值意义相当的是"贵"。行为的价值称为善，艺术的价值称为美，认识的价值在道家称之为真，在儒家称之为诚。他认为，儒家的价值论可称为内在的价值论（道德至上），墨家的可称为功用价值论，道家的可称为超越价值论（"物无贵贱"），法家的可称为唯力价值论。价值观一个重要问题是人的价值问题，儒家对此最重视，以人为本，肯定人的高于其他生物的价值，肯定人的人格尊严，这是中国古典哲学优秀传统的一项内容。

关于文化问题，他在 1930 年代的文化讨论中即发表了几篇论文，提出"文化创造主义"，主张综合中西文化之长作为发展之基础，改造旧文化，创成新文化，以求中国文化的复兴。自 1984 年起，他在"文化热"中发表论文数十篇，坚持并进一步发挥他在 1930 年代的观点，代表性的论文有《中国文化与中国哲学》《文化传统与民族精神》等，其内容有以下五个要点。1. 关于中西文化之异同。他认为中西文化的主要差异在于：中国传统文化比较重视人与自然、人与人之间的和谐与统一，西方近代文化则比较重视人与自然、人与人之间的分别与对抗。中国传统文化既有时代性，又有民族性，有学者认为中西文化的路向不同或只有社会发展阶段上的差别，都是不正确的。2. 关于中国文化发展的基本规律。在中国文化演变过程中，哪个时代思想比较自由，那个时代文化就比较发展。文化的发展与思想自由有必然的联系。此外，在文化演变过程中，既需要吸收外来文化，又需要保持本土文化的独立性，这样文化才能有健康的发展。3. 关于文化系统中的要素的问题。他主张必须慎重考察古今中外不同的文化系统所包含的文化要素之间的相容不相容以及可离与不可离的关系。4. 关于民族精神问题。他认为，《易传》所讲的"自强不息""厚德载物"是中华民族民族精神的主要内容，也是中国文化的基本精神，可称为"中华精神"，是指导中国人民延续发展、不断前进的精粹思想。5. 有关文化问题。他既反对"中体西用论"、国粹主义，更反对"全盘西化"，提出"文化综合创新"论，认为社会主义文化必然是一个新的创造，同时又是多项有价值的文化成果的新的综合。他说，所谓综合有两层含义，一是中西文化之综合，即在马克思主义基本原理的指导下综合中国传统文化的优秀内容与近代西方的文化成果，其中最重要的是吸取西方的科学成就及其与科学发展有密切联系的哲学思想。二是中国固有文化中不同学派的综合，包括儒、墨、道、法各家的精粹思想的综合以及宋元明清以来理学与反理学思想的综合。他主张，"文化综合创新的核心是马克思主义理论与中国文化的优秀传统的结合"。这是张先生在40年前提出的观点，今天已成为流行的说法。

二、张岱年先生学术思想的特色

1. 修辞立诚

首先，张先生的学术历程即是不断追求真理的漫长而曲折的过程。他说："研究哲学，旨在追求真理。"（1984年《求真集》自序）"我的治学经历也就是我追求真理的过程。我认为，必须具有爱祖国、爱人民、爱真理的真情实感，才能从事学术的研究。'修辞立其诚'是我的治学宗旨。"（1993 年《分析与综合的统一》）"'立其诚'可以说包括三层含义，一是名实一致，二是言行一致，三是表里一致。"（1992 年 4 月《文史漫笔·修辞立其诚》）这三层含义，不只是说做学问，同时也是说做人。"修辞立其诚"的信念，把张先生的做学问与做人融为一体，"经师易求，人师难得。"张先生是卓越的经师，更是难得的人师。

2. 综合创新

综合创新论是张先生在讨论文化问题时明确提出来的，这其实是他学术思想的一个总原则，他对哲学理论的研究、对中国哲学史的研究，和对文化问题的探讨一样，都清晰地贯彻着这个原则。1930 年代，他在构思哲学体系时即提出："今后哲学之一个新路，当是将唯物、理想、解析，综合于一。"1940 年代，他撰写《天人五论》，进一步论述他设想的哲学理论是："在方法上拟将唯物辩证法与逻辑分析法结合起来，在理论上拟将现代辩证唯物论与中国传统哲学中的精粹思想结合起来；在方法上注重分析，在内容上则致力于综合。"综合是方法与内容的综合，创新是建立中国所需要的中国特色的新哲学理论。在中国哲学研究方面，他的《中国哲学大纲》，运用唯物辩证法和逻辑分析法，发现中国哲学中丰富的唯物论和辩证法思想，详细论证中国哲学的优秀传统内容，彰显中国哲学自身固有的条理系统，是典型的综合创新之作。综合创新是他学术研究的方法，是他思维创新的范式，也体现出他"有容乃大"的宽阔胸怀。

3. 史论贯通

张先生说，他的治学经历"可以说是始则由论入史，终乃由史转论"（《八十自述》）。始终是史论结合、史论贯通的。这是他学术思想的一个显著特点。他所说的"论"，既包括哲学理论，也包括文化理论，他对文化问题的研究与他的哲学研究是紧密相联的，"论述文化问题，主要是从哲学思想方面来讲的"（1987 年《文化与哲学》自序）。"哲学思想是文化的核心。"（1994 年《文化论》自序）所以，他的哲学观、文化观与哲学史的研究，都是交融在一起的，是一个整体。张先生以传承中国优秀的文化传统为己任，运用唯物辩证法及分析哲学的方法，结合时代特点，对中国传统哲学或传统思想文化进行创造性转化和创新性发展，以适应时代的要求。其中，他极其推重的"自强不息，厚德载物"，既是最基本的民族精神，也是他的哲学观和文化观的最重要的价值理念，又是人生的天地境界，更是他个人性情和个人品德的真实写照。

4. 始终如一

张先生从事学术研究 70 多年，不论社会上如何风云变幻，他终其一生都坚持着自己认准了的思想观点。他多次说过，无论是新中国成立前还是新中国成立后，无论是"文革"前还是"文革"后，又无论是个人处于顺境还是遭遇厄运，"对于 30 年代 40 年代的一些观点仍然坚持未改，惟望在有生之年能做出进一步的推阐"（1993 年《分析与综合的统一》）。"匆匆几十年过去了，但在哲学上，我仍坚持 30 年代 40 年代的一些观点而略有补充。"（1993 年《客观世界与人生理想》）历尽风雨，初心不改，这真是难能可贵。

张岱年先生一生著述宏富，《张岱年全集》（截止到 1995 年）共 8 册，约有 5 000 页之多。尤其是"文革"结束时，他已年近古稀，却焕发出惊人的学术活力。据《全集》统计，在"文革"后，他出版学术专著 4 部，发表学术论文 210 篇，另有序文、文史漫笔、回忆录等文章 226 篇。这仅是他 1995 年前的成果，1995 年后，他步入耄耋之年，直到 2004 年逝世，仍然笔耕不辍，不断有新的学术成果发表，只可惜现在还没有收集整理出来。但仅观《全集》中的学术成就，尤其是"文革"后的成就，即便是当今年富力强的学者，有谁能与张岱年先生相比？

限于篇幅要求，本书只能从其《全集》中选出寥寥几篇文章，加以简略说明，不免挂一漏万，希冀读者窥斑而知豹，体察张先生学术思想之广博精湛，是为导语。

中国思想源流

人类思想哲学的推进发展，不是直线的，而是曲折的。其中含正反合，然亦非机械的三段，亦许四段。要必有立定、有否定，有否定之否定，表面上复返于初。中国思想发展亦正如此。在西洋哲学，整个历史是唯物与唯心，怀疑与独断之争。在中国则不然，在中国是刚柔、损益、动静、为与无为之争，在宇宙论上则是理气之争。（在中国彻底唯物的只有荀子、韩非子及颜元、李塨，彻底唯心的只有杨简、王守仁。）

原始的正，是孔墨，是主动，益、刚，人为的。墨虽反儒，然其最根本的思想与儒无疑殊，只比儒更刚更动。初次的反，是老、杨，主静，损、柔，反人为。初次合，在汉代，但仍是一个停顿的合。再次的反来自印度，即佛教，比老、杨更极端。再次的合，便是宋明道学。其后又有反，是颜李，排斥老、杨、佛氏及汉宋诸儒的思想，往刚、动、益的方面走。继之又从外来了一个有大力量的反，即西洋哲学，西洋哲学本非纯一，而总起来可说是偏于刚劲的，此反打破了中国之旧传统，而亦做颜李的援军。今后的思想，当是吸收了西洋思想以后的新的合，而必亦是原始固有的积极精神之复活。

一、源　中国思想之结胎时代实在西周。中国思想之最初的表现在《诗》及《书》。《诗》《书》大概都是周之中叶的作品，其中思想是主实、重人的，表现一种宏毅、刚健、朴实的精神。熊十力先生说《诗》云："不离现实而别求天国，亦即于现实生活之中而具超脱意趣，未尝沦溺于物欲。"实最允切。周代为吾国文化初成熟之时，所以思想极表现一种沉深、雄厚、伟大、阔肆、创造、前进气息，勤奋、勇猛而又稳重、宏阔。中国文化之根本性征，中国哲学思想之根本倾向，实在《诗》《书》中已大致决定。

在春秋时代，此种思想为一般贵族学者如季札、子产、晏子、叔向等所保持、发展。子产所谓"天道远人道迩"，实为中国人的基本态度。

二、正之立 把古代思想总结起来而成一个一贯系统的第一个哲人是孔子。孔子是开创新时代的人，却也是集大成的人。他结束了以前的时代，开始了新的时代。孔子哲学不是以前思想之反，而乃以前的思想之结晶与更进的发展。在孔子，古代的宏毅、朴质的精神更具体地表现着。"刚毅木讷近仁"，孔子自己实是一个刚毅木讷、气象深厚的人。

孔子一生极有积极勇进的精神，他重现实，重人为。他"知其不可为而为之"，栖栖遑遑，奔波周游，图改良当时的社会。"为之不厌"，"发愤忘食，乐以忘忧，不知老之将至"是他的自述。孔子的根本观念是仁，仁即是"己欲立而立人，己欲达而达人"，用现今的词语来说即是"努力扩大发展自己的人格使至于圆满，并助人扩大发展其人格使至于圆满"。孔子很注重刚、勇、义。孔子的思想宏大、圆融、中正，然而在根本上是积极的主动的。

孔子以后便是墨子。墨子比孔子更刚毅，却不及孔子之安融。墨子是周代尚文的反动，他要把大禹治水的精神拿出来。墨子出身工农，所以能极端刻苦，丝毫不要享乐。他"以绳墨自矫而备世之急"，"日夜不休以自苦为极"。墨子及其弟子的精神可歌可泣，他是古代宏毅、勇猛的精神之偏于一端的表现。

孔子刚毅而宏大中正，墨子则只刚毅。孔子讲节用，同时亦注重礼乐，墨子只讲严格的节用。孔子讲推己及人的仁恕，墨子要爱无差等的兼爱。墨子是孔子思想的一半极端发展起来，而排斥其另一半。但孔墨都尚人为，积极活动，刻苦救世，不怕牺牲，同是宏毅、刚健的精神表现。儒墨在当时虽成敌对之势，其实所争只在小端，如命与鬼，乐与非乐，义与利而已。

三、初次反 儒墨弘盛的结果，引起了反动，即道家思想。道家的前驱是避世的隐士，在孔子时即不少。渐渐才完成其思想系统，最早的代表当是老聃、杨朱。孔子重刚尚为，老子却要柔、无为。孔子主仁，墨子主兼爱，杨朱却取为我，拔一毛利天下不为。孔子、墨子都积极活动，老子却"不敢为天下先"。老子、杨朱是要全朴葆真，返于自然的。老子是看到人为结果常弄巧成拙，常只毁坏了自然而已，所以要"以懦弱谦下为表，以空虚不毁万物为实"，要"常善救人，常善救物"。老子、杨朱之后有田骈、庄周，更发挥广大消极思想。道家哲学是儒墨的反动。

四、正之继进　道家的反动，没有阻遏了儒、墨哲学的进展。儒墨都吸收了道家的优长，而完成其更积极的思想。孟子、荀子继续发挥孔子思想，宋钘继续发挥墨子的思想。

在孟子，宏毅刚大的精神更进一步地发挥起来，"吾善养吾浩然之气"，"其为气也至大至刚"。孟子哲学主旨在"扩充"，要扩充性中善端以至于圆满。

荀子更进而创出了戡天的思想，"大天而思之，孰与物畜而制之？从天而颂之，孰与制天命而用之？"他坚决主张克服自然以为人用，要"经纬天地而材官万物，制割大理而宇宙理矣"。荀子的制天论，后为《中庸》所发展，略加变更而成"赞天地之化育"的思想，所谓"赞天地之化育"即加之于天地的创造中，一方克服自然，一方与自然调谐，即是帮助自然。

《易传》也是发挥宏毅哲学的，"天行健，君子以自强不息"，"乾始能以美利利天下，不言所利，大矣哉！大哉乾乎，刚健中正！"刚健中正四字表出了中国固有精神之精髓。

五、一旁流　在儒、墨、杨三家相争的时候，又起一个较小的旁流，这是一崭新的流，却没有发展到成熟的地步。此流即惠施、公孙龙辩者之学。儒、墨、杨始终不专于求知，惠施、公孙龙才开始专注意辩，注意小问题的分析。辩者之风起，墨家也受其影响，结果有墨经的成就。然惠施、公孙龙之学，竟没有完成而绝。

六、初次合　时间到了汉初，社会政治的变化，致成思想界的变化。汉初道家思想盛，武帝则独尊儒术，罢黜百家。表面上虽是孔学定于一尊，实际上汉以后的思想是儒道之合，但又是一个不健全的合，停顿的合，儒家的勇猛有为的精神不容存在了，道家的怀疑否认的精神也不容存在。先秦思想的活动状态停止了，而墨家更因新的社会情形的关系而完全消灭。

七、外来的反　中国本土的思想安定了，不久却输入了外来的思想，即佛教，又引起了大的变化。

佛教初来不盛，在魏晋时，引起了老庄思想的复活，对于孔教经术，成为一种反动，此潮因五胡乱华不能继续下去。佛教却从此大盛起来。佛教初盛的时候是一个争斗时代，与中国本土传统斗。其后则是归依的时代，一般人遗忘了本土固有的哲学而归依于佛教。佛教最盛时代在唐，在这时代中产生了几个中国佛教大思想家，他们根据佛教经典有所创发，他们的思想不是与中国古代思想成一系的，而是与印度思想成一系，却又不免带中国人气味。

佛教思想在根本上是与老庄相近的，是消极的，主静的，同是对中国固有的刚健宏毅的思想之反。

八、再度的合　佛教思想输入后，经历了许多年，中国人乃能消化之，重新建立新的哲学。这即新儒家，或道学、理学。新儒家的前驱是韩愈、李翱，正式成立的人是周敦颐、张载、程颢、程颐。新儒家很攻击释道二氏，实际吸收了释道二氏思想成分很多，乃是一合。新儒家部分地恢复了古代儒家的积极有为的精神，融汇了道家及佛教的主静无欲的思想。新儒家是入世的，而其最注重的是个人的修养，个人生活的圆满，主静而排斥动。

北宋诸子中以张载气象最较刚健。张氏兼综了孔子的仁、墨子的兼爱，及庄子万物一体的思想："民吾同胞物吾与也。""立必俱立，知必周知，爱必兼爱，成不独成"，"大其心则能体天下之物"。张子较注重动。他很有些墨家的气概。

周敦颐"主静以立人极"，程颢说仁，只以与万物为一体内外合一言之。程颐以居敬穷理为主旨。

到南宋时，新儒家遂分裂为两派。朱熹主居敬穷理，注重钻研经史，严分天理人欲。陆九渊只讲"先立乎其大"，要静中涵养。程朱所谓敬，本有常常自觉的意思，提撕警醒，毋怠毋忘。但终不免太拘束，使人不活泼，失刚健之气。陆氏所讲，是达到神志清明的神秘生活的捷径，而离国计民生之学益远。

陆学至明代的王守仁而大成。王氏讲致良知，纯是唯心的个人修养术。其知行合一及事上磨炼之说，颇有动的气息，然究是心学。

古代儒家是最注重国家社会的，后来的新儒家所注重的却是个人修养方法。

九、又一反　到清初，又起了反动。即颜李学。颜元觉得宋明道学所含老、释成分太重，太欠刚健，要完全恢复古代儒家的主动重实思想；道家佛教的消极思想，要一概予以否弃。颜李学是对于老庄及汉以后的一切思想之反。颜李重现实、功利、动；反对静，更反对专注意于内心的修养。

颜李学因社会政治的关系未得稍盛，衍其绪者只有戴震。戴氏亦反静敬，却不及颜李那样讲重用。戴氏恢复了古代儒家的节欲论，否认宋明的禁欲说。

清末又有今文学派之起。除其荒谬的话外，今文学派是有积极精神的，讲改造，讲大同。

自古代至清末的中国思想之环，是从儒家起，经几许反动，又一半的回到儒家，最后又整个地回到儒家。

十、二次外来的反　这时世界大通了，西洋思想也随着西洋的武力与资本力量，侵入了中国。

这次外来的思想，其力远比佛教为大，实有整个地扫荡了中国传统的趋势。

由西洋思想的力量，中国旧传统之束缚人阻碍进步的成分被打破了许多，一部分人得到了一种解放。

十一、未来的新合　不久必有新的合到来。

这个合当是个创造的合，必非只是调和。

西洋思想之输入，当是对于中国的思想力复活之刺激。中国的创造思想无疑地要复活。

这第二次外来思想正与第一次外来思想恰相反，佛教的输入使中国思想走上柔静的路子，这西洋思想之输入，必将使中国走到刚动的路上去。

中国的宏毅刚健的精神必借此而恢复起来。

很奇怪地，佛教未来之前，先有道家思想为之内应，同是对于儒墨的积极思想之反；今西洋思想未来之前，又先有颜习斋、戴东原为之内应，同为对于宋明思想的反动。

中国思想之发展，简括论之，也可说只三大段，原始是宏毅、刚动的思想，其次是柔静的思想，最后否定之否定，又必是宏毅、刚动的思想。

但这合亦必是一广大的合，印度思想的精英必容纳在内，而理学的优长必保持不失，且加以推展。

中国民族现值生死存亡之机。应付此种危难，必要有一种勇猛宏毅能应付危机的哲学。此哲学必不是西洋哲学之追随摹仿，而是中国固有的刚毅宏大的积极思想之复活，然又必不采新孔学或新墨学的形态，而是一种新的创造。

中国若不能创造出一种新哲学，则民族再兴只是空谈。哲学上若还不能独立，别的独立更谈不到。

中国要再度发挥其宏大、刚毅的创造力量。

哲学上一个可能的综合

一、唯物·理想·解析

康德综合了经验论与理性论，于是为哲学开了一个新纪元；在今日，哲学中实仍有许多对立等待着综合的。如欲成立一个精密的哲学，更须重视解析派的贡献，即解析法。今后哲学之一个新路，当是将唯物、理想、解析，综合于一。

凡综合皆有所倚重，如康德之综合即是倚重于唯心，其实是一种唯心的综合；今此所说之综合，则当倚重于唯物，而是一种唯物的综合。此所说综合，实际上乃是以唯物论为基础而吸收理想与解析，以建立一种广大深微的唯物论。

唯物与理想之综合，可以说实开始于马克思、恩格斯的新唯物论。人们都知道新唯物论是综合唯物论与对理法而成的，而因其容纳了对理法，以对理为方法来处理问题，乃自然综合了理想。故新唯物论不但讲存在决定人的心意，而又注重改造环境、变革世界；人是自然所产，而人能克服自然；人的心意为其社会生活所决定，而人又能变革社会。新唯物论是很注重人的力量的。不惟如此，新唯物论的创造者，也颇注重分析。所以如谓今所说唯物、理想、解析之综合，乃发端于新唯物论的创造者，亦不为过。唯物、理想、解析之综合，实乃新唯物论发展之必然的途径。

然而，新唯物论虽颇注重理想，而对于理想之研讨，实不为充分，而其注重分析，不充分乃更甚。中国哲学是最注重生活理想之研讨的，且有卓越的贡献，我们既生于中国，对于先民此方面的贡献，实不当漠视，而应继承修正而发挥之。其次，近二、三十年来，解析派的哲学有大的发展，我们应容纳解析派之新的贡献。

现在，我们应为唯物论与理想主义作一更进的综合，而兼综合解析法。我们所以要这样的一个综合，其目的即在于要求一个真的哲学，可信的哲学，有力的哲学，能作生活之指导的哲学。言解析所以察乎几微而免混淆，言唯物所以不远实际而远离虚幻，言理想所以克服天然而达于至善。

唯物论在哲学史上并未得到充分的发展，哲学史上最伟大的哲学家，十之九都是唯心论者。旧唯物论的粗疏幼稚，实无可讳。自新唯物论成立，乃为唯物论开一新纪元。新唯物论实可谓为哲学中最近于真的系统。近十几年来，唯物论已死的呼声，常可以听到。的确，机械唯物论已经死去。然而唯物论不止于是机械唯物论。但许多人总不能了解如何能在机械唯物论之外，还有别的唯物论。以此，许多人更不能了解新唯物论之意旨。新唯物论既讲唯物，又谈人的力量；既讲变易，又谈必然。新唯物论综合了若干的矛盾观念，这在许多人看来，简直是不可能的。

实在，新唯物论正是为人类开辟新的可能之域。在以前，许多认为不可能的，新唯物论证明其为可能。而由此，于是许多人便认为新唯物论本身即是不可能的了。新唯物论的确是难以了解的，因为新唯物论与以前一切哲学有大不同处。新唯物论所谓唯物，不是旧哲学所谓唯物；新唯物论所谓"对理"，不是旧哲学所谓"对理"。机械唯物论所谓唯物，乃谓物质是宇宙本体，而新唯物论的宇宙论，则根本已废去本体观念。新唯物论根本不主张所谓"自然之两分"，根本不承认有所谓现象背后的实在。新唯物论之根本态度，乃认为即现象即实在，现象之外更无实在可说。新唯物论所谓唯物，非谓物质为宇宙本体，为一切现象背后之究竟实在，乃谓物质为最基本的，为"生"与"心"之所从出。（吾于民国二十二年即1933年即曾著文说明新唯物论已废弃本体观念，而世人不察，仍多谓新唯物论讲本体者；或者又因新唯物论反对形而上学，遂谓根本不讲宇宙论，俱属大谬。）新唯物论的宇宙论之根本观念，是历程，宇宙是一大历程，一切存在莫非历程，在此大历程中的存在，有等级之殊，最基本的是"物"，其次为"生"，其次为"心"与社会。一切皆在变易之中，然而有所谓规律，有所谓必然，而宇宙之最根本的规律便是"对理"，即对立统一，相反相倚，矛盾发展，质量互转。以"对理"为事物之规律，在许多人看来是不可能的，其实，观念思惟之"对理"，只是事物的"对理"之反映，如事物没有矛盾的情形，则人类便无从创出矛盾的概念。"对理"亦非否认所谓思想律（指形式逻辑的基本规律——编者）者，不过认为思想律非充足的而已。"对理"乃是讲对立统一，非讲对立同一，如讲对立同一，则完全与思想律不相容，对立统一则与思想律并无不两立之冲突。

我们很可以说，新唯物论不只是一个新的学说，而更是换了一个新的出发点。在同一出发点之下，可以有许多不同的学说，然而这些学说虽不同，却有其一致，即同属于一个出发点。新唯物论则根本换了一个出发点，因出发点的不同，所以新唯物论与旧唯物论，虽同名为唯物论，而亦有绝隔的不同。

新唯物论之基本出发点，乃是知行之合一，理论与实践之统一。实践是新唯物论之意谓表准、真妄表准。新唯物论厘别问题之真妄，分别概念之有谓无谓，判定理论之正谬，俱以实践为表准。唯心论之征信表准为观念之一贯，实证论之征信表准为经验或可验，新唯物论之征信表准则是实践。所以，新唯物论乃是实践哲学。惟其以实践为表准，故不认为现象背后之实在之问题为有意义的，而又不认为外界实在的问题为无意义的。以此，故既反对玄学而又不走入实证论，虽遮拨旧唯物论而不以实在论为满足。

新唯物论之更一基本出发点，便是人群、社会。我们可以说自笛卡尔以来，西洋近世哲学，都是以个人为本位的，其中无论唯物论、主观唯心论、绝对唯心论、实证论，皆以个人观点为基本，所以谈知识只是谈个人的知识，谈人生亦是谈个人的生活。而新唯物论之根本观点却是人群的社会的。所以新唯物论的知识论，根本不是以前所谓知识论。旧哲学之知识论系讲个人知识，以反省为方法；新唯物论之知识论则讲人群之知识，以客观考察历史研讨为方法。新唯物论的人生论亦不是以前所谓人生论，因新唯物论的人生论乃是讲人群的生活，而注重变革世界之实际道路。所以，新唯物论的哲学，可以说是群本位的哲学，与近代其他各派个人本位的哲学皆相对立，在此意义上说，新唯物论确然是与现代伦理哲学不属于同一系统中的新哲学。

在此新意谓的唯物论上，我们可以兼综理想与解析。

哲学思想之发展，自一观点而言，可分为三级。第一级原始唯物论，即机械论时期。第二级怀疑论及唯心论时期，由唯物论而发生反动，便是怀疑论，由怀疑而有所肯定，疑物而归信于心，便成唯心论。怀疑论之更进的发展，并心亦疑，则为实证论，究之亦与唯心论相通。第三级则是前二级之综合，而是广大深微的唯物论，即兼综实证论的唯物论。

怀疑论与实证论，终于彷徨无所归宿，而其矜慎不轻信的态度，实有可取。西洋近世哲学之趋于邃密，多由于怀疑论及实证论之作用。解析派哲学，实出于实证论。唯心论之根本观点是虚妄的，主观唯心论推至究竟必归于唯我论，绝对唯心论推至究竟必归于上帝创世论。然唯心论乃是哲学史上最发达之哲学，其理论最丰富，其系统最完美，故亦实非无卓然之贡献。唯心论之优长即有见于宇宙之賾，而不以简化为捷径，而其贡献尤在于认识人之力量，心之作用，能知理想之有力，而创立并宣扬伟大的理想以指导人类的前进。

兼综唯物论、实证论、理想主义之长而成一广大深微的系统，即是第三级的哲学。新唯物论，便是此第三级的哲学之发端。

二、物 质 与 理 想

今当析释所谓物或物质之意谓，并由此更确定所谓唯物之义。所谓物或物质，实不易界说，可以先从"物不是什么"来说：一、物不是心，即不是能自觉能思虑者；二、物不是生，即不是有机的有生死的；三、物不是理，即物不是方式或规律。但物虽不是心，不是生，不是理，而与心、生、理有密切之关系，即心、生、理都借物而显见。离物是否仍有心、生、理，今暂不论，但即使离物仍有心、生、理，而心、生、理之显见，必借于物。于是乃可说"物是什么"。物即是不借它而能自己显见者。依此言物，又可分为二类：一、显物，即目见之诸物；二、微物，即显物所由成之原素，即原子、阴子、阳子、质子、中子等。此自己显见之存在，能刺激人之感官，在人之感觉能力所能及之范围内，能引起人之感觉。故物又可以说是感觉之源。

自新物理学有突进的发展，打破机械唯物论后，世人多谓物理学否认了物质。其实物理学固未尝否认物质，不过否认了旧意谓的物质观念，证明旧意谓的物质，即能移动而无内在动力的固定体的观念，已不适宜而已。新物理学中关于物质究竟为波为粒，尚无定论，有人以为最究竟者仍是粒，粒聚则显波状，亦有人以为波较粒为究竟，而又有或然波之说。要之，新物理学之发见，其实际意义，乃显示三点：

一、物质是活泼的，乃在流动状态中，非如以前想象之固定。

二、物质是能自动的，非如以前想象之绝对死的。

三、物质是复赜的，非如以前想象之简单。

此三点，究与新物理学相合与否，未敢确定，但新物理学实可以说有此趋向。如以物质之旧意谓为物质之唯一可能的意谓，则此所说之物质诚可以说不是物质。但如能不以旧的意谓自囿，则此所说亦未始不是物质。昔莱卜尼兹谓宇宙为自动的精神单子所成，此皆由于认为惟精神方能自动，实则物质亦是能自动的。恩格斯曾谓物与动不可分离，新物理学之发见，乃更是将物与动结合在一起。不惟物无时无刻不在动中，而且物本身即是流动之体，乃在动的状态中。

既已释物，次当更释唯物。唯物二字出于译语，实亦可译为"物本"，乃更显豁。（哲学学说名称，凡唯字皆可改为本字，唯物论应称物本论，唯心论应称心本论，如此可免许多误解。）物本之义是：

一、物为心、生、理之本，而无先于物者。

二、物的世界即一切，无外于物的世界者，即无离物之存在。

三、研究方法应以对物的考察为起点。

以此义言，认为宇宙出于大心，或存在依附于能知，或认为宇宙出于大生命力，或认为有超时空先宇宙离物自存而为一切之根据之理，皆唯物论所反对。

宇宙可以说有一根本的原则，析言之，即：

一、一切总为一大历程，在此大历程中之存在，有基本者，有衍生者。基本者可简名"先"，衍生者可简名"后"。后原于先，乃先之所生。

二、后不但为先所生，而且其活动又受先所制约。

三、后虽受先所制约，而亦能反作用于先，先可受后之改变。后对于先之改变，亦受先所制约，而先之此种制约，亦渐受改变。

四、在结构性质上，可以说先是粗的，后是精的。在此一意谓上说，可谓后较先为圆满，为卓越。

五、最后者与最先者之精粗，成对立相反之两极。

六、最基本者即物，最后生者即心。

后乃"先"发展之成果，"先"虽是基础的，却粗而卑，"后"虽是精而卓的，却属衍生，此是宇宙之根本的对理。由此，当可知宇宙事物乃有两极：一是本根，即最基本的；一是至精，即最精微的。本根最先而最粗，至精最后而最卓。戴东原曾说："推而极于不可易之为必然，乃语其至，非原其本。""本"与"至"二词，颇可借用。宇宙一本一至，本与至乃是两端而非即一事。旧哲学有一普遍的倾向，即认为宇宙之最基本者必即是宇宙之最精微者。如老子之道，朱子之太极，黑格尔之绝对精神，柏格森之"生命内浪"。实际上，最基本者与最精微者乃是先后之两端。唯心论之误即在于知心为最精微者，而又即认以为最基本者；机械唯物论之误，即在于知物为最基本者而又以为无高出于物之上者。

物可以生出与物相反之心，此在旧哲学认为是不可解的，而以对理释之，则并无难。由物而有生，由生而有心，皆是演化历程中之由量转质。

能知"本"与"至"的分别，则综合唯物与理想，无难。物为本，心为至，居其间者为生。心是物发展之成果，受物所制约，而亦能反作用于物，故人能改造环境，而理想有克服现实之作用。唯物论所见之真理为物先于心，境先于人，而理想主义所见之真理为心能改变物，人能变革境。实际上乃是，心出于物而可以克服物，人为境所制约而可以变化境。关于宇宙之真理当是"物本"，而人生之理想则在于"克物"。

上所说宇宙之根本原则，虽然是前人所未尝言，但我自信尚颇能解释各方面的事实，且可以此原则为基础来综合唯物论与理想主义。

三、哲学与解析

新唯物论是以唯物论为基础而吸收对理法，虽也颇注重理想与分析，但亦不过有其趋向而已。我们更当以新唯物论为基础，而兼综唯心论关于理想的贡献。不止如此，我们还应以新唯物论为基础而吸收解析派的哲学之解析法。对于解析，我们注重两点：一、哲学不可离解析，解析是哲学之基本工夫；二、哲学又不可以解析自限，且在解析法之外亦非无其他方法。

解析法是新实在论的大贡献，而实源出于实证论。新实在论由注重解析，遂导出博若德（C. D. Broad）所谓批评哲学，而更引起专讲解析之维也纳派的逻辑实证论。但维也纳派之思想，未免趋于一偏。我们所应取之解析法，仍当以穆尔（C. E. Moore）、罗素（B. Russell）之解析法为主，不过当略参维也纳派之新贡献，即所谓句法解析。

解析法之要义在辨意谓，析事实：汰除混淆，削减含忽，而以清楚确定为目的。治哲学之基本工夫，实在于解析：厘别不同的意谓，剖分复杂的事实。哲学有所说，必须自知其所说之确定意谓，欲自知其所说之确定意谓，则必有假于解析。

将解析法应用于唯物论，则必将唯物论之根本观念与根本命辞，条分缕析，以显出其确切的意谓。更须将对理之根本观念与根本命辞加以同样的厘清。新唯物论中许多根本观念，并未有确切之界说，许多重要命辞，亦未有明晰的解释；在今日，唯物论已差不多成了一个很暧昧的名词，而对理又几乎成了一个很神秘的术语，这实是需要用解析法来厘清的。

在一意谓上，解析法亦为对理法之所含。对理法之一方面，即见统一中之对立，见表面相类者之不类，见同中之异，见一中之多，此即解析。对理于解析之外更重综合，解析与综合，实是不可一缺的。

因解析派的昌盛，乃有一颇流行之见解，即认为唯科学观念之解析批评乃哲学之专门本务，于是一般宇宙论人生论乃被摈于专门哲学之外。此实是不可不辨之谬误。哲学之基本工作是科学批评，而不当即限于科学批评。以科学批评代替哲学，实乃未可。我们可将哲学分为两部：一是一般哲学，二是科学批评。一般哲学乃哲学之本部，科学批评亦可说非即哲学，其性质地位与文学批评正同。

解析派之思想，至维也纳派而有极端之发展。维也纳派以为哲学工作只在于解析科学之名言，以为乃不能有哲学命辞。穆尔等犹以为哲学在解析事实，维也纳派则谓哲学不谈事实。所以维也纳派之主张在一意谓上乃是哲学之否定。其所以有哲学不谈事实之主张，实有其社会背景，即现在欧洲资本主义之情况，实不允许哲学家谈事实。但现在中国所需要之哲学，决非不谈事实的。维也纳派所讲物理主义，实是一意义的机械论，其方法又有唯我论的趋向。但其反对玄学，认为旧哲学许多命辞都是无意谓的，则颇合于新唯物论。其所说句法解析，尤有可取，认为命辞只是语句，最合于唯物之义。

解析必有所依据，新实在论之解析，以经验为最后所依。今以唯物的见地而言解析，则当于经验之外更重实践。新实在论之以经验为解析之所依，亦原于实证论。实证论之谨严矜慎不肯轻有所立之态度，实乃是哲学家所必需有。但唯物论不同于实证论之点，在于实证论唯以经验为征信之表准，唯物论则在经验之外更以实践为征信之表准。实证论以经验自限，故永不能出于怀疑，而无以协符于生活；唯物论以实践为基础，故能既不妄有所信，而又和合于生活。以此，实证论不能为行动之引导，唯物论则可为变革世界之指针。

讲解析者皆不喜言理想，认为哲学的本务只是循解析以显真，而非所以求善美。此实不然。此种见地，亦是由于离开实践。其实，根据生活实践以创立伟大切实的理想以为人类努力之标的，正是哲学之重要任务（中国哲学以人生论为中心，人多认为畸形；西洋近世哲学以知识论为中心，乃多不认为畸形，此皆由有所偏蔽）。哲学而不谈事实，犹可将谈事实之责任付予科学；哲学而不谈理想，我实想不出谁将接受谈理想之职任。或以为可付予艺术，但艺术乃是由情感之宣表，而暗示理想，并非能有关于理想之理论。哲学而不讲理想，只是放弃本务而已。现在中国固有不谈理想的理想主义者，避难就易已尔。

哲学之目的，可以说即在于"致广大而尽精微"，"致广大"即是"观其会通"，"尽精微"即是"极深研几"。"致广大"乃唯物论与理想论之事，"尽精微"则解析之鹄的。

四、中国哲学思想之趋向

今日中国的新哲学，必与过去中国哲学有相当的继承关系。我们所需要的新哲学，不只是从西洋的最新潮流发出的，更须是从中国本来的传统中生出的。本来的传统中，假如有好的倾向，则发展这好的倾向，乃是应当。

唯物论在西洋哲学中即不曾有充分的发展，在中国哲学中，乃更不盛；但也有其传统。最早的有唯物倾向的哲学家，当推惠施，他最注重物的研讨，不以主宰的天及玄秘的道来解说宇宙，而以"大一""小一"来说明一切。其次唯物的倾向最显著的是荀子，荀子只承认一个自然的物质的天。而《易传》的思想也颇有唯物的倾向，故说乾阳物，坤阴物，乾坤只是二物，而其所谓太极，不过究竟原始的意思，也没有理的或心的意谓。宋以后哲学中，唯物论表现为唯气论，唯气论成立于张横渠，认为一切皆一气之变，太虚也是气，而理亦在气之内，心也是由内外之气而成。唯气论其实即是唯物论，西文唯物论原字，乃是唯质或唯料的意思，乃谓质料为基本，而气即是质料的意思，所以唯物论译作唯气论，亦无不可。张子的唯气论并无多大势力，继起的理气论与唯心论，都较唯气论为盛。到清代，唯气论的潮流乃一发而不可遏，王船山、颜习斋，先后不相谋的都讲唯气。王船山由唯气进而讲唯器，器即物的意思。颜习斋更讲知不能离物，都是彻底的唯物思想。习斋以后有戴东原，讲气化流行，理在事物的宇宙论，理欲合一的人生论，皆唯物思想。

唯物哲学在中国不甚盛，而"对理"思想则颇丰富。"对理"思想发于老子，老子以后是惠子、庄子，讲反复及对立统一，皆颇精湛，而《易传》所说乃尤邃密。宋以后哲学中，张子"对理"思想最富。张子最喜讲两与一，两即对立，一即统一。他以为凡两必有其一，凡一皆有其两。二程及朱子也甚注重对立统一。明清以来，唯王船山关于对立统一，颇有新见。

既讲唯物，又讲"对理"的哲学家，在古代是惠子及《易传》，在宋代是张子，在清代是王船山。附会的说，这也可以说是中国哲学中对理唯物论的传统。

唯物论虽不是中国的正统思想，但中国哲学有一些根本倾向，颇合于唯物义。在宇宙论，中国哲学之基本倾向是不将现象与实在分为二事，现象即实在，实在即现象。在现象背后之实在的观念，在中国哲学中是没有的。在知识论，中国哲学根本不认为存在依附于心（只有陆王一派是例外），更根本承认外界是可知的。中国哲学更多将知与行合为一。在人生论，中国哲学不喜出世的理想，而讲不离乎日常生活的宏大而平实的生活准则。中国哲学家所认为最高境界者，是在日常生活中表现至理。这些都是中国哲学之基本倾向，而是有合于唯物义的。

中国过去哲学，更有一根本倾向，即是自然论与理想论之合一。中国哲学家大部分讲自然论的宇宙观，而更讲宏大卓越的理想。西洋的自然主义与理想主义那种绝然对立的情形，在中国是没有的。由此，我们也可以说，综合唯物与理想，实正合于中国哲学之根本倾向。

解析似不为中国哲学所注重，中国哲学在此方面可以说颇缺乏。但正因中国哲学缺乏此方面，现在乃更应注重。然中国哲学中亦非全无解析，上古公孙龙即颇重解析，中世朱子亦有重解析的倾向，而清代戴东原尤重解析，以为"必就事物剖析至微而后理得"。这种潜伏的注重解析之流，我们应扩充而发展之。

中国近三百年来的哲学思想之趋向，更有很多可注意的，即是，这三百年中有创造贡献的哲学家，都是倾向于唯物的。这三百年中最伟大卓越的思想家，是王船山、颜习斋、戴东原。在宇宙论都讲唯气或唯器；在知识论及方法论，都重经验及知识之物的基础；在人生论，都讲践形，有为。所谓践形，即充分发展人的形体，这种观念是注重动、生、人本的。我们可以说，这三百年来的哲学思想，实以唯物为主潮。

我觉得，现代中国治哲学者，应继续王、颜、戴未竟之绪而更加扩展。王、颜、戴的哲学，都不甚成熟，但他们所走的道路是很对的。新的中国哲学，应顺着这三百年来的趋向而前进。

五、唯物论之再扩大

现在所说的综合，是唯物、理想、解析的综合，也即是唯物论、理想主义、实证论之新的综合，而也可以说是中国哲学与西洋哲学之新的综合，实际上则更可以说是唯物论之新的扩大。

我们为什么以唯物论为综合的基本呢？乃因为唯物论是最有征验，最合科学，且最符协于生活实践的哲学。唯心论把宇宙说成神妙的，唯物论的宇宙则不免平常，但为了真实，我们却宁信这平常的宇宙。而且，知识论中亦以唯物论最近于真。实在说，知识论的许多问题，非取唯物的见地不能解决。近二十年来，新实在论者对于知识的解析不可谓不精，然而知识论的重要问题依然未得解决，这乃是由于新实在论的根本观点本有所不足。而人生论更非取唯物的见地不能有实际的意义。旧唯物论实在不免粗疏而偏狭，旧唯物论的宇宙论止于机械论，其知识论止于感觉论，其人生论止于唯欲论，都是很不足的。旧唯物论之唯物观念本不是健全的，而又未能将唯物的见地充分推行于各方面，在知识论与人生论，实不算是彻底的唯物。新唯物论才可以说是完全的彻底的唯物论。新唯物论的宇宙论是对理的，注重历程与等级。新唯物论的知识论之基本观点是实践，注重知识之实践的基础，及外界为知识之源泉，更进而阐明知识之社会性历史性，由以解决感觉经验与概念知识之对立，以及真知之相对与绝对。（路易士 C. I. Lewis 讲经验与先验之统一，近甚为人所推重，然其精义，亦未出新唯物论所说。）新唯物论的人生论之根本见地在认识人之社会性，又注重人与环境、自由与规律之对理，而最注重者是变革世界的实际道路。

在今日，我们实应顺着新唯物论的创造者们之趋向，而更有所扩充。

这所说的将唯物、理想、解析综合于一的哲学，究竟可有如何的内容呢？现在当大略说一说：

第一，方法论　注重三事：

（一）知行之合一　此是基本观点。

（二）解析法　厘清意谓，剖析事情。

（三）对理法

（1）辨察统一中之对立：即视事物为发展历程，而探索此历程之内的动力即其内在矛盾，并考察其矛盾发展之诸阶段。

（2）辨察对立之统一：即研讨对立之交参互涵相倚不离的关系。

第二，知识论 注重五事：

（一）知之物的基础 知不能离物，而受物之决定。非存在即受知，而是知觉基于存在。

（二）知与行之两一 行是知之基，亦是知之成。知原于行而成于行（两一即对立统一）。

（三）知之群性 知不离群，知乃是群知。个人知识中一部分由感官经验而来，一部分由社会传受。个人之知识以社会的知识为基础。

（四）感与思之两一 由感而有思，思原于感而又能越出感之限制。感所以认识外界现象，思所以认识外界条理，范畴概念起于思，虽常不尽合于物，而皆有其物的基础。

（五）真知之变与常 一般所谓真知是有待的，常在迁易之中，然实趋向于无待真知；在真知之变中，实有其不变之趋向，即其常。物虽非一时所能尽知，而究系可知的。

第三，宇宙论 注重三事：

（一）历程与事物 宇宙为一大历程，为一生生日新之大流，此大历程，亦可用中国古名词，谓之曰"易"。在此历程中，一切皆流转，皆迁变，然变有骤渐。暂现而即逝，逝逝无已者为事。较事常住者为物，凡物皆一发展生灭之历程（此所谓事，即怀悌黑 A. N. Whitehead 所谓事之意义，此所谓物，则非怀悌黑所谓物相）。

（二）理或物则 较物更常住者为理。一物之性即一物之理。理即在事物之中，非先于物，非离物而自存，离事物则无所谓理。理有二：一根本的理，或普遍的理，即在一切事物之理，此理无始无终，与宇宙同久，但亦非先于事物而有。二非根本的理，即特殊事物之理，则有此特殊事物乃有此理，无此特殊事物即无此理。如未有生物则无生物之理，未有人类则无人伦之理。此理有始终，有起断。

宇宙最根本之理即存在、变易，其次是两一，即对理。

（三）一本多级 宇宙中事物可以说是一本多级的。统而言之皆物，析而言之有物有生有心。物为一本，生、心为二级。生、心皆物发展之结果，以物为基本。物之要素为微物，即阴子、阳子、质子、中子等，乃能自动的不固定的自在体。

第四，人生论 新唯物主义不注重人生论，现在却当充分注重之。在人生论，注重五事：

（一）天与人之两一

（1）天人关系 由天而有人，人是天之所生。人受天之制约，而人亦能改变天。

（2）善生与克物 人生论之最有实际重要之问题应是改善生活之程序的问题，即改善人生须先改造人生之何方面。人生中，改造物质的能力之状态，实决定其他方面；即生产力生产技术之发展，决定生活之其他方面。改善人生，必改善生产力、生产技术。物的改造，决定生之状态；改善生活，在于克服物质。

（3）动的天人合一 天人有矛盾，克服此种矛盾，乃得天人之谐和，由戡天而乐天。动的天人合一是人类生活之最高境界。

（二）群与己之两一

（1）群己一体 群己不离，人的生活乃是群的生活，改善人生，须改造社会。

（2）与群为一 个人修养之最高境界，是与群为一。扩大其我，以群为我。

由上，我们更可以说：克服自然（克物戡天），变革社会，改善人生，是一事。或：改进生产力，变革社会制度，人生之圆满，是一事。

（三）生与理之两一 由物而有生，当以生克物；由生而有理，须以理律生。而理亦不可离生，理只是求生之谐和圆满不得不循之规准。生包含矛盾，克服生之矛盾，以得生之谐和，即达于理（此所谓理，指当然的准则）。

（四）义与命之两一 自然与当然，现实与理想，规律与自由，有其对立统一。认识现实，顺其矛盾发展之趋势而改造之，乃能有理想之实现。辨察必然规律，遵循而驾御之，乃能获得自由。知命而革易之，乃能成义（命是自然的限制，义是当然的理想）。

（五）战斗与谐和之两一 生活即是奋斗的历程，生活常遇逆阻，即反生，克服此逆阻或反生，乃得到生之提高。以此，反生正是使生提高之条件，不要惧避逆阻，而须迎逆阻而与之战斗，以克服之，借以提高生活，以获得谐和。战斗是动，谐和是静，经过战斗乃可达到真实的谐和。

以上便是今所说新的综合哲学之大体纲领。这个综合的哲学，对于西洋哲学方面说，可以说是新唯物论之更进的引申，对于中国哲学方面说，可以说是王船山、颜习斋、戴东原的哲学之再度的发展，在性质上则是唯物论、理想主义、解析哲学之一种综合。这个综合，当然不能说是惟一可能的综合，然的确是一个真实可能的而且比较接近真理的综合。

【附识一】哲学研究工作，可分二事：一、问题之解析的研讨；二、系统的建立或主义的发挥。在二者中，问题的研讨实是根本而重要的，系统的建立原当不必急。但在问题的研讨，亦应先确定基本的观点。本文的目的，即在提出一个基本观点，并非认为系统的建立较问题的研讨更重要。

【附识二】今人对于新唯物论的态度，可分三种：一是墨守的态度，即类乎宗教信仰的态度。凡宗师所已言，概不容批评；宗师所未言及者，不可有所创说。二是盲目反对的态度，即不求甚解，不作同情的体察，而悍然作不中肯的驳诘。三是修正的态度，即认宗师所说有对有不对，应有所改变。对于这三种态度，我都不赞成。我的意思认为学术之进，端赖自由思想与批评态度，以水济水，实非真学。而不求知之即反对之的态度，更属狂谬。修正的态度，亦属乖妄，有错误方须修正，宗师所说本无谬误，何事修正！我的态度是发挥扩充：对于已有之理论应更加阐发，而以前未及讨论之问题，应补充研讨之。我认为中国现代唯物论者的任务是：（1）以解析为方法将新唯物论中根本观念剖辨清楚；（2）以唯物对理法为方法讨论新唯物论创造者所未及讨论的哲学问题；（3）以新唯物论为基本，而推阐所未明言之含义；（4）以不违乎对理唯物为原则，以吸收它派哲学中之合理的东西；（5）根据唯物对理法处理中国哲学中之传统问题；（6）寻求中国哲学中之对理唯物的传统而继承发挥之。现在许多自命为新唯物论者的人，都取第一个态度，未必能同意于我所说的扩充，我只希望不要随意误会或曲解。

【附识三】本篇第五节所提出的一个新哲学之纲领，只是极其简略的精枝大叶而已，未予论证，实则论证是很重要的。关于所提出的观念，在我所著的《人与世界》（一名《潜思录》）一书中，将有稍详的阐述。

《中国哲学大纲》自序

近年来，中国哲学史的研究颇盛，且已有卓然的成绩。但以问题为纲，叙述中国哲学的书，似乎还没有。此书撰作之最初动机，即在弥补这项缺憾。此书内容，主要是将中国哲人所讨论的主要哲学问题选出，而分别叙述其源流发展，以显出中国哲学之整个的条理系统，亦可以看作一本中国哲学问题史。

作哲学史，当然也有其种种困难，然依人的时代顺序叙述，在纲领组织上，或尚无多少问题。而以问题为纲，叙述中国哲学之整个系统，则部门之分划，问题之厘别，在在须大费斟酌。更以事属草创，困难尤多。中国哲学本浑融一体，原无区分；而为求清楚明晰，实不得不加以区分，然又须于原来面目无所亏损。此书在问题之抉择与排比、部门之分判与命名上，前后凡更易十余次，仍不能尽惬意。在每一问题下，分述诸家学说，或更不免"分散数家之事，甚多疏略"之病，惟自信尚无轻率苟且而已。

关于本书范围，于此当略加解释。本书所谓中国哲学，专指中国系的一般哲学。中国的佛教哲学，虽是中国人的，而实属于印度系，故不在本书范围之内。而一切特殊哲学，如历史哲学、政治哲学等思想，皆不在本书范围之内。中国古书中，又有不少思想，与哲学有关，而实并非哲学，最显著者如汉儒之术数思想，可以说是宗教思想，本书亦皆不加论列。此外中国古书中的科学萌芽，虽极可珍贵，却不是哲学，本书也一概不述。如此区别哲学与非哲学，实在是以西洋哲学为表准，在现代知识情形下，这是不得不然的。

其次，关于本书的方法，亦当略加说明。我所最注重者有四点：

第一，审其基本倾向　中国哲学研究，应先辨识中国哲学之基本倾向，详言之即中国宇宙论之基本倾向，中国人生论之基本倾向等。如不先对于中国哲学之基本倾向有所认识，必不会深刻了解中国哲学家之学说。举例来说，如不知道中国哲学不作非实在的现象与在现象背后的实在之别，便不能了解中国哲学中的宇宙论。不知道中国大部分哲学家以天人合一为基本观点，则不会了解中国的人生论。基本倾向即是基本假定，有的是明言的，更有的是默认的。默认的尤须辨识，而亦最难辨识。

第二，析其辞命意谓　对于过去哲学中的根本概念之确切意谓，更须加以精密的解析。古人的名词，常一家一谊。其字同，其意谓则大不同。如道，老庄及程朱所谓道，是究竟理则之义，张子及戴东原所谓道，则是宇宙整个变易历程之义。又如性，孟子所谓性，仅指人之所以为人之特殊可能倾向；荀子所谓性，则指生而完具的行为，不论其与禽兽相异与否，惟不包含可能倾向。而宋儒张程所谓性，乃指"极本穷原之性"，实即宇宙本根。又如气，一般人都认为是空虚神秘的字眼，其实乃是一个比较实际的观念，与物质的观念相接近。更如神字，最易误解；中国哲学中所谓神，非鬼神之神，而是能变之妙用之谊。如因中国哲人多讲所谓神，遂认为有神论，便大谬了。对于中国哲学之根本观念之意谓加以解析，这可以说是解析法（Analytic Method）在中国哲学上的应用。

第三，察其条理系统　冯芝生先生谓中国哲学虽无形式上的系统，而有实质上的系统，实为不刊之至论。此书的目的之一，是寻出整个中国哲学的条理系统。中国哲学之整个的系统，比每一个哲学家之系统，自然较为广大。每一个哲学家，对于所有的哲学问题，未必全都讨论到。而讲整个中国哲学的系统，则须对于所有哲学家所讨论的一切哲学问题，都予以适当的位置。求中国哲学系统，又最忌以西洋哲学的模式来套，而应常细心考察中国哲学之固有脉络。

第四，辨其发展源流　发展或历史的观点，是永远有用的；想深切了解一个学说，必须了解其发展历程，考察其原始与流变。而在发展历程之考察中，尤应注意对立者之互转，概念意谓之变迁与转移，分解与融合；

问题之发生与发展，起伏及消长；学说之发展与演变，在发展中，相反学说之对转，即学说由演变而转入于其相反：这都是应注意审勘的。考察概念学说之发展与其对立互转，这可以说是辩证法（Dialectical Method）在中国哲学上之应用。

写哲学大纲，不宜多引过去哲学家著作之原文，即使是写哲学史，其实也不宜引得太多。然而关于中国哲学，却有一种特殊情形，即是，在现在，中国哲学的研究，尚没有脱离考证的阶段。此所谓考证，是广义的，不只是指史实的考据，而兼指学说的考订。现在讲中国哲学，对于一个哲学家的学说有所诠释，实必须指出证据，实必须"拿证据来"。因此今日讲中国哲学，引哲学家的原文，实不只是引，而亦是证；不是引述，而更是引证。此书引原文处甚多，即由于此。

本书承冯芝生（友兰）先生和张素痴（荫麟）先生各审阅一遍，都提出了一些宝贵的意见，特此致谢。

张岱年

1937 年 2 月 3 日

天人简论

自　序

　　民国三十一年春，余始撰哲学新论，将欲穷究天人之故，畅发体用之蕴，以继往哲，以开新风。至三十三年夏，关于方法，仅成《哲学思惟论》六章；关于宇宙，仅成《事理论》八章；关于认识，仅成《知实论》四章；关于人生，仅成《品德论》四章。所成不及原初设想之半；若干重要问题俱未及论列。厥后生活日益窘迫，运思维艰，竟尔辍笔。三十四年夏，强寇降伏，大地重光。翌年余复至清华，重任教事，课务颇繁，遂鲜暇日。念"新论"之作难于续成，因将已成之稿略加修订，各自单独成书，另撰《天人简论》一篇，简叙"新论"之要指，而随时间之推移，余思想亦复有所进，亦并及之。今夏草草写成，共凡十节，以著历年致思所得之大要云尔。

三十七年秋，张岱年于清华园

　　【附记】1942年春，我开始将历年致思所得整理成为专论。至1944年，所成不及原初设想之半，若干重要问题俱未及论列。其后物价昂腾，生活窘迫，运思不易，竟至辍笔。1945年夏，强寇降伏，大地重光，次年复至清华任教，课务较繁，遂少暇日。至1948年夏，恐久而遗忘，于是将个人对于各方面哲学问题的见解作一概括的简述，草成此篇。当时以为哲学是天人之学，故名之曰《天人简论》。此篇可以说是我40岁前思想的概略。近30年来，很少考虑这些问题了。1981年2月记。

【又记】此篇是1948年夏季撰写的，内容略述我对于若干哲学问题的基本观点，而以文言的形式出之。现在看来，形式是陈旧的；篇中肯定物质是心知的本原，提出以"兼和"代"中庸"的观点，自审尚非过时。1987年1月又记。

一、天 人 本 至

哲学为天人之学。天者广大自然，人者最优异之生物。哲学所研究者即自然之根本原理与人生之最高准则。哲学即根本原理与最高准则之学。

天为人之所本，人为天之所至，即自然中物类演化之所至。凡物有本有至。本者本根，至者最高成就。本为至之所本，至者本之所至。本亦谓之原，至亦谓之归。原者原始，归者归宿。辨万物之原，明人生之归，而哲学之能事毕矣。

宇宙万事万物之间最重要的基本关系有二：一曰本末，二曰高卑。有本然后有末，末待本而存在。"物之不齐，物之情也"（《孟子》），或高或卑，或精或粗。宇宙大化，无生物演化而有生物，生物演化而有有心之生物，至于人类，可谓物类中最优异者。人居于天之中而能知天，人为物类中之一物而能宰物。故人为自然演化之所至。宇宙大化，先粗而后精，由卑以达高。然而精以粗为本，高以卑为基。如无天地，岂有人类哉？

人类生存于广大自然之中，而能认识自然；不惟能认识自然，而且能知当然之准则，能依当然之准则以改变自然，并改变自己之生活以达到人生之理想境界。人固为物类演化之所至，然而仍须前进不已，日新无息，进复再进，新而又新，以达到更高更上之境界。

二、物 统 事 理

凡可知而无待于知者谓之实有。知有待于实有，实有无待于知。知即对于实有之知。

实有之中有事有物，事物之内有理，凡物为多事相续之历程，多事相续而有一定之理者则为一物。

凡物为多事相续而具有一定之理之历程。凡物皆历程，指其历程中之变化而言谓之事；指其变化中之规律而言谓之理。物统事理。

事为实有，理亦实有。理即在事中，无其中无理之事，无不在事中之理。实有即有事有物有理之世界。

三、物 源 心 流

宇宙演化之大历程是由物质（一般物质），而生物（有生命的物质），而有心物（有心知的有生物质）。物为基本，生命心知为物质演化而有之较高级的形态。

物质是自存（自己存在），生命是自保（有自己的目的），心知是自知而知他（有知觉与思惟）。

物质为最基本存在。宇宙实为物质的宇宙，物质实为其他更复杂更精微之存在之基本。宇宙之最根本的成分为空时与事物。空时为事物之存在形式。

物有质能二相与粒波二相。质可转为能，能可转为质。粒可显为波，波可显为粒。此波粒一体之物不能无动。物之存在即其运动历程，而其运动有其规律。无物则无动，无动则无律。无不动之物，无离物之动。无无律之动，无离动之律。物之最究竟元子结集而为次究竟元子，最究竟元子亦非一型，其结聚有其构造，其构造亦即其运动所不能逾越之形式。次究竟元子非一级，次究竟元子结聚为一般元子，一般元子结聚为分子，分子结聚为常物。常物实有极赜之构造。常物所含之元子常在动中，常物之整体亦常在动中，常物所在之环境亦常在动中。

生命之特性为自己保持（动植物都力求保持自己）、自己发展（动植物都有成长发展的历程）、新陈代谢（不断吸收外物以维持自己）、自类延续（生殖，遗传）。简言之可谓有自保性，亦可谓具内在目的性，在一定范围内能改变环境而不为环境所改变。

有生则有死，凡生物莫不由成长而趋于衰亡。有生则有杀，生物与生物之间斗争极烈。"裁非其类以养其类"（《荀子》），为生物不同种类间的基本关系。

心知为高级生物所特有之性能。心知之特性为辨别。外物有异则辨其为异，异中有同则辨其为同；外物有变则辨其为变，变中有常则辨其为常。心知实为一种辨别的反应。有心之物因能知物遂能宰物。心知不惟能知自然，而且能辨当然。生命之自然为自保，道德之当然则是利他。

物为本源，心乃物质演化而有，为支流。物源而心流。物为一本，生物，有心物为较高级之物。一本而多级。

四、永 恒 两 一

一切事物皆在变化迁流之中。"逝者如斯，不舍昼夜"（《论语》）。"运转无息，天地密移"（《列子》）。宇宙大化即是事事物物变化不息的大历程。

凡事物发展超越一定限度则转为其反面，"极寒生热，极热生寒"（《太玄》）。乐极生悲，剥极则复。是谓物极必反。

事物何以有变？物极何以必反？在于对立之相互作用。凡物莫不含有对立之两方面。对立两方面相推相摩，相攻相克，而变化以起。对立两方面，势不两立，互不相容，谓之矛盾。事物内部相互矛盾之两方面相互作用，为事物自己运动之根源。故云："刚柔相推而生变化"（《易传》），"阴阳接而变化起"（《荀子》）。

万物莫不有对。对立两方面相待而有，相反相成，相灭相生。"有无相生，长短相形，高下相倾，前后相随"，"祸兮福之所倚，福兮祸之所伏"，"物或损之而益，或益之而损"（《老子》）。一切对立莫不有其统一。

"有象斯有对，对必反其为，有反斯有仇，仇必和而解"（《正蒙》）。对立之两方，如一方胜过一方而容纳之，可谓和解；如一方胜过一方而消灭之，则非和解。和解亦是暂时的。旧有矛盾和解，新生矛盾又起。如是不已。故宇宙变化无穷无息。

矛盾之出现是实际的必然，矛盾之克服是理想的当然。如无对立矛盾，则世界将成为静止的世界；如无对立之相对和解，则将无相对固定之物，而世界将成为刹那幻灭之世界。

万物皆在对立矛盾之中，事物皆内含两端，而彼此复互相为对立。内含矛盾，外复与他事物相矛盾。万物相待相依，复相刃相靡。万物并育而实相害，道并行而复相悖。此宇宙之所以为至赜。(《中庸》："万物并育而不相害，道并行而不相悖。"非矣。)

凡物皆两，一切物皆内含对立。凡两皆一，一切对立皆有其统一。一中有二，二有其一。"两不立则一不可见，一不可见则两之用息。""感而后有通，不有两则无一。"(《正蒙》)两与一二者亦相互为两而一。

自广宇言之，事事物物，层层两而一。对立之每一方面复含对立，统一的事物整体之外复有统一。自久宙言之，前之对立矛盾克服，后之对立矛盾又起。推陈出新，层层不穷。宇宙大化为永恒的对立错综矛盾交织的历程。

五、大 化 三 极

宇宙大化有三极：一元极，二理极，三至极。

元极者最根本的物质存在。理极者最根本的原理，即最普遍的规律。至极者最高的价值准则。

最根本的物质存在即最究竟的物质基本粒子。一般物体由原子电子构成，原子电子由基本粒子构成，基本粒子由最究竟的基本粒子构成。最究竟的基本粒子不可能再剖别为更微细的粒子，然仍可分析为不同方面。

最根本普遍规律曰两一，即对立而统一。凡事凡物，莫非两一。物莫不两，两莫不一。凡物皆有其两，凡两皆有其一。《易传》："生生之谓易"，"一阴一阳之谓道。"一阴一阳者，阴阳对立而统一。

最高的价值准则曰兼赅众异而得其平衡。简云兼和，古代谓之曰和，亦曰富有日新而一以贯之。《易传》："富有之谓大业，日新之谓盛德。"《孟子》："充实之谓美。"充实亦即富有之谓。《正蒙》："久者一之纯，大者兼之富。"久亦即日新之谓。兼富而一纯，实为价值之最高准则。惟日新而后能经常得其平衡，惟日新而后能经常保其富有。

古昔哲人常言中庸，中庸易致停滞不进之弊，失富有日新之德。今应以兼易中，以兼和易中庸。

六、知 通 内 外

知识为能知对于所知之辨别。水能映物,镜能照物,而人之感官与心知能辨物。感官与心知之辨物,有类于水镜之映照,而高于水镜之映照。感官与心知对于外物之辨别,能较其同异,别其变常,由此以至彼,由今以溯昔,有所比较,有所会综,而辨别事物之规律。故能察往以知来,由近而推远。心可谓内,物可谓外,而知乃所以通内外。

人类知识有三本:一为外物,二为感觉,三为实践。外物为感觉之来源,如无外物,则感官何所映照?有外物然后有感觉。感觉为知识之开端。外物激引感官而有感觉,感觉内容乃外物之映象。然人类感觉皆在实践之中,人类在实践中与外物交涉,于是对于外物有所认识。

人之知识始终依凭于实践。人由实践之需要而求知,由实践活动而获知,借实践以验知,实践即身有所活动,而于物有所改易。欲深知外物之性质必于物有所改易。或剖而解之以察其内部而明其结构,或改变其形状以观其以后之变化而认识其规律。

知兼感思。知有二层:一感二思。感者感觉,由感官获得事物之印象,以认识事物之容状。思者思惟,亦曰理解,凭感觉所得加以分析综合以了解事物之性质与规律。感者思之基础,无感则思无所依据。思者感之深入,无思则感止于浅尝。由感而思,由浅入深,而天下之事与理皆可得而知矣。

每人各有其所感,皆能感其所感而不能感他人之所感,然由多人对于事物之有共同反应可以推证多人对于事物实有共同感觉。由共同感觉加以分析综合而得共同的概念范畴。思惟所运用的概念范畴皆系共同的,而非一人之所得而私。是故知识非一人之知识,实为多人所共有。

七、真 知 三 表

知识有真有妄。其与外在事物之实际情况相符合者,谓之真知;否则谓之谬妄。如其为关于客观规律之真知,则此真知之内容谓之真理。

然何以辨别知之真妄,则有三表,即三个标准。(昔墨子言三表,为关于真知学说之一大贡献，今师其意而略改之。）真知三表：一曰自语贯通；二曰与感觉经验之内容相应；三曰依之实践，结果如所预期。简言之，即一言之成理，二持之有故，三行之有成。

凡知识必不可自语相违，而必自己一贯；然非谓不可指陈事物之客观矛盾。事物皆有相反相成相灭相生之两方面，不惟可指陈之，而且必指陈之，始能免于肤浅，始能免于偏蔽。

事物皆包含内在矛盾，然事物之内在矛盾必是不同方面或不同部分彼此相互矛盾，或对于不同事物而言具有相互矛盾的性质或关系，而不可能于同一方面或同一部分或对于同一事物而言自相矛盾。其相互矛盾的两方面之每一方面亦可再分析为两个方面而相互矛盾。然分析之极，在同一点之上必不可能自相矛盾，故事物是矛盾的，又是自己一致的；既包含对立而又有其短暂的统一。真知摹拟事物之实况，必自相贯通而不应自语相违。

知识必与感觉经验之所昭示者相应。对于某一事物，吾感其如此，则不可谓其如彼。感觉可有误，且常有误，然感觉之误，可由一人多次感觉之相互勘正，或多人多次感觉之相互勘正而知之。不应由感觉之有误而以感觉为不可凭信。人类感官乃通内外之具而非隔内外之具。

凡知识皆对于将来经验有所预期有所指示，必云如对于某事物采取如何行动将有如何之结果。试以此提示而尝试之，如适得所预期之结果，则证明此知为真，否则证明其为妄。此为检别真妄之最重要的标准。

真知必自己一致，必与感觉经验一致，更必与实践效果一致。三者一致，然后证明其为真知。真知在于认识、经验、实践三者之一致，亦可云在于认识、经验、实践之一贯。认识、经验、实践三者之一贯，区别于认识本身之一贯而言，可谓之广一贯。真知三表，会综为一，可谓真知之标准在于认识经验实践一以贯之。

八、群 己 一 体

人生乃是群生，人类生活乃是群体生活。"鸟兽不可与同群，吾非斯人之徒与而谁与？"（《论语》）人实不能离群而生活。"力不若牛，走不若

马，而牛马为用者何也？曰人能群、彼不能群也。"(《荀子》）人类之所以
能战胜他物，在于合群。

个人皆系群体之一员，个人实无独立之生存。任何个人，其所以维持
生活之食物取之社会，其房屋取之社会，乃至知识言语，亦皆取之社会。
即自食其力的劳动者，亦必须与别人交换劳动成果。个人实赖社会而存
在。个人与群体之间实无对立，群己之间实无界限，群己之关系为全与分
之关系。全由分会合而成，分之存在亦系于全。群己乃不可分离之一体。
群之祸福即己之祸福，群之利害即己之利害，正如一身之利害即四肢之
利害。

有史以来，人群恒有分裂。社会本当为共劳共享之社会，乃分为二部
分，一部分劳而不享，一部分享而不劳，遂形成莫大之不平。然此不平终
必废除。劳而不享者"养人"，享而不劳者"治人"，养人者受治，治人者
待养。然养人者可以自治，治人者不能自养，于是治人者于养人者止有害
而无利，成为赘疣，赘疣必归于消灭。

生活即是争取生活，生活的历程即是争取生活的历程。人的生活即是
争取人的生活，即争取合理的生活。合理的生活即是人我平等的生活。受
奴役者的第一要务乃是反对任何的奴役。

争取合理的生活莫若消除不平以臻于平。最大的不平为阶级压迫，大
部分人劳而不享，小部分人享而不劳，是为最大的不平。废除阶级压迫，
当是今日人生奋斗第一要务。

九、人 群 三 事

昔《左氏春秋》以正德、利用、厚生为三事，盖有见于人生之大端
矣。正德为提高精神生活，利用与厚生为改进物质生活。三事并重，可谓
兼顾精神生活与物质生活而无所偏废。今亦言三事：一曰御天，二曰革
制，三曰化性。御天者改变自然，革制者改变社会，化性者改变人生。三
方俱改，然后可达人生之理想境界。

御天者根据自然规律以改变自然之实际情况使更适合于人类生活之需
要，是谓御天，是谓宰物。《易传》云："先天而天弗违，后天而奉天时。"

先天者开导自然，后天者随顺自然。人于自然必有所随顺，必有所开导，然后可达到天人之调适。

人依靠自然而生活，尤乃依靠改造自然而生活。农工生产皆改变自然之事。至于开山浚河，制器发电，尤为改变自然之能事。近世自然科学大进，改变自然之事业亦大进。自然科学之主要作用即在于知天以御天，知物以宰物。自然之实际情况可变。自然科学之为术，在于致知穷理，精义入神，然后以利其用，以厚其生。

革制者改变社会制度以臻于理想社会，是谓革制，是谓革命。革命即变革不良的社会制度而建立优胜的社会制度。

自阶级发生以来，少数人压迫多数人，少数人居于统治地位而不劳动，多数人创造物质财富而受奴役。人间不平，莫此为甚。革制之要义即变革少数人奴役多数人之社会制度而达于大同境界。此乃理之当然，实亦势之必至。广大人民终必能主宰自己之命运而消除一切人压迫人之现象。

化性者化易人性，消恶扬善，崇义抑贪，以提高人的精神境界。

人性之实，有善有恶。善恶之分，公私之间而已。大公忘私，先公后私谓之善；因私废公，损公肥私谓之恶。人有好公之性，亦有营私之性。好公之性谓之理性，营私之性谓之贪性。人类在改造自然环境之同时亦必须改变自己性情，然后可达到理想的生活。

《易传》云："精义入神，以致用也；利用安身，以崇德也。"利用者改善物质生活，崇德者提高精神生活，二者亦相成而相济矣。

凡改变必有其方向。御天革制化性之方向惟何？曰由粗而精，由简而丰，由下而高，由乖而和。要之，变化以实现更高价值而已。然变化是曲折的，上升而间之以降，趋治而间之以乱。"万物并育而不相害，道并行而不相悖"，可谓最高的理想，实际乃是万物并育而更相害，道并行而复相悖。克服相悖相害，以达到相顺相和，乃人群前进之方向。然绝对的和谐永远不能达到。人生努力，在于随时克服乖违以达到相对的和谐。

十、拟 议 新 德

道德随时代之不同而变迁，随社会生活之改易而转移。当今之世，社会生活与往昔大异，而如仍沿用旧德之目，势必无效，甚且有害。是故当审时代之需要而建立新道德。

当今之世，为社会大变革之时，能促成社会之前进者为道德，反之即反道德。道德之标准，以最大多数人民之最大利益为依归。道德之基本原则是：凡合乎最广大人民之最大利益者，为之；凡违乎最广大人民之最大利益者，舍之。

全群体一切人之间，利益有矛盾。所谓一切人之共同利益常是虚构的。故当云最广大人民之最大利益，而不必言一切人之共同利益。

道德之根本准则惟一，曰公而已矣。

人群之中常有矛盾冲突，而有正义非正义之分。如多数人民之利益与少数人之利益有矛盾，则多数人民之利益是正义的。如受压迫者与压迫人者相斗争，则受压迫者一方是正义的。正义之原则有二：一寡应从众，二不平应消除而易之以平。

旧德之中亦有不可辄废者，亦有可借用旧名赋予新义者，夫民族语言不可断裂，则用旧名赋新义亦当然之事矣。

今试提出六达德、六基德。达德：一公忠，二任恤，三信诚，四谦让，五廉立，六勇毅。基德：一孝亲，二慈幼，三勤劳，四节俭，五爱护公物，六知耻。达德为关于个人对群体或对群体中大多数人之行为之准则，基德为关于家庭生活或日常活动的准则。

公忠：爱民爱国，以群重于己，能为群忘己，必要时能为国捐躯，谓之公忠。以公共利益高于个人利益，为大众利益而献身，谓之公。爱国不贰谓之忠。古人亦多言公者，今当以公为第一德目。然古之帝王以一己之大私为天下之大公则不可。忠本为旧德之目，忠君之义自随君主政体之废而废，实无疑义。然忠字本义原非对君而言。"上思利民，忠也"（《左氏春秋》），此乃本义。今提忠字，特取忠字之本义，凡爱国利民一心不贰谓之忠。

任恤：努力工作负责尽职谓之任，尽力助人扶危济困谓之恤。任为后期墨家特重之德。《墨经》云："任，士损己以益所为也。"能为群体事业而牺牲自己，谓之任。《周官》六行，有任恤之目（六行：孝友睦姻任恤），今特提为主要道德。孔子言仁，仍以自己为出发点，以己推人，由近及远，差等俨然，不适于今日。且历来论仁者甚多，众说纷纭，词无定诂，其有虚名无实效，盖已久矣。

信诚：言如其实谓之信，言行一致谓之诚。"人而无信，不知其可"，虽系古语，今不可废。"朋友有信"，"与国人交止于信"，人与人共处，自非仇雠，岂可无信？正直之人，事无不可对人言。然为公众长远利益，固不必事事对人言之。如有所言，必如其实，绝不可有谎语妄言。近古以来，狡诈成风，彼此相欺，尔诈我虞，此风不革，群道难成。故今特标信诚之德，以救晚世欺诈之弊。

谦让：虚心而不自满，尊重别人的平等人格，荣利不争，享乐居后，谓之谦让。个人智能实极有限，纵有所成，亦甚细渺，学问无穷，进德无止，岂容骄慢，岂可自满？前哲多重谦德，今亦重之。谦虽旧德之目，其义实随世俱新。

廉立：严辨取舍，非力不食，非所应得，一毫不取，谓之廉。独立不倚，不恃人而食，不屈其素志，谓之立。人处于群体之中，可以损己以益公，不可损公以肥私。廉亦旧德，而今应特加提倡。《孟子》："故闻伯夷之风者，顽夫廉，懦夫有立志。"廉立之操，实高尚人格所必需。

勇毅：坚持真理、坚持正义，刚强不屈，果敢不惧，谓之勇毅。非勇无以自立，非勇无以克艰，非勇无以猛进，非勇无以抗暴。舍生以维正义，杀身以卫邦国，非勇何济乎？

孝亲：敬养父母谓之孝，此乃为子女者之义务。古者以顺为孝，今应改易。父母言行有是有非，是者当从，非者当劝，岂可不加辨析，一以顺从为正？父母既老，子孙应尽赡养之责，同时应有尊敬之意。如专意自私，不顾父母，父母且不肯顾，岂能尽心为公乎？岂能利济他人乎？

慈幼：为父母者对子女有教养之责，此义易知。

勤劳：衣食资于劳动，事业待于思勉，既恃衣食而生，岂可无所用力？如专谋一己权位，岂得为劳心哉？必须努力于利济群生之工作，然后不负此生。

节俭：人生衣食之资，无非辛苦而得者，暴殄天物，罪不可逭。朴素节俭，乃为人民大众而惜物，非为一己而吝财。孔墨以来皆崇节用，亦当今之急务也。

爱护公物：爱护公共财物，注意公共卫生，维持公共秩序，此为群居必不可少之德。古无专名，简称为爱护公物。普通亦称为公德，然公之为德，其义甚深，不得以此限之，故别立此目。

知耻：人之所以异于禽兽者在于有耻。能辨是非，知其非则不为之；能辨荣辱，知其辱则避免之。"匹夫不可夺志。""士可杀不可辱。"昔日昏暴之君，横挫天下人士之耻心，耻心既挫，而国无与立矣。

道德基于社会需要，道德标准乃历史的客观需要所决定，非少数人所能擅作。然生乎今之世，对当今所急，不能无所拟议。移风易俗，人人有责，吾亦勉力尽责云尔。

孔子哲学解析

　　孔子是中国古代最有影响的哲学家，在五四运动以前，就影响而论，没有别的历史人物能和他相比。过去封建统治阶级借"尊孔"来维护其封建统治；而在前些年，"四人帮"又借"反孔"来推行他们的封建法西斯主义。时至今日，历史在发展，时代在前进，现在已经达到这样一个时代："尊孔"固不足以骗取人心；"反孔"亦不足以伪装革命，因而有可能对于孔子进行科学的实事求是的讨论了。我们现在哲学史工作者的任务之一是全面地客观地评论孔子。孔子的学说在历史上确曾起过严重的消极作用，而在若干方面也未尝没有显著的积极意义。对于孔子，应该进行全面的辩证的解析。

　　关于孔子的资料，有《论语》和《左传》《国语》，以及《礼记·檀弓》中关于孔子言行的记载。过去传统的看法，认为《易大传》是孔子撰作的，《礼运》的大同理想是孔子倡导的。但仔细考察起来，《易大传》和《礼运》应是孔门后学的著作，都不能代表孔子的思想。现在来研究孔子，仍以《论语》《左传》《国语》和《檀弓》为最可信的材料。

　　孔子在汉代以后二千多年中，被崇奉为偶像，在那个时代，人们"以孔子之是非为是非"。这种传统态度，当然必须首先打破。惟有推倒了孔子的偶像，然后才有可能对孔子进行实事求是的科学讨论。

　　从《论语》看，孔子确有一个简单的哲学体系，至少有一个伦理学的体系。这个体系并不特别深奥。在先秦时代，孔子的学说，与老庄孟荀对照，还是比较简单的。虽然如此，孔子的学说中，也还有一些深微曲折之处，也并非易于理解。有许多问题，众说纷纭，迄无定论。现在仅就孔子学说的主要内容，举出孔子思想的十个特点，略述管见。这十个特点是：一、述古而非复古；二、尊君而不主独裁；三、信天而怀疑鬼神；四、言命而超脱生死；五、标仁智以统礼乐；六、道中庸而疾必固；七、悬生知而重闻见；八、宣正名以不苟言；九、重德教而卑农稼；十、综旧典而开新风。分别评述如下。

一、述古而非复古

多年以来，人们认为孔子是复古主义者，认为孔子绝对拥护周礼，主张恢复西周制度。其实这种看法并不完全合乎事实。孔子说："殷因于夏礼，所损益可知也；周因于殷礼，所损益可知也。其或继周者，虽百世可知也。"（《论语·为政》以下凡引《论语》，只注篇名）这里有三层意思：（1）肯定有"继周者"，即认为周代不可能永存。（2）肯定"继周者"对于周礼亦有所损益。（3）认为"百世"的历史，后代对于前代，都有所损益，但不过有所损益而已，不会有根本的改变。这种观点，可称为"损益"观点，承认历史有变化，但不承认有根本的变化。这种观点，不是复古主义。后来荀子讲"百王之无变，足以为道贯"（《荀子·天论》），正是从孔子"百世可知"引申出来的。孔子又说："周监于二代，郁郁乎文哉！吾从周。"（《八佾》）这里明确宣称"从周"，但应注意，这里所讲"从周"，乃是以周代与夏殷二代比较而言，乃是认为周代的文化比夏殷二代优胜，所以主张从周。在春秋时代，周制已坏，孔子宣称"从周"，确有保守的意义，但也有在三代之中取其最近的意义。孔子从周，也是相对的。他又说："行夏之时，乘殷之辂，服周之冕，乐则《韶》《舞》。"（《卫灵公》）对于夏殷也还是有所取。孔子反对"铸刑鼎"，不同意"用田赋"，表现了在政治上的保守倾向；但他赞同"举贤"，主张知识分子（士君子）参政，宣称他的弟子仲由、端木赐、冉求都有"从政"的才能（《雍也》），并且说："雍也可使南面"（同上），即以为冉雍可以治国。这种士人参政的主张，显然是与西周制度不合的。

孔子自称"述而不作,信而好古"(《述而》),即强调继承前人的传统,不必致力于新的创造,可以说有尊重传统而轻视创新的倾向。这种态度,对于保持传统有积极的作用,而对新事物的创造重视不够,在中国历史上确实起了消极的作用。后来的墨子,主张述而且作,就比孔子进步了。

二、尊君而不主独裁

儒家主张尊君(法家也是如此),这是从孔子开始的。子路批评荷蓧丈人说:"长幼之节不可废也,君臣之义,如之何其废之?"(《微子》)正是因为孔门强调"君臣之义",所以后来受到历代封建统治者的尊崇。但是,应该注意,孔子并不主张君主个人独裁。《论语》中有这样一段对话:

> 定公问:"一言而可以兴邦,有诸?"孔子对曰:"言不可以若是,其几也。人之言曰:'为君难,为臣不易。'如知为君之难也,不几乎一言而兴邦乎?"曰:"一言而丧邦,有诸?"孔子对曰:"言不可以若是,其几也。人之言曰:'予无乐乎为君,唯其言而莫予违也。'如其善而莫之违也,不亦善乎?如不善而莫之违也,不几乎一言而丧邦乎?"(《子路》)

非常明显,孔子是反对"言莫予违"的,以为不辨是非的"言莫予违"足以丧邦。这也就是,孔子虽然主张尊君,却不同意一人独裁。

孔子认为,人臣事君,要有一定的原则,他说:"所谓大臣者,以道事君,不可则止。"(《先进》)人君如有过失,应该进行谏诤。《论语》记载:"子路问事君,子曰:'勿欺也,而犯之。'"(《宪问》)"犯之"即犯颜直谏。中国古代有"纳谏"的传统,虽然真能纳谏者不多,而表面上还要鼓励直谏。这个传统也与孔子有关。

孔子也要求君主遵守一定的原则,他说:"君使臣以礼,臣事君以忠。"(《八佾》)君对于臣,也要遵守一定的制度。所谓礼,当然是有利于君的,但对君的行为也有一定的约束。

三、信天而怀疑鬼神

在孔子的哲学中，最高范畴是天，天是人事的最高决定者。孔子说："天之将丧斯文也，后死者不得与于斯文也。天之未丧斯文也，匡人其如予何！"（《子罕》）又说："知我者，其天乎！"（《宪问》）天是有意志、有智慧的。从孔子所谓天的这一意义来说，孔子的哲学是唯心主义。

但孔子所谓天已不同于商周传统观念的天，有时又接近于自然之天。孔子说："大哉尧之为君也，巍巍乎！唯天为大，唯尧则之。"（《泰伯》）所谓"唯天为大"，恐不能理解为唯有上帝最伟大，而是说天是最广大的，这天就是广大的自然了。孔子又说："天何言哉？四时行焉，百物生焉，天何言哉！"（《阳货》）这所谓天，可以有不同的理解，有人解释为主宰之天，有人解释为自然之天。无论如何，这所谓天不同于商周传统观念中的天。在商周传统观念中，天是要发号施令的。孔子所谓天，可以说是由主宰之天到自然之天的过渡形态。

孔子没有多讲天道问题，子贡说"夫子之言性与天道，不可得而闻也"（《公冶长》）；但并非完全未讲："四时行焉，百物生焉"，一个"行"字，一个"生"字，都可以说有相当深刻的意义。《论语》记载："子在川上曰：'逝者如斯夫，不舍昼夜。'"（《子罕》）万事如川流，动转不息。孔子强调"行""生""逝"，这就是孔子的天道观。这个天道观包涵着辩证法。

孔子虽然承认天，而对于鬼神则持怀疑态度。他曾说："祭如在，祭神如神在。"（《八佾》）两个"如"字，表示并非真有鬼神存在。孔子又说："务民之义，敬鬼神而远之，可谓知矣。"（《雍也》）对于鬼神，虽仍要敬，却须"远之"，这样才算是明智。《论语》记载："子不语怪力乱神。"（《述而》）又："季路问事鬼神，子曰：'未能事人，焉能事鬼！'"（《先进》）可见孔子是不愿谈论鬼神。《论语》又载："子疾病，子路请祷。子曰：'有诸？'子路对曰：'有之。《诔》曰：祷尔于上下神祇。'子曰：'丘之祷久矣。'"（《述而》）由这段故事看，孔子是不赞同祈祷的。所谓"丘之祷久矣"，乃是拒绝祈祷的委婉的说法。

孔子对于鬼神持怀疑态度，这在当时是有进步意义的。到孔门后学公孟子，就明确宣称"无鬼神"了。(《墨子·公孟》篇记载墨子和公孟子的辩论。据考证，公孟子即曾子弟子公明高，是孔子再传弟子。)

四、言命而超脱生死

孔子肯定天命，强调"知命"，他说："道之将行也与，命也；道之将废也与，命也。"(《宪问》)一切都是命所决定的。他自称"五十而知天命"。(《为政》)又说："不知命，无以为君子也。"(《尧曰》)认为知命是重要的。孔子既尊天，又讲命，这在理论上是一致的。

但孔子虽讲天命，却又非常重视人为，在生活上采取积极的态度。他曾自述道："若圣与仁，则吾岂敢！抑为之不厌，诲人不倦，则可以云尔已矣。"(《述而》)《论语》又载："叶公问孔子于子路，子路不对。子曰：'汝奚不曰：其为人也，发愤忘食，乐以忘忧，不知老之将至云尔！'"(同上)孔子所谓"为之"，不过是学习传统文化，传授文化知识，但这种积极有为的态度，这种乐观的精神，对于中国民族文化的发展，确实起了积极的作用。

孔子还有一个值得注意的人生态度，即超脱生死，主张为道德理想而献出生命，不把死看作重要问题。"不知老之将至"，当然更不知死之将至了。子路对孔子说："敢问死。"孔子回答说："未知生，焉知死？"(《先进》)止应知生，何必知死？不应该考虑死后问题。而且生也是可以舍弃的。孔子曾说："志士仁人，无求生以害仁，有杀身以成仁。"(《卫灵公》)为了实现仁的品德，可以牺牲自己的生命。这种自我牺牲的精神，是任何阶级的道德所必然要求的。前一些年，有些人把"杀身成仁"当作反动的口号。事实上，我们不应因为反动派曾经利用这个口号而将这个口号本身也看成反动的。在中华民族的悠久历史上，许多民族英雄正是在这种精神的鼓舞之下而进行艰苦卓绝的斗争以至献出自己生命的。

孔子不看重死后问题，这是孔子与宗教家不同的显著特点，这和中国古代无神论传统的形成有密切的联系。

五、标仁智以统礼乐

《吕氏春秋》说："孔子贵仁。"(《不二》)仁是孔子哲学的中心观念，这是大家公认的。孔子固然贵仁，而亦贵智，《论语》中经常以仁智并举，并说明了仁智的区别。孔子说："仁者安仁，知者利仁。"(《里仁》)仁者心安于仁而行之，智者以仁为有利而行之。所谓安是无所为而为，所谓利是有所为而为。韩非曾解释仁说："仁者谓其中心欣然爱人也，其喜人之有福而恶人之有祸也，生心之所不能已，非求其报也。"(《解老》)韩非虽然非薄仁义，而这句对仁的解释却是深切的。孔子虽以为仁者的境界较智者为高，智者次于仁者，但他兼重仁智，这还是值得注意的。孔子也一再以仁智勇三者并举，如云："知者不惑，仁者不忧，勇者不惧。"(《子罕》)又云："君子道者三，我无能焉：仁者不忧，知者不惑，勇者不惧。"(《宪问》)后来《中庸》以知仁勇为三达德。兼言三德是儒家伦理学说特点之一。

《论语》中关于仁的问答不少，最重要者有四条：

（1）子贡曰："如有博施于民，而能济众，何如？可谓仁乎？"子曰："何事于仁，必也圣乎？尧舜其犹病诸！夫仁者，己欲立而立人，己欲达而达人。能近取譬，可谓仁之方也已。"(《雍也》)

（2）颜渊问仁。子曰："克己复礼为仁，一日克己复礼，天下归仁焉。为仁由己，而由人乎哉？"颜渊曰："请问其目。"子曰："非礼勿视，非礼勿听，非礼勿言，非礼勿动。"(《颜渊》)

（3）樊迟问仁。子曰："爱人。"(同上)

（4）子张问仁于孔子。孔子曰："能行五者于天下，为仁矣。"请问之。曰："恭、宽、信、敏、惠。恭则不侮，宽则得众，信则人任焉，敏则有功，惠则足以使人。"(《阳货》)

这四条中，"爱人"之训最为简明。"立人""达人"之训最为完备。"克己复礼"之训则说明仁与礼的联系，其义仍由"立人""达人"而来。孔子曾说"立于礼"(《泰伯》)，所以"己立而立人"，必须视听言动合乎礼。"恭宽信敏惠"则是爱人的详细解说。

清人阮元《〈论语〉论仁篇》说:"子贡视仁过高,误入圣域,故孔子分别圣字,将仁字论之曰:所谓仁者,己之身欲立,则亦立人;己之身欲达,则亦达人。……立者如三十而立之立,达者如在邦必达、在家必达之达。"立是有所成就,达是处事接物顺通无阻。所谓"己欲立而立人,己欲达而达人",表现出仁的阶级性。在奴隶制时代或封建制时代,统治阶级内部才有所谓立达,被压迫阶级,在一般情况之下,是无所谓立达的。孔子虽讲爱人,对于不同的阶级还要区别对待。在统治阶级内部,要立人达人;对于劳动人民,则要求实行"宽""惠"。仁不可能要求消灭剥削和压迫,但是要求减轻剥削和压迫。

孔子宣扬"爱人",表现了对于一般人民的重视。他以"博施于民而能济众"为最高理想,又以"泛爱众"为子弟的修养条目(《学而》)。孔子肯定了一般人的独立意志,他说:"三军可夺帅也,匹夫不可夺志也。"(《子罕》)。匹夫即是庶民,庶民各有自己的意志,是"不可夺"的。孔子重视一般人的独立意志,这有重要历史意义。《论语》记载:"厩焚,子退朝,曰:'伤人乎?'不问马。"(《乡党》)郑玄注:"重人贱畜。"这重人贱畜的态度,确是有进步意义的。

前些年有一种流行的说法,认为《论语》中"人"和"民"是截然区分的,人不包括民,民不属于人。这种说法,看起来很新颖,其实缺乏科学的论证,没有确实的依据。《论语》中以伯夷、叔齐、柳下惠等为逸民(《微子》),显然,贵族也称为民。孔子称赞管仲说:"民到于今受其赐,微管仲,吾其被发左衽矣。"(《宪问》)显然孔子自己也在受赐之民中。在《论语》中,所谓小人、庶人、野人,显然都属于民。在孔子心目中,民也是人。民是对"上"而言的,人是对己而言的。如说:"上失其道,民散久矣。"(《子张》)"为仁由己,而由人乎?"(《颜渊》)如认为人指贵族,民指奴隶,那是全然缺乏客观根据的。

孔子所谓仁是有阶级性的,但其阶级性并不表现于在语言中把人与民区别开来。

孔子是当时礼乐专家,强调礼乐,他的思想的特点是以仁统帅礼乐,使礼乐从属于仁。他说:"人而不仁,如礼何?人而不仁,如乐何?"

（《八佾》）又说："礼云礼云，玉帛云乎哉！乐云乐云，钟鼓云乎哉！"（《阳货》）孔子以仁统礼，使礼乐服从仁的指导，这在当时也有进步意义。

六、道中庸而疾必固

孔子非常崇尚中庸，他说："中庸之为德也，其至矣乎！民鲜久矣。"（《雍也》）对于中庸，《论语》中没有更详的说明，与中庸有关的有下列诸节：

> 子贡问师与商也孰贤。子曰："师也过；商也不及。"曰："然则师愈与？"子曰："过犹不及。"（《先进》）
> 子曰："不得中行而与之，必也狂狷乎！狂者进取，狷者有所不为也。"（《子路》）
> 尧曰："咨尔舜！天之历数在尔躬，允执其中，四海困穷，天禄永终。"舜亦以命禹。（《尧曰》）

事情有一个适当的标准，叫作中；超过这标准，就是过；没有达到这标准，就是不及。处理许多事情，要合乎这个标准，这就是执中。这标准是经常性的，故称为中庸。

中庸有两层意思：第一，肯定事物的变化超过一定限度就要转向反面。第二，要求坚守这个限度，以免转向反面。这第一层意思合乎辩证法；第二层意思就是反辩证法的了。无论在自然界或在社会历史里，事物的发展过程中，在一定条件下，必须保持平衡，才能维持事物的存在；在另一条件下，必须打破平衡，才能继续向前发展。如果不论在什么条件下都要保持平衡，那就难以进步了。

孔子讲中庸，要求遵守一定标准，但他又反对"必""固"，以为不宜不顾条件专守某一固定标准。《论语》记载："子绝四：毋意，毋必，毋固，毋我。"（《子罕》）又载："微生亩谓孔子曰：'丘何为是栖栖者与？无乃为佞乎？'孔子曰：'非敢为佞也，疾固也。'"（《宪问》）孔子又自称"无可无不可"（《微子》）。所谓"毋必毋固"，所谓"疾固"，所谓"无可无不可"，都是表示处事接物要看实际情况，要有一定的灵活性。

孔子一方面讲"过犹不及"，一方面又着重"毋必毋固"，这些思想中包涵着辩证法。

七、悬生知而重闻见

孔子区别了"生而知之"与"学而知之"，以为生而知之的人高于学而知之的人。他说："生而知之者上也，学而知之者次也，困而学之，又其次也。"（《季氏》）谁是生而知之者呢？孔子没有讲过，他断言自己不是生而知之者，止是学而知之者。他说："我非生而知之者，好古敏以求之者也。"（《述而》）孔子自称非生而知之，这不是谦词，乃是实语。他所谓"生而知之者上也"，不过是虚悬一格而已。

孔子自负"好学"，他注重多见多闻。他说："盖有不知而作之者，我无是也，多闻，择其善者而从之；多见而识之，知之次也。"（《述而》）他所谓多闻多见，即是所谓"好古敏求"。但他又不以多闻多见为满足，更要求贯通。《论语》载："子曰：赐也！汝以予为多学而识之者与？对曰：然，非与？曰：非也。予一以贯之。"（《卫灵公》）"一以贯之"即用一个原则把多闻多见的内容贯通起来。

多闻多见是学，一以贯之是思。孔子揭示学与思的关系，兼重学思。他说："学而不思则罔；思而不学则殆。"（《为政》）学而不思，则茫然无所得；思而不学，则将陷于迷妄。在学与思之中，他认为学是基础。他说："吾尝终日不食，终夜不寝，以思，无益，不如学也。"（《卫灵公》）必须学而后思，才能有所得。孔子所讲学与思的关系，基本上是正确的。

孔子以生而知之为最上，这是唯心主义观点；但他又强调多闻多见的重要，这是唯物主义倾向。孔子的认识论可谓动摇于唯物论与唯心论之间。在后来的思想发展史上，他也有两方面的影响。

八、宣正名以不苟言

孔子提出正名的主张，《论语》记载：

子路曰："卫君待子而为政，子将奚先？"子曰："必也正名乎！"子路曰："有是哉？子之迂也！奚其正？"子曰："野哉由也！君子于其所不知，盖阙如也。名不正则言不顺，言不顺则事不成，事不成则礼乐不兴，礼乐不兴则刑罚不中，刑罚不中则民无所措手足。故君子名之必可言也；言之必可行也。君子于其言，无所苟而已矣。"（《子路》）

以前，很多人（包括我在内）解释正名，都以"君君、臣臣、父父、子子"为正名的主要内容，这在事实上恐怕并不切合于正名的本义。"君君、臣臣、父父、子子"，可以说是"循名责实"，而正名是纠正名义，并不是一回事。在《论语》中，不乏纠正名义的例证：

（1）冉子退朝。子曰："何晏也？"对曰："有政。"子曰："其事也。如有政，虽不吾以，吾其与闻之。"（《子路》）

这是分别政与事之名。

（2）子张问："士何如斯可谓之达矣？"子曰："何哉尔所谓达者？"子张对曰："在邦必闻，在家必闻。"子曰："是闻也，非达也。夫达也者，质直而好义，察言而观色，虑以下人，在邦必达，在家必达。夫闻也者，色取仁而行违，居之不疑，在邦必闻，在家必闻。"（《颜渊》）

这是分别闻达之名。

（3）宪问……"克伐怨欲不行焉，可以为仁矣？"子曰："可以为难矣。仁则吾不知也。"（《宪问》）

这是讨论仁的名义。

正名应是确定名词概念的涵义，分别不同的名词的不同的涵义。《论语》正名一节最后结语是"故君子名之必可言也；言之必可行也。君子于其言，无所苟而已矣"，正说明了正名的意义所在。孔子把名与言联系起来，把言与行联系起来。正名的作用在于言之不苟。孔子提出正名的主张，是对于哲学的一个重大贡献，表现了他作为哲学家的特色。以后公孙龙和荀子讲正名，都是受了孔子的启发。以往哲学史工作者都过于重视正名的政治意义，忽略其逻辑意义。我们现在应该求得对于这个问题的正确理解。

九、重德教而卑农稼

孔子论政治，着重道德教化，主张"道之以德，齐之以礼"（《为政》），把道德教化置于首位。这是儒家的特点，孔子、孟子、荀子，都是如此。法家商鞅、韩非重用刑罚，以道德教化为无用，与儒家正相反。商韩讲究法治，有其进步意义，但完全忽视道德教化，甚至以人民为敌，就陷于谬妄了。事实上，道德和法律是相辅相成的。孔子的德治学说仍有值得借鉴之处。

《论语》中有二条问答值得注意：

> 季康子患盗，问于孔子。孔子对曰："苟子之不欲，虽赏之不窃。"（《颜渊》）
>
> 季康子问政于孔子曰："如杀无道以就有道，何如？"孔子对曰："子为政，焉用杀？子欲善，而民善矣。君子之德风，小人之德草，草上之风必偃。"（同上）

所谓盗，包括受压迫者对于统治者的反抗。季康子所谓无道，显然是人民对于统治者的反抗。对于这些问题，孔子反对"用杀"，主张进行道德教化。这种对于人民的态度，不无可取之处。

孔子曾说："天下有道，则庶人不议。"（《季氏》）这是反对庶人议政。《左传》记载："郑人游于乡校，以论执政。然明谓子产曰：'毁乡校何如？'子产曰：'何为？夫人朝夕退而游焉，以议执政之善否。其所善者，吾则行之；其所恶者，吾则改之。是吾师也。若之何毁之？……'仲尼闻是语也，曰：'以是观之，人谓子产不仁，吾不信也。'"（《襄公三十一年》）子产不毁乡校，孔子加以赞扬，可见孔子也同意庶人议政，朱熹解释"庶人不议"说："上无失政，则下无私议，非钳其口使不言也。"这可能符合孔子的本意。

孔子重视道德教化，却看不起生产劳动。《论语》载："樊迟请学稼。子曰：'吾不如老农。'请学为圃，曰：'吾不如老圃。'樊迟出。子曰：'小人哉！樊须也。上好礼，则民莫敢不敬。上好义，则民莫敢不服。上好信，则民莫敢不用情。夫如是，则四方之民，襁负其子而至矣。焉用稼！'"（《子路》）这里把知识分子与劳动人民对立起来，劳动人民从事农稼，为统治阶级服务的知识分子只讲究礼义就行了。战国时代，"为神农之言者"许行，已经批判这种观点。这是儒家的传统观点，是儒家思想的非常严重的缺陷。

十、综旧典而开新风

旧说：孔子删《诗》《书》，定礼乐，序《易传》，修《春秋》。孔子确实是以《诗》、《书》、礼、乐教弟子，这有《论语》可证。至于是如何删定的，就难以详考了。《易大传》出于孔门后学，但孔子确曾研究过《周易》。孔子作《春秋》之说，始见于《孟子》，还没有别的证据足以推翻孟子此说。而《春秋》之中，哪些文句是孔子改定的，又不可考。总之，孔子确曾整理过上古时代的文献，这是确定无疑的。

孔子对于古代的文化典籍作了第一次的系统的整理。在整理文化典籍的过程中，孔子总结了尧、舜、禹、汤、文、武的统治经验，即原始社会末期以来的统治经验，并且总结了古代积累下来的文化知识，第一次提出了一个简单的认识论学说，第一次提出了一个比较系统的伦理学说。在政治上，孔子的态度虽然是比较保守的，但他总结了古代的统治经验，这本身也是一个贡献。

道德起源于原始社会，自从阶级出现以后，剥削阶级利用并改造了原始的纯朴道德，使之为占统治地位的剥削阶级服务。在阶级社会中，仍然流传着一些揭示公共生活规则的处世格言。列宁曾经指出："只有在共产主义社会中，……人们既然摆脱了资本主义奴隶制……也就会逐渐习惯于遵守数百年来人们就知道的、数千年来在一切处世格言上反复谈到的、起码的公共生活规则，自动地遵守这些规则，……"（《列宁选集》第 3 卷，第 247 页，1972 年版）在中国，孔子对于古代流传下来的处世格言，进行了一次总结，这些格言在他的伦理学说中占了重要位置，宣述了若干关于公共生活规则的格言，这是他的一项重大贡献。

西周时代，学在官府，祝史掌握了全部知识。孔子在当时努力学习了这些知识，把这些知识传授于一般平民。在主观愿望上，他想保持周制，仅作部分的损益；在客观效果上，他的活动却进一步破坏了周制。他反对大夫专权，却倡导士人参政。战国时代，知识分子空前活跃，展开百家争鸣，这种新风实导源于孔子。

春秋时代是一个社会大转变的时代。这个转变时代是由领主所有制转向地主所有制，还是由奴隶制转向封建制，目前史学界尚无定论，而且在短期内不可能得到定论。但春秋时代是一个转变时代，则是确然无疑的。在这个转变时代中，孔子在政治方面比较保守，而在文化方面却是起了巨大的促进作用。

孔子的学说，对于中国的民族文化的形成有重要的积极作用。斯大林在《马克思主义和民族问题》中指出，民族的特征之一是"表现在共同文化上的共同心理素质"。他说："各个民族之所以不同，不仅在于它们的生活条件不同，而且在于表现在民族文化特点上的精神形态不同。"（《斯大林全集》第 2 卷，第 294 页，1972 年版）中国的传统文化，也表现了共同的心理素质，中华民族的共同心理素质与孔子思想有密切的关系。孔子对中国传统文化的影响，有不好的一面，也有良好的一面。孔子宣扬"述而不作"，过于尊崇传统，不鼓励创新，在一定程度上起了阻碍新事物创造的不良作用。而孔子怀疑鬼神、超脱生死的观点，又促进了无神论的传播，使中华民族的宗教意识比较淡薄，这又有利于文化科学的发展。

我们现在正在进行社会主义现代化建设，必须进行反对剥削阶级思想意识的斗争。对于孔子学说中的糟粕，必须予以彻底的批判。然而，孔子的学说，在人类认识史中，确有一定的贡献，对此也应该有充分的认识。

儒家学说与新的世纪

儒家学说在中国传统文化中占有主导地位。儒家学说中有些思想观念具有显著的时代局限性，例如强调"君臣之义"的尊君思想、分别上下贵贱的等级观念以及重道轻器、忽视自然知识的价值的思想等，这些思想观念从"五四"新文化运动以来都已受到严肃的批判了。但是，儒家学说中也有一些思想观念具有相对的普遍意义和相对的恒久价值，在今天看来仍然值得肯定、值得弘扬的。

儒家学说中在今天仍具有重要意义的思想观念，主要有两项，一是人格价值的思想，二是以和为贵的和谐哲学。

儒家肯定人的价值。《孝经》记述孔子之言说："天地之性人为贵。"这不一定是孔子所说，但确实是儒家的基本观点。孟子提出"良贵"观念，所谓良贵，即是人的内在价值。儒家肯定人是世界上最有价值的。人的价值何在呢？儒家认为人的价值即在于具有道德意识。荀子说："水火有气而无生，草木有生而无知，禽兽有知而无义，人有气有生有知，亦且有义，故最为天下贵也。"儒家特别强调提高道德意识，发扬道德觉悟。儒家认为，人的道德觉悟包含两个方面，一方面是要肯定人应具有独立的意志，因而具有人格的尊严；一方面又应具有社会责任心，应对于社会国家做出一定的贡献。孔子说："三军可夺帅也，匹夫不可夺志也。"匹夫即是平民，儒家肯定平民也应有独立的不可夺的意志。孟子提出为了保持人格的尊严，可以牺牲生命。"生亦我所欲也，义亦我所欲也，二者不可得兼，舍生而取义者也。生亦我所欲，所欲有甚于生者，故不为苟得也；死亦我所恶，所恶有甚于死者，故患有所不辟也。……一箪食，一豆羹，得之则生，弗得则死，呼尔而与之，行道之人弗受；蹴尔而与之，乞人不屑也。"所谓"所欲有甚于生者"即是人格的尊严；所谓"所恶有甚于死者"，即丧失了人格的尊严。儒家强调意志的独立、人格的尊严，这是有重要意义的。儒家更强调人应具有社会责任心，应对于社会做出一定的贡献。孔子说："鸟兽不可与同群，吾非斯人之徒与而谁与？"孟子认为人人都应关心天下治乱、人民的疾苦，他举大禹、后稷为例，他说："禹稷当平世，三过其门而不入，禹思天下有溺者由己溺之也；稷思天下有饥者犹己饥之也，是以如是其急也，禹稷颜子易地则皆然。"颜子居于陋巷，一箪食，一瓢饮，但其心是与禹稷一致的。孟子以平治天下自负，他说："夫天未欲平治天下也，如欲平治天下，当今之世，舍我其谁也？"这虽然表现自高自大的倾向，但也显示了社会责任心的强烈使命感。宋代政治家范仲淹提出"先天下之忧而忧，后天下之乐而乐"，就是儒家社会责任心的典型表述。

儒家肯定人都具有独立意志，应具有人格尊严，同时又应具有社会责任心，对于社会国家做出一定的贡献，这些观点在现在仍然是值得肯定的。在中国历史上，道家强调个人独立，批判等级观念，在这点上胜过儒家；但道家不承认社会责任心，因而不可能成为社会生活的主导思想。近代以来，西方个人主义思想传入中国，对于批判传统文化中的等级观念起了推动作用。但是有人忽视了个人对于社会应尽的责任。在这种情况之下，重温儒家关于人格价值的思想，是有一定意义的。至于也有少数人认为中国传统思想中根本没有人格观念、没有独立的个人的意识，那完全是对于传统文化的无知，是殖民地思想的严重表现，应予以严肃的批判。

儒家宣扬以和为贵，孔子弟子有子说："礼之用，和为贵。"孟子说："天时不如地利，地利不如人和。"按和的观念在孔子以前即已有了。《国语》记载西周末年周太史史伯论和与同的区别说："夫和实生物，同则不继。以他平他谓之和，故能丰长而物归之，若以同裨同，尽乃弃矣。"和的意义是以他平他，不同的事物相互为他，以他平他即使众多不同的事物处于平衡的关系中，这样就能产生新事物。可以说，和表示多样性的统一，同则是简单的同一，二者有重要的区别。孔子说："君子和而不同。"亦区别了和与同，可以说所谓和是表示既有所不同而又互相补充。古代所谓和，现在一般称之为和谐。儒家主张人际和谐、家庭和谐、国际和谐、天人和谐。

儒家认为人与人应和谐相处。孟子说："爱人者人恒爱之，敬人者人恒敬之。"人与人能相互爱敬，便达到人与人的和谐。

儒家重视家庭，孟子说："人有恒言，皆曰天下国家，天下之本在国，国之本在家，家之本在身。"个人组成家庭，众多家庭组成邦国。关于家庭生活，儒家宣扬"父子有亲，长幼有序，夫妇有别"。父母与子女应相互亲爱，兄弟姊妹应有次序，夫妇之间有内外之别。"父子有亲"，应是一个基本的道德情操。但是汉代儒家鼓吹"父为子纲、夫为妻纲"，要求子对于父、妻对于夫的绝对服从，陷于荒谬，在历史上起了严重的反动作用。五四新文化运动批判了反动的三纲观念，到现在"父为子纲，夫为妻纲"的情况已经基本消失了。男女内外之别也逐渐改变了。但是"父子有亲"，父母慈爱子女，子女爱敬父母，还是一项最基本的道德准则。中国古代以家庭为本位的生活方式应该改变了，但是近代西方家庭解体的趋向也带来了许多严重的社会问题。肯定家庭在社会生活中的一定地位，保持家庭相对稳定，还是必要的。在这方面，儒家关于家庭的观点是值得参照的。

儒家主张国与国之间应和平共处。孔子尝说："远人不服，则修文德以来之，既来之则安之。"这是主张以文德感动外邦，反对对外邦用武。这是儒家对于国与国之间的关系的根本态度。孔子在齐鲁夹谷之会上曾说："裔不谋夏，夷不乱华"，坚决反对外来的侵扰。儒家主张保持国与国之间的和谐，表现了中国文化对于国际关系的基本态度。

关于人与自然的关系，儒家主张人与自然的和谐，这一观点，《周易大传》讲得最明确，最深刻。《周易大传》说："易与天地准，故能弥纶天地之道，……与天地相似，故不违。知周乎万物而道济天下，故不过。……范围天地之化而不过，曲成万物而不遗。"这就是说，一方面要充分了解万物，了解自然界的规律，另一方面要依据自然界的规律对于万物加以调整，使其符合人的愿望，对于天地万物的变化加以范围。这样就达到天人的和谐。宋代理学家把这种观点称为天人合一。当代西方一些学者提出保持生态平衡的学说，与中国哲学所谓天人合一有相近之处。

从孔子创立儒学以来，已经二千多年了。儒学之中，有些思想观念是适应当时的社会情况而提出的，因而具有一定的时代局限性。但儒学之中，也有些思想观念是与人类生活的基本规律相适应的，因而具有相对的普遍意义。我们对于儒家学说要持分析的态度。儒家的陈腐思想，如等级观念，重道轻器的观点，从五四以来，已经受到批判了。但是儒家的一些深湛观点，却不因其年代久远而失去其理论价值。现在已到达世纪之交，展望二十一世纪，新的世纪必然会有新的思潮。但儒家学说中的一些深湛观点也将对于解决新世纪所面临的问题有一定的启发。

1995 年 7 月 9 日

中国文化与中国哲学

一、哲学是文化的思想基础

文化的范围很广，包括哲学、科学、文学、艺术、宗教、教育、风俗等等。哲学是文化的核心，是在文化整体中起主导作用的。科学、文学、艺术、教育等等莫不受哲学思想的引导和影响。

文化有时代性（历史性），也有民族性。每一民族都有"表现于共同文化上的共同心理素质"（斯大林《马克思主义和民族问题》，见《斯大林全集》第2卷，第294页，人民出版社1953年版）。

一个民族的"共同心理"是怎样形成的？应是在占统治地位的哲学思想的熏陶之下形成的。所谓"共同心理"的基本内容是占主导地位的世界观和价值观。

二、中国哲学主要学派的分合与消长

先秦时代，主要有六家：儒、墨、道、法、名、阴阳。其中最重要的是儒、墨、道三家。名家资料散佚，法家主要是政治思想，阴阳家也仅有片断资料。儒墨并称显学。道家是隐士思想，虽非显学，而影响广远。

儒家尚仁贵中。"仁"的本义是承认别人也是人，是古代人道主义的开端。仁又是差等之爱，承认等级差别。"中"反对"过"与"不及"，承认事物的发展有一个适度的问题。"中"要求维持现有制度，具有保守倾向。但在日常生活中，在一定范围内，确定"中"还是必要的。

墨家提出"兼爱""尚贤"等十大主张，其中最突出的是"非命""非乐"。墨家的特点是尚"力"贵"用"。尚力，故非命。贵用，故非乐。在阶级社会，人们不能掌握自己的命运，所以非命之说很难被人接受。非乐，完全否定艺术的价值，既不符合统治者的要求，亦不能满足劳动者的愿望。虽然如此，墨家"尚力贵用"的思想，仍有一定的价值。

道家提出自然主义，（自然主义一词，混淆了唯物主义与唯心主义的界限，但在一定范围内，还是可用的。）对于本体论有重大贡献。但是道家的消极无为思想，虽然有批判专制制度的意义，而无助于保卫国家主权、维护民族独立。道家反对知识文化，宣称"文灭质、博溺心"，但事实上却比较注意探索自然规律。

汉代罢黜百家，独尊儒术，于是诸子之学转入两汉经学。从两汉到明清，儒学虽有盛衰，但始终居于统治地位，而道家思想亦流传不绝。从两汉到明清，中国哲学思想的基本形势是儒道交融、墨学中绝。墨家"尚力贵用"的精旨湮没不彰。汉末佛教输入，后来流传渐广，到隋唐时代，形成儒佛争胜、三教鼎立的形势，亦出现三教合流的趋向。中国的佛教徒接受中国固有思想的影响创立了中国佛学。儒家学者也汲取了道家、佛教的若干观点。到宋代，理学继承、宣传孔孟的基本思想，采纳了道家、佛教的若干思想资料，开辟了儒家的新阶段。明清之际的进步思想家又突破了理学的局限，达到中国古典哲学的高峰。

到近代，西学输入，进步思想家开始接受西方的自然科学知识与哲学观点。顽固派则盲目守旧，拒绝新知。这样，出现了新旧对立、中西争胜的形势。大势所趋，新学终于战胜旧学。随着革命形势的发展，马克思主义哲学的传播日益深入人心。30 年代也有部分学者企图建立融会中西的体系。新中国成立，马克思主义哲学取得领导地位。现在的任务是研究新情况、解决新问题，在马克思主义普遍真理的指导之下，进一步推动哲学的发展。

三、中国哲学的基本观点与基本倾向

中国哲学有一些基本观点，表现了一些基本倾向。

（1）天人合一与天人交胜

孟子讲尽心、知性、知天（《孟子·尽心》），这是天人合一观点的开端，但孟子没有直接提出天人合一。

孟子认为性的内容就是"恻隐之心、羞恶之心、辞让之心、是非之心"，所以尽心就能知性。孟子以为"心之官则思，思则得之，不思则不得也，此天之所与我者"（《孟子·告子上》）。心性是天所赋予，所以知性也就知天。孟子此说，简而未明。

《易传》提出"与天地合德"的思想："夫大人者，与天地合其德，与日月合其明，与四时合其序，与鬼神合其吉凶，先天而天弗违，后天而奉天时。"（《乾卦·文言》）又提出"后以财成天地之道，辅相天地之宜"（《泰卦·象传》）及"范围天地之化而不过，曲成万物而不遗"（《系辞上》）的原则，有重要的理论意义。

荀子强调"明于天人之分"（《天论》），以为"天有其时，地有其财，人有其治，夫是之谓能参。舍其所以参而愿其所参，则惑矣"（同上）。但是荀子也不否认天与人的联系，认为"礼有三本：天地者生之本也，先祖者类之本也，君师者治之本也"（《礼论》）。

董仲舒宣扬"天人感应""人副天数"，讲"天亦有喜怒之气、哀乐之心，与人相副。以类合之，天人一也"（《春秋繁露·阴阳义》）。这是天人合一的粗陋形式。

王充全面批判了"天人感应"思想，断言："天本而人末也"，"天至高大，人至卑小"（《论衡·变动》）。天与人是不能相提并论的。唐代刘禹锡进一步批判天人感应，提出"天与人交相胜"的学说，以为"天之道在生植，其用在强弱；人之道在法制，其用在是非"。强者胜弱，"力雄相长"，是"天之能"；建立规范，"右贤尚功"，是"人之能"（《天论》）。刘禹锡比较明确地肯定了自然规律与人类道德的区别。

到宋代，天人合一思想得到进一步的发展。张载明确提出了"天人合一"的命题，但也承认天之道与人之道有分别。张载强调"天人合一"，旨在批判佛教。他认为佛教"以人生为幻妄，以有为为疣赘，以世界为荫浊"，是根本错误的："以人生为妄，可谓知人乎？天人一物，辄生取舍，可谓知天乎？"（《正蒙·乾称》）天和人都是实在的，"天地之塞吾其体，天地之帅吾其性"（《西铭》），充满于天地之间的气，构成了我的身体；作为气的统帅的天地之性也即是我的本性。天与人是统一的。张载亦承认天与人的分别："老子言'天地不仁，以万物为刍狗'，此是也；'圣人不仁，以百姓为刍狗'，此则异矣。圣人岂有不仁？所患者不仁也。……'鼓万物而不与圣人同忧'，则于是分出天人之道。……圣人所以有忧者，圣人之仁也。不可以忧言者，天也。盖圣人成能，所以异于天地。"（《横渠易说·系辞上》）天是"鼓万物而不与圣人同忧"的，人则不能无忧；天地可以说"不仁"，圣人则以仁为最高规范。

程颢以"与物同体"讲天人合一，他说："学者须先识仁。仁者浑然与物同体。……天地之用皆我之用。"（《程氏遗书》卷二上）"医书言手足痿痹为不仁，此言最善名状。仁者，以天地万物为一体，莫非己也。认得为己，何所不至？若不有诸己，自不与己相干，如手足不仁，气已不贯，皆不属己。故'博施济众'，乃圣之功用。"（同上）天地万物和我属于一体，如果不认识天地万物与自己属于一体，就是麻木不仁。程颢又说："人与天地一物也，而人特自小之，何耶？"（同上书卷十一）不承认万物一体就是"自小"。

程颐不讲"与物同体"，而强调天道人道的同一性。他说："道未始有天人之别，但在天则为天道，在地则为地道，在人则为人道。"（《程氏遗书》卷二十二上）南宋以后，朱熹继承程颐的观点，王守仁继承程颢的观点，王夫之继承张载的观点。程朱、王守仁属于唯心主义，张载、王夫之则是唯物主义，但都肯定天人合一。就中张载、王夫之也承认天人的区别，他们的基本观点是天人既统一而又有别。

中国哲学中天人合一观点的复杂的涵义，主要包含两层意义：第一层意义是，人是天地生成的，人的生活服从自然界的普遍规律；第二层意义是，自然界的普遍规律和人类道德的最高原则是一而二、二而一的。这第一层意义是正确的，而第二层意义混淆了事物的层次区别，是不正确的。近代西方有一种流行的观点，认为原始人没有把自己与自然界区别开来，后来文明进步，人们才将人和自然界区别开来，这标志着人的自觉。可能有人认为原始人的意识表现了天人合一观点。应该指出，如果把中国哲学所谓天人合一看做是一种没有达到人的自觉的思想，那就大错特错了。应该承认，原始人不分人与自然，是原始思想，后来区分了人与自然，是原始思想的否定，而中国哲学所谓天人合一，则是否定之否定。张载以天人合一批判佛学，程颢强调："人与天地一物也，而人特自小之，何耶？"这些都明确表明，中国哲学家认为肯定天人合一才达到人的自觉，这可谓高一级的自觉。把人与自然界区别开，是人的初步自觉；认识到人与自然界既有区别也有统一的关系，才是高度的自觉。

（2）知行合一与知行相资

中国哲学有一个基本要求，即认识与行为、思想与生活必须相互符合、相互一致。孔子说："知之者不如好之者，好之者不如乐之者。"（《论语·雍也》）不但要知之，而且要好之，乐之。乐之即实行所知而感到一种乐趣。孔子又说："笃信好学，守死善道。"（同上书《泰伯》）既要好学求知，又要坚持真理，"宁为善而死，不为恶而生"（皇侃《疏》）。孟子一方面要求知道，另一方面更要求行道，他说："行之而不著焉，习矣而不察焉，终身由之而不知其道者众也。"（《孟子·尽心上》）又说："居天下之广居，立天下之正位，行天下之大道。得志与民由之，不得志独行其道。"（同上书《滕文公下》）有些原则是任何人所不能违背的，但许多人并不自觉。有些原则是一般人不易做到的，更须坚持实行。荀子论知行的轻重说："闻之不若见之，见之不若知之，知之不若行之。学至于行之而止矣。行之，明也。明之为圣人。"（《荀子·儒效》）唯有实行，才能达到"明"的境界。

程颢、程颐肯定知对于行的指导作用。程颢说："学者须先识仁。……识得此理，以诚敬存之而已"（《程氏遗书》卷二上），从事仁的修养，须先"识得此理"。程颐说："须是知得了，方能乐得。故人力行，先须要知。"（《程氏遗书》卷十八）又说："除非烛理明，自然乐循理。"（同上）二程更认为最高的认识和最高的精神境界是一致的，理论学说应是精神境界的表述。《程氏遗书》中"二先生语"云："有有德之言，有造道之言，有述事之言。有德者止言己分事。造道之言，如颜子言孔子，孟子言尧舜，止是造道之深，所见如是。"（卷二上）又载程颐说："有有德之言，有造道之言。有德之言说自己事，如圣人言圣人事也。造道之言则知足以知此，如贤人说圣人事也。"（卷十八）有德之言即是修养境界的宣述，表达了最高的认识，也显示出知行的高度统一。

王守仁提出"知行合一"之说，他所谓知行合一，其涵义比较复杂而含混，既含有知行相互依存的意义，又有混淆知行界限的倾向。王夫之批评王守仁所谓知行合一，指出那是"销行以归知""以知为行"（《尚书引义》卷三）。这个批评是相当深刻的，但是王守仁讲所谓知行合一之时也还强调知行的相互依存。王夫之提出"知行相资"的命题，比较明确地说明了知行相互依存、相互转化的关系。知行合一，如果加以正确的解释，还是可讲的。

在中国哲学中，天人合一与知行合一的观点占有主导地位，这对于中国文化的发展有广泛的影响。讲天人合一，于是重视人与自然的调谐与平衡，这有利于保持生态平衡，但比较忽视改造自然的努力。讲知行合一，而所谓行主要是道德履践，于是所谓知也就主要是道德认识，从而比较忽视对于自然界的探索。这其间的复杂关系值得我们进一步研究。

（3）中国哲学的价值观

中国哲学学说中与文化发展关系最密切的是价值观思想。古代哲学中，儒、墨、道、法各家都有自己的价值观，可惜多年以来中国哲学史研究中对于价值观思想论述较少。儒家"义以为上"，把道德看做是有价值的，同时又肯定人的价值，宣称"天地之性人为贵"。墨家比较重视功用，把道德与功用结合起来。道家否认一切人为的价值，以自然而然为最高价值。法家专讲富国强兵，完全否定道德文化的价值。

价值观的争论集中在两个问题上，一为义与利的问题，二为力与德的问题。

孔子主张"义以为上"（《论语·阳货》），要求"见利思义"（同上书《宪问》），认为道德才是最高价值，但也不是完全排斥利，在重义的同时，也要求"因民之所利而利之"（《尧曰》）。孟子肯定生命和道德都是有价值的，"生亦我所欲也，义亦我所欲也"（《孟子·告子上》），但是，如"二者不可得兼"，则应"舍生而取义者也"。孟子把"利"与"仁义"对立起来（《梁惠王上》），把"为利"与"为善"对立起来（《尽心上》）。董仲舒提出"正其谊不谋其利"的命题，明确地表达了儒家的观点。宋代二程、朱、陆都强调"义利之辨"。所谓义利之辨有两层涵义，一是反对私利，二是肯定道德理想才具有最高的价值。孔孟所反对的利都是指私利而言，所谓"上下交征利，而国危矣"（《孟子·梁惠王上》）。但又认为公利也还不是最高价值，最高价值是道德理想的实现。这也就是说，人们不但有物质利益，而且有精神要求，提高精神境界才是最重要的。

墨家肯定公利就是最高价值，强调"国家百姓人民之利"（《墨子·非命上》）。墨家肯定义利是统一的，《墨子·经上》云："义，利也。"同书《大取》云："义利，不义害。"国家百姓人民之利就是最高价值，就是道德的最高准则。墨家所谓利指公利而言。

后来儒家中也有肯定义利的统一的。如宋张载说："义公天下之利"（《正蒙·大易》）。清初颜元改董仲舒"正其谊不谋其利"为"正其谊以谋其利"（《四书正误》），强调必须兼重义利。

义利问题包含个人利益与社会利益、物质需要与精神需要的关系问题。

力与德也是一个重要问题，儒家把力与德对立起来，孔子说："骥，不称其力，称其德也。"（《论语·宪问》）骥是千里马，日行千里是其力，孔子以为骥的价值更在于性情善良。孟子区别了"以力服人"与"以德服人"，认为"以力假仁者霸，霸必有大国；以德行仁者王，王不待大"（《孟子·公孙丑上》）。儒家忽视力的价值。

墨子强调力的重要，认为人类生活的特点是"赖其力者生，不赖其力者不生"（《墨子·非乐上》），必须用力才能维持生活。墨子把力与命对立起来，他说："昔桀之所乱，汤治之；纣之所乱，武王治之。……天下之治也，汤武之力也；天下之乱也，桀纣之罪也。若以此观之，夫安危治乱，存乎上之为政也，则夫岂可谓有命哉？……今贤良之人，尊贤而好道术，……遂得光誉令闻于天下，亦岂以为其命哉？又以为其力也。"（同上书《非命下》）墨家认为力与命是对立的，而力与德是统一的。

法家韩非以为崇德尚力因时代而不同，"上古竞于道德，中世逐于智谋，当今争于气力"（《韩非子·五蠹》）。上古时代讲道德就可以解决问题了，到战国时代只有靠力量战胜别人。韩非的观点与孟子相反，但也把德与力对立起来。

王充批评韩非的"偏驳"，提出德力并重的观点："治国之道，所养有二，一曰养德，二曰养力。养德者，养名高之人，以示能敬贤；养力者，养气力之士，以明能用兵。此所谓文武张设，德力具足者也。事或可以德怀，或可以力摧，外以德自立，内以力自备。……夫德不可独任以治国，力不可直任以御敌也。"(《论衡·非韩》)王充关于德力问题的观点是深刻的、全面的。

儒家崇德轻力的思想影响深远，墨家王充德力并重的观点没有引起足够的重视。西方有所谓"力之崇拜"，在中国则无其痕迹，这也是中西文化的相异之点。

四、中国文化的基本精神与主要缺点

中华民族屹立于世界东方五千年，创造了中国文化。中国文化虽然经历了盛衰变迁，但始终延续不绝。这就足以证明，中国文化必然有其优秀传统。从 16 世纪 17 世纪以来，中国的科学技术落后了，中国没有能够自己创造出近代实证科学。这也足以证明，中国文化具有一定的缺点。中国文化在近代的落后有其经济、政治的原因，也必然有其思想根源。中国文化的基本精神如何？其主要缺点何在？这都是值得研究的问题。

（1）刚健自强的基本精神

过去有一种观点，认为中国文化是柔静的文化。应该指出，这是从表面看问题。道家宣扬柔静，老子"贵柔"，周敦颐提倡"主静"，固然都有一定影响，但这不是中国文化的主流。仅仅推崇"柔静"，是不可能创造出灿烂的文化业绩的。作为中国文化的基本精神的，应是刚健有为、自强不息的思想态度。孔子重视"刚"，他的生活态度是"为之不厌"(《论语·述而》)，"发愤忘食，乐以忘忧"(同上)，这是一种积极有为的态度。孔子的这些思想，《易传》有进一步的发展。《象传》提出"刚健"观念，赞扬刚健精神，"刚健而文明"(《大有》)，"刚健笃实辉光"(《大畜》)。《易传》提出"自强不息"的原则："天行健，君子以自强不息。"(《乾卦》)《易传》倡导的"自强不息"精神在中国历史上产生了深远的影响，激励着古往今来进步的政治家、思想家、科学家奋勇前进。现在多数哲学史工作者都认为《易传》是战国时期的作品，但在历史上，从两汉以至近代，多数学者认为《易传》是孔子撰写的著作，所以"刚健"学说就是以孔子的名义在历史上起作用的，成为中国文化发展的一个重要原则。

儒家的刚健思想与道家的柔静思想并行对峙，但刚健思想占有主导地位。王弼注《易》，以老解孔，释《复卦》"复其见天地之心乎"说："凡动息则静，静非对动者也；语息则默，默非对语者也。然则天地虽大，富有万物，雷动风行，运化万变，寂然至无，是其本矣。"这把寂静看作绝对的。程颐注《易》，矫正王弼的观点，他说："一阳复于下，乃天地生物之心也。先儒皆以静为见天地之心，盖不知动之端乃天地之心也。非知道者，孰能识之？"（《周易程氏传卷第二》）这肯定了动的重要性。

墨家的生活态度比儒家更积极，"日夜不休，以自苦为极"（《庄子·天下》）。墨家的苦行主义难以普遍推广，汉代以后，墨学中绝了。在中国文化发展中起主导作用的还是孔学。到了近代，孔学也过时了。

（2）以德育代替宗教的优良传统

孔子学说还有一个精湛的观点，即"务民之义，敬鬼神而远之，可谓知矣"（《论语·雍也》）。这可以说是以道德教育代替宗教。《论语》又载："季路问事鬼神。子曰：'未能事人，焉能事鬼？'曰：'敢问死！'曰：'未知生，焉知死？'"（《先进》）"事人""知生"是道德修养问题，"事鬼""知死"是宗教家的问题。孔子不愿谈论鬼神和死后的问题，显示了对于宗教的冷淡态度。孔子以后，孟荀以至宋儒都继承了孔子的这种观点，从而形成了中国传统文化的一个特点。

（3）德力分离的不良倾向

孔子鼓吹道德教育，但不能认识德与力是相辅相成的。墨家强调"竭力从事"（《墨子·天志上》），把"力"看作实行道德的一个条件。在这一问题上，墨家是正确的。墨学中绝，墨家尚力的学说没有得到发展。中国传统文化，偏重道德的提高，忽视力量的培养。事实上，物质生活与精神生活是相成互济的，如果物质力量虚弱不实，精神境界也就难以提高。以力压人，以势凌人，是不文明的现象。没有物质基础的道德说教也是起不了实际作用的。

（4）继往与创新的关系问题

孔子自称"述而不作，信而好古"（《论语·述而》），这种学风对于保持历史遗产起了积极作用，但是也引起了因循守旧的不良倾向。墨子主张述而且作，"古之善者则述之，今之善者则作之，欲善之益多也"（《墨子·耕柱》）。这种态度较孔子"述而不作"为进步。但墨子又说："吾言足用矣，舍吾言革思者，是犹舍获而捃粟也。"（同上书《贵义》）主张自己创新却反对别人创新，这就不好了。

汉代独尊儒术以后，经学占据了统治地位，束缚了人们的独立思考，阻塞了探索未知领域的前进道路。除少数学者之外，多数人都缺乏创新精神。在西方近代初期，不打破神学的统治就难以革新；在中国，不打破经学的束缚也难以前进。中国近代学术远远落后于西方，因循守旧的习气窒息了创新的生机也是一个重要的原因。

创新即是发现新情况，揭示新规律，发明新器具，从而开阔发展的新阶段。文化的发展离不开创新，但是创新仍应以前人已经取得的成果为基础。

五、文化系统的分析与综合

每一民族的文化形成一个文化系统。每一民族的一定时代的文化也形成自己的系统。任何文化系统都包含若干要素，可称为文化要素。要素是近代的名词，如用中国旧名词来说，可称为节目或条目。

不同的文化系统包含一些共同的文化要素，也各自包含一些不同的文化要素。前者表现了文化的普遍性，后者表现了文化的特殊性。

一个文化系统所包含的文化要素，有些是不能脱离原系统而存在的，有些是可以经过改造而容纳到别的文化系统中去的。

不同的民族文化各有其独立性，但是也可以相互吸收、相互融合，这是常见的历史事实。

同一文化系统或不同的文化系统所包含的文化要素之间有相容与不相容的关系。有些不同的文化要素，虽然似乎相反，实际上却是相辅相成，相互补充。如果仅取其一个而排斥另一个，就会陷于偏失，引起不良的后果。

古代儒家强调道德教育，不重视法治；法家则专重法治，完全否认道德教育的价值。事实上，道德教育和法律制度是相辅相成、缺一不可的。孟子说："徒善不足以为政，徒法不能以自行。"（《孟子·离娄上》）这句话是对的。但孟子对于法还是重视不够。韩非强调"不务德而务法"（《显学》）、"仁义爱惠之不足用，而严刑重罚之可以治国"（《奸劫弑臣》），宣称："夫贤、势之不相容亦明矣。"（《难势》）事实上德与法是相辅相成的，贤与势更非不相容。

文化的内容是多方面的，愈丰富就愈繁荣，万紫千红胜过孤芳自赏。

但是也有一些文化要素，各属于不同的时代、不同的地域，不能脱离原来的系统，不可能勉强地拼凑在一起。清初王夫之曾论古今的不同说："一代之治，各因其时，建一代之规模以相扶而成治，故三王相袭，小有损益，而大略皆同。未有慕古人一事之当，独举一事，杂古于今之中，足以成章者也。……举其百，废其一，而百者皆病；废其百，举其一，而一可行乎？"（《读通鉴论》卷二十一）又说："郡县之与封建殊，犹裘与葛之不相沿矣。……封建也，学校也，乡举里选也，三者相扶以行，孤行则踬矣。"（同上书卷三）船山的这番议论确实精湛。古今的差别如此，中外的差别亦有类似的情况。

例如清末有"中学为体，西学为用"之说，企图把三纲五伦的旧伦理与近代的科学技术结合起来。事实上君主专制和封建道德与近代科学的发展是不相容的。

那末，不同的民族文化只有各自独立，或者只有"全盘西化"才是出路吗？这又不然。不同民族文化的融合，扬长补短，历史上不乏实例。保持自己的良好基础，学习先进文化的最新成就，以促进自己民族文化的发展，不仅是必要的，而且是可能的。这就是发现文化要素之间的相容与不相容、可离与不可离的关系。有些文化要素彼此不能相离，有些则是可以相离的。

我们进行实际考察，就可以发现，不同的民族文化包含的文化要素有许多是并行不悖，甚至是可能相得益彰的。

举例来说，中国医学与西方医学各自具有自己的系统。西方医学已经发达到非常精密的程度，超迈前古。但是中医的一些优点仍为西医所不具备。中国医学确有实效。中医的一些理论至今仍令人感到神秘难解，可能只有进一步运用最新科学才能予以明确的诠释。中西医结合的前景是十分光辉的。

中国绘画、中国音乐、中国建筑都有其独具的特色。西方绘画、西方音乐、西方建筑也都是应该学习的，但能够否认中国绘画、中国音乐、中国建筑的独特价值吗？关于音乐，有些人称中国音乐为民族音乐，似乎西方音乐才是音乐的正宗，这种民族自卑的作风，还是半殖民地的遗风。现代西方建筑采取了现代技术，确有古代中国不能及之处，但是建筑的民族形式仍有可取的优点。

最根本的问题是语言。以前殖民地的人民大多放弃本民族的语言而采取殖民主义者的语言，这是一种奴才作风。全盘西化论者是否也认为语言要西化呢？学习外语是必要的，废弃自己的民族语言，也就要丧失民族的独立性了。

应该承认，中西医学、中西艺术，都是并行不悖的，而且可以达到新的结合。

近代西方科学的发展有其经济政治以及哲学的基础。应该承认，近代科学的发展与封建专制是不相容的，与民主制度、学术自由是不相离的。科学的发现与发明只能产生于学术自由的环境中，只能存在于鼓励独立思考的气氛中。

西方近代科学与西方的宗教、艺术、教育、风俗等等共同构成一个文化系统。但是，科学是在与宗教斗争中发展的，科学和同时的艺术、风俗等也没有不可分离的关系。我们没有必要把近代西方的宗教、风俗都移植过来。

现在的中国已达到社会主义时代，我们的历史任务是创造具有中国特色的社会主义物质文明和精神文明。我们必须：（1）坚持并发扬马克思主义的普遍原则；（2）学习并赶上近代西方的科学技术；（3）考察、分析、选择、继承中国固有文化的优秀传统。我们必须慎重考察古今中外不同的文化系统所包含的文化要素之间的相容与不相容的关系以及可离与不可离的关系。从某一系统中选取一定的要素，应以是否符合客观实际、是否适合社会发展的客观需要为准则。任何系统都是可以剖析的。黑格尔哲学是一个相当严密的系统，而马克思、恩格斯却看出黑格尔哲学系统与其方法的矛盾，在批判其哲学系统的同时却剥取了黑格尔辩证法的合理内核。哲学思想的批判继承往往如此：一切符合客观实际的正确思想必然能够脱离其原来的系统而独立存在；一切适合社会发展需要的文化成果也必然是并行不悖、彼此相容的。社会主义文化必然是一个新的创造，同时又是多项有价值的文化成果的新的综合。我们要排除一切浅见与偏向，努力创造光辉灿烂内容丰富的新中国文化。

1985 年 2 月 8 日

中国哲学中的价值学说

　　价值论（Axiology）作为一门学问是 20 世纪初西方开始建立的，但是关于价值（value）的思想，无论古代东方或古代西方，都早已存在了。价值（value）这个名词也是近代才流行的，在中国古代，与价值意义相当的名词是"贵"。贵本来指掌握特权的社会等级。在奴隶制社会和封建制社会中都有所谓贵族，指身份高贵的家族，那是社会等级之贵。在哲学上，"贵"具有另一意义，指高尚可以尊重的品质或事项。例如，孔子弟子有子说："和为贵"（《论语·学而》），孔子又一弟子曾子说："君子所贵乎道者三"（《论语·泰伯》），这所谓贵都是指有价值。称某事为贵，即肯定某事的价值。价值与价格是有区别的。在中国古代，表示价格的名词是"贾"（即价字），贾指物品的价格。《论语》说："求善贾而沽诸？"（《论语·子罕》）《孟子》说："布帛长短同，则贾相若。"（《孟子·滕文公上》）所谓贾都是指价格而言。在一般语言中，价格高的货物亦称为贵，如《史记》说："论其有余不足，则知贵贱。贵上极则反贱，贱下极则反贵。"（《史记·货殖列传》）这所谓贵贱指货物价格的高低而言。

　　在现代西方哲学中，关于价值，有种种不同的学说，提出了一些意义明确的概念，如内在价值（intrinsic value）、功用价值（instrumental value）等。在中国先秦时代的哲学中，关于何谓贵，也有许多不同的观点，儒家、墨家、道家、法家，各自提出自己的价值观。儒家认为道德是至高无上的，道德不是达到别的目的的手段。儒家的价值观可称为内在价值论。墨家的价值观认为道德的价值在于符合人民的利益，可称为功用价值论。道家认为儒墨所讲的道德都是相对的，并非真正的价值，只有绝对的"道"才是最高的价值，"道"是超越一切相对的事物的，道的价值可称为超越的价值，道家的价值论可称为超越价值论（theory of transcendental value）。法家认为儒家所讲的道德是无用而有害的，最有价值的是力，可称为唯力价值论（theory of force as the primary value）。

一、先秦儒家的内在价值论

儒家的价值论内容比较复杂，分几个问题来讲。

（1）道德至上

孔子以"仁"为道德的第一原则，认为"仁"具有最高的价值。他说："好仁者，无以尚之。"（《论语·里仁》）仁是最高的，没有比仁更高的了。孔子区别了"安仁"与"利仁"，他说："仁者安仁，知者利仁。"（《论语·里仁》）"安仁"即安于仁而实行仁，即为行仁而行仁；"利仁"即认为行仁有利而实行仁。"安仁"即认为仁不是追求某种利益的手段，仁本身具有内在的价值。孔子将道德的要求与物质生活的要求区别开来，他说："君子食无求饱，居无求安。"（《论语·学而》）又说："士志于道，而耻恶衣恶食者，未足与议也。"（《论语·里仁》）饱食安居都是一般人所追求的，孔子则认为道德的价值远在这些一般人所追求的物质生活的价值之上。他认为，为了实现仁的理想，在一定条件下宁可牺牲自己的生命："志士仁人，无求生以害仁，有杀身以成仁。"（《论语·卫灵公》）但是孔子也不是完全否认物质利益的价值，他讲治国之道，主张先"富之"而后"教之"，先让人民富起来然后再加以教育，又主张施惠于民，"因民之所利而利之"（《论语·尧曰》），注意解决人民的物质生活方面的问题。不过他强调道德的价值高于物质生活的价值。

孟子论述了"生"与"义"的关系，他说："生亦我所欲也，义亦我所欲也，二者不可得兼，舍生而取义者也。生亦我所欲，所欲有甚于生者，故不为苟得也。死亦我所恶，所恶有甚于死者，故患有所不辟也。"（《孟子·告子上》）在这里，孟子首先肯定生命的价值，然后肯定道德的价值，并对二者作了比较。生是人们所企求的，义亦是人们所企求的，在通常的情况下二者并无矛盾。有时二者发生了矛盾，不可得兼，就应舍弃生命，坚持道德的原则。孟子所谓义主要指尊敬别人并坚持自己的人格尊严。所谓"所欲有甚于生者"，即保持人格的尊严。所谓"所恶有甚于死者"，即人格的屈辱。孟子并不否认物质生活的价值，他讲治国之道，首先要求做到"黎民不饥不寒"，使人民"乐岁终身饱，凶年免于死亡"（《孟子·梁惠王上》）。人民的物质生活问题是首先要解决的；但从个人来说，人格尊严比生命更为重要。这是孟子"舍生取义"的主要含义。

（2）道德价值的中心原则——"和"

儒家以"和"为道德的中心原则，以"和"为价值的准衡。孔子说："君子和而不同。"（《论语·子路》）有子说："礼之用，和为贵。"（《论语·学而》）和是中国古代哲学的一个重要范畴，西周末年史伯说："以他平他谓之和。"（《国语·郑语》）不同事物相互联系、相互会聚而得其平衡，叫作和，和是多样性的统一。孟子说："天时不如地利，地利不如人和。"（《孟子·公孙丑下》）人和即是人际关系的和谐。

孔子以仁为道德的第一原则，仁的含义是"己欲立而立人，己欲达而达人"，人我俱立，人我俱达，亦即人我和谐的境界。孟子所谓义指尊敬别人并保持自己的人格尊严，亦即人我关系的和谐。

（3）道德价值的根据

儒家肯定道德具有最高价值，如此肯定的根据何在？依据什么理由说道德具有最高价值呢？孔子主要从道德原则的普遍性来肯定道德的价值。他说："谁能出不由户，何莫由斯道也？"（《论语·雍也》）道德原则是任何人都必须遵行的，所以具有最高价值。

孟子从人的"心"（mind）"性"（human nature）来论证道德价值的根据，孟子认为道德原则是人心之"所同然"，即人心所共同肯定的。他说："口之于味也有同耆焉，耳之于声也有同听焉，目之于色也有同美焉，至于心独无所同然乎？心之所同然者何也？谓理也，义也。"（《孟子·告子上》）理（reason）义（right）即是道德的根本原则。这以理义为然的心即是恻隐之心、羞恶之心、辞让之心、是非之心。孟子认为这是道德的基础。道德是人心的内在要求，是"人之所以异于禽兽"的人性之所在，所以具有内在的价值。

与孟子不同，荀子认为人性中本来没有道德意识，道德原则乃是圣人为了人类生活的长久利益而制定的。他说："人生而有欲，欲而不得则不能无求，求而无度量分界则不能无争。争则乱，乱则穷。先王恶其乱也，故制礼义以分之。"（《荀子·礼论》）礼义乃是为了人民的长久利益而设立的，"将为天下生民之属长虑顾后而保万世也"（《荀子·荣辱》）。荀子从去"争"止"乱"来论证道德的必要，来肯定道德的价值。

（4）人的价值

儒家价值论的一个特点是强调人的价值。儒家关于人的价值的思想的主要观点是认为人具有别的动物所未有的优秀品质，所以人是可贵的。

《孝经》记述孔子之言云："天地之性人为贵。"这虽然不一定是孔子言论的确实记载，但表现了儒家的基本观点，认为天地之间所有的生命之中人是最宝贵的。孟子提出"人人皆有贵于己者"，谓之"良贵"，所谓"良贵"即人人固有的价值。他区别了"良贵"与"人之所贵"，"人之所贵"是别人给予的爵位，那是别人也可以加以剥夺的；"良贵"不是别人所给予的，也不是别人所能剥夺的。孟子以为人人都有天赋的道德意识，这就是人的"良贵"之所在。

荀子不承认天赋的道德意识，但也肯定人的价值在于有道德。他说："水火有气而无生，草木有生而无知，禽兽有知而无义。人有气有生有知亦且有义，故最为天下贵也。"（《荀子·王制》）"有义"即有道德意识和道德行为。这道德意识不是天赋的，却还是人类的特点。因为人"有义"，所以就能胜过别的动物："力不若牛，走不若马，而牛马为用，何也？曰：人能群，彼不能群也。人何以能群？曰：分。分何以能行？曰：义。故义以分则和，和则一，一则多力，多力则强，强则胜物，故宫室可得而居也。故序四时，裁万物，兼利天下，无它故焉，得之分义也。"（《荀子·王制》）人具有其他动物所未有的优越品质，因而具有胜过万物的卓越作用，所以人是世界上最有价值的。

儒家论人的价值，主要是从人的特异的本质属性来讲的。儒家认为，人具有优越的本质属性，故具有优越的价值，这价值是由本身的内在属性决定的，可以称内在价值。儒家是认为人具有内在的价值。这里人指人类，指人群，亦指个人。儒家肯定人类的价值，其中包括个人的价值。

（5）德与福的关系

关于道德与幸福的关系，儒家论述不多。《论语》所记述的孔子言论，没有谈到祸福问题。儒家的基本态度是，人努力实行道德原则，并不是为了追求个人的福利，所以很少谈到道德与幸福的关系。儒家所传授的经典《尚书》的《洪范》篇中有"五福""六极"（六种灾祸）之说。《洪范》云："五福：一曰寿，二曰富，三曰康宁，四曰攸好德，五曰考终命。六极：一曰凶短折，二曰疾，三曰忧，四曰贫，五曰恶（丑），六曰弱。"五福是人所追求的，六极是人所厌憎的。这里把"富"作为五福之一，把"贫"作为六极之一，肯定了富的价值。

孔子承认富贵是一般人所追求的，但是应该区分"以其道得之"的富贵与"不以其道得之"的富贵（《论语·里仁》），不以其道得之的富贵即是"不义而富且贵"（《论语·述而》），是不能接受的。孟子说："仁则荣，不仁则辱。……祸福无不自己求之者。《诗》云：'永言配命，自求多福。'"（《孟子·公孙丑上》）这似乎是认为人应求福远祸，行仁则光荣，就可以得福了。孟子有时以富与仁对立起来，他论治国之道说："贤君必恭俭礼下，取于民有制。阳虎曰：'为富不仁矣，为仁不富矣。'"（《孟子·滕文公上》）这里所谓"为富"指国君无限制地榨取于民，所谓"为仁"指行仁政。这是说国君不应求富，而应实行仁政。

儒家所追求的是道德理想的实现，强调"求仁则仁"，对于道德与幸福的关系问题不甚注意。

二、儒墨关于"义""利"的争论

儒家区别了义与利，义是道德原则，利是物质利益。孔子说："君子喻于义，小人喻于利。"（《论语·里仁》）小人只懂得物质利益，君子则通晓道德原则。孟子对梁惠王说："王亦曰仁义而已矣，何必曰利？"（《孟子·梁惠王上》）儒家所轻视的利，指个人的私利。

与儒家不同，墨家强调义与利的统一。《墨子·经上》云："义，利也。"又云："功，利民也。"墨家所谓利是于民有利，指"国家百姓人民之利"（《墨子·非命上》），不是个人的私利。墨家对于利也加以解释说："利，所得而喜也。害，所得而恶也。"（《墨子·经上》）从人心的喜恶来诠释利害。墨家以"利"来诠释"义"，又以"所得而喜"来诠释利，也就是认为道德的价值在于人民的喜好的满足，亦即人民生活需要的满足。这种价值论可以说是功用价值论。墨家强调功用，于是提出"非乐"，否定了音乐以及其他艺术的价值。荀子批评墨子说："墨子蔽于用而不知文。"（《荀子·解蔽》）墨家排斥了一切娱乐。

墨家强调功利，又提倡苦行，为了谋求国家人民之大利，努力工作，"以绳墨自矫，而备世之急"，"日夜不休，以自苦为极"（《庄子·天下》），表现了非常突出的自我牺牲精神。

儒家重义轻利，但并不反对人民的公利，孟子以"黎民不饥不寒"为政治的基本要求。儒墨的根本区别是：儒家认为道德具有内在价值，墨家则认为道德的价值在于满足人民的需要。

三、儒道关于"齐物"的争论

儒家以仁义为理想原则，道家则认为仁义的价值是相对的，有时甚至是虚伪的，往往为有权有势者所利用。《庄子》说："彼窃钩者诛，窃国者为诸侯；诸侯之门而仁义存焉，则是非窃仁义圣智邪？"（《庄子·胠箧》）这样的仁义对于人民是无益而有害的。道家更进而指出，世俗所谓贵贱只是相对的："以道观之，物无贵贱。以物观之，自贵而相贱。以俗观之，贵贱不在己。……万物一齐，孰短孰长？"（《庄子·秋水》）从普遍性的道来看，是无所谓贵贱的；一般人所谓贵贱，不过是自以为贵而已。儒家宣扬人的价值，以人为贵，以物为贱，不过是人类的主观偏见而已。这就是道家的"齐物"观点，"自其同者视之，万物皆一也"（《庄子·德充符》）。万物之间，没有价值上的区别。

道家否认了物的价值区别，但仍肯定"道"的崇高伟大。《老子》说："道生之，德畜之，……是以万物莫不尊道而贵德。"（《老子》五十一章）又说："道者万物之奥（深邃的根源），……故为天下贵。"（《老子》六十二章）道是万物的本原，具有最高的价值。道是超越一切的，道的价值可谓超越的价值。道家宣扬道的价值，可以称为超越价值论。

与道家"齐物"观点相反，儒家明确肯定物与物的区别。孟子说："夫物之不齐，物之情也。"（《孟子·滕文公上》）事物的实际情况是不齐的，应该承认事物之间的差异。儒家在"物之不齐物之情也"的前提之下，肯定了人贵于物的价值。儒家认为，承认人的价值是伦理道德的根本前提。

道家之中还有一派宣扬自我的价值，杨朱提倡"为我"，"为我"亦称为"贵己"（《吕氏春秋·不二》），认为自我才是最有价值的。还有一种与此相近的观点，即"贵生"，把个人的生命看作最重要的。庄子一方面讲"齐物"，另一方面亦以"全生""保身"为宗旨，与杨朱"为我"有相通之处。儒家反对"为我"，宣扬"爱人"，主张"己欲立而立人、己欲达而达人"，人己并重，并顾人我。儒家在肯定"生亦我所欲"的同时更肯定"义亦我所欲"，在生与义二者不可得兼的情况下要求"舍生而取义"，以为道德的价值高于生命的价值。道家比较强调个人的自由，儒家比较强调个人对于社会的义务。可以说儒道各有所见。

四、儒法关于"德力"的争论

孟子区别了"以德服人"与"以力服人"，他说："以力假仁者霸，霸必有大国；以德行仁者王，王不待大。"（用力量假借仁的名义的是霸道，必须是大国才能实行霸道；以道德实行仁的是王道，王道不一定是大国才能实行。）又说："以力服人者，非心服也，力不赡也；以德服人者，中心悦而诚服也。"（《孟子·公孙丑上》）以德服人是以道德赢得民心，以力服人是以武力取得胜利。孟子以为，只要施行仁政，使人民心悦诚服，就会得到人民的拥护，就可以无敌于天下了。

韩非认为，尊崇道德的时代已经过去了，当今之时，必须肯定力的重要。他说："上古竞于道德，中世逐于智谋，当今争于气力。"（《韩非子·五蠹》）他认为，欲求富国强兵，必须强调力的作用。仁义道德是无济于事的。他说："故明君务力。夫严家无悍虏，而慈母有败子，吾以此知威势之可以禁暴，而德厚之不足以止乱也。"（《韩非子·显学》）韩非完全否认了道德教育的积极作用。

孟子尚德不重力，韩非重力不贵德，正相反对。关于德与力的问题，王充提出全面的正确观点，主张"德力具足"，兼重德力。他说："事或可以德怀，或可以力摧。……夫德不可独任以治国，力不可直任以御敌也。"（《论衡·非韩》）王充是从"治国之道"来谈论德力关系的。事实上，德力并重应该是人类生活的一个重要原则。我们必须肯定力的价值，也必须肯定德的价值。

五、儒家价值论的演变

汉代以后的儒家学者，关于价值，主要是继承并发挥孔孟的观点，他们进一步阐释了道德的内在价值与人的内在价值，对于义利问题展开了一定的争论。

关于道德的内在价值，南北朝时，刘峻著《辨命论》（对于命运的分析），认为善恶与祸福无关，人实行道德，不是为了求福避祸，而只是为达到崇高的精神境界。他说："善人为善，焉有息哉？……修道德、习仁义、敦孝悌、立忠贞，……此君子之所急，非有求而为也。"道德不是为了追求别的目的的手段，实行道德乃是一种内在的精神要求。佛教宣扬"三世轮回"，行善是为了来世的幸福。道教追求长生，行善是为了延长寿命。儒家不承认来世，也不追求长生，行善是为了提高自己的人格，并无别的目的。儒家充分肯定了道德的崇高与尊严。

宋代理学家周敦颐论道德的价值说："天地间，至尊者道，至贵者德而已矣。至难得者人，人而至难得者，道德有于身而已矣。"又说："道义者，身有之，则贵且尊。"（《通书》）这里，道是原则，德是原则的体现。道与德是最尊贵的，人能实行道德，也就具有崇高的价值了。

关于人的价值，邵雍有比较明确的论述，他说："人之所以能灵于万物者，谓目能收万物之色，耳能收万物之声，鼻能收万物之气，口能收万物之味。……然则人亦物也，圣亦人也。有一物之物，有十物之物，有百物之物，有千物之物，有万物之物，有亿物之物，有兆物之物。生一一之物，当兆物之物者，岂非人乎？"（《皇极经世·观物内篇》）又说："唯人兼乎万物，而为万物之灵。……人之生，真可谓之贵矣。"（《皇极经世·观物外篇》）人能具备万物所有的能力和作用，一个人与一兆物相当，所以具有最高的价值。人的价值在于兼备万物的能量。

关于义利问题，儒家内部存在着两种不同的见解。《汉书·董仲舒传》记载董仲舒的言论说："夫仁者，正其谊（义）不谋其利，明其道不计其功。"这即认为，做任何事情，只问符合不符合原则，不必考虑实际的功效。董仲舒此说受到宋代程颢、程颐、朱熹、陆九渊的高度赞扬。但是也有人提出反对意见。叶适说："正谊不谋利，明道不计功，此语初看极好，细看全疏阔（完全不切实际）。……既无功利，则道义者乃无用之虚语尔。"（《习学记言》）这就是说，道义如果脱离了功利，就变成空话了。清初思想家颜元强调义与利的统一，他建议将董仲舒的两句话改正为"正其谊以谋其利，明其道而计其功"（《四书正误》）。应该承认这是比较全面的观点。道义是不能脱离功利的，也不能专求功利不顾道义。

六、中国哲学中"善""美""诚""真""利"等价值观念

中国哲学中表示价值的观念有"善""美""诚""真"与"利"。善是道德价值的名称。美是艺术价值的名称。认识的价值，儒家称之为"诚"，道家称之为"真"。后来"真"字比较通用。"利"表示功用价值。

孔子以善与美相提并论，他论音乐说："《韶》尽美矣，又尽善也。"又说："《武》尽美矣，未尽善也。"（《论语·八佾》）美是艺术的标准，善是道德的标准。孔子认为道德标准高于艺术标准。

老子亦以美与善相提并论，他说："天下皆知美之为美，斯恶（丑）已；皆知善之为善，斯不善已。"（《老子》二章）美与恶（丑）是相对的，善与不善是相对的。老子指出了价值的相对性。

《易传》中的《文言传》引述孔子之言说："修辞立其诚。"诚即言辞符合事实。

庄子说："且有真人而后有真知。"（《庄子·大宗师》）真知即符合实际的认识。

"利"即能满足人们的物质生活的需要。墨家最重视利，以为利是

"所得而喜"，即物质生活需要的满足。

儒家肯定善的价值，认为善的价值高于利，但亦非完全轻视利，人民的"饱食暖衣"还是要努力追求的，不过认为善的价值较利更为重要。但是，儒家对于如何满足人民的物质生活需要的问题研究得不够，这是一个重要缺陷。

善、美、真（诚）都可以说是"目的性的价值"，利是"工具性的价值"。目的性的价值即是内在价值。儒家强调追求"至善"，（《大学》云："大学之道，在明明德，在亲民，在止于至善。"）所以儒家的价值论可以说是内在价值论。

儒家强调"人的价值"（"天地之性人为贵"），所谓人指人类，包括每一个人。孔子说："鸟兽不可与同群，吾非斯人之徒与而谁与？"（《论语·微子》）所谓"斯人"即指"这些人们"。孔子又说："三军可夺帅也，匹夫不可夺志也。"（《论语·子罕》）匹夫即平民，指个人而言。肯定"人的价值"，含有不以人为达到其他目的的工具之意。与儒家不同，法家商鞅、韩非把人民看作为君主服役的工具，不承认人民固有的价值。汉代儒家鼓吹所谓"三纲"，使人们屈服于君权、父权、夫权之下，事实上"人的价值"逐渐被忽视了。在君主专制的时代，人的价值并未得到充分的重视。

直至现在，何谓价值？价值有多少类型？价值的标准何在？价值判断与事实判断的关系如何？都还是在争论中的问题。众说纷纭，难以取得一致的结论。观古可以鉴今，中国古典哲学中的价值学说还是值得研究的。

1989 年 1 月 26 日

季羡林先生学术文萃

导　语

钱文忠

　　正值中国文化书院成立 40 周年之际，书院发起编选《五老文萃：大师视角下的中国传统文化》。张军先生原任书院秘书长，命我编选季羡林卷。

　　按照体例，谨介绍一下季羡林先生的学术轨迹。当然，这只能是以最简略的方式了。

　　季羡林先生，1911 年 8 月 6 日生于山东省清平县（现归临清市），2009 年 7 月 11 日在北京去世，享年 98 岁。

　　早年，先生在山东完成了高中以前的教育。1930 年，先生赴北平，同时考取北京大学和清华大学，入清华大学西洋文学系，专修德语。在大学期间，先生就屡有作品发表。

　　1935 年，先生在回济南担任了一年的高中国文教师后，考取清华大学和德国交换的研究生。当年秋，从陆路乘火车赴德国，入哥廷根大学，主修印度学，副修英国语言学和斯拉夫语言学，师从著名学者瓦尔德施密特、西克、布劳恩等教授，研习梵文、巴利文、俄文、南斯拉夫文、阿拉伯文、吐火罗文等。时值二战，先生历经艰辛，埋头苦读。1941 年，先生以全优的成绩通过论文答辩和口试，获哲学博士学位。博士论文为《〈大事〉中伽陀部分限定动词的变位》（德文），导师是瓦尔德施密特教授。《大事》是用佛教混合梵语写成的小乘佛教大众部说出世部律典，先生是最早全面系统对其偈颂部分所用混合梵语动词的各种形态特征加以总结研究的学者。

因二战战火正炽，交通断绝，先生回国无门，只能滞留在德国并师从西克教授研究《梨俱吠陀》、《波你尼语法》、《十王子传》、波颠阇利《大疏》等古代印度典籍。西克教授是吐火罗文研究的奠基者，先生既从其游，遂成为东亚通晓吐火罗语的第一人。1944年，先生在《德国东方学会学报》上发表长篇论文《〈福力太子因缘经〉吐火罗语本的诸异本》（德文）。该文在研究方法上取得了重大突破，为当时对解决吐火罗语语义问题备感困难的欧洲学者提供了切实有效的研究方法。这个研究思路至今依然重要。

也是在1944年，先生出版了引起半个多世纪讨论的名作《中世印度语言中语尾 -am 向 -o 和 -u 的转化》（德文）。该书的重要贡献在于，先生发现并证明了书名所揭示的语言现象乃是中世印度西北方言犍陀罗语的特点之一。这一学说在相关领域掀起了轩然大波。

1949年在德国出版的《从不定过去时的运用判定佛典的年代和起源》（德文），实际上完成于1945年先生离德回国之前。在此书中，先生提出不定过去时是中世印度东部方言古代半摩揭陀语的语法特点之一；更为重要的是，正如书名所揭明的那样，先生为在缺乏或者说根本没有信史传统的印度历史背景下，判明相关研究都必须了解的佛典的年代和来源提供了语文学方法。对于古代印度文献，特别是佛典的研究，这是非常重要的。

必须提到的是，先生自1937年起就兼任哥廷根大学汉学系讲师。先生在汉学系图书馆阅读了大量汉籍，尤其是笔记小说和汉译大藏经，这为先生此后的工作提供了坚实基础。与当时很多留洋学者不同，先生归国后，得以在本行资料奇缺的国内，很快就另辟蹊径，做出了举世瞩目的贡献，在汉学系图书馆的近十年苦读功不可没。

二战硝烟尚未散尽，先生于1945年秋冬之交，急切而又恋恋不舍地离开了学习、工作、生活了十年之久的哥廷根，居留瑞士半年。1946年春末，取道法国、越南和香港，回到了阔别十一年之久的祖国。一路艰苦备尝，通航船只中就有失事的。1946年秋，陈寅恪先生将先生介绍给胡适、傅斯年、汤用彤诸先生，遂受聘北京大学教授，创建东方语文系并任系主任。其间，先生放弃了英国剑桥大学的聘约。

回国以后，由于国内缺少必要的研究资料，先生已经大有创获的佛教梵语研究被迫停止。先生戏言"有多大碗，吃多少饭"，实际上只能无奈地以梵汉比较为主要方法，结合汉文载籍，以解决中国问题为主，解决印度问题为辅，却又取得了一项又一项的重大成果。

1947 年，先生的名作《浮屠与佛》经陈寅恪先生推荐，发表在《中央研究院历史语言研究所集刊》上，英文本同时刊于《中印研究》。此文发千古未发之覆，通过考察梵语 Buddha 在各种新疆、中亚古语，比如龟兹语、焉耆语中的变化，考明"佛陀"乃"佛"之加长，"佛"非"佛陀"之缩略，这才揭明了在汉译中"佛"的出现要早于"佛陀"背后的历史原因。

佛经译者用来母字翻译梵语的顶音，这个现象令许多音韵学家困惑不解。先生在 1948 年撰成《论梵文 t、d 的音译》，证明汉译用来母字译梵语的 t、d，经过了 l，而 t-d-l 仅仅见于俗语。先生还将这一语言迻译过程分为东汉至南北朝、南北朝至隋、隋以后三期。由此，先生指出"华梵对勘"必须有一前提，即首先必须判定音译字直接译自梵文，否则无从勘起。

运用华梵比较之学，解决汉文典籍之真伪问题，是先生运用纯熟的研究方法。《列子》乃一部伪书，自来少有异议，然而这部伪书究竟是在什么时候造出的？伪造者又是何人？那就无人能够断言了。先生于 1949 年撰成《列子与佛典》（有英译），发现《列子·汤问篇》有一段内容与西晋竺法护所译《生经》卷三《佛说国王五人经》卷二十四之故事雷同，进而广征博引，证明《列子》出于太康六年（公元 285 年）之后，本文、序及注均出自张湛之手。文中的论证手法堪称精彩。

1956 年，根据印度传说，乃释迦牟尼涅槃二千五百周年，先生撰成《原始佛教的语言问题》。在无从利用欧洲战后发表的西方学者研究成果的困难条件下，以汉文材料为依傍，考明了使欧洲学者聚讼纷纭的"saka nirutti"不是指"佛自己的语言"，也不是指"语法"，而是指"比丘们自己的语言"。佛允许比丘用各自的方言俗语来学习佛言。这里就牵涉到一个非常重要的历史事实：原始佛教不允许比丘使用梵语来学习佛法，也没有规定哪种语言是标准语言。

前面曾经提到，先生在 1944 年、1949 年用德文发表了两部重要论著，都引起了轩然大波。但是，先生是在 1958 年才了解到这一情况的。美国梵文学家富兰克林·爱哲顿在 1953 年出版的《佛教混合梵语语法和字典》中以几节的专门篇幅来反驳先生的观点。于是，1958 年，先生发表了《再论原始佛教的语言问题》，作为回应。先生赞同德国梵语学者海因里希·吕德斯的意见，主张原始佛教有一种用佛教原始语言（印度古代东部方言半摩揭陀语）写成的佛典，并以大量的材料，再次论述了自己的观点。

20 世纪 60 年代之前，先生已经在佛教语言、华梵比较学、吐火罗语、汉文典籍研究与佛教史等领域做出了极为重要的贡献。这些贡献都具有开创性意义，研究方法富有特色。而这些特色也正是先生创立的中国印度学乃至东方学的特色。

1958 年到 1966 年，由于众所周知的原因，先生将主要精力放在了翻译上。1966 年到 1978 年整整十二年，先生频遭打击。尽管如此，先生还是以惊人的毅力独自开始，并且基本完成了卷帙浩繁的《罗摩衍那》的翻译工作。但是，在上述的几个早已硕果累累的领域，先生自然不可能再撰写论文了。先生失去了学者最宝贵的中年或壮年时代。

1978 年，尤其是 1980 年之后，先生在肩负数十个重要学术领导职务的同时，以深厚的学养、湛深的功力为基础，争分夺秒，不知老之将至，发表了大量的成果。在这里，只能选最重要的略加介绍。

在古籍整理方面，先生指导一个学术团队，整理、校注了《大唐西域记》，并完成了今译。这是一部巨著，吸收了国内外一个多世纪以来《大唐西域记》研究的精华，达到了极高的水平，赢得了学界的交口赞誉。先生撰写的前言《玄奘与〈大唐西域记〉》，长达十余万字，全面论述了《大唐西域记》的价值和相关问题。

佛教语言研究始终是先生不能忘怀的领域，一有条件接触到新材料，先生必然会马上利用，发为专文。1984 年，先生利用十年浩劫之后才得以寓目的材料，新旧结合，撰写了《中世印度雅利安语二题》，研究了犍陀罗语《法句经》吉尔吉特残卷、《妙法莲华经》及《佛说佛宝德藏般若波罗蜜经》，进一步证明了 -am 向 -o、-u 的转化，并用它来解释大乘佛教起源中的问题。在上文的"第二题"中，先生更加坚持自己的结论，认为不定过去时是印度古代东部方言的特点。同时，先生以大学者的风范，从善如流，改变了自己数十年前认为巴利语是印度古代西部方言的看法，转而认为它是东部方言摩揭陀语的一种形式。这就使得先生的观点更加明确，结论更加坚实。

1976 年，在先生魂牵梦萦的哥廷根举行了"最古佛教传承的语言"讨论会（佛教研究座谈会之二）。先生反复阅读了会议的全部论文，撰写了长篇论文《三论原始佛教的语言问题》，讨论了有没有一个"原始佛典"？"原始佛典"使用什么语言？是否有个"翻译问题"？释迦牟尼用什么语言说法？阿育王碑是否能显示方言划分？《毗尼母经》等经中讲的是诵读方法（音调）还是方言的不同？《三论》涉及面极广：原始佛教的形成、佛教的传播、宗派的形成以及阿育王碑的评价问题等，可谓彻底理清了这一问题的研究。除非有新材料出现，否则，先生在几十年前提出的观点很难被推翻。

《三论》的发表标志着一个系列的完成，但先生并未将它看成研究工作的终结。1986 年，先生又发表了长篇论文《论梵文本〈圣胜慧到彼岸功德宝集偈〉》，还是通过古代印度西北方言 -am 向 -o、-u 的转化，论定此经必然与西北印度有关，从而动摇了以往有关般若部起源的结论。先生推定，大乘源可分作原始大乘和古典大乘两个阶段，两个阶段使用的语言、内容不同，前者使用混合梵语，后者使用梵语。先生推断，原始大乘源于东印度，时间是公元前二三世纪，《大智度论》卷六十七所述般若部源于东方，传至南方，又传至西方，再传至北方的路线，就是大乘佛教起源与传播的路线。这当然是佛教史研究的重大成果。在这个问题上，先生还发表了其他的论文，在坚持自己观点的同时，屡见新见。

在吐火罗语研究领域，先生在 1943 年后，除了偶然发表过概论性、介绍性的文章外，限于条件，没有发表过专门的论文。然而，从 20 世纪 70 年代起，为了打破"吐火罗语发现在中国，研究在国外"的欺世之谈，先生毅然承担起新疆出土的吐火罗语 A（焉耆语）《弥勒会见记剧本》的考证与研究工作，陆续用中、英文在国内外重要刊物上，发表了十余篇论文，震动了世界吐火罗语研究界的视听。先生的研究，其意义绝不仅仅在于为印欧语言学界提供了精心校订考释的文本，甚至也不在于证明了佛教戏剧曾存在于、广泛传播于丝绸之路沿线的古代民族之间，而是在于将对语言学而言极为重要的吐火罗语研究提高到了一个崭新的水平之上。这十余篇厚重的论文解决了吐火罗语语义学上的很多疑难问题，充分证明了先生在1943年发表的论文中所提出的通过研究平行异本来解决吐火罗语语义这一研究方法的正确和有效。

先生在研究《弥勒会见记剧本》的同时，还进行了具有独立价值的平行性研究。这些研究，除了先生外，在当时的东亚恐怕没有第二个人可以胜任。1982年，先生撰成《吐火罗文A中的三十二相》。早在1949年，先生就已以中、英文发表过《三国两晋南北朝正史与印度传说》，引用了吐火罗语、梵语、巴利语材料，证明中国正史所记诸帝形貌多非事实，而有佛教传说杂糅附会于其间。同在1982年，先生还撰写了《论出家》，考明吐火罗语中的"出家"是从汉文的"出家"翻译过去的。这就通过语言实证，展现了"文化倒流"的精彩景象。1990年，先生还发表了《梅呾利耶与弥勒》，证明了"弥勒"也是译自吐火罗语，可谓发前人未发之覆。

前面多次提及佛教史研究，这是先生致力较少而成就卓著的领域。先生的一系列论著解决了无法回避的难点。1981年，先生发表《关于大乘上座部的问题》。按照传统，大乘本不应有"上座""大众"之分，因此《大唐西域记》中五次出现"大乘上座部"（很难被断句为"大乘、上座部"）就显得更为突兀了。先生认为，锡兰佛教固然以小乘上座部为主，但是一直受到大乘的影响，尤以无畏山住部为甚。所谓"大乘上座部"就是接受大乘思想的小乘上座部。1984年，先生为参加第十六届国际历史科学大会撰写了长达七万多字的论文《商人与佛教》，引用了大量的佛教史料，尤其是律藏中的材料，从全新的角度探讨了古代商人与佛教的关系，别开生面。

先生对原始佛教或曰佛教草创时期的历史，一直特别感兴趣。1987年，先生发表了《佛教开创时期的一场被歪曲被遗忘了的"路线斗争"——提婆达多问题》。提婆达多是释迦牟尼的堂兄弟，极有才能，有自己的戒律、教义和信徒，但在佛经中经常被描绘成十恶不赦之徒。晋代法显、唐代玄奘和义净在印度都曾见到过提婆达多的信徒，可见其影响之深远。在先生之前，似乎没有人对佛教初期的这个重要人物进行过如此全面的考察。

作为一名严谨的学者，先生对德国学者的"彻底性"历来是大为赞赏的。1990年，先生发表《再论浮屠与佛》，在根据新材料彻底解决了1947年发表的《浮屠与佛》中遗留问题的同时，也以大学者的风度，自我更正了当年提出的佛教直接入华说。

先生从事的各项研究几乎都与中印文化史有着密切关系。事实上，先生早就有志于撰写《中印文化交流史》，而且在"文革"前已基本定稿。十年动乱中，该稿被抄遗失，仅剩几十页残稿。先生在此领域中的工作主要是通过研究实物传播，实实在在地研究文化交流。早在20世纪50年代，先生就曾对纸和造纸法、蚕丝传入印度等问题特加注意。进入20世纪80年代后，先生在继续纸、蚕输入印度史等方面的研究的同时，又开始了糖史的研究。

1981年，先生写成《一张有关印度制糖法传入中国的敦煌残卷》，对貌似平淡无奇的糖、制糖法及其传播历史进行了深入的研究。在该文的"结束语"和"后记"中，先生还将未能解决的疑点一一写出。此后，先生还发表了一系列论文，最后形成皇皇巨著《糖史》。

以上略述了先生在漫长的学术生涯中所取得的重要成果。当然，大家和我一样，都清楚地知道，先生的学术成就远远不止于此。更不用说，作为一名教育家、学者、学术研究领导者，先生为中国广义的学术事业做出了更为重要、更具历史影响力的贡献。

关于这次的编选工作，我还想略作说明。

中国文化书院成立于1984年，我正是在那一年考入北京大学东方语言文学系梵文巴利文专业的。身为后生晚辈，承蒙几位老先生，尤其是恩师季羡林先生、创院院长汤一介先生以及继任院长王守常先生不弃，我有机会参与了中国文化书院早期的一些活动，也有幸在比较早的时候就忝列书院导师，可能是当年最为年轻的一个。

时光荏苒，创院五老和汤一介先生都离开我们多年了。张军先生在本书后记中说：创院五老和其他众多学者在20世纪80年代中国改革开放初期，"成为中国文化全面复苏与再次崛起年代里的一面旗帜"。我由衷赞同这段话，今天读来，更是令人回肠荡气，感叹不已。

季羡林先生出生于 1911 年 8 月，2009 年 7 月以近百岁高寿仙逝。在先生生前，就有"文集""全集"出版，我都参与了相关的编集工作。外语教学与研究出版社的《季羡林全集》皇皇 30 大卷，首版于 2009 年 6 月，距离先生仙逝仅一个月，基本收全了先生发表的各类文字。本卷就是从"全集"中编选而成的。

《五老文萃：大师视角下的中国传统文化》秉承中国文化书院的一贯理念，要求编选出老先生们"在不同时期、不同角度撰写的既有学术高度又不失可读性"的精华文章若干篇。当然，编选有严格的篇幅规定。不消说，取舍是非常困难的。考虑到各方面的限制和要求，同时还顾虑到季羡林先生的论著往往牵涉到多种外语，排印和校对都有不少困难，我只能勉强从《季羡林全集》中选出了 7 篇文章，涉及的领域包括：吐火罗文研究（1 篇）、比较文学与民间文学（4 篇）、中国文化与东西方文化（2 篇）。希望能够满足非专业读者的需求。

限于体例，季羡林先生的散文创作、翻译等文学类成果未能收入本书。我曾经在很多场合说过："如果说季羡林先生的学术研究有一条贯穿其中的红线，那么，这条红线非印度古代语言研究莫属。无论是对于中印关系史、印度历史与文化、东方文化、佛教、比较文学和民间文学、吐火罗文、糖史，还是翻译梵文等语种文学作品，先生在印度古代语言研究领域的工作、成就、造诣，都具有首要的、根本的重要性。"然而，限于上述体例以及专业性过强等的考虑，先生在这方面的论著，特别是早年在德国用德文发表的几篇长篇论著，也都只能割爱了。有兴趣的朋友可以查阅《季羡林全集》的相关卷册。

此外，张军先生还要求编选者撰写既具备"权威与专业性"，又"彰显中国文化书院 40 年来一代代学者薪火相传的精神"的"导语"，这当然是非常必要和有意义的。但是，考虑到在季羡林先生生前，以及在先生仙逝至今的 15 年里，已经有数量庞大的相关研究文章、传记、年谱等面世出版，在早已是信息时代的当下，有心人很容易通过网络搜寻检索，进行阅读。我自己也出版了《季门立学》，内收《季羡林与印度古代语言研究》《季羡林与吐火罗文研究》《季羡林教授学述》《陈寅恪与季羡林：一项学术史的比较研究》，也可以供读者诸君参考。

具体到本卷的编选，依据书院的要求，每卷前都必须有编选者的"导语"。除了前面的交代外，我想再向读者诸君汇报一下我如此编选的考虑。

季羡林先生一生著述宏富，按照上述《季羡林全集》（30卷）估算，发表的总字数近一千万字。这是一个庞大的数字，但还只是一个大概的估计，因为这还没有包括先生尚未发表的日记。显然，要从中选出学术与文化并重、专业与普及兼顾的10万字左右，实在不是一件容易的事情。

我首先要说明，本卷选了7篇，将其大致分为3类。考虑到季羡林先生学术研究的风格与特点，这样的分类不能不是略带勉强的。我主要参考了《季羡林全集》的分类。实际上，先生的学术论著的精彩，正在大处着眼、小处着手，在材料运用上左右逢源、穿插联带。因此，表面上看处理的是小题目，但背后有大考虑、大关切，着眼解决的往往是大问题。所以，我们将文章进行分类，很多情况下乃是标明该文的侧重点，绝不意味着该文的意义和价值就仅限于此类。请读者诸君务必留意。

在吐火罗语研究的学术谱系中，至少从语文学的角度看，季羡林先生属于直接受业于解读者的第二代，做出了重大的贡献。一般地说，吐火罗语的发现，至今已一个多世纪，但是在中国，在将吐火罗文研究视作解决其他相邻问题的手段的同时，而又能够从语言学，特别是比较语言学出发，以这门语言本身为研究目的的，恐怕却仍然只有季羡林先生一人而已。可以说，很多年以来，先生以一己之力独自支撑了吐火罗文残卷的重要出土地中国在该领域的学术地位。尽管现在的状况也许有所改变，然而，我们对季羡林先生当年的艰苦卓绝而成果斐然的研究，怎能不心怀敬意？我在本卷中选了《吐火罗语的发现与考释及其在中印文化交流中的作用》。此文在《季羡林全集》中被归在"中国文化与东西方文化"类下。虽然文章发表较早，主要是介绍性质的概论，但其中也有先生的独到之见和考释成果，可称专业性和普及性兼顾的上佳论著，尤其适合对神秘的吐火罗语感兴趣的非专业读者阅读，至今读来依然能令人有茅塞顿开、恍然拍案之感。

在公众眼里，季羡林先生还是一位佛学家。这话不错，但不够准确，需要略作解释。先生夫子自道，对佛教义理兴趣不大，着力不多。季羡林先生精力所在主要是佛教混合梵语、佛教语文学，以及佛教史上的重要问题和节点。当然，先生在佛学领域的贡献是有目共睹的。比如前面提到过的主持校注《大唐西域记》，撰写《商人与佛教》《西域佛教史》等大量重要论著。我原来选了一篇，着重向读者介绍季羡林先生佛学研究的别开生面和独到之处。《佛教的倒流》反映出季羡林先生眼光的犀利和独特。通常我们把佛教视作从印度传入的舶来品，几乎没有人注意中国佛教向西域、中亚或印度的"倒流"、回馈、反哺。此文的着眼点已经极具价值了。由于篇幅限制严格，只能放弃了。请读者诸君留意，季羡林先生的佛学研究成果是丰硕的，在30卷的《季羡林全集》里就独占两卷。而其他卷里其实也包含了不少和佛学研究相关的文字。

从《季羡林全集》的"中国文化与东西方文化"类下，我选了《印度眼科医术传入中国考》；从"比较文学与民间文学"类下，我选了《柳宗元〈黔之驴〉取材来源考》《三国两晋南北朝正史与印度传说》《〈西游记〉里面的印度成分》。在本卷中，我将它们列在一起。因为这四篇文章都可以放在中外文化交流的大背景下来阅读。这几篇文章发表的时间都比较早，可以清晰地看到学术史上的薪火相传。比如，这四篇就很好地体现了被季羡林先生尊为恩师的陈寅恪先生的影响。同时，对于非专业的读者而言，这些文章颇有传统笔记、考证、掌故的诱人风采，非常具有吸引力。通常，读者感觉不到高高的学术门槛，也就不会在阅读时被畏难情绪所阻，举步不前。

在此，我还想向读者诸君再次强调，上述的许多篇章的写作发表，恐怕都非出于季羡林先生的初衷，因为这些都不属于先生原先为自己设定的学术领域。20世纪40年代中后期，先生从德国返回，由于时代的限制、环境的变化，无论从心境、资料，还是从别的方面来看，先生都无法自限于在德国留学期间开始的学术领域了。无论在德国已经取得多少令人称羡的成就，回国后的季羡林先生只能无奈尽力了。

所以，在季羡林先生漫长而辉煌的学术生涯中，无奈地发生过令人唏嘘的蓦然转向和另辟蹊径。此后的季羡林先生一如既往地勤奋工作，埋首国内比较易得的图书资料，开拓出崭新而略带苦涩的研究园地。比如，季羡林先生有一套购自罗振玉先生后人的《大正新修大藏经》，上百巨册的大书，先生时常翻阅细读。至少其中的《律藏》部分，先生是不止一次通读的。我曾经奉先生之命，替先生购买过当时国内刚影印出版的《大正藏》索引，用作先生反复细读的"堪靠灯"。又如，受篇幅限制，本卷没有选入季羡林先生有关糖史的论著。开始这项研究的时候，先生已年逾古稀。为了这项研究，一直到先生年过八十，先生基本上每天都骑车到北大图书馆，检阅《四库全书》，细细翻检，搜罗第一手的资料。类似的例子不胜枚举。先生的苦读，下死功夫，是让我们凛然敬畏的。

本卷的最后部分，原来计划收入《西域在文化交流中的地位》《"天人合一"新解》《关于"天人合一"思想的再思考》。从题目上看，都属于"宏大论述"。尤其是后两篇，反映了先生在晚年，特别是住入医院后，尽管受到精力、环境、图书资料等方面的各种限制，但依然思考不停，笔耕不辍，体现了先生在学者暮年的不已壮心。先生曾经戏言，晚年开始喜谈"理论"了。先生在晚年的很多意见，都在社会上引起很大的反响，引发了热烈的讨论。赞成者固多，反对者也有之，但至今仍然值得我们深思。但是，还是限于篇幅，我只能割舍了第三篇，不过，有兴趣的读者不难找到。

谨以此卷祝贺先生参与发起创建的中国文化书院四十周年华诞，并纪念先生西行十五周年。

吐火罗语的发现与考释及其在中印文化交流中的作用

古代新疆一带是东西文化汇流的地方。这里曾住过许多人种不同、语言不同的部落或部族。6 世纪以前，伊斯兰教还没有兴起，现在住在那里的许多说土耳其语言、信仰伊斯兰教的民族还没有全部迁移过去。所以无论从宗教方面来说，或是从人种方面来说，当时这一带的情形都跟现在完全不一样。

中国各时代的历史家对这一带有过一些记述。《史记》有《匈奴列传》（卷百一十），有《大宛列传》（卷百二十三）。《大宛列传》里有关于大宛、乌孙、康居、奄蔡、安息、条枝等国的记载。《后汉书》卷八十八《西域传》对这一带的记述比较详细。在武帝时候，西域内属的有三十六国。到了班超击破焉耆的时候，纳质内属的已经增加到五十余国。"其条支、安息诸国至于海濒四万里外皆重译贡献。"《宋书》里有所谓"夷蛮"的列传，头绪很乱。《梁书》卷五十四有诸夷的列传。在《西北诸戎》这个项目下谈到许多西域的国家。河南王"其地与益州邻，常通商贾，民慕其利，多往从之，教其书记，为之辞译"。高昌"国人言语与中国略同"。滑国"无文字，以木为契。与旁国通，则使旁国胡为胡书，羊皮为纸"。于阗国"书则以木为笔札"。此外还谈到周古柯国、胡蜜丹国、渴盘陀国、末国、波斯国、宕昌国、邓至国、芮芮国等国的情况。《南齐书》有《芮芮虏列传》："刻木记事，不识文书。"有《河南列传》，有《氐羌列传》。《南史》和《北史》都有《西域传》。《隋书》卷八十三有《西域传》，包括吐谷浑、党项、高昌、康国、安国、石国、女国、焉耆、龟兹、疏勒、于阗、钹汗、吐火罗、挹怛国、米国、史国、曹国、何国、乌那曷、穆国、波斯、漕国、附国等国。新、旧《唐书》也都有《西域传》或《西戎传》。尽管从表面上看起来中国史籍对西域的记载似乎很多，而且时间愈晚，记载也愈详细，表示我们对西域的知识逐渐增加；但是关于这些国家的人种和语言，我们却从这些记载里看不出什么具体的东西。我们不知道，这些在中国历史上生生灭灭、对中国历史有一些影响的国家究竟使用什么语言。

中国的宗教家和旅行家对这一带语言文字的情况记述得比较详细。法显《佛国记》：

唯国国胡语不同，然出家人皆习天竺书天竺语。[1]

《洛阳伽蓝记》卷五转录了宋云与惠生的记载：

吐谷浑国："其国有文字，况同魏。"[2]
朱驹波国："风俗言音与于阗相似，文字与婆罗门同。"[3]
嚈哒国："乡土不识文字。"[4]

慧超《往五天竺国传》：

罽宾国："衣着言音食饮与吐火罗国大同少异。"[5]
谢颺国："衣着人风，土地所出，与罽宾国相似，言音各别。"[6]
犯引国："当土言音，不同余国。"[7]

---

1 《大正新修大藏经》（下面缩写为Ⓓ）51，857a。
2 Ⓓ51，1018c。
3 Ⓓ51，1019a。
4 Ⓓ51，1019b。
5 Ⓓ51，977c。
6 Ⓓ51，978a。
7 同上。

吐火罗："言音与诸国别。"[1]

其余波斯、安国、曹国、史国、石骡国、米国、康国、跋贺那国，以及突厥所住境界，九个识匿国都是"言音各别，不同余国"。对这一带的语言文字记述最详尽的是唐朝的玄奘法师。他的许多锐敏而正确的观察都保留在《大唐西域记》里：

阿耆尼国："文字取则印度，微有增损。"[2]

屈支国（龟兹）："文字取字印度，粗有改变。"[3]

跋禄迦国："文字法则，同屈支国，语言少异。"[4]

窣利："文字语言，即随称矣。字源简略，本三（二）十余言，转而相生，其流浸广。粗有书记，竖读其文。"[5]

怖捍国："语异诸国。"[6]

货利习弥伽国："土宜风俗同伐地国，语言少异。"[7]

睹货逻国（吐火罗）："语言去就，稍异诸国。字源二十五言，转而相生，用之备物。书以横读，自左向右。文记渐多，愈广窣利。"[8]

梵衍那国："文字风教，货币之用，同睹货逻国，语言少异。"[9]

迦毕试国："文字大同睹货逻国，习俗语言风教颇异。"[10]

漕矩吒国："文字言辞，异于诸国。"[11]

1　大51，978a。

2　大51，870a。

3　同上。

4　大51，870c。

5　大51，871a。

6　大51，871b。

7　大51，871c。

8　大51，872a。

9　大51，873b。

10　大51，873c。

11　大51，939b。

弗栗恃萨傥那国："土宜风俗同漕矩吒国，语言有异。"[1]

淫薄健国（睹货逻故地）："但言语少异（钵铎创那）。"[2]

尸弃尼国："文字同睹货逻国，语言有异。"[3]

商弥国："文字同睹货逻国，语言有别。"[4]

朅盘陀国："文字语言大同佉沙国。"[5]

乌铩锻国："文字语言少同佉沙国。"[6]

佉沙国："而其文字，取则印度。虽有删讹，颇存体势。语言辞调，异于诸国。"[7]

斫句迦国："文字同瞿萨旦那国，言语有异。"[8]

瞿萨旦那国："文字宪章，聿遵印度。微改体势，粗有沿革。语异诸国。"[9]

就当时的水平来看，这记载已经可以说是够详尽了。但是这究竟是些什么语言，是些什么文字呢？在 19 世纪末叶以前，我们几乎是毫无所知。从语言文字方面来说，这一带对我们依然是一片空白。但是自 20 世纪初年起，我们对于这一带的知识与日俱增，对于这一带的语言文字的了解也逐渐提高。千年未解的谜终于为我们解开。

19 世纪末 20 世纪初，资本主义已经逐渐发展到最高阶段，开始转入帝国主义。争夺殖民地的斗争因而日趋激烈。东方许多国家，特别是中国，就成为瓜分宰割、蚕食鲸吞的对象。许多新兴的帝国主义国家都在进行学术研究的旗帜下派遣一批一批的所谓"学者"到中国新疆一带来活

1　㊛51，939c。
2　㊛51，940c。
3　㊛51，941b。
4　同上。
5　㊛51，941c。
6　㊛51，942b。
7　㊛51，942c。
8　同上。
9　㊛51，943a。

动。他们主要目的当然是搜集情报，测绘地图。但也附带进行一些科学活动。他们利用当时当地政治上的混乱状态，利用帝国主义国家对殖民地半殖民地国家的一些特权，买通当地的官吏，进行调查，从事发掘。因为后台老板不同，他们之间是有矛盾的；但是有时却又狼狈为奸，互相帮助，结果是，我们祖国大批的珍贵文物为他们捆载而去。连墙上的壁画，石头雕成的佛像和埋在土里的古碑都逃不出他们的魔掌。

从 19 世纪 90 年代起，这样的探险队就陆陆续续地到新疆来[1]。1890 年美国人鲍威尔（H. Bower）在库车附近获得了一些贝叶，霍恩勒（R. Hoernle）考释出版。1892 年法国人格勒纳（M. Grenard）和德兰（Dutreuil de Rhins）获得佉卢字的《法句譬喻经》，塞那（E. Senart）考释出版。同时耶稣教兄弟会牧师英国人威伯（Weber）也有所搜集。英国驻喀什噶尔领事马卡尼（G. Macartney）和英国官吏葛德弗莱（S. H. Godfrey）都大力搜购。1900 年至 1901 年英籍匈牙利人斯坦因（M. A. Stein）到塔里木盆地和和阗一带来从事探险。就在 1902 年在德国汉堡举行的东方学会上，这些新兴的帝国主义国家的学者们成立了国际中亚及远东探险协会，于是在这方面的活动就更加频繁起来。同年，德国派格林威德尔（A. Grünwedel）到吐鲁番一带来发掘。1903 年，又派勒柯克（von Le Coq）沿天山北路到塔里木盆地来活动。1905 年格林威德尔又来。1906 年斯坦因到敦煌和敦煌西北的长城遗址来调查。他从有名的千佛洞里偷走了大量的宝贵文献。法国的伯希和（P. Pelliot）闻风而至，也从千佛洞的宝库里偷走了六七千卷极宝贵的古代书籍。这两个"学者"走了之后，北京的几个老官吏才在大吃一惊之余吁请学部派人到千佛洞去把那些残余的卷子携至北京。这批家伙又从中偷窃了不少，等到送到国家机关时已所余无几了。西方国家这样，东方的日本也不甘落伍。1902 年大谷光瑞，1908 年和 1910 年橘瑞超都来过新疆。第一次世界大战爆发

1　详情请参阅：王国维《最近二三十年中国新发现之学问》，《学衡》，第 45 期；贺昌群《近年西北考古的成绩》，《燕京学报》，第 12 期；向达《斯坦因西域考古记》附录四，《十九世纪后半期西域探险略表》；方壮猷《三种古西域语之发现及其考释》，女师大《学术季刊》第一卷，第 4 期。

以前，在 1913 年勒柯克和斯坦因又都来过。勒柯克于 1914 年因战争关系回国，斯坦因到 1916 年才离开。战后美国的"学者"们也参加进来。安得留斯（Andrews）和华尔纳（L. Warner）都来过。华尔纳充分发挥了"美国方式"，用树胶粘走不少壁画，偷走了不少的佛像。一直到 1927 年中国学者才参加西北科学考察团，获得了不少的成绩。

在三十多年的长时间内，英、法、德、日、美等国的那一群国际盗窃犯在我国领土内横冲直撞，搜集了不少情报，画了不少的地图，偷走了不少的东西。他们发掘出来的东西的数量是惊人的，内容是异常丰富的，从壁画、丝织品一直到各种古代文字的残卷，简直是无所不有。以前我们看到宋版的书，就觉得了不起。现在居然还有六朝及唐代的写本，真是连梦想都不敢梦想的事情了。这些帝国主义的"学者"就靠了这些新发现的材料，增加了自己的身价，提高了自己的地位。我们并不否认，他们这些探险工作对学术也会有一些贡献，虽然这是与他们的初意相违的。他们发现的材料帮助我们了解了中亚古代的情形。只要我们善于利用这批材料，我们对这一带的历史、语言、地理、文化各方面的情况会能进一步深入了解的。我们上面谈到玄奘对这一带语言文字的记述，过去我们只知道一些名字，现在连具体的内容都知道了。我们说千年未解的谜终于为我们解开，就是这个意思。

要想论述全部的发掘品，不是本文范围以内的事情。我们这里只想谈一谈新发现的几种外族语言材料，特别着重谈吐火罗语的材料。

在发掘出来的有关语言的残卷中，有些是文字认识而语言系属也明确的。但也有些只认识文字而对语言的性质最初毫无所知。属于第二类的大体可以说是有三种语言[1]，其中一种，也就是德国学者劳于曼（Leumann）所谓的"第二种语言"，经学者们长期的研究，最初定名为和阗语。后来又发现曾在印度西北部及中亚一带建国的塞种人用的也是这种语言[2]，所以改称和阗塞种语。这是属于印欧语系的一种语言。玄奘在《大唐西域记》里叫做瞿萨旦那国语的就是这种语言。另外一种，也就是所谓"第三种语

1　有个别语言到现在还没有研究清楚。

2　H. Lüders, Philologica Indica, S. 236—255。

言"的，经学者们的考释，定名为粟特语，也是属于印欧语系的。玄奘所记窣利地方的语言就是这一种。这两种语言的名称、性质和系属都可以说是已经确定了，大家再没有什么分歧的意见。

至于其余的一种，也就是劳于曼所谓的"第一种语言"，问题却非常复杂，大家的意见也非常分歧。这种语言的残卷是用婆罗米字母写的。在最初，尽管字母都认识，但因为是连写的，不但不能了解其中的语法结构，连一个个的字都断不开。以后逐渐发现了其中有一些梵文借字，再进一步摸索出一些语法规律，于是才在考释工作中投入一线光明。劳于曼觉得它的语法结构同其他的印欧语言不同，所以说它是"非雅利安的"。后来又改称为"北雅利安语"，都没有得到学术界的承认。1907 年缪勒（F. W. K. Müller）根据一个回鹘文的题款把这种语言定名为吐火罗语。1908年德国学者西克（E. Sieg）和西克灵（W. Siegling）发表论文，赞同这个名称。从那时以后，这两位德国学者的主要精力就用在考释吐火罗语上。今天我们能够读吐火罗语甲方言，几乎完全是依靠他们的研究成绩。在这篇论文里，他们对吐火罗语的语法结构作了初步的探测。他们肯定了它是属于印欧语系的。同时还指出，吐火罗语有两种语言不同而内容相同的残卷，他们称之为 A 组和 B 组。两种用的字母相同，有时候发现的地点也相同，但在元音发音法和辅音发音法以及词的变化方面却有一些显著的不同，例如：

A	ñom（名字）	B	ñem
A	cmoi̯（生）	B	cmel
A	rake（字）	B	reke
A	śoṣi（世界）	B	śaiṣṣe
A	waṣdh（房子）	B	oṣdh
A	tsar（子）	B	ṣar

从这个例子里可以很清楚地看出其间的不同。但是同时也可以看出，这只是两种方言，而不是两种语言。

再进一步研究，就发现，甲方言残卷发现的地点几乎只限于焉耆，而乙方言发现地点主要是在库车。到了 1913 年法国学者列维（Sylvain Lévi）就主张把所谓吐火罗语乙方言改称龟兹语[1]。伯希和曾在库车找到大量木简，其中之一上面写着一个国王的名字 Swarnatepi。假如能从其他文献中找出这个名字，那么就可以确定这木简的年代以及使用这种语言的地区。考《旧唐书》卷一四八《龟兹传》有一个国王名苏伐叠，和唐太宗同时。苏伐叠显然就是 Swarnatepi 的音译。Swarnatepi 相当梵文的 Suvarṇadeva，意译"金天"。玄奘《大唐西域记》卷一屈支国说：

闻诸先志曰：近代有王号曰金华。

"金华"的梵文就是 Suvarṇapuṣpa。两个名字里都有 Suvarṇa（金）这个字，可见是有血缘关系。这都证明这个木简上写的国王就是龟兹（库车）的国王，而这种语言就是本地的语言。所谓吐火罗语乙方言者实际上就是龟兹语。列维的说法是正确的。

到了 1918 年，西克发表了一篇论文：《吐火罗语的土名》[2]。原来他在吐火罗语甲方言里发现了一个使用这种语言的人称呼它的名字，这个名字是 ārśi。缪勒根据这个字作了一些比附工作，都不能成立，后来也就再没有人提到这个名字，连西克和西克灵自己也不提了。

在这期间，吐火罗语的考释工作已经获得显著的成绩。1921 年西克和西克灵把甲方言的残卷影印出版，同时又把这些残卷用拉丁字母印了出来[3]。他们也试着从这些残卷里选了几个短的故事，译成德文。1931 年《吐火罗语法》的出版在吐火罗语的研究史上是一件大事情。这部语法是西克和西克灵在比较语言学家舒尔茨（W. Schulze）的协助下费了二十多年的时间写成的。有了这样一部书，吐火罗语的研究才算是真正有了基

1　列维著，冯承钧译：《所谓乙种吐火罗语即龟兹国语考》，女师大《学术季刊》第一卷，第 4 期。

2　Ein einheimischer Name für Toxï，《普鲁士科学院集刊》。

3　Tocharische Sprachreste（吐火罗语残卷）。

础。只要肯钻研，任何人都可以利用它来窥探吐火罗语甲方言的奥秘，有人垄断吐火罗语的研究这种说法也就不攻自破了。

1936 年英国学者白雷（H. W. Bailey）又旧事重提，谈到 ārśi 这个字[1]。他主张 ārśi 就是梵文字 ārya 的转化。ārya 义云"圣"，ārśi käntwā 就是"圣语"。他并且在古和阗语和中亚梵文俗语中找出许多 ry>rś 的例子。他主张吐火罗语甲方言应称之为"焉耆语"（Agnean），乙方言应称之为"龟兹语"（Kuchean）。

第二年，西克就写了一篇论文反对白雷的说法[2]。他说 ārśi 这个字不可能是一个形容词，而是一个专名词。而且 ry>rś 这个规律可能在和阗语里面存在，在吐火罗语甲乙两种方言里都是找不到的。这两种方言都另有字来表示梵文的 ārya，甲方言是 klyom（阳性），klyomiṃ（阴性），乙方言是 klyomo（阳性），Klyomña（阴性）。最后，他仍然坚持保留"吐火罗语"这个名称，但是同意把这名称再扩大一下：甲方言呢，就叫做"吐火罗语 Ā"（Ārśi），乙方言呢，就叫做"吐火罗语 K"（Kučā）。

在同一年，德国学者夏伦（G. Haloun）发表了一篇相当长的论文[3]，讨论吐火罗问题，主要是谈吐火罗的人种和地望。1941 年比利时学者温德金斯（A. J. van Windekens）发表论文，说 ārśi 的意义是"白"，因而主张所谓吐火罗就是白匈奴[4]。中国学者对吐火罗和月氏问题也作过一些研究，譬如冯家升先生[5]、王静如先生[6] 等。都取得不少的成绩。

限于篇幅，过去四十多年有关吐火罗语的研究就简略论述如上。四十

---

1 H. W. Bailey: Ttaugara, BSOS, 1936。

2 E. Sieg: Und dennoch Tocharisch（《反正是吐火罗语》），SPAW. 1937。

3 G. Haloun: Zurüe-ṣï-Frage（《论月氏问题》），ZDMG. Bd. 91, Heft 2（1937）。

4 A. J. van Windekens: Huns blancs et Ārçi（白匈奴和 Ārçi），Le Muśeon, LIV（1941）；Lexique Étymologique des Dialectes Tokhariens（《吐火罗方言字源字典》），Louvan 1941, p. XIX。

5 冯家升、徐中舒、郑德坤：《月氏为虞后及"氏"和"氐"的问题》，《燕京学报》，第 13 期；冯家升：《月氏之民族与研究之结论》，《禹贡》第五卷，第八、九合期。

6 王静如：《论吐火罗及吐火罗语》，《中德学志》第五卷（1943），第 217—277 页；Arsi and Yen-ch'i 焉耆, Tokhri and Yüeh-shih 月氏, Monumenta Serica, vol. IX, 1944, pp. 81—91。

多年，时间不能算短；很多国家的学者都参加了这个研究工作，努力不能不算大。但是据我自己的看法，关于吐火罗语定名的问题一直到现在并没有得到解决。我很怀疑"吐火罗语"这个名称的正确性，但目前也想不出更恰当的名称。我看学者们的文章，真是公说公有理，婆说婆有理，每个人都能自圆其说。但是换了角度去看，就发现每个人的说法都有问题。要想最后解决这个问题，还有待于学者的共同努力。

好在一个语言的名称对这个语言本身来说并没有决定性的作用，一时研究不出结果来，影响也并不大。至于吐火罗语的词汇和语法结构却可以说是已经研究得有相当的基础。我现在就根据已经打好的研究基础来谈一谈吐火罗语在中印文化交流中起过些什么作用。

我先举几个汉语里面的外来的借字：

一、恒（河）

大家都知道，这个字是从梵文借来的，梵文原文是 Gaṅgā。在汉文里的音译大体上可以分为三期：

早期	恒（河）	后汉支娄迦谶译《道行般若经》卷三（《大正大藏经》，卷八，页四三九中）[1]
中期	恒伽（河）	东晋瞿昙僧伽提婆译《中阿含经》卷二（《大正》，卷一，页四二八中）
		东晋瞿昙僧伽提婆译《增壹阿含经》卷三十四（《大正》，卷二，页七三六中）
		后秦佛陀耶舍共竺佛念译《长阿含经》卷十八（《大正》，卷一，页一一六下）
		刘宋求那跋陀罗译《杂阿含经》卷十六（《大正》，卷二，页一一三下）[2]

---

[1] 此外例子还很多，不能一一列举，下同。

[2] 参阅《翻梵语》卷九："亦云恒河，亦云恒伽，亦云迦（恒？）伽。"（🄰54，1044b）

强伽　　　　　元魏瞿昙般若流支译《一切法高王经》

（《大正》，卷十七，页八五四中）[1]

晚期　殑伽（河）　《大唐西域记》卷一（《大正》，卷五一，

页八六九中）

弶伽（河）　唐义净译《根本说一切有部毗奈耶药事》

卷八（《大正》，卷二四，页三三下）

唐义净译《能断金刚般若波罗蜜多经》

（《大正》，卷八，页七七四中）

在同一部书同一句话里不同时代的译本对 Gaṅgā 这个字有不同的译法。譬如，后秦鸠摩罗什译《金刚般若波罗蜜经》作"恒河"，元魏菩提流支译《金刚般若波罗蜜经》和陈真谛译《金刚般若波罗蜜经》都作"恒河"。隋笈多译《金刚能断般若波罗蜜经》作"恒伽河"。鸠摩罗什、菩提流支和真谛都属于中期，他们为什么都用前期的"恒河"呢？这是因为因袭旧译，是不足为怪的。

以上我随便举了几个例子，说明三期音译的不同。在唐代的许多书里都曾对早期和中期的音译加以批评：

（一）《大唐西域记》卷一："殑伽河，旧曰恒河，又曰恒伽，讹也。"（《大正》，卷五一，页八六九中）

（二）《普光俱舍论记》卷五："若女声中，呼名殑耆；若男声中，呼名殑伽。旧曰恒河，讹也。"（《大正》，卷四一，页一〇三上）

（三）玄应《一切经音义》卷二二："殑伽，旧云恒河，亦言恒伽河，或作恒迦河，皆讹也。"

（四）玄应《一切经音义》卷二四："殑伽河，诸经论中或作恒河，或言恒伽河，亦云恒迦河，或作强伽河，皆讹也。"

（五）慧琳《一切经音义》卷一〇："弶伽，梵语，西国河名

1　参阅玄应《一切经音义》卷八。

也。此借唐言以响梵字，犹未全切。若准梵音，上弦应为凝等
反，亦凝之上声也；下鱼迦反，为正也。古经或云恒伽河，或
云恒边沙（当系恒迦河之误），或云殑伽，皆一也，不切当也。"
（《大正》，卷五四，页三六八下）

（六）道世《法苑珠林》卷二："殑伽河，旧曰恒河，又曰恒
伽，讹也。"（《大正》，卷五三，页二七九中）

这一大堆"讹也""皆讹也"，看起来真正是义正词严，早期和中期的译
法似乎真正立脚不住了。假如从梵文字 Gaṅgā 出发，早期的音译"恒
（河）"实在是真"讹"，因为 Gaṅgā 有两个音节，而"恒"字只译了一
个。也许有人以为"恒"是"恒伽"或"恒迦"的略称，这在中文里并
不是罕见的现象。但是我在上面举出的例子明白地告诉我们，"恒"字
的出现在"恒伽"之先。我们毋宁说"恒伽"是"恒"的扩大，而不能
说"恒"是"恒伽"的缩短。那么这个"恒"字究竟是怎样来的呢？我们
现在只有假设它的来源不是梵文，而是中亚古代语言。在回鹘文里梵文
Gaṅgā 变成 käng[1]。但是"恒"这个名词在后汉已经成立了，与回鹘文在
时间上有些距离。在古和阗文里 Gaṅgā 变成 Ggaṃggā[2]，也同中文"恒"
字不相当。在吐火罗语甲方言里 Gaṅgā 变成 Gaṅk，在乙方言（龟兹语）
里变成 Gaṅk 或 Gaṅ[3]，这同中文"恒"字完全符合。我们的结论只能是：
吐火罗文就是中文音译"恒"字的来源。

二、须 弥（山）

须弥（山）这个词大家也都认为是从梵文里借来的。梵文原文是
Sumeru。汉文的音译大体上可以分为二期：

1　F. W. K. Müller, Uigurica（《回鹘语论丛》）Ⅱ. AKRAW. Berlin, 1911, p. 15。

2　Sten Konow, *Khotansakische Grammatik*（《和阗塞语语法》）, Leipzig, 1941, p. 110。

3　《吐火罗语法》, p. 88。

早期　须弥（山）　后秦佛陀耶舍共竺佛念译《长阿含经》
　　　　　　　　　卷一八（《大正》，卷一，页一一四下）[1]
　　　　　　　　　东晋瞿昙僧伽提婆译《增壹阿含经》卷
　　　　　　　　　三四（《大正》，卷二，页七三六上）
　　　　　　　　　隋阇那崛多译《起世经》卷一（《大
　　　　　　　　　正》，卷一，页三一〇中下）
晚期　苏迷卢　　　唐玄奘《大唐西域记》卷一

同对"恒（河）"一样，唐代的许多著作都对这个字的早期的音译加以
批评：

（一）玄奘《大唐西域记》卷一夹注："旧曰须弥，又曰须弥
娄，皆讹。"

（二）《一切经音义》卷一慧琳音《大般若波罗蜜多经》：
"或云须弥山，或云弥楼山，皆是梵音声转不正也。"（《大正》，
卷五四，页三一四下）。

（三）《一切经音义》卷四七玄应音《对法论》："旧言须弥
者，讹略也。"（《大正》，卷五四，页六二二中）

又是一大堆"讹""声转不正""讹略"。假如从梵文 Sumeru 出发，"须
弥"当然是"讹"，而"苏迷卢（或庐）"是正确的。那么"须弥"究竟是
怎样来的呢？我们也只有假定它的来源不是梵文，而是中亚古代语言。和
阗文里与梵文 Sumeru 相当的字是 Sumīra，这不可能是"须弥"的来源。
吐火罗语甲方言里是 Sumer，乙方言（龟兹语）同。毫无可疑，这就是
"须弥"的来源。

这样的例子我还可以举很多[2]。但是为了说明我想说明的问题，两个也

1　"须弥"这个词的出现当然不自后秦始。
2　这种现象以前也有人注意到过，参阅列维著、冯承钧译：《所谓乙种吐火罗语即龟兹国语
考》；季羡林：《浮屠与佛》。

就尽够了。从这些例子里我们可以看到，最早的汉文里的印度文借字都不是直接从梵文译过来的，而是经过中亚古代语言，特别是吐火罗语的媒介。但是这个事实在吐火罗语发现以前是无从知道的。人们发现这些借字的音和梵文不相符合，于是就武断地说它是"讹"或者是"讹略"。事实上是既不"讹"，也不"略"，只是来源不同而已。这事实告诉我们，在中印文化交流的初期，我们两国不完全是直接来往，使用吐火罗语的这个部族曾在中间起过桥梁作用。今天我们都认识到中印文化交流对这两个伟大民族所起的作用，我们两个民族都承认彼此学习了许多东西，饮水思源，我们不应该忘记这些曾经沟通中印文化的吐火罗人[1]。

今天我们来考虑研究吐火罗语的意义，也应该从这个认识出发。当然研究吐火罗语的意义决不止这些，譬如对印欧语系语言的比较研究，对中亚古代文化的研究，对中国古代文化在中亚的作用的研究，吐火罗语都是很重要的，我们都应该考虑到。虽然大家的认识不见得一致，目前世界许多国家对吐火罗语的研究还不算冷落。在丹麦有著名的比较语言学家裴德森（Holgar Pedersen），他写过一些论文和书籍，其中最著名的是《吐火罗语》（*Tocharisch*，哥本哈根，1941）和《吐火罗语语史》（*Zur tocharischen Sprachgischichte*，哥本哈根，1944）。在比利时有顾物勒（Walter Couvreur），他写了很多有关吐火罗语的论文：《吐火罗语字源学》（*L'Étymologie du Tocharien*，Revue belge de Philologie et d'Histoire，1942）、《吐火罗语发音学及形态学》（*Hoofdzaken van de Tochaarse Klank-en Vormleer*，1947）、《论吐火罗语》（*Zum Tocharischen I*，Revue des Études Indoeuropéennes，1947）等。在比利时还有温德金斯，他的主要著作是《吐火罗语方言字源字典》和《吐火罗语论丛》（*Tocharica*，1940）。在英国有白雷等。在美国有雷音（G. S. Lane），他曾把吐火罗语甲方言的《福力太子因缘经》（*Puṇyavanta-Jātaka*）译成英文（JAOS. vol. 67，No. 1，1947）。法国也有个别的人在研究吐火罗语。一般说起来，吐火罗语的研究还并没有曲高和寡后继无

---

1 我上面举的全是佛经里的例子，因为我们目前只有这些材料。我并不是说，佛经就能代表印度文化。

人。中国学者应该抱一个什么态度呢？我前面已经说过，材料是在中国境内发现而为帝国主义的所谓"学者"偷走了的，这种语言又与中印文化交流，与中国文化本身有这样密切的关系，所以我们应该当仁不让，承担一部分研究的责任。资本主义国家学者们那一套钻牛角的方法，我们当然不能再用。我们要用正确的观点和方法来从事研究，我相信，我们一定会有收获，而且是前所未有的收获。

1955 年 7 月 18 日写完

印度眼科医术传入中国考

中印文化交流源远流长，而且涉及的方面非常广。近半个多世纪以来，中印两国学者，以及其他国家的学者，对交流的情况做了大量深入细致的探讨工作，取得了可喜的成果。如果还有什么不足之处的话，那就是，过去探讨过分集中在哲学、宗教、文学、艺术方面，对科技，特别是对医学，似乎有所疏忽。

1936 年，周济先生在《中华医学杂志》第 22 卷第 11、12 期合刊上发表了一篇论文《我国传来印度眼科术之史的考察》，利用了相当丰富的资料，对印度眼科医术传来中国的过程作了比较详尽具体的叙述，开阔了我们对中印文化交流的眼界。但是，这一篇重要论文仍似乎有些不足之处，这就是，它讲的只限于中印两国，对其他国家和地区重视不够。我对于这个问题也感兴趣，多年以来，积累了一些资料。现在就根据我搜集的资料，作一点补充。见于周文的资料一般不再重复。

我想从唐杜环的《经行记》谈起。唐玄宗天宝十载（751），杜环在怛逻斯之战中被大食兵俘虏。762 年回国，把他在大食等地的所见所闻写成了一本书，名叫《经行记》。在本书六、大食法、大秦法、寻寻法一章中有几句话：

其大秦，善医眼及痢，或未病先见，或开脑出虫。

中国的正史中也有类似的记载。《新唐书》，221 下，"西域传"下：

> 大秦……有善医，能开脑出虫，以愈目眚。

取材可能就来自《经行记》。

这两个地方都讲到"开脑"。什么是"开脑"呢？Meyers 认为是针刺。但是，根据 F. Hirth 的意见，这很可能指的是"环锯"（trepanning），就是开颅。这种开颅治病的办法，在古代南美印加人中间似乎就用过。在使用金属以前的时期，有些地方甚至用石头开颅，在意大利就是如此。古希腊 Hippocrates 也讲到过开颅的手术。可能是通过景教徒，这种技术传播开来。这些景教徒以善医著称。他们曾将希腊医书译为阿拉伯文，可能就是通过这个途径，他们得知 Hippocrates 的说法。总之，在古代亚洲，特别是从中近东到印度一带，这种"开脑"的方法相当流行[1]。杜环的《经行记》和《新唐书》中的记载，也证明了这一点。

在人类历史上，只要有文化，就会有交流。文化交流促进了人类社会的进步。医学的交流在历史上也是非常习见的现象。专就印度和中国而论，在后汉三国时期，佛教一传入中国，同时也就传来了印度医学。一些最早来华的外国僧侣都会一点医学。这实际上是一种传教的方法。明末清初天主教传入中国，也同佛教一样，巧妙地使用了这个办法而获得成功。

在印度，从很古的时代起，就有非常高明的医学，有理论、有实践、有典籍，在人类文化史上放射出异样的光辉。在医学诸分科中，眼科似乎更为突出[2]。这种水平很高的印度医学，包括眼科在内，就在长达数百年的期间内陆续传入中国。这方面的记载相当多，散见于《高僧传》中者也有一些。我在这里只举一个与针刺有关的例子，因为我在下面还要谈到针刺治眼病的问题。梁慧皎《高僧传》卷四，《于法开传》：

1　Friedlich Hirth, *China and the Roman Orient*, Leipsic & Munich, Shanghai & Hongkong 1885, pp. 301—304.

2　参阅周济上引论文，第 54—58 页；甄志亚主编《中国医学史》，人民卫生出版社，1991 年，第 178—181 页。

又祖述耆婆，妙通医法。尝乞食投主人家。值妇人在草危急，众治不验，举家遑扰。开曰："此易治耳。"主人正宰羊，欲为淫祀。开令先取其肉为羹，进竟，因气针之，须臾羊膜裹儿而出。（大50，350a）

这是晋朝的事情。到了唐朝，印度医法继续传入中国。关于这方面的记载相当多，散见于《高僧传》等书中者也有一些。我在下面只举几个例子，以概其余。

《贞元新定释教目录》，卷十一，《波罗颇迦罗蜜多罗传》：

时为太子染患，众治无效。下敕延颇入内，一百余日，亲问承对，不亏[1]帝旨。疾既渐降，辞出本寺。（大55，853b）

上引书，卷十四，《三藏沙门达摩战坦（涅）罗传》：

学通三藏，善达医明……进奉方术医方梵夹、药草经书，称惬天心……弟子比丘利言随师译语，方药、本草，随译上闻。（大55，878b）

上引书，卷十二，《那提传》：

显庆元年（656）敕经昆仑诸国采异药。（大55，863b）

《开元释教录》，卷九，《菩提流志传》：

阴阳、历数、地理、天文、咒术、医方，皆如指掌。（大55，570a。《贞元新定释教目录》，卷十四，《菩提流志传》文全同）

1　此据《续高僧传》，卷三，《波颇传》。原书作"下"，误。见大50，440b。《续高僧传》的记载与《贞元新定释教目录》全同。

义净《大唐西域求法高僧传》，卷上，《玄照传》：

> 见唐使人引卢迦溢多于路相遇。卢迦溢多复令玄照及使傔数
> 人向西印度逻荼国取长年药。（⑤ 51，2a）

上面是几个深通医术的印度和尚的情况。印度医学的一般情况，也通过中国游学印度的僧人传来中国。义净《南海寄归内法行》介绍了印度医术的一般情况：

> 言八医者，一论所有诸疮，二论针刺首疾，三论身患，四论
> 鬼瘴，五论恶揭陀药，六论童子病，七论长年方，八论足下力。
> （⑤ 54，223b-c）

这里值得注意的是"针刺首疾"，义净在后面又加上了一句："首疾但自在头。"这说得更清楚了。

在唐代，印度医学影响中国，决不只是上面说的这一些。据陈寅恪先生的意见，白居易著名的《长恨歌》中说的"春寒赐浴华清池，温泉水滑洗凝脂"，这种温汤疗疾的办法，也是受了印度的影响，而印度又由中亚学来[1]。这同我上面说的开颅疗疾的医术一样，先流行于古代中近东一代，又传至印度。

下面我集中谈一谈眼病和由头疾而引起的眼病的治疗方法。在古代，印度眼科久负盛名，一方面是印度人民自己努力的结果，另一方面还有外来的影响。针刺疗疾印度好像是有悠久的传统，上面提到的于法开就是一个例子。唐朝义净《南海寄归内法传》里，特别讲到了"针刺首疾"，把针刺和头病联系起来。此时印度的眼科大夫已经来到了中国。唐代一些非常著名的诗人，诗中有咏眼病之作，如杜甫《谒方公上方诗》、白居易《病眼诗》、李商隐《和孙朴韦蟾孔雀咏》、刘禹锡《赠眼科医婆罗门僧》等等。这些诗中有两件事值得注意：一件是谈到金篦或

1　陈寅恪：《元白诗笺证稿》，上海古籍出版社，1982 年，第一章，《长恨歌》，第 20—23 页。

金镶，一件是谈到《龙树论》。谈到"金镶"，当然指的是治白内障的工具。读到《龙树论》，则指的是关于眼病的一部书。宋马端临《文献通考》，卷二二二有：

> 《龙树眼论》三卷亳氏曰：佛经龙树大士者，能治眼疾，假其说集治七十二种目病之方。

这里治的眼病竟有七十二种之多，白内障只是其中之一。

龙树菩萨的《眼论》或者《眼经》，当然是一部印度著作。根据周济的意见，这一部书流传印度，当在隋唐之间，其为隋唐间人所译，应无可疑[1]。这一部书见于许多书目中。

除了直接翻译印度的眼科著作以外，中国医学家的著作中也引用印度的说法。最著名的一部书是唐王焘的《外台秘要》。王焘约生于 670 年，卒于 755 年。本书第二十一卷是专门讲眼科的。一开始就有《天竺经论眼序》一首，后面加上的解释是"陇上道人撰。俗姓谢，住齐州，于西国胡僧处授"。"胡僧"指的显然是印度大夫。

在其他一些书中，也有关于"胡人"治目疾的记载，比如日本僧元井撰《唐大和上东征传》中就有：

> 时大和上频经炎热，眼光暗昧。爰有胡人，言能治目。遂加疗治，眼遂失明。（⑨ 51，991c）

这是治眼失败的一个例子。这里治的不是白内障，不必用金镶。是否是针刺？不得而知。"胡人"，一般学者都认为就是印度人。"大和上"，指的唐代高僧鉴真。

以上是一些关于眼病的例子。也还有由于头疾引起的眼睛失明的例子。《旧唐书》卷五，"高宗本纪"下：

1　周济上引论文，第 56 页。

永淳二年（683）十一月，上苦头重，不可忍。侍医秦鸣鹤曰："刺头微出血，可愈。"天后帷中言曰："此可斩！欲刺血于人主首耶？"上曰："吾苦头重，出血未必不佳。"即刺百会。上曰："吾眼明矣！"

这个故事见于许多书籍。首先是唐刘肃的《大唐新语》卷之九，"谀佞"第二十一说：

高宗末年，苦风眩头重，目不能视。则天幸灾逞己志，潜遏绝医术，不欲其愈。及疾甚，召侍医张文仲[1]、秦鸣鹤诊之。鸣鹤曰："风毒上攻，若刺头出少血，则愈矣。"则天帘中怒曰："此可斩！天子头上岂是试出血处耶？"鸣鹤叩头请命。高宗曰："医之议病，理不加罪。且我头重闷，殆不能忍，出血未必不佳。朕意决矣。"命刺之。鸣鹤刺百会及脑户出血。高宗曰："吾眼明矣。"言未毕，则天自帘中顶礼，以谢鸣鹤曰："此天赐我师也。"躬负缯宝以遗之。高宗甚愧焉。

这同《旧唐书》讲的是一回事，而叙述较详细。至于时间，这里只说"高宗末年"。宋司马光《资治通鉴》，卷二〇三，唐高宗，系此事于弘道元年（683），内容基本一致，资料来源想即《大唐新语》。但云弘道元年，则似有所疏忽。按《旧唐书》应为"永淳二年"，本年十二月才改元弘道。《旧唐书》置此事于改元之前。

唐高宗这个故事，讲的是治头疾，而兼及眼睛，所以高宗才说："吾眼明矣。"

这同我上面所讲的"开脑"有什么关系呢？开颅手术在现代已是司空见惯。但在古代却是神奇的。然而又确有其事，不能否认。大秦人能"开脑出虫，以愈目眚"。中国《三国志演义》也有华佗"开脑"的故事。至

1　张文仲医学著作尚存一些断片，见万斯年编译《唐代文献丛考》，商务印书馆，1957年，第113—139页，日本黑田源次著《中央亚细亚出土医书四种》。

于"出虫"，则恐是幻想。连"开脑"这件事，在某些地方，恐怕有的也是针刺的夸大，不可尽信。不管怎样，唐代印度眼科医术已传至中国，而且流行相当普遍。至于针刺治眼病，可能部分来自印度，而印度的这一部分也有外来成分，它在古代中近东一带已经流行。

1993 年 5 月 3 日

柳宗元《黔之驴》取材来源考

柳宗元三戒之一的短寓言《黔之驴》我想我们都念过的。我现在把原文写在下面：

> 黔无驴。有好事者，船载以入。至则无可用，放之山下。虎见之，庞然大物也，以为神，蔽林间窥之。稍出近之，慭慭然莫相知。他日，驴一鸣，虎大骇，远遁。以为且噬己也，甚恐。然往来视之，觉无异能者。益习其声，又近出前后，终不敢搏。稍近益狎，荡倚冲冒。驴不胜怒，蹄之。虎因喜，计之曰："技止此耳。"因跳踉大㘚，断其喉，尽其肉，乃去。噫！形之庞也，类有德；声之宏也，类有能。向不出其技，虎虽猛，疑畏卒不敢取。今若是焉，悲夫！

我们分析这篇寓言，可以看出几个特点：第一，驴同虎是这里面的主角；第二，驴曾鸣过，虎因而吓得逃跑；第三，驴终于显了它的真本领，为虎所食；第四，这篇寓言的教训意味很深，总题目叫"三戒"，在故事的结尾还写了一段告诫。

我们现在要问：柳宗元写这篇寓言，是自己创造的呢？还是有所本呢？我的回答是第二个可能。

在中国书里，我到现在还没找到类似的故事。在民间流行的这样的故事是从外国传进来的。我们离开中国，到世界文学里一看，就可以发现许多类似的故事。时代不同，地方不同；但故事却几乎完全一样，简直可以自成一个类型。我们现在选出几个重要的来讨论。第一个我想讨论的是出自印度寓言集《五卷书》，原文是梵文，我现在把译文写在下面：

> 在某一座城市里，有一个洗衣匠，名字叫做叔陀钵吒。他有一条驴，因为缺少食物，瘦弱得不成样子。当洗衣匠在树林子里游荡的时候，他看到了一只死老虎。他想道："哎呀！这太好了！我要把老虎皮蒙在驴身上，夜里的时候，把它放到大麦田里去。看地的人会把它当作一只老虎，而不敢把它赶走。"他这样做了，驴就尽兴地吃起大麦来。到了早晨，洗衣匠再把它牵到家里去。就这样，随了时间的前进，它也就胖起来了，费很大的劲，才能把它牵到圈里去。
>
> 有一天，驴听到远处母驴的叫声。一听这声音，它自己就叫起来了。那一些看地的人才知道，它原来是一条伪装起来的驴，就用棍子、石头、弓把它打死了。（第四卷，第七个故事）

看了这个故事，我们立刻可以发现，它同《黔之驴》非常相似：第一，这里的主角也是驴。虎虽然没出台，但皮却留在驴身上；第二，在这里，驴也鸣过，而且就正是这鸣声泄露它的真象，终于被打死；第三，这当然也是一篇教训，因为梵文《五卷书》全书的目的就是来教给人"统治术"（Nīti）或"获利术"（Arthaśāstra）的。

在另一本梵文的《嘉言集》里，也有一个同样的故事。下面是译文：

> 在诃悉底那补罗城里，有一个洗衣人，名叫羯布罗毗腊萨。他有一条驴，因为驮重过多，已经没有力量，眼看就要死了。于是洗衣人就给它蒙上了一张虎皮，把它放到在一片树林子旁边的庄稼地里去。地主从远处看到它，以为真是一只虎，都赶快逃跑了。它就安然吃起庄稼来。有一天，一个看庄稼的人穿了灰色的衣服，拿了弓和箭，弯着腰，隐藏在一旁。这个发了胖的驴从远

处看到他，想："这大概是一条母驴吧？"于是就叫起来，冲着他跑过去。这看庄稼的人立刻发现，它只是一条驴，跑上来，把它杀掉了。所以我说：

这条笨驴很久地沉默地徘徊着，它穿了豹皮，它的鸣声终于杀了自己。（第三卷，第三个故事）

这个故事同《五卷书》里的故事几乎完全一样，用不着我们再来详细分析讨论。另外在印度故事集《故事海》里面还有一个故事，也属于这一系。我因为手边没有梵文原本，只好从英文里译出来，写在下面：

某一个洗衣人有一条瘦驴。因为想把它养肥，于是给它披上了一张豹皮，把它放到邻人的地里去吃庄稼。当它正在吃着的时候，人们以为它真是一只豹子，不敢赶跑它。有一天，一个手里拿着弓的农人看到它。他想，这是一只豹子；因为恐惧，他于是弯下腰，向前爬去，身上穿了块毛毡。这条驴看见他这样爬，以为他是一条驴。因为吃饱了庄稼，它就大声叫起来。农人才知道，它是一条驴。他转回来，一箭射死这个笨兽。它自己的声音陷害了自己。（Tawney-Penzer, *The Ocean of Story*, Vol. V, pp. 99-100）

这个故事的内容同上面两个故事一样，用不着来多说。有一点却值得我们注意。在《嘉言集》里面，散文部分说的是老虎皮（vyaghra-carman），在最后面的诗里却忽然改成豹子皮（dvīpincarman）。在《故事海》里，全篇都说的是豹子（英文译本是 panther，梵文原文不知道）。这是什么原因呢？我觉得这有两个可能：第一，印度故事里面的散文同诗有时候不是一个来源，诗大半都早于散文。诗里面是豹，到了散文里面改成虎，这是很可能的；第二，梵文的 vyaghra 和 dvīpin，平常当然指两种不同的动物；但有时候也会混起来，所以 dvīpin 也可以有虎的意思。我自己倾向于接受第二个可能。

我们现在再来看另外一个也是产生在印度的故事。这个故事见于巴利文的《本生经》里，原名《狮皮本生》（*Siha camma Jātaka*），是全书的第 189 个故事。我现在从巴利文里译出来：

> 古时候，当跋罗哈摩达多王在波罗疵斯国内治世的时候，菩萨生在一个农夫家中。长大了，就务农为业。同时有一个商人，常常用驴驮了货物来往做生意。他无论走到什么地方，总先把驴身上的包裹拿下来，给它披上一张狮子皮，然后把它放到麦子地里去。看守人看见了，以为它真是一只狮子，不敢走近它。有一天，这个商人停留在一个村子门口，在煮他的早饭。他给驴披上一张狮子皮，便把它赶到麦子地里去。看守人以为它是一只狮子，不敢走近它。他就跑回家去告诉别人。全村的人都拿了武器，吹螺，击鼓，大喊着跑到地里来。这驴因为怕死，大声叫起来。菩萨看见它不过是一条驴，说第一首伽陀：
>
> 这不是狮子的，不是虎的，也不是豹的鸣声。
>
> 只是一条可怜的驴，蒙上了狮子皮。
>
> 同村的人现在也知道，它只是一条驴了。于是把它的骨头打断，拿了狮子皮，走了。商人走来，看见驴已完了，说第二首伽陀：
>
> 这驴吃麦子本来可以安安稳稳地吃下去的，
>
> 它只是蒙了狮子皮，一叫就弄坏了自己。
>
> 正在说着，驴就死了。商人离开它，走了。

这个故事大体上同上面谈过的几个差不多，这里面的主角仍然是一条驴，而且这条驴也照样因了自己的鸣声而被打死。但同上面谈的故事究竟有了点区别，这条驴子披的不是虎皮，而是狮子皮，狮子皮是上面那几个故事里面没有的。披的皮虽然有了差别，但两个故事原来还是一个故事，我想，这是无论谁都承认的。我们现在不知道，这两个之中哪一个较早。我们只能说，原来是一个故事，后来分化成两系：一个是虎皮系；一个是狮皮系。在印度，《驴皮本生》就是狮皮系故事的代表。

倘若我们离开印度到遥远的古希腊去，在那里我们也能找到狮皮系的故事。在柏拉图的《对话》*Kratylos*（411a）里，苏格拉底说："我既然披上狮子皮了，我的心不要示弱。"这只是一个暗示，不是一个故事。一个整体的故事我们可以在《伊索寓言》里找到：

> 一条驴蒙上一张狮子皮，在树林子里跑来跑去。在它游行的时候，他遇到很多的笨兽，都给它吓跑了。它自己很高兴。最后它遇到一只狐狸，又想吓它；但狐狸却听到它的鸣声，立刻说："我也会让你吓跑的，倘若我没听到你的鸣声。"

在这故事里，这条驴仍然是因了鸣叫而显了真象。除了这个故事以外，在法国拉芳丹（La Fontaine）的寓言里，也有一个同样的属于狮皮系的故事，标题叫《驴蒙狮皮》（L'âne uêtu de la peau du lion）。我现在把它译在下面：

> 一条驴蒙了狮子的皮，
> 到处都引起了恐怖。
> 虽然是一个胆怯的畜生，
> 却让全世界都震动了。
> 不幸露出了一角耳朵，
> 泄露了它的欺骗和错误。
> 马丁又来执行他的任务。
> 不知道这是欺骗和奸诈的人们，
> 看到马丁把狮子赶到磨房里去，
> 都吃惊了。
> 无论什么人都可以在法兰西大呼，
> 让人人都熟悉这寓言。
> 一身骑士的衣服，
> 占骑士武德的四分之三。

这个故事是用诗写成的，比以前讨论的都短。在这里，不是驴的鸣声泄露了秘密，而是它的耳朵，这是同别的故事不同的地方。

我们从印度出发，经过了古希腊，到了法国，到处都找到这样一个以驴为主角蒙了虎皮或狮皮的故事。在世界许多别的国家里，也能找到这样的故事，限于篇幅，我们在这里不能一一讨论了。这个故事，虽然到处都有，但却不是独立产生的。它原来一定是产生在一个地方，由这地方传播开来，终于几乎传遍了全世界。我们现在再回头看我在篇首所抄的柳宗元的短寓言《黔之驴》的故事，虽然那条到了贵州的长耳公没有蒙上虎皮，但我却不相信它与这故事没有关系。据我看，它只是这个流行世界成了一个类型的故事的另一个演变的方式。驴照旧是主角，老虎在这里没有把皮剥下来给驴披在身上，它自己却活生生地出现在这故事里。驴的鸣声没有泄露秘密，却把老虎吓跑了。最后，秘密终于因了一蹄泄露了，吃掉驴的就是这老虎。柳宗元或者在什么书里看到这故事，或者采自民间传说。无论如何，这故事不是他自己创造的。

1947 年 10 月 7 日晚

三国两晋南北朝正史与印度传说

陈承祚《三国志》间采印度故事,陈寅恪师既为文论之矣[1]。兹又得一例证,非但见于《三国志》,而且见于《晋书》《陈书》《魏书》《北齐书》《周书》。惟迹象颇隐晦,骤视之殊不能定其为外来影响。谨论列如下,或亦读史者之一助也。

《三国志·魏书·明帝纪》裴注引孙盛曰:

> 闻之长老:魏明帝天姿秀出,立发垂地。

《三国志·蜀书贰·先主纪》:

> (先主)身长七尺五寸,垂手下膝,顾自见其耳。

《华阳国志陆·刘先主志》:

> (先主)长七尺五寸,垂臂下膝,顾自见耳。

《晋书叁·武帝纪》:

---

1 《三国志曹冲华佗传与印度故事》,《清华学报》第 6 卷第 1 期。

中抚军聪明神武，有超世之才，发委地，手过膝，此非人臣之相也。

《陈书壹·高祖纪》：

（高祖）身长七尺五寸，日角龙颜，垂手过膝（《南史玖·陈本纪上》同）。

《陈书伍·宣帝纪》：

及长，美容仪，身长八尺三寸，手垂过膝（《南史拾·陈本纪下第拾》同）。

《魏书贰·太祖纪》：

（太祖）弱而能言，目有光曜，广颡大耳（《北史壹·魏本纪第壹》同）。

《北齐书壹·神武纪》：

（神武帝）目有精光，长头高颧，齿白如玉（《北史陆·齐本纪上第陆》同）。

《周书壹·文帝上》：

及长，身长八尺，方颡广额，美须髯，发长委地，垂手过膝，背有黑子，宛转若龙盘之形，面有紫光，人望而敬畏之（《北史玖·周本纪上第玖》同）。

羡林按：自古创业开基之王或其他大人（梵文 mahāpuruṣa，佛典译为大人或大丈夫）多有异相，史籍所载，其例不胜枚举。其事之可信与否，姑置不论。但既为大人，则在一般人心目中，必有异于常人者，即姿貌亦然。于是就其姿貌上稍特异之点从而夸大之，神化之，遂演为种种传说，浸假而形成一固定信仰。此信仰之起源，当必甚早。皇古之世，或已肇端。荀子非相篇所记圣人怪异状貌必即民间信仰之反映。先秦典籍中亦间有相者故事厕杂其间。秦以后典籍中关于大人姿貌之记述约可分为三类型。

《史记·项羽本纪》：

> 舜目盖重瞳子，又闻项羽亦重瞳子，羽岂其苗裔耶？

《高祖本纪》：

> 高祖为人隆准而龙颜，美须髯，左股有七十二黑子。[1]

《孔子世家》：

> （孔子）生而首上圩顶，故因而名曰丘云。

关于"重瞳子""隆准""龙颜"，各家注释，虽多歧异；但无若何神秘之处，则可断言[2]。至左股有七十二黑子，亦非事实上绝不可能者。故《史记》所述诸大人之像貌当颇近事实，此第一类型也。

至纬书兴，则所记大人状貌多奇异怪诞，为事实上绝不可能者。如《尚书纬·帝命验》：

> 禹身长九尺有只（六？），虎鼻河目，骈齿鸟啄，耳三漏，载成铃，怀玉斗。[3]

1　《论衡·骨相篇》引此段。

2　参阅泷川龟太郎史记会注考证二项羽本纪，高祖本纪。

3　见马国翰《玉函山房辑佚书》。

《春秋纬·合诚图》：

> 伏羲龙身牛首，渠肩达掖，山准日角，奓目珠衡，骏毫翁
> 鬣，龙唇龟齿，长九尺有一寸，望之广，视之专。[1]

司马贞补《史记·三皇本纪》：

> 女娲氏，亦风姓，蛇身人首。
> 炎帝神农氏，人身牛首。

盖颇受纬书影响，与史迁迥异。《论衡·骨相篇》：

> 传言：黄帝龙颜，颛顼戴午，帝喾骈齿，尧眉八彩，舜目重
> 瞳，禹耳三漏，汤臂再肘，文王四乳，武王望阳，周公背偻，皋
> 陶马口，孔子反羽。

亦多与纬书相通之处。此第二类型也。

以上所引《三国志·魏书·明帝纪》《蜀书·先主纪》《华阳国志·刘
先主纪》《晋书·武帝纪》《陈书·高祖纪》《陈书·宣帝纪》《魏书·太祖
纪》《北齐书·神武纪》《周书·文帝纪》则属第三类型。所谓垂手过膝，
目能自顾其耳，据医学家云，为事实上绝不可能者，如此则与第一类型
异。但又不似纬书之荒诞诡异，如此则又与第二类型异。中国古籍中绝无
迹象可寻，其故何哉？

考天竺佛典往往载世尊三十二大人相（dvātrṃśan mahapuruṣalah-
ṣanāni）及八十种好（aśītyan-uvyañjanāni），此本天竺固有信仰[2]，婆罗
门教及耆那教亦有类似传说，不独佛教为然也。惟佛典记述独详。后汉
竺大力共康孟详译修行本起经已有三十二相之名[3]；惟语焉不详。至译出

---

1 同前。类此之例散见纬书中，不能一一列举。

2 智度论八十八："随此间阎浮提中天竺国人所好，则为现三十二相。"

3 《大正大藏经》卷3，461a。

较晚诸经，如吴支谦译《太子端应本起经》[1]，西晋竺法护译《普曜经》[2]，后秦佛陀耶舍共竺佛念译《长阿含经》[3]，东晋瞿昙僧伽提婆译《中阿含经》[4]，刘宋求那跋陀罗译《过去现在因果经》[5]，后秦鸠摩罗什译《大智度论》[6]，隋阇那崛多译《佛本行集经》[7]，唐地婆诃罗译《方广大庄严经》[8]，唐玄奘译《大般若波罗蜜多经》等[9]，则一一胪列，次第井然矣。至八十种好，《修行本起经》[10]已著其名，《大智度论》[11]《佛本行集经》[12]《方广大庄严经》[13]《大般若波罗蜜多经》[14]及少数晚出经典更详举其目。三十二相之次第因佛教宗派之不同而异[15]，相与好之间亦多重复之处；但三十二相中有二相，其一为

sthitāvavanatajānupralambabāhuḥ[16]

中文译文：

修臂（《太子瑞应本起经》）

修臂（《普曜经》）

平立垂手过膝（《长阿含经》）

---

1 《大正大藏经》，3，474。

2 同上书，3，496。

3 同上书，1，5。

4 同上书，1，493—494。

5 同上书，3，627。

6 同上书，25，681。

7 同上书，3，692—693。

8 同上书，3，557。

9 同上书，7，960。

10 同上书，卷3，461a。

11 同上书，卷25，684。

12 同上书，卷3，696。

13 同上书，卷3，557。

14 同上书，卷7，460—461。

15 参阅W. Couvreur, *Le caractère sarvāstivādin-vaibhāsika des fragments tochariens A d'après les marques et épithètes du Bouddha*, Muséon, tome LIX1-4。

16 *Mahāvyutpatti*: sthitānavanatapralambabāhutā; *Lalitavistara*: sthito' navanata-pralambabāhuh。

大人身不阿曲，身不曲者，平立申手以摩其膝（《中阿含经》）

平住两手摩膝（《过去现在因果经》）

平住两手摩膝（《大智度论》）

太子正立不曲，二手过膝（《佛本行集经》）

垂手过膝（《方广大庄严经》）

如来双臂修直臑圆，如象王鼻，平立摩膝（《大般若波罗蜜
多经》）

另一相为

suśukladantah

中文译文：

齿白齐平（《太子瑞应本起经》）

齿白（《普曜经》）

齿白鲜明（《长阿含经》）

大人四十齿，牙平，齿不疏，齿白，齿通味第一味（《中阿
含经》）

齿白齐密而根深（《过去现在因果经》）

齿白齐密而根深（《大智度论》）

四牙白净（《佛本行集经》）

齿白如军图花（《方广大庄严经》）

如来齿相四十，齐平，净密，根深，白逾珂雪（《大般若波
罗蜜多经》）

八十种好中有三好，其一为

śukludaṃsrah

中文译文：

如来诸齿方整鲜白（《大般若波罗蜜多经》）[1]

1　其余诸经译文从略。

其一为

pīnāyatakarṇaḥ

中文译文：

如来耳厚广大修长轮埵成就（《大般若波罗蜜多经》）

其一为

如来首发修长，绀青，稠密，不白（《大般若波罗蜜多经》）
则几为各经所同者。巴利文佛典中亦有三十二相（dvāttiṃsamahāp-
urisalakkhaṇāni）之详目。

所谓垂手过膝相即巴利文之

ayaṃ hi deva kumāro ṭhitako vā anonamanto ubhohi pāṇi-
talehi jannukāni parimasati parimajjati etc[1]

所谓齿白鲜明相即巴利文之

ayaṃ hi deva kumāro susukkadāṭho etc.[2]

中亚古代语言译经中亦有相好之记述；惟多为断简残篇，不能窥其全豹。
古于阗文佛典残卷中存第一至第六相，见 E. Leumann, *Buddhistische
Literatur*, pp. 116–122. E. Sieg 及 W. Siegling 校订之吐火罗文残卷
（*Tocharische Sprachreste*, Berlinund Lelpzig 1921）212b 6—213a 7
存第一至第三十二相，291—292 存第九至第三十二相，惟残缺漫患，颇
多滞碍难通之处。垂手过膝相为第九相，213a 1 残存三字

sne nmālune kapśiñño ā////

相当梵文之 anavanata，中文中阿含经之"身不阿曲"。291b5 残存
四字

1　*The Dīgha-nikāya*, ed. by T. W. Rhys Davids and J. Estlin Carpenter PTS, 1903,
vol. Ⅱ. p. 17. cf. vol. Ⅲ. p. 143.

2　同上 vol. Ⅱ. p. 18.

（kä）lymāṃ kanweṃ ṣinās täpäkyā////

相当梵文之 sthita-jānu-。齿白鲜明相为第二十四相，213a 6

sokyo ā(r) ky (aṃ) śäṅkari

与梵文之 suśukladantaḥ 完全相当。综上所论，可见相好传说传播之广，亦可见《三国志》《晋书》《陈书》《魏书》《北齐书》《周书》所记诸帝形貌多非事实，而实有佛教传说杂糅附会于其间。至陈承祚独将天竺大人相好加诸先主之身，其故亦有可得而言者。《华阳国志陆·刘先主志》：

> 布目先主曰：大耳儿最叵信者也。
> 公曰：大耳翁未之觉也。

可见先主之耳或实较常人稍大，传者从而神化之，史家又附会天竺传说，遂谓顾自见其耳矣。至先主之臂是否长于常人，除上所引《三国志·蜀书·先主纪》外，史无明文，无从参证。意者先主之臂本不异常人，惟先主为创业开基之雄主，史家乃以天竺传说大人三十二相中极奇特之一相加诸其身，以见其伟大耳。其后史书于帝王姿貌记述，遂多采天竺相好传说以杂糅其间，《晋书·武帝纪》《陈书·高祖纪》《陈书·宣帝纪》《魏书·太祖纪》《北齐书·神武纪》《周书·文帝纪》皆是也。生理上绝不可能之垂手过膝相竟数数见于中国正史，始作俑者，岂即陈承祚乎？此外中国相法颇受天竺影响，当另为文论之，兹不赘。

1949 年 2 月 18 日稿

《西游记》里面的印度成分

吴承恩《西游记》中有印度成分，过去已经有人说到过。比如陈寅恪先生[1]曾经详细论证了玄奘三个弟子故事的演变。孙悟空大闹天宫的故事，出自《贤愚经》卷一三《顶生王像品》六四。猿猴故事出自《罗摩衍那》第六篇工巧猿那罗造桥渡海的故事。猪八戒的故事出自唐义净译《根本说一切有部毗奈耶杂事》卷三《佛制苾刍发不应长因缘》。这个故事发生在印度侨闪毗国，"侨""高"音相似，遂讹为"高老庄"。沙僧的故事出自《慈恩法师传》卷一玄奘度长八百里的莫贺碛的记载。所谓"出自"，当然并非完全抄袭，只是主题思想来自那里，叙述描绘，则自然会有所创新。

年来在浏览汉译佛典时，我自己也做了一些《西游记》来源的笔记。现在选取几个写在下面。

萧齐外国三藏僧伽跋陀罗译《善见律毗婆沙》卷第二有这样一段记述：

> 尔时罽宾国中有龙王，名阿罗婆楼（Aravāla）。国中种禾稻，始欲结秀，而龙王注大洪雨，禾稻没死，流入海中。尔时大德末阐提（Majjhantika）比丘等五人，从波咤利弗国（Pātali-

---

1 《〈西游记〉玄奘弟子故事之演变》，《国立中央研究院历史语言研究所集刊》，第二本，第二分，1930 年，第 157—160 页。

putra）飞腾虚空，至雪山边阿罗婆楼池中下，即于水上行住坐卧。龙王眷属童子入白龙王言："不知何人，身着赤衣，居在水上，侵犯我等。"龙王闻已，即大瞋忿。从宫中出，见大德末阐提，龙王忿心转更增盛。于虚空中作诸神力，种种非一，令末阐提比丘恐怖。复作暴风、疾雨、雷电、霹雳、山岩崩倒，树木摧折，犹如虚空崩败。龙王眷属童子复集一切诸龙童子，身出烟竟，起大猛火，雨大砾石，欲令大德末阐提恐怖。既不恐怖而便骂言："秃头人！君为是谁？身着赤衣。"如是骂詈，大德颜色不异。龙王复更作是骂言："捉取打杀！"语已更唤兵众，现种种神变，犹不能伏。大德末阐提以神通力蔽龙王神力，向龙王说："若妆能令诸天世人一切悉来恐怖，我者一毛不动。汝今更取须弥山王及诸小山掷置我上，亦不能至。"大德作是语已，龙王思念："我作神力，便已疲倦。"无所至到，心含忿怒，而便停住。是时大德知龙王心，以甘露法味教化示之，令其欢喜归伏。龙王受甘露法已，即受三归五戒。与其眷属八万四千俱受五戒。（《大正大藏经》卷24，页685a—b）

这里讲的是高僧末阐提同恶龙斗法的故事。《西游记》里也讲到东海龙王。同孙悟空只是文斗，没有武斗。龙王这东西本身就不是国货。叶公好龙的"龙"，同以后神话小说中的龙，龙女或龙王，完全是两码事。后者来源于印度，梵文 nāga，意思就是"蛇"，所说龙王者实际上就是蛇王。

我再举一个类似的例子。唐义净译《根本说一切有部毗奈耶药事》卷第九：

尔时世尊告金刚手药叉："汝可共我诣无稻芊龙王宫中。""唯然！世尊！"尔时如来，与金刚手药叉，到龙王宫中。于时无稻芊龙王，既见世尊到于宫里，便即瞋怒，念起害心，发诸烦恼，上升虚空，降注霍雨，并诸土块。于时世尊知龙瞋怒，便即运想，入慈心定。既入定已，所注土霍，于如来上，变为沈檀多摩罗末香等，如云而下。时龙既见不害世尊，便即放轮及诸兵器，寻即化为四色莲华，空中而下。是时无稻芉龙王遂放烟云。尔时如来以神通力，亦放烟云。于时龙王贡高狂慢因斯除息，遂便入宫，止息而住。尔时世尊便作是念："由二种因。能得降伏一切恶龙：或令怕惧，或令瞋怒。然此龙王合受怕惧。"作是念已。告金刚手药叉曰："汝可恼触此恶龙王。"尔时药叉受如来教，以金刚杵，击破山峰。其山既倒，压半龙池。是时龙王忧愁怕惧，即欲逃窜。尔时世尊入火界定，令其十方，悉皆火聚。是时龙王逃走无路，唯世尊足立之处，寂静清凉。是时龙王诣世尊所，顶礼双足，而白佛言："世尊！何故恼乱于我？"佛即答言："我是法王。岂得恼汝！我若不获如此胜慈，早已灭没。唯留空名。"尔时世尊以千辐轮辋缦吉祥无畏之手，摩龙王顶，便即告言："贤首当知，汝由清净饮食供养声闻，并施贤瓶，盛满净水，合于三十三天中生。由邪愿故，受傍生身，害诸众生，而自活命。此身灭后，当堕地狱。"时彼龙王便即白言："唯愿世尊示我所作！"佛告龙王："汝于我所，归依三宝，受清净戒，住摩揭陀一切人众，宜施无畏。"时彼龙王白佛言："世尊！我今受清净戒。"时龙妻子，并诸眷属，合掌顶礼，而白佛言："世尊！我等亦愿归依三宝，受清净戒。"无稻芉龙王复白佛言："我等诸龙，多有怨害。又有龙王名箭。唯愿世尊与受净戒。令发慈心。"[1]

看过《西游记》的人立刻就可以发现，类似上面这样僧魔斗法的故事，在《西游记》里真可以说是俯拾即是。《西游记》八十一难几乎都是这些东西。在汉译佛典里面这样的故事，也可以说是俯拾即是。每次花样虽然多少有点翻新，但结局都同末阐提比丘斗龙和如来佛斗龙差不多，我在这里不一一列举了。两者这样相似，难道可能是独立产生的吗？我们如果不承认它们之间的渊源关系，那无论如何也说不过去的。

---

1 《大正大藏经》，卷24，40b-c。

但是还有更相似的例子。失译人《佛说菩萨本行经》卷中：

时阿阇世王往至佛所，头面作礼、长跪白佛："国界人民为恶龙疫鬼所见伤害，死者无数。唯愿世尊大慈大悲怜愍一切，唯见救护，禳却灾害。"佛即可之。尔时世尊明日晨朝，着衣持钵，入城乞食，诣于龙泉。食讫洗钵。洗钵之水澍（注）于泉中。龙大瞋恚，即便出水，吐于毒气，吐火向佛。佛身出水灭之。复雨大雹，在于虚空，化成天花。复雨大石，化成琦饰。复雨刀剑，化成七宝。化现罗刹，佛复化现毗沙门王，罗刹便灭。龙复化作大象，鼻捉利剑。佛即化作大狮子王，象便灭去，适作龙象。佛复化作金翅鸟王，龙便突走。尽其神力，不能害佛，突入泉中。密迹力士举金刚杵打山。山坏半堕泉中，欲走来出。佛化泉水，尽成大火，急欲突走。于是世尊蹋龙顶上。龙不得去，龙乃降伏。长跪白佛言："世尊！今日特见苦酷。"佛告龙曰："何以怀恶苦恼众生？"龙便头面作礼，稽首佛足，长跪白佛言："愿见放舍！世尊所敕，我当奉受。"佛告龙曰："当受五戒，为优婆塞。"龙及妻子尽受五戒，为优婆塞，慈心行善，不更霜雹。风雨时节，五谷丰熟。诸疫鬼辈尽皆走去，向毗舍离。摩羯国中人民饱满，众病除愈遂便安乐。[1]

我们拿这一段同《西游记》孙猴子大闹天宫时同杨二郎斗法的故事比一比，立刻就可以发现，这两个故事简直太相似了。《西游记》第六回里描绘：孙猴子被杨二郎打败了，想靠自己的变化神通逃跑，他先变成麻雀儿，杨二郎就变成雀鹰儿，扑上去捉猴子。猴子连忙变化大鸬老，二郎就变作大海鹤。猴子变作鱼，淬入水内，二郎就变作鱼鹰儿。猴子变作水蛇，二郎就变作朱绣顶的灰鹤。猴子变作花鸨，二郎见它变得低贱，便现原身，用弹弓把它打个跳踵。猴子又滚下山去变作一座土地庙儿，大张着口，似个庙门；牙齿变作门扇，舌头变作菩萨，眼睛变作窗棂，只有尾巴

---

1 《大正大藏经》，卷3，116b-c。

不好收拾，竖在后面，变作一根旗杆。二郎想用拳先捣窗棂，后踢门扇。猴子一见跳窜。此时托塔李天王高擎照妖镜，与哪吒伫立云端。猴子逃到灌江口二郎的老家，摇身变作二郎爷爷的模样。最后还亏老君丢下金钢套，打中猴子，猴子终于被二郎的细犬咬住被擒。

这个故事同《菩萨本生经》里的这个故事多么相似啊！连细节都完全一样。《西游记》里托塔天王站在云端，《菩萨本生经》里佛化作毗沙门天王。毗沙门天王就是托塔李天王。如果说《西游记》里猴子与二郎斗法的故事源于佛典，有什么理由可以反驳呢？

在这里，我再举一个例子。唐义净译《根本说一切有部毗奈耶药事》卷一五：

> 复次，大王！乃往古昔，菩萨尔时在不定聚，于大海中，作一龟王。复于后时，有五百商人，乘船入海。乃被海兽打破船舶。其龟取五百商人，置于背上，渡出海中。尔时商人皆悉安隐，全其身命。[1]

《根本说一切有部毗奈耶破僧事》卷第一一：

> 佛告诸苾刍："汝等谛听。我于往昔在不定聚，于大海中而作龟身。于诸龟中而复为王。后于异时，有五百商人，乘缸入海，到于宝所，采种种宝。既获宝已，而还本国。于其中路遇磨竭鱼，非理损缸。诸商人等皆悉悲号，同声大叫。时彼龟王闻此叫声，从水而出，诣商人所作是言："汝等勿怖！宜上我背。我今载汝，令得出海，身命得全。"于是众商一时乘龟而发趣岸。人众既多，所载极重。住于精进，心不退转，受大疲苦。既已度毕，便于岸上展头而卧。去身不远，有诸蚁城。其中一蚁渐次游行。闻龟香气，前至龟所。乃见此龟舒颈而卧。身既广大，复不动摇。蚁即速行，至于本城。呼诸蚁众，其数八万，同时往彼。

---

1 《大正大藏经》，卷24，70c。

是时彼龟睡重如死，都不觉知。蚁食皮肤，困乏未觉。渐食精肉，方始觉知。乃见诸蚁，遍身而食。便作是念："我若动摇回转身者，必当害蚁。乍可弃舍身命，终不损他。"作是念已，支节将散，要处穿穴。便发愿言："如我今世以身血肉济诸蚁等，令得充足。于当来世证菩提时，此诸蚁等皆以法味令其充足。"[1]

这两个故事实际上是一个故事，只是第二个增添了诸蚁食龟的内容。《西游记》第 99 回通天河里的老鼋不就是这里的大龟吗？其间的渊源关系非常明确，还有什么可以怀疑的呢？

要想在汉译佛典中找类似上面的例子，那还多得很。我在这里不再列举了。这些例子已经足够说明《西游记》中许多故事是取自印度的。世界上几个古老的有高度文化的民族在文学创作方面都各有其特点。印度的特点就是幻想丰富，这一点连鲁迅也是承认的。他在《集外集·〈痴华鬘〉题记》中说："尝闻天竺寓言之富，如大林深泉，他国艺文，往往蒙其影响。"因为印度人民有这样的特点，从渺茫的远古以来，他们就创作了无数的寓言、童话、小故事，口头流传在民间。印度的统治者利用这些故事来教育自己的儿子、接班人，比如《五卷书》《嘉言集》都属于这一类。印度的每一个宗教也都想利用这些故事来宣传自己的教义。婆罗门教和印度教这样做，耆那教是这样做，佛教也是这样做。我们在佛典中发现大量的民间故事。《本生经》搜采了五百多个民间故事、寓言、童话，用一套很简单很单调的模子来编造释迦牟尼的前生的故事。连名闻全球的印度两大史诗《摩诃婆罗多》和《罗摩衍那》的故事都可以在佛典中找到。此外，在很多的佛经中都有不少的小故事间杂其间。

这些故事不但流行于国内，还逐渐传到国外去。世界上许多流行民间的寓言、童话、小故事等等，其来源都是印度。寓言、童话等等是最容易传播的，而且传播有时候并不靠写本，而是通过口头。古代希腊有许多著名的寓言，比如《伊索寓言》也有些是来自印度。当然，这个问题也并不是这样简单。很长时间以来，一直是有争论的。有的学者主张源于印度，

---

1 《大正大藏经》，卷 24，155b-c。

有的学者又主张源于希腊。但是总的趋势是印度来源说占了上风。在中国也有类似的争论。比如《西游记》中最著名的孙悟空的来源就引起过争论。有人说他来自印度，至少是部分来自印度，有人说他纯粹是国产无支祁。陈寅恪主张前者，鲁迅对这个问题似乎倾向于后者。他在《中国小说史略》中说："明吴承恩演《西游记》，又移其神变奋迅之状于孙悟空，于是禹伏无支祁故事遂以埋昧也。"我的意见是，不能否认孙悟空与《罗摩衍那》的那罗与哈奴曼等猴子的关系，那样做是徒劳的。但同时也不能否认中国作者在孙悟空身上有所发展、有所创新，把印度神猴与中国的无支祁结合了起来，再加以幻想润饰，塑造成了孙悟空这样一个勇敢大胆、敢于斗争、生动活泼的、为广大人民所喜爱的艺术形象。勤劳智慧的中华民族是一个有很高创造力的民族。又博取他人之长，加以补充发扬，化为自己的东西。一部中国文化史可以充分说明这个问题。一直到现在，我们汉语词汇中还有不少带"胡"字、带"洋"字的东西，比如"胡琴""胡萝卜""洋琴"等等，所谓"胡"者即"洋"也。连菠菜、石榴、土豆、老玉米都是外来的。难道这些东西吃下去就不能增加营养吗？

话又说回来，再谈到《西游记》，情况也是如此。这部著名小说有一个逐渐演变的过程。我在这里不详细讨论，过去胡适、郑振铎等对这个问题做过一些探讨。印度的许多民间故事、寓言、童话很早就传入中国。《西游记》是写唐僧取经的，是与佛教有直接关系的。"近水楼台先得月"，它吸收了一些印度故事，本来是很自然的，毫不足怪的，但吴承恩和他的先驱者，决不是一味抄袭，而是随时随地都有所发现，有所创新。鲁迅在《中国小说史略》中说："故虽述变幻恍忽之事，亦每杂解颐之言，使神魔皆有人情，精魅亦通世故，而玩世不恭之意寓焉。"这就是《西游记》的发展和创新。我对《西游记》同印度传统故事之间的关系就做如是观。

1978 年 12 月 26 日

西域在文化交流中的地位

我今天要讲的题目是：西域在文化交流中的地位，想分四个小题目来讲：

一、西域的含义

二、世界上四大文化体系

三、西域在四大文化体系交流中的地位

四、结束语

一、西 域 的 含 义

要谈西域在文化交流中的地位，必须先弄明白什么叫"西域"。

顾名思义，西域当然是一个地理名词，但同时又是一个同历史有密切联系的名词。所谓"西"，指的是在中国的西方。一般说来，有广狭二义。广义的西域，包括今天的中国新疆、苏联的一些中亚加盟共和国、阿富汗、伊朗、阿拉伯国家，以及更远的地方。连印度、巴基斯坦、孟加拉国、尼泊尔、斯里兰卡、不丹、锡金、马尔代夫以及非洲东部的一些国家和地区，都包括在里面。唐代高僧玄奘的《大唐西域记》可以为证。狭义的西域，指中国新疆一带。我在这里取的是狭义的西域。

在中国古代正史中有很多"西域传"或者类似的名称，《史记》中还没有。《汉书》卷九六上，《列传》六六上有《西域列传》。这里说：

"三十六国皆在匈奴之西，乌孙之南，南北有大山，中央有河，东西六千余里，南北千余里。"《后汉书》卷一一八，《列传》七八，有《西域列传》。这两部书讲的都是三十六国，是狭义的西域。《三国志·魏书》只有乌丸、东夷。《晋书》卷九七，《列传》六七有四夷。《宋书》和《南齐书》都没有。《梁书》卷五四，《列传》四八，有西北诸戎，高昌、龟兹都包括在里面。《陈书》没有。《魏书》卷一〇二，《列传》有《西域传》，阙。高昌见于卷一〇一，列传八九。《北齐书》没有。《周书》卷五〇，《列传》四二有《异域传》，其中包括高昌、焉耆。《隋书》卷八三，《列传》四八，有《西域传》。《南史》卷七九，《列传》六九，有《西域传》。《北史》卷九七，《列传》八五，有《西域传》。《旧唐书》卷一九八，《列传》一四八，有《西戎传》。《新唐书》卷二二一上和下，《列传》卷一四六上和下，有《西域传》。这里讲的西域，同《大唐西域记》一样，是广义的西域，其中包括尼泊罗、天竺、摩揭陀、罽宾、师子、波斯、拂菻、大食等国。唐以后的正史，我在这里不谈了。

总之，从中国正史上，我们看到的西域有广狭二义，总的趋势是从狭义到广义发展。这同人们的地理眼光越来越扩大，中国同西域国家的关系越来越密切有关。

二、世界上四大文化体系

要谈文化交流，必须先了解，什么叫文化，什么叫文化体系。世界各国学者对于文化的定义，据说有几百种之多。那些烦琐的论证，毫无意义，我在这里不谈。约而言之，文化有广狭二义。我取的是广义的文化，指的是人类在精神文明和物质文明两个方面优秀的、对人类进步起推动作用的创造。

世界上的民族不论大小，历史不论久暂，对于文化都有自己的贡献。这一点必须承认。但是，同时也必须承认，各个民族对整个人类文化的贡献，在质和量方面，都不尽相同。据我自己多年观察和探讨的结果，真正能独立成为体系、影响比较大又比较久远、特点比较鲜明的文化体系，世界上只有四个：

1. 中国文化体系

2. 印度文化体系

3. 闪族伊斯兰文化体系

4. 希腊、罗马西方文化体系

这四个文化体系，还可以再进一步简化为两大文化体系群：前三者属于东方文化体系群，后一个属于西方文化体系群。下面我分别加以解释。

1. 中国文化体系

中国立国于东亚大陆，有长达五六千年的文化发展的历史。在相当长的历史时期内，中国在各个方面都对人类文化有巨大的贡献。中国的几个发明，如罗盘、造纸、火药、印刷术等等，还有中国的蚕丝，都传出了中国，对世界上一些国家和地区的文化发展，产生了巨大的推动力。一些次要的发明创造和工农业产品，比如瓷器、茶叶等等，也输出了中国，输入世界各地，为当地人民所喜爱。中国的药材也曾传到许多国家。连炼钢术都曾对周围一些国家产生过影响。至于精神文明，中国文学艺术、哲学思想、园林建筑等等，影响了一些国家和地区。到了十七八世纪更传至欧洲，在那里同样产生了影响。中国的汉字曾影响了周围一些国家，比如在日本、朝鲜、越南等国，他们读汉文书籍，甚至用汉文写作。

2. 印度文化体系

印度也有很长的文化发展的历史。自公元前 3 世纪摩亨佐达鲁和哈拉巴的印度河流域文化开始，印度人民在精神文明和物质文明两个方面都对人类文化做出了巨大的贡献。在精神文明方面，印度最古的吠陀、两大史诗、波你尼的语法体系，以及以迦梨陀娑著作为首的古典梵文诗歌和戏剧，流行于印度民间的寓言、童话和小故事，都通过种种渠道传出了印度，对世界文化和文学产生了深远的影响。特别是印度古代的寓言、童话等等，通过了《五卷书》等类作品的中古波斯文和阿拉伯文译本，传遍了欧亚大陆，甚至传至非洲，到了 19 世纪在德国形成了比较文学史的研究，影响更是特别大。这类作品也传到了中国。

在宗教方面，印度是产生宗教的地方。源于印度和尼泊尔的佛教，在印度繁荣昌盛了一千五百多年。它早就传出了印度，传到了中亚、南亚、东南亚、东亚、北亚各国，影响了这些地方的宗教的发展。对这些地方的文学艺术、哲学思想、语言、历史等等方面都有广泛、持久而又深入的影响。这是人尽皆知的事实。连基本上停留在印度本土的印度教，也在小范围内传出了印度，传到了南亚和东南亚一些国家，并且有了信徒。

在物质文明方面，印度对科学技术也有独特的贡献。古代印度对数学、天文、物理、化学、炼钢、熬糖等等都有发明创造。

3. 闪族伊斯兰文化体系

这里包括古代希伯来文化，《旧约》等等，也包括古代巴比伦、亚述文化和古代埃及文化，地域极广，历史极长；但是又确实属于一个文化体系，有许多共同的特征。公元六七世纪，伊斯兰教兴起，它几乎囊括了这整个地区，继承并发展了古代闪族文化。有共同特征的阿拉伯文化，影响了欧亚广大地区。伊斯兰教成了世界三大宗教之一，影响更是普及而深入。此外，阿拉伯人在保存古代希腊文化方面还起了关键性的作用。一个很有趣的现象是，原属印欧体系文化（古代希腊、罗马就属于这个体系）的波斯（今伊朗），改信了伊斯兰教，把第三个和第四个文化体系融合起来，形成了独特的文化。波斯的宗教思想、文学、艺术、语言，以及科学技术，沿着古代的丝绸之路，影响极其广泛。

4. 希腊、罗马西方文化体系

古代希腊和罗马产生了光辉灿烂的文化。无论在自然科学方面，还是在人文科学和社会科学方面，都出现了许多有独创性的造诣和深远影响的伟大学者、伟大哲学家，至今全世界的学者们还在研究他们的著作。他们的诗人和作家，也是至今还栩栩如生。今天的欧美西方文化主宰了世界，实际上是希腊、罗马文化的继承和发展。这个主宰的过程，同欧洲资本主义的发展是分不开的。随着世界统一市场的形成，欧美西方文化体系就逐渐成了统一世界的文化体系。1827年德国伟大诗人歌德首先提出了世界文学这个概念，1848年马克思和恩格斯也提到了世界文学。这个世界文学是世界文化体系的一个重要组成部分。

三、西域在四大文化体系交流中的地位

上面讲了世界上四大文化体系，或两大文化体系群。从这个观点上来

看，文化交流应该分为三个层次：1. 一个文化体系内部的交流；2. 四大文化体系间的交流；3. 两大文化体系群之间的交流。

一部人类历史证明了文化总是要交流的。没有文化交流，就没有人类的历史。世界文化决不是哪一个民族单独创造的，不管这个民族多么优秀，对人类文化有多大贡献。说文化是一个民族创造的，是法西斯论调。我在上面讲到过，民族不论大小，都对人类文化做出过贡献。但是，民族不论大小，也不管它对世界文化做出过多么大的贡献，它总是要接受外来文化的。一部人类历史也证明了这一点。

文化交流或文化传播，总要通过一定的道路。西域地处东西两大文化体系群的中间，是东西文化交流的必由之路。在东方文化体系群的内部，各民族之间的文化交流，有时候也要通过西域。世界历史上有名的丝绸之路，就是横亘西域的东西文化交流的大动脉。

我在下面按时代顺序叙述一下通过西域丝绸之路东西文化交流的情况。

1. 汉代

真正的丝绸之路的开辟不早于汉代，但是东西文化交流却决非到了汉代才开始。丝绸之路是东西文化交流日益频繁的产物。

最早担任文化交流任务的人，一般只有商人、外交官，大宗教创立以后，又加上了宗教信徒，老百姓是很难长途跋涉的。商人、外交官、宗教信徒，各有各的目的，他们决不会想到什么文化交流；然而事实上却进行了文化交流。这种情况在蒙昧的远古，商人出现之后，就已经有了。在天文方面的交流就早得很。中国春秋战国时期已经明显地受到外国影响，比如《战国策》《国语》等书中一些典故，如狐假虎威之类，都有外来的痕迹。屈原赋中的一些神话也同样有外来的可能。这个时期的文化交流的道路决不限于陆路，海路也有可能，比如驺衍大九洲的学说就可能同海上交通有联系。

以上说的这些情况都是发生在汉代以前的。到了汉代，频繁的文化交流促成了丝绸之路的开辟，开辟了以后，又推动了文化交流。在中国几千年的历史上，汉代是对外文化交流的高潮之一。高潮的主要标志是，东西双方相对的信息量增加了，东西双方的物质和精神的产品交换得更加频繁了。这里的东指的是中国，西指的是沿丝绸之路的国家，路的尽头就联上了欧洲。汉代的重要史籍，如《史记》《汉书》等，有大量关于西方国家和民族的记载，关于欧洲的记载也有一些。这些记载，这些信息的来源当然渠道很多。当时有几次历史上著名的出使，比如建元中（140B.C.—134B.C.）张骞通使西域、和帝永元九年（97）甘英奉使大秦等都是渠道。他们走的都是丝绸之路。古希腊和罗马的历史学家和地理学家，比如斯脱拉波（Strabo，54B.C.—24A.D.）、白里内（Pliny，23—79）、拖雷美（Ptolemy，Ca. 150）等等，在他们的著作中也有关于中国的信息，特别是关于中国蚕丝的记载更引起了广泛的注意。估计这些信息也都是通过丝绸之路传入西方的。在这样的情况下，中亚很多植物传入中国，最著名的有葡萄、苜蓿、胡麻、蚕豆、大蒜、胡荽（香菜）、黄瓜、石榴、核桃、胡萝卜等等。西域音乐和其他艺术也传入中国。对以后中国人民的生活影响极大。佛教亦传入。

2. 三国两晋南北朝时期

东西文化交流继续进行。《魏略·西戎传》记载了大秦（叙利亚和东罗马帝国）的风俗、习惯、物产等。大秦还同东吴有交通关系，估计不是通过丝绸之路，而是通过海路。《晋书》记大秦国情况。《艺文类聚》记大秦的火浣布。佛经《那先比丘经》也有关于大秦的记载。《洛阳伽蓝记》记元魏时欧亚外国人杂居洛阳。希腊历史学家柏罗科劈斯（Procopius，500—565）记中国蚕种传入罗马的情况。这个时期，中国同西域各国交通更为频繁。佛教僧侣、外交使节的来往也加强了。中国的正史和佛教的僧传有大量关于广义的西域的记载。精神文明和物质文明的产品的交换也远远超过以前的时代。

3. 隋唐时代

隋代寿命很短，只能算是唐代的一个序曲。唐代是继汉代以后的又一个东西文化交流的高潮。隋唐两代对欧洲和西域（中亚）的交通比前代更加频繁了，得到的信息更加精确了。隋唐两代的许多典籍都有关于欧洲（拂菻、大秦）和西域的记载。谈到欧洲，《隋书·裴矩传》记通拂菻之路。同书《铁勒传》记里海西北诸民族的情况。《旧唐书》《新唐书》《册府元龟》《通典》等书都有关于拂菻或大秦的记载。连玄奘和慧超的著作中都提到拂懔或拂临。大秦的景教传到中国来，大量的大秦出产品动、植、矿物也传入中国，比如水银、金刚石、矾石、玻璃、琉璃、木香、肉豆蔻、郁金花、很多的香、很多的树、酒、指甲花、狗、白象等等。谈到动、植、矿物的流传，比较复杂，一件东西往往有很多原生地，我们要注意这一点。

至于西域，则交通频繁的程度远远超过拂菻或大秦。唐代正史和其他书籍有大量的关于西域中亚一带的记载。对同西域交通的道路也有详尽的描述。在当时，唐代可以说是世界上第一大国，唐都长安是世界上文化和经济的中心。很多外国使节来到这里，很多外国僧人来到这里。当时在长安居住的外国人非常多，特别是西域胡人，西突厥人、月氏人、安国人、何国人、康国人、曹国人、米国人、石国人、史国人等等都有（参阅向达《唐代长安与西域文明》）。印度等国的使节和佛教僧人，以及波斯等国的使节，都常常来往于两国之间。中国的使节也派出国去，最著名的是王玄策等人。中国的高僧经过西域到印度去求法的，更是举不胜举，其中最著名的当然首推玄奘。他赴印度求法，来回都走西域。他的名著《大唐西域记》，至今仍被世界各国研究印度史和中亚史的学者视为瑰宝。这样频繁的往来促进了文化的交流。许多产生在广义的西域的宗教也传到中国来，其中有摩尼教和回教。

值得注意的是，在中西交通道路方面，出现了一个很大的转变：重点由陆路转向海路。海路交通唐以前已经存在，但是规模不大，仍以陆路为主。到了唐代，特别在玄奘和义净之间，也就是从 7 世纪三四十年代至七八十年代，在三四十年的时间内，好像改变很大。玄奘来去都是陆路，而义净则来去都是海路。其中消息，耐人寻味。

中西交通既然如此频繁，文化交流也必然相应加强。除了新宗教传入之外，西域的音乐舞蹈也大量涌入。《唐六典》卷一四，列举了十部伎乐：1. 燕乐伎；2. 清乐伎；3. 西凉伎；4. 天竺伎；5. 高丽伎；6. 龟兹伎；7. 安国伎；8. 疏勒伎；9. 高昌伎；10. 康国伎，光看名称，即可推知其来源。西域的动植物也大量传入中国。动物有却火雀、大尾羊、驼鸟、狮子、灵猫、腽肭兽等等。植物有番木鳖、阿儿只、阿息儿、奴哥撒儿、娑罗树等等。特别值得一提的是炼糖技术的交流。在这方面，埃及、波斯和印度都有独到之处，三个国家互相学习。中国估计在南北朝时期已能炼制蔗糖。唐太宗曾派人到印度摩揭陀国去学习熬糖，回来仿制，色味逾西域远甚。波斯炼制石蜜的技术也传到中国。

4. 宋元时代

同唐代比较起来，宋代在中西交通方面显然是相形见绌的。《宋史》有《拂菻国传》，周去非《岭外代答》记大秦国，赵汝适《诸蕃志》记大秦国、斯加里野国（意大利的西锡利岛）、芦眉国（罗马）、木兰皮国（马格里布）等地。同中亚的交通也比不上以前各代。没有新宗教传入，动植矿产品的交流也没有新东西。

元代同宋代大异。蒙古人用兵中亚，一直打到欧洲。从中国经西域中亚到达阿拉伯国家和欧洲交通畅通的情况，是空前的，在某一种意义上也可以说是绝后的。在这样的情况下，中西双方人员的往来，信息的交流，其方便程度，也是空前的。著名的马可波罗就是在元代来华的。此外，还有一些天主教教士来到中国。耶律楚材的《西游录》、丘处机的《长春真人西游记》等书，也是非常著名的。他们走的道路就是经过西域的陆路。

5. 明清时代

东西交通更为频繁。交通道路海陆均有，但以海路为主。明永乐时郑和下西洋为一时盛举，走的是海路。我们在这里不谈。

对于欧洲，了解得比以前更加细致，更加确切了。《明史》中有《拂菻传》《佛郎机传》《鲁迷传》《和兰传》等等，记载了很多欧洲一些国家的情况。《殊域周咨录》有关于拂菻、佛郎机等地的记载。《皇明世法录》谈到佛郎机、鲁迷、和兰等国。类似的书籍还有一些，这里不再列举。德国人、西班牙人、意大利人都有经过西域到中国来的。明末清初，利玛窦等一批欧洲人陆续来华，宣传天主教，同时也带来了西方文化，是中西文化交流史上的一件大事。

对于西域，联系也有所加强。《明史》有《西域传》，记载了西域的情况。陈诚《使西域记》《殊域周咨录》等书，也记述了西域的情况，对撒马儿罕记述更是特别详尽。撒马儿罕大概是当时的西域重镇，是经济和文化的中心。

清代上承明代传统，同欧洲和西域的交通更为频繁。新疆正式建省，是一件有深远意义的事情。晚清时代，西方殖民主义入侵和这以前的沙皇俄国侵吞中亚大片领土，也对中国产生了影响。这一切都不详细谈了。

中国在几千年的历史上通过西域同欧洲和中亚、西亚，甚至非洲的交通情况就介绍到这里。通过这极其简略的介绍，我们可以看到在东西文化交流中西域的重要性，特别是新疆地位的重要性。西方和中亚同中国的陆路交通几乎全部都通过新疆。新疆在全世界上是唯一的一个世界四大文化体系汇流的地方，全世界再没一个这样的地方。这是新疆地理位置所决定的。它东有中国汉族文化，南有印度文化，西有闪族伊斯兰文化和欧洲文化。连古代希腊的雕塑艺术，都通过形成于阿富汗、巴基斯坦、印度一带的犍陀罗艺术传入新疆，再传入中国内地。新疆地区最早接受中国文化，跟着进来的是印度文化，再后是伊斯兰文化。在这三者之间，对峙、并存、汇合的现象，逐步形成。在目前，虽然从宗教方面来看，伊斯兰教统一了全疆。但从深层文化来看，几大文化体系的痕迹依然隐约存在。新疆这个地方实在是研究世界文化交流的最好的场地。有一些问题我们还不是很清楚。我相信，随着考古工作不断地深入和发展，随着我们研究水平的不断提高，我们的了解也会逐步加深。

四、结　束　语

这个题目的主要内容已经讲完了。但是，我觉得，好像还言犹未尽，有几个问题还必须说明一下。

1. 我在上面说到过，没有文化交流就没有人类的历史。这是什么意思呢？有必要结合我上面谈到的世界四大文化体系通过西域进行交流的情况再加以阐述。一方面，我们必须承认，中华民族光辉灿烂的文化，是在自己创造的基础上，不断吸收外来文化才得以形成的。另一方面，也必须承认，中国文化传了出去，对世界文化也做出了不可磨灭的贡献。这一点，现在的西方人未必都乐意承认。我在这里不想同他们辩论，我只举一个他们祖先的意见，就是英国十六七世纪的伟大思想家佛兰西斯·培根（Francis Bacon，1561—1626）。那时候，西方资本主义还没有充分发展，帝国主义当然更没有形成，西方人还没有狂妄地自封为天之骄子，他们对中国文化的看法还比较公正、客观。培根说：

> 我们应当观察各种发明的威力、效能与后果，最显著的例子便是印刷术、火药和指南针。这三种发明都不为古人所知；虽然它们的起源都是在近期，但却是又不为人所知而默默无闻。而这三种发明却都曾改变了整个世界事物的全部面貌和状态——第一种是在（知识传播的）文献方面，第二种是在战争上，第三种是在航海上；并且跟着这些发明的利用又引起了无数的变迁。由此看来，世上没有一个帝国，没有一个教派，没有一个星宿比这三种机械发明对于人类发生过更大的力量与影响了。（见所著《新方法论》[*Novum organum*]。引张春树译文，见《汉代丝绸之路的开拓与发展》，《食货月刊》复刊第十五卷第一、二期合刊）

这三种发明都是中国的。其意义培根说得很清楚了。从这一件事情上可以看出中国文化对人类文化发展贡献之重要。其他的例子还多得很，这里不一一列举了。

2. 我在上面也曾说到，世界文化是各民族共同创造的，可以称之为文化多元论。文化一元论往往同法西斯谬论难以分开。我把世界文化分为东西两大文化体系群。人类几千年的历史证明了，这两个群总是交互起伏，互相学习，互相补充。三十年河东，三十年河西，哪一个群也不可能永远主宰、垄断，两个群都既是给予者，又是接受者。今天世界的情况怎样呢？西方文化主宰世界久矣。但是西方有识之士已经逐渐感到，自己的文化并非完美无缺，并不能永垂不朽，并不能永远主宰、垄断。德国学者斯宾格勒（Spengler）、英国学者汤因比（Toynbee）等就属于这一类有识之士。特别是在第二次世界大战之后，西方一些人认真进行反思。我个人认为，西方文化已有走入绝境的迹象，需要东方文化来纠偏、来补正的时刻即将来临了。我们要拭目以待。

1988 年 7 月 16 日

"天人合一"新解

　　"天人合一"是中国哲学史上的一个非常重要的命题。中外治中国哲学史的学者，哪一个也回避不开。但是，对这个命题的理解、解释和阐述，却相当分歧。学者间理解的深度和广度、理解的角度，也不尽相同。这是很自然的，几乎没有哪一个哲学史上的命题的解释是完全一致的。

　　我在下面先简略地谈一谈这个命题的来源，然后介绍一下几个有影响的学者对这个命题的解释，最后提出我自己的看法，也可以说是"新解"吧。对于哲学，其中也包括中国哲学，我即使不是一个完全的门外汉，最多也只能说是一个站在哲学门外向里面望了几眼的好奇者。但是，天底下的事情往往有非常奇怪的，真正的内行"司空见惯浑无事"，对一些最常谈的问题习以为常，熟视无睹，而外行人则怀着一种难免幼稚但却淳朴无所蔽的新鲜的感觉，看出一些门道来。这个现象在心理学上很容易解释，在人类生活和科学研究中，并不稀见。我希望，我就是这样的外行人。

　　我先介绍一下这个命题的来源和含义。

　　什么叫"天人合一"呢？"人"，容易解释，就是我们这一些芸芸众生的凡人。"天"，却有点困难，因为"天"字本身含义就有点模糊。在中国古代哲学家笔下，天有时候似乎指的是一个有意志的上帝。这一点非常稀见。有时候似乎指的是物质的天，与地相对。有时候似乎指的是有智力有意志的自然。我没有哲学家精细的头脑，我把"天"简化为大家都能理解的大自然。我相信这八九不离十，离开真理不会有十万八千里。这对说明问题也比较方便。中国古代的许多大哲学家，使用"天"这个字，自己往往也有矛盾，甚至前后抵触。这一点学哲学史的人恐怕都是知道的，用不着细说。

谈到"天人合一"这个命题的来源，大多数学者一般的解释都是说源于儒家的思孟学派。我觉得这是一个相当狭隘的理解。《中华思想大辞典》说："主张'天人合一'，强调天与人的和谐一致是中国古代哲学的主要基调。"这是很有见地的话，这是比较广义的理解，是符合实际情况的。我现在就根据这个理解来谈一谈这个命题的来源，意思就是，不限于思孟，也不限于儒家。我先补充上一句：这个代表中国古代哲学主要基调的思想，是一个非常伟大的、含义异常深远的思想。

为了方便起见，我还是先从儒家思想介绍起。《周易·乾卦·文言》说："'大人'者与天地合其德，与日月合其明，与四时合其序，与鬼神合其吉凶，先天而天弗违，后天而奉天时。"这里讲的就是"天人合一"的思想，这是人生的最高的理想境界。

孔子对天的看法有点矛盾。他时而认为天是自然的，天不言而四时行，而万物生。他时而又认为，人之生死富贵皆决定于天。他不把天视作有意志的人格神。

子思对于天人的看法，可以《中庸》为代表。《中庸》说："能尽人之性，则能尽物之性；能尽物之性，则可以赞天地之化育，则可以与天地参矣。"

孟子对天人的看法基本上继承了子思的衣钵。《孟子·万章上》说："莫之为而为者，天也；莫之致而致者，命也。"天命是人力做不到达不到而最后又能使其成功的力量，是人力之外的决定的力量。孟子并不认为天是神；人们只要能尽心养性，就能够认识天。《孟子·尽心上》说："尽其心者，知其性也；知其性则知天矣。"

到了汉代，汉武帝独尊儒术。董仲舒是当时儒家的代表。是他认真明确地提出了"天人之际，合而为一"的思想。《春秋繁露·人副天数》中说："人有三百六十节，偶天之数也；形体骨肉，偶地之厚也；上有耳目聪明，日月之象也；体有空窍理脉，川谷之象也。"《阴阳义》中说："天亦有喜怒之气，哀乐之心，与人相副，以类合之，天人一也。"董仲舒的天人合一思想，是非常明显的。他的天人感应说，有时候似乎有迷信色彩，我们不能不加以注意。

到了宋代，是中国所谓"理学"产生的时代。此时出了不少大儒。尽管学说在某一些方面也有所不同。但在"天人合一"方面，几乎都是相同的。张载明确地提出了"天人合一"的命题。程颐说："天、地、人，只一道也。"

宋以后儒家关于这一方面的言论，我不再介绍了。我在上面已经说过，这个思想不限于儒家。如果我们从更宏观的角度来看这个问题，把"天人合一"理解为人与大自然的关系，那么在儒家之外，其他道家、墨家和杂家等等也都有类似的思想。我在此稍加介绍。

老子说："人法地，地法天，天法道，道法自然。"王弼注说：与自然无所违。《庄子·齐物论》说："天地与我并生，而万物与我为一。"看起来道家在主张天人合一方面，比儒家还要明确得多。墨子对天命鬼神的看法有矛盾。他一方面强调"非命""尚力"，人之富贵贫贱荣辱在力不在命。但是在另一方面，他又推崇"天志""明鬼"。他的"天"好像是一个有意志行赏罚的人格神。天志的内容是兼相爱。他的政治思想，比如兼爱、非攻、尚贤、尚同，也有同样的标记。至于吕不韦，在《吕氏春秋·应同》中说："成齐类同皆有合，故尧为善而众善至，桀为非而众非来。〈高筬〉云：'天降灾布祥，并有其职。'"这里又说："山云草莽，水云鱼鳞，旱云烟火，雨云水波，无不皆类其所生以示人。"从这里可以看出，吕氏是主张自然（天）是与人相应的。

中国古代"天人合一"的思想，就介绍这样多。我不是写中国哲学史，不过聊举数例说明这种思想在中国古代十分普遍而已。

不但中国思想如此，而且古代东方思想也大多类此。我只举印度一个例子。印度古代思想派系繁多。但是其中影响比较大、根柢比较雄厚的是人与自然合一的思想。印度使用的名词当然不会同中国一样。中国管大自然或者宇宙叫"天"，而印度则称之为"梵"（brahman）。中国的"人"，印度称之为"我"（Ātman，阿特曼）。总起来看，中国讲"天人"，印度讲"梵我"，意思基本上是一样的。印度古代哲学家有时候用 tat（等于英文的 that）这个字来表示"梵"。梵文 tatkartr̥，表面上看是"那个的创造者"，意思是"宇宙的创造者"。印度古代很有名的一句话 tat tvam asi，表面上的意思是"你就是那个"，真正的含义是"你就是宇宙"（你与宇宙合一）。宇宙，梵是大我；阿特曼，我是小我。奥义书中论述梵我关系常使用一个词儿 Brahmātmaikyam，意思是"梵我一如"。吠檀多派大师商羯罗（Śaṅkara，约 788—820），张扬不二一元论（Advaita）。大体的意思是，有的奥义书把"梵"区分为二：有形的梵和无形的梵。有形的梵指的是现象界或者众多的我（小我）；无形的梵指的是宇宙本体最高的我（大我）。有形的梵是不真实的，而无形的梵才是真实的。所谓"不二一元论"就是说：真正实在的唯有最高本体梵，而作为现象界的我（小我）在本质上就是梵，二者本来是同一个东西。我们拨开这些哲学迷雾看一看本来面目。这一套理论无非是说梵我合人，也就是天人合一，中印两国的思想基本上是一致的（请参阅姚卫群《吠檀多派哲学的梵我关系理论》，《南亚研究》1992 年第三期，37—44 页）。

从上面的对中国古代思想和印度古代思想的介绍中，我们可以看到，尽管使用的名词不同，而内容则是相同的。换句话说，"天人合一"的思想是东方思想的普遍而又基本的表露。我个人认为，这种思想是有别于西方分析的思维模式的东方综合的思维模式的具体表现。这个思想非常值得注意，非常值得研究，而且还非常值得发扬光大，它关系到人类发展的前途。

专就中国哲学史而论，我在本文一开头就说道：哪一个研究中国哲学史的学者也回避不开"天人合一"这个思想。要想对这些学者们的看法一一详加介绍，那是很难以做到的，也是没有必要的。我在下面先介绍几个我认为有代表性的哲学史家的看法，然后用比较长一点的篇幅来介绍中国现当代国学大师钱宾四（穆）先生的意见，他的意见给了我极大的启发。

首先介绍中国著名的哲学史家冯芝生（友兰）先生的意见。芝生先生毕生研究中国哲学史，著作等身，屡易其稿，前后意见也不可避免地不能完全一致。他的《中国哲学史》是一部皇皇巨著，在半个多世纪的写作过程中，随着时代潮流的变换，屡屡改变观点，直到逝世前不久才算是定稿。我不想在这里详细讨论那许多版本的异同。我只选出一种比较流行的也就是比较有影响的版本，加以征引，略作介绍，使读者看到冯先生对这个"天人合一"思想的评论意见。我选的是 1984 年中华书局版的《中国哲学史》。他在上册 164 页谈到孟子时说："'万物皆备于我''上下与天地同流'等语，颇有神秘主义之倾向。其本意如何，孟子所言简略，不能详也。"由此可见，冯先生对孟子"天人合一"的思想没有认真重视，认为"有神秘主义倾向"。看来他并不以为这种思想有什么了不起。他的其他意见不再具引。

第二个我想介绍的是中国著名的思想史家侯外庐先生。他在《中国思想通史》（1957 年，人民出版社）第一卷，380 页，谈到《中庸》的"天人合一"的思想。他引用了《中庸》的几段话，其中包括我在上面引的那一段。在 381 页侯先生写道："这一'天人合一'的思想，已在西周的宗教神上面加上了一层'修道之谓教'。"看来这一位中国思想史专家，对"天人合一"思想的理解与欣赏水平，并没能超过冯友兰先生。

我想，我必须引征一些杨荣国先生的意见，他代表了一个特定时代的御用哲学家的意见。他是"十年浩劫"中几乎仅有的一个受青睐的中国哲学史家。他的《简明中国哲学史》（1973 年，人民出版社）可以代表他的观点。在这一部书中，杨荣国教授对与"天人合一"思想有关的古代哲学家一竿子批到底。他认为孔子"要挽救奴隶制的危亡，妄图阻止人民的反抗"（25 页）。孔子的"政治立场的保守，决定他有落后、反动的一面"（同上）。对子思和孟子则说，"力图挽救种族统治、把孔子天命思想进一步主观观念化的唯心主义哲学"（29 页）。"孟子鼓吹超阶级的性善论"（34 页）。"由于孟子是站在反动的奴隶主立场，是反对社会向前发展的，所以他的历史观必然走上唯心主义的历史宿命论"（35 页）。"由是孔孟之道更加成为奴役劳动人民的精神枷锁。要彻底砸烂这些精神枷锁，必须批判孔孟哲学，并肃清其流毒和影响"（37 页）。下面对董仲舒（74—84 页），对周敦颐（165—169 页），对程颐（171—177 页），对朱熹（191—198 页）等等，所使用的词句都差不多，我不一一具引了。这同平常我们所赞同的批判继承的做法，不大调和。但是它确实代表了一个特定时期的思潮，读者不可不知，所以我引征如上。

最后，我想着重介绍当代国学大师钱穆（宾四）先生对"天人合一"

思想的看法。

钱宾四先生活到将近百岁才去世。他一生勤勤恳恳，笔耕不辍，他真正不折不扣地做到了"著作等身"，对国学研究做出了极其重要的贡献。他涉猎方面极广，但以中国古代思想史为轴心。因此，在他漫长的一生中，在他那些大大小小长长短短的著述中，很多地方都谈到了"天人合一"。我不可能一一列举。我想选他的一种早期的著作，稍加申述；然后再选他逝世前不久写成的他最后一篇文章。两个地方都讲到"天人合一"；但是他对这个命题的评价却迥乎不同。我认为，这一件事情有极其重要的含义。一个像钱宾四先生这样的国学大师，在漫长的生命中，对这个命题最后达到的认识，实在是值得我们非常重视的。

我先介绍他早期的认识。

宾四先生著的《中国思想史》（《现代国民基本知识丛书》第一辑）中说：

> 中国思想，有与西方态度极相异处，乃在其不主向外觅理，而认真理即内在于人生界之本身，仅指其在人生界中之普遍者共同者而言，此可谓之内向觅理。

书中又说：

> 中国思想，则认为天地中有万物，万物中有人类，人类中有我。由我而言，我不啻为人类中心，人类不啻为天地万物之中心，而我又为其中心之中心。而我之与人群与物与天，寻本而言，则浑然一体，既非相对，亦非绝对。

在这里，宾四先生对"天人合一"的思想没有加任何评价。大概他还没有感觉到这个思想有什么了不起之处。

但是，过了几十年以后，宾四先生在他一生最后的一篇文章《中国文化对人类未来可有的贡献》（载刘梦溪主编的《中国文化》，1991 年 8 月第四期，93—96 页）中，对"天人合一"这个命题有了全新的认识。文章不长，《中国文化》系专门学术刊物又不大容易见到，我索性把全文抄在下面：

〔前言〕中国文化中，"天人合一"观，虽是我早年已屡次讲到，惟到最近始激悟此一观念实是整个中国传统文化思想之归宿处。去年九月，我赴港参加新亚书院创校四十周年庆典，因行动不便，在港数日，常留旅社中，因有所感而思及此。数日中，专一玩味此一观念，而有激悟，心中快慰，难以言述。我深信中国文化对世界人类未来求生存之贡献，主要亦即在此。惜余已年老体衰，思维迟钝，无力对此大体悟再作阐发，惟待后来者之继起努力。今适中华书局建立八十周年庆，索稿于余，姑将此感写出，以为祝贺。

中国文化过去最伟大的贡献，在于对"天""人"关系的研究。中国人喜欢把"天"与"人"配合着讲。我曾说"天人合一"论，是中国文化对人类最大的贡献。

从来世界人类最初碰到的困难问题，便是有关天的问题。我曾读过几本西方欧洲古人所讲有关"天"的学术性的书，真不知从何讲起。西方人喜欢把"天"与"人"离开分别来讲。换句话说，他们是离开了人来讲天。这一观念的发展，在今天，科学愈发达，愈易显出它对人类生存的不良影响。

中国人是把"天"与"人"和合起来看。中国人认为"天命"就表露在"人生"上。离开"人生"，也就无从来讲"天命"。离开"天命"，也就无从来讲"人生"。所以中国古人认为"人生"与"天命"最高贵最伟大处，便在能把他们两者和合为一。离开了人，又从何处来证明有天。所以中国古人，认为一切人文演进都顺从天道来。违背了天命，即无人文可言。"天命""人生"和合为一，这一观念，中国古人早有认识。我以为"天人合一"观，是中国古代文化最古老最有贡献的一种主张。

西方人常把"天命"与"人生"划分为二，他们认为人生之外别有天命，显然是把"天命"与"人生"分作两个层次，两个场面来讲。如此乃是天命，如此乃是人生。"天命"与"人生"分别各有所归。此一观念影响所及，则天命不知其所命，人生亦不知其所生，两截分开，便各失却其本义。决不如古代中国人之"天人合一"论，能得宇宙人生会通合一之真相。

所以西方文化显然需要另有天命的宗教信仰，来作他们讨论人生的前提。而中国文化，既认为"天命"与"人生"同归一贯，并不再有分别，所以中国古代文化起源，亦不再需有像西方古代人的宗教信仰。在中国思想中，"天""人"两者间，并无"隐""现"分别。除却"人生"，你又何处来讲"天命"。这种观念，除中国古人外，亦为全世界其他人类所少有。

我常想，现代人如果要想写一部讨论中国古代文化思想的书，莫如先写一本中国古代人的天文观，或写一部中国古代人的天文学，或人生学。总之，中国古代人，可称为抱有一种"天即是人，人即是天，一切人生尽是天命的天人合一观"。这一观念，亦可说即是古代中国人生的一种宗教信仰，这同时也即是古代中国人主要的人生观，亦即是其天文观。如果我们今天亦要效法西方人，强要把"天文"与"人生"分别来看，那就无从去了解中国古代人的思想了。

即如孔子的一生，便全由天命，细读《论语》便知。子曰："五十而知天命"，"天生德于予"。又曰："知我者，其天乎！""获罪于天，无所祷也。"倘孔子一生全可由孔子自己一人作主宰，不关天命，则孔子的天命和他的人生便分为二。离开天命，专论孔子个人的私生活，则孔子一生的意义与价值就减少了。就此而言，孔子的人生即是天命，天命也即是人生，双方意义价值无穷。换言之，亦可说，人生离去了天命，便全无意义价值可言。但孔子的私生活可以这样讲，别人不能。这一观念，在中国乃由孔子以后战国时代的诸子百家所阐扬。

读《庄子·齐物论》，便知天之所生谓之物。人生亦为万物之一。人生之所以异于万物者，即在其能独近于天命，能与天命最相合一，所以说"天人合一"。此义宏深，又岂是人生于天命相离远者所能知。果使人生离于天命远，则人生亦同于万物与万物无大相异，亦无足贵矣。故就人生论之，人生最大目标、最高宗旨，即在能发明天命。孔子为儒家所奉称最知天命者，其他自颜渊以下，其人品德性之高下，即各以其离于天命远近为分别。这是中国古代论人生之最高宗旨，后代人亦与此不远。这可以说是我中华民族论学分别之大体所在。

近百年来，世界人类文化所宗，可说全在欧洲。最近五十年，欧洲文化近于衰落，此下不能再为世界人类文化向往之宗主。所以可说，最近乃是人类文化之衰落期。此下世界文化又将何所向往？这是今天我们人类最值得重视的现实问题。

以过去世界文化之兴衰大略言之，西方文化一衰则不易再兴，而中国文化则屡仆屡起，故能绵延数千年不断。这可说，因于中国传统文化精神，自古以来即能注意到不违背天，不违背自然，且又能与天命自然融合一体。我以为此下世界文化之归结，恐必将以中国传统文化为宗主。此事涵义广大，非本篇短文所能及，暂不深论。

> 今仅举"天下"二字来说，中国人最喜言"天下"。"天下"二字，包容广大，其涵义即有，使全世界人类文化融合为一，各民族和平并存，人文自然相互调适之义。其他亦可据此推想。

我抄了宾四先生的全文。此文写于 1990 年 5 月。全抄的目的无非是想让读者得窥全豹。我不敢擅自加以删节，恐失真相。

我们把宾四先生早期和晚期的两篇著作一对比便发现，他晚年的这一篇著作，对"天人合一"的认识大大地改变了。他自己使用"澈悟"这个词，有点像佛教的"顿悟"。他自己称此为"大体悟"，说这"是中国文化对人类最大的贡献"，又说"此事涵义广大"，看样子他认为这是一件了不起的事。我们当然都非常希望知道，这"澈悟"的内容究竟是什么。可惜他写此文以后不久就谢世，这将成为一个永恒的谜。宾四先生毕生用力探索中国文化之精髓。积 80 年之经验，对此问题必有精辟的见解，可惜我们永远也不会知道了。

他在此文中一再讲"人类生存"。他讲得比较明确："天"就是"天命"；"人"就是"人生"。这同我对"天""人"的理解不大一样。但是，他又讲到"不违背天，不违背自然"，把"天"与"自然"等同，又似乎同我的理解差不多。他讲到中国文化与西方文化，认为"欧洲文化近于衰落"，将来世界文化"必将以中国传统文化为宗主"。这一点也同我的想法差不多。

宾四先生往矣。我不揣谫陋，谈一谈我自己对"天人合一"的看法，希望对读者有那么一点用处，并就正于有道。我完全同意宾四先生对这个命题的评价：涵义深远，意义重大。我在这里只想先提出一点来：正如我在上面谈到的，我不把"天"理解为"天命"，也不把"人"理解为"人生"；我认为"天"就是大自然，"人"就是我们人类。天人关系是人与自然的关系。看来在这一点上我同宾四先生意见是不一样的。

我怎样来解释"天人合一"呢？

话要说得远一点，否则不易说清楚。

最近四五年以来，我以一个哲学门外汉的身份，有点不务正业，经常思考一些东西方文化关系问题，思考与宾四先生提出的"此下世界文化又将何所向往"相似的问题。我先在此声明一句：我并不是受到宾四先生的启发才思考的，因为我开始思考远在他的文章写成以前。只能说是"不谋而合"吧。我曾在许多文章中表达了我的想法，在许多国际学术研讨会上，我也发表了一些讲话。由最初比较模糊，比较简单，比较凌乱，比较浅薄，进而逐渐深化，逐渐系统，颇得到国内外一些真正的行家的赞许。我甚至收到了从西班牙属的一个岛上寄来的表示同意的信。

那么，我是如何思考的呢？

详细的介绍，此非其地。我只能十分简略地介绍一下。我从人类文化产生多元论出发，我认为，世界上每一个民族，不管大小，都或多或少地对人类文化做出了贡献。自从人类有历史以来，共形成了四个文化体系：

一、中国文化

二、印度文化

三、从古代希伯来起经过古代埃及、巴比伦以至伊斯兰阿拉伯文化的闪族文化

四、肇端于古代希腊、罗马的西方文化

这四个文化体系又可以划分为两大文化体系：东方文化和西方文化。前三者属于东方文化，第四个属于西方文化。两大文化体系的关系是：三十年河西，三十年河东。

东西两大文化体系的区别，随处可见。它既表现在物质文化上，也表现在精神文化上。具体的例子不胜枚举。但是，我个人认为，两大文化体系的根本区别来源于思维模式之不同。这一点我在上面已经提到过：东方的思维模式是综合的，西方的思维模式是分析的。勉强打一个比方，我们可以说：西方是"一分为二"，而东方则是"合二而一"。再用一个更通俗的说法来表达一下：西方是"头痛医头，脚痛医脚"，"只见树木，不见森林"，而东方则是"头痛医脚，脚痛医头"，"既见树木，又见森林"。说得再抽象一点：东方综合思维模式的特点是，整体概念，普遍联系；而西方分析思维模式则正相反。

现在我回到本题。"天人合一"这个命题正是东方综合思维模式的最高最完整的体现。

我在上面已经说到，我理解的"天人合一"是讲人与大自然合一。我现在就根据这个理解对人与自然的关系进行一些分析。

人，同其他动物一样，本来也是包括在大自然之内的。但是，自从人变成了"万物之灵"以后，顿觉自己的身价高了起来，要闹一点"独立性"，想同自然对立，要平起平坐了。这样才产生出来了人与自然的关系。

人类在成为"万物之灵"之前或之后，一切生活必需品都必须取给于大自然，衣、食、住、行，莫不皆然。人离开了自然提供的这些东西，一刻也活不下去。由此可见人与自然关系之密切、之重要。怎样来处理好人与自然的关系，就是至关重要的了。

据我个人的观察与思考，在处理人与自然的关系方面，东方文化与西方文化是迥乎不同的，夸大一点简直可以说是根本对立的。西方的指导思想是征服自然；东方的主导思想，由于其基础是综合的模式，主张与自然万物浑然一体。西方向大自然穷追猛打，暴烈索取。在一段时间以内，看来似乎是成功的：大自然被迫勉强满足了他们的生活的物质需求，他们的日子越过越红火。他们有点忘乎所以，飘飘然昏昏然自命为"天之骄子""地球的主宰"了。东方人对大自然的态度是同自然交朋友，了解自然，认识自然；在这个基础上再向自然有所索取。"天人合一"这个命题，就是这种态度在哲学上的凝炼的表述。东方文化曾在人类历史上占过上风，起过导向作用，这就是我所说的"三十年河东"。后来由于种种原因，时移势迁，沧海桑田，西方文化取而代之。钱宾四先生所说的："近百年来，世界人类文化所宗，可说全在欧洲。"这就是我所说的"三十年河西"。世界形势的发展就是如此，不承认是不行的。

东方文化基础的综合的思维模式，承认整体概念和普遍联系，表现在人与自然的关系上就是人与自然为一整体，人与其他动物都包括在这个整体之中。人不能把其他动物都视为敌人，要征服它们。人吃一些动物的肉，实在是不得已而为之。从古至今，东方的一些宗教，比如佛教，就反对杀牲，反对肉食。中国固有的思想中，对鸟兽表示同情的表现，在在皆有。最著名的两句诗："劝君莫打三春鸟，子在巢中待母归。"是众所周知的。这种对鸟兽表示出来的怜悯与同情，十分感人。西方诗中是难以找到的。孟子的话"恻隐之心人皆有之"，也表现了同一种感情。

东西方的区别就是如此突出。在西方文化风靡世界的几百年中，在尖刻的分析思维模式指导下，西方人贯彻了征服自然的方针。结果怎样呢？有目共睹，后果严重。对人类的得寸进尺永不餍足的需求，大自然的忍耐程度并非无限，而是有限度的。在限度以内，它能够满足人类的某一些索取。过了这个限度，则会对人类加以惩罚，有时候是残酷的惩罚。即使是中国，在我们冲昏了头脑的时候，大量毁林造田，产生的后果，人所共知：长江变成了黄河，洪水猖獗肆虐。

从全世界范围来看，在西方文化主宰下，生态平衡遭到破坏，酸雨到处横行，淡水资源匮乏，大气受到污染，臭氧层遭到破坏，海、洋、湖、河、江遭到污染，一些生物灭种，新的疾病冒出等等，威胁着人类的未来发展，甚至人类的生存。这些灾害如果不能克制，则用不到一百年，人类势将无法生存下去。这些弊害目前已经清清楚楚地摆在我们眼前，哪一个人敢说这是危言耸听呢？

现在全世界的明智之士都已痛感问题之严重。但是却不一定有很多人把这些弊害同西方文化挂上钩。然而，照我的看法，这些东西非同西方文化挂上钩不行。西方的有识之士，从本世纪20年代起直到最近，已经感到西方文化行将衰落。钱宾四先生说："最近五十年，欧洲文化近于衰落。"他的忧虑同西方眼光远大的人如出一辙。这些意见同我想的几乎完全一样，我当然是同意的，虽然衰落的原因我同宾四先生以及西方人士的看法可能完全不相同的。

有没有挽救的办法呢？当然有的。依我看，办法就是以东方文化的综合思维模式济西方的分析思维模式之穷。人们首先要按照中国人、东方人的哲学思维，其中最主要的就是"天人合一"的思想，同大自然交朋友，彻底改恶向善，彻底改弦更张。只有这样，人类才能继续幸福地生存下去。我的意思并不是要铲除或消灭西方文化。不是的，完全不是的。那样做，是绝对愚蠢的，完全做不到的。西方文化迄今所获得的光辉成就，决不能抹杀。我的意思是，在西方文化已经达到的基础上，更上一层楼，把人类文化提高到一个前所未有的高度。"三十年河西，三十年河东"这个人类社会进化的规律能达到的目标，就是这样。

有一位语言学家讽刺我要"东化"。他似乎认为这是非圣无法大逆不道之举。愧我愚陋，我完全不理解：既然能搞"西化"，为什么就不能搞"东化"呢？

"风物长宜放眼量。"我们决不应妄自尊大。但是我们也不应妄自菲薄。我们不应当囿于积习，鼠目寸光，认为西方一切都好，我们自己一切都不行。这我期期以为不可。

多少年来，人们沸沸扬扬，义形于色，讨论为什么中国自然科学不行，大家七嘴八舌，争论不休，都认为这是一件事实，不用再加以证明。然而事情真是这样吗？我自己对自然科学所知不多，不敢妄加雌黄。我现在吁请大家读一读中国当代数学大家吴文俊先生的一篇文章：《关于研究数学在中国的历史与现状》（见《自然辩证法通讯》1990 年第四期）。大家从中一定可以学习很多东西。

总之，我认为，中国文化和东方文化中有不少好东西，等待我们去研究，去探讨，去发扬光大。"天人合一"就属于这个范畴。我对"天人合一"这个重要的命题的"新解"，就是如此。

1992 年 11 月 22 日写毕

任继愈先生学术文萃

导　语

林　娅

任继愈先生是中国文化书院创院的五位德高望重的导师之一。任继愈先生，字又之，1916 年 4 月 15 日生于山东平原，2009 年 7 月 11 日以93 岁高龄，走完了他辉煌的人生之路。

任继愈先生 1934 年考入北京大学哲学系，把探索真理、坚守科学作为自己毕生的事业。他是中国文化、学术史上著名的历史学家、哲学家、宗教学家。20 世纪 60 年代初期，任继愈用马克思主义历史唯物主义的观点写作的有关佛教方面的文章曾被毛泽东赞誉为"凤毛麟角"。此后不久，在毛主席的指示下，1964 年，任继愈先生筹建了新中国第一所宗教研究机构——中国科学院世界宗教研究所，成为第一任所长。他是中国马克思主义宗教学的开创者和奠基人，培养了几代中国宗教学研究人才，对中国宗教学研究事业做出了不可磨灭的贡献。他还是国家图书馆馆长，为国家图书馆在百年历史传承的基础上快速实现现代化、国际化发展做出了突出贡献。任先生一生学无止境，笔耕不辍，著作等身。

任先生一生追求真理，钟爱中国哲学、中国文化，把整理、挖掘灿烂的中国文化遗产当作毕生的事业，做了大量铺石筑路的工作，以其厚朴、笃学垂范后世。他严谨的治学态度、谦虚谨慎的作风，不因得势而猖狂，不因困境而颓废，始终无怨无悔地坚守在中国文化研究、复兴的伟大事业之中，为我们留下宝贵的精神财富。任先生一生涉猎众学说，吸纳各学派，得以在多领域学有所成，在探索中，他敢于创新并且勇于修正自己观点的品格也是极其可贵的。他的一生是学习的一生，是探索的一生，是奋斗的一生。主要著作有《老子今译》《范缜"神灭论"今释》《墨子》《汉唐佛教思想论集》《老子新译》《中国哲学史论》等，主编有《中国哲学史简编》《中国哲学史》《宗教词典》《中国佛教史》《中国哲学发展史》《中国道教史》《佛教大辞典》《中华大藏经（汉文部分）》《中华大典》等。

本卷是依据《任继愈文集》甄选的，共分四组，选编原则是有一定代表性、影响性较强、适合阅读。

一、宗教、哲学与科学无神论

任继愈先生在宗教、哲学方面均有诸多著作，他一生追求真理，从年轻时就注重儒学，后接受马克思主义，在新中国成立之后，开始以马克思主义为指导，探寻宗教、哲学与科学的关系。

他认为，宗教表明人的认识的提高，是摆脱动物界的进步，是人类思维能力向前发展的结果，是人类从与自然界浑然一体的状态下分离出来的标志。宗教产生于原始社会，但是宗教得到广泛的蔓延，都是在封建社会。这是中外宗教形成的共同之处。宗教总是力图证明天国的存在，为此中外宗教神学家做了不少努力，但都是无效的劳动，宗教是一种有神论，任何一种宗教都会与他们推崇的神相关联。当然这种神可以是具体的有形体的实物，也可以是无形体的某种精神。宗教用它作为一种精神寄托把人牢牢地把控起来。所以宗教总是反科学的。

随着人类思维能力的提高，哲学在探讨人生终极问题上是与宗教相佐的。它与宗教发展的过程不同，是思辨活动，这种活动是在对人们日常生活、社会活动的不断总结中发展起来的，它对经验教训的总结需要有科学的方法，需要有科学的态度，因而它的基础是科学。哲学对自然规律和社会现象提出了规律性的解释，因解释的不同形成了唯物主义与唯心主义的不同的哲学理论。但是，在封建社会，哲学只是宗教的附庸，没有能力从宗教神学的绝对权威下解放出来，中外的历史都已表明了这一点。中国封建社会的历史特别长，哲学从属于宗教的这一事实更为突出。

在《科学无神论给人真理和智慧》一文中，他用马克思主义的观点全面剖析了宗教的形成过程、宗教的本质及其作用。从原始有神论到以三大宗教为代表的有神论是人类精神发展的又一飞跃。新的宗教不再将向神灵贡献祭品的多少作为讨好神灵的条件，更不再实行人祭，而是开始教育人们只有德行才是取得神灵保护的条件，从而对人类道德的提升和社会的稳定起到了重要的作用。结合中国封建社会实际，任先生也指出，儒教对于保障社会基本生活，对于安慰人民无法解除的现实苦难都起到一定作用。

科学发展昭示人们，过去数千年一直被奉为全智全能的神原来并不存在，也没有什么救世主，要认识世界以获得行动的自由，要摆脱苦难去争取幸福，只有靠自己。科学无神论极大地解放了人类的思想，使人类数千年间被压抑的智慧，如同火山爆发一样喷涌而出。

任先生直到生命的最后时刻都在为科学无神论而呼唤。倡导科学，反对愚昧，甚至明确地指出：要脱贫，必须脱愚。所谓愚昧，不仅是文化程度不高，知识不够，还包括由于思想糊涂而把自己的吉凶祸福、事业成败托付给那些并不存在的鬼神。相信科学，因为科学的特性就是讲实话，揭示真相，只有在讲实话，揭示真相的基础上，人类才能获得真正的自由。任先生还深刻地指出："科学无神论告诉人们，主宰个人吉凶祸福、国家前途命运的，不是神，也没有神。这是诞生近代意义的国家的重要基础。"处于痛苦和无奈、无助境遇的人们可以从神那里得到安慰，但是不能真正解除痛苦；从神那里获得的帮助和幸福，只是一种虚幻的幸福。要获得真正的幸福，就应该摆脱幻想，面对现实，把跪着的膝盖挺直，脚踏实地地去摘取"真实的花朵"，实现"现实的幸福"。

任继愈先生一生经历丰富多彩，他为中华民族贡献了许多宝贵的精神财富，其中最重要的贡献之一，就是高举科学无神论的旗帜。

二、钟爱中国哲学，活到老，研究到老

任继愈先生被称为哲学家，他一生挚爱哲学，把学习哲学看成是毕生的追求。晚年时，他曾对许多人说过，那时选择哲学，是希望对世界和宇宙的终极性问题"寻根究底"。

任继愈研究哲学总是与社会、历史相结合，在《中国哲学史的特点》一文中，他从中国社会历史的特点，研究出中国哲学史的特点。他指出中国封建社会的哲学历史最长。神学化的儒学占有极大的优势。儒家学说强调尊尊、亲亲，维护君父的绝对统治地位，巩固宗法的等级制度。汉代儒学成为占统治地位的意识形态，为了使这种意识形态有效地稳定封建秩序，更好地发挥控制人心的作用，汉以后的历代统治者及其思想家们，不断地对儒学加工改造，进行了儒学的造神活动，把孔子偶像化，把儒家经典神圣化。任先生通过对儒学千余年的改造过程的研究，指出孔子的学说经历了两次改造。"第一次改造在汉代，它是汉武帝主持，由董仲舒倡导，这就是中国历史上所谓'罢黜百家，独尊儒术'的措施。"第二次改造在宋代，产生了宋代理学。"它是儒、释、道三教合一的产物。"它以儒家的封建伦理为中心，吸取佛教、道教的一些宗教修行方法，加上烦琐的逻辑思辨论证，形成一个体系严密、规范庞大的宗教神学结构。任先生深刻指出，"它是宗教又是哲学，既是政治准则，又是道德规范"。同时他还认为中国哲学有光辉的唯物论和无神论的传统。

　　任继愈先生还是一位宽宏博大的哲学家，他重视各种哲学流派的研究，他认为中国是一个多民族统一的国家，虽然儒学占据主导地位，但是其他学说也必须加以重视，他在《道家研究的重要性》一文中指出，"中国三大宗教（儒、释、道）是中国传统文化的三大支柱"。按照封建正统观点，只有儒家的经史子集才有资格代表中国传统文化，佛教、道教典籍属于旁支，文化价值不大。任先生指出，"这是长期流行的一种偏见"。他说："我们从中华民族传统文化的整体来看，佛道两教与儒家传统文化同样重要，同样影响着中华民族的文化生活、家庭生活、社会生活以及政治生活。佛教、道教的影响，其深远程度当不在儒家经史四部之下。三教交互融摄，构成唐宋以降中国近一千多年来的文化总体。"他指出，"道教典籍中可供发展的东西非常丰富，其重要性决不下于佛教，甚至更重要"。

　　最能体现任先生孜孜不倦、精心学术研究精神的是他毕生对老子的研究，他认为，"老子首先提出'无'作为最根本的范畴，是中国哲学史第一座里程碑"。任先生深入研究老子的"无"，分析这个范畴在中国哲学史中的内涵、作用。他认为老子思想的深刻性在于从纷繁的现象概括出"无"概念中积极肯定的内容，老子的"无为"不是一无所有，而是用"无"的原则去"为"，所以能做到有若无，实若虚，以退为进，以弱为强，以不争为争，从而丰富了中国古代辩证法思想。

令人赞叹的是任先生对《老子》的研究。他在有生之年，先后出版了《老子今译》（1956 年出版）、《老子新译》（1978 年出版）、《老子全译》（1992 年出版），2006 年修改出版《老子绎读》，他每一次的出版，都会增添对于老子思想的新的认识，对于一位哲学家进行 53 年反复研究斟酌，表明任先生对老子哲学思想的珍视和锲而不舍的治学精神。

任先生在《我对〈老子〉认识的转变》一文中指出："我一向认为，老子哲学思想比孔子、孟子都丰富，对后来的许多哲学流派影响也深远。"这个观点正是他多年潜心研究的结果。同时我们在此短文中，看到任先生对自己研究的反思，比如关于老子思想归属唯物主义，还是唯心主义的讨论。1963 年出版的《中国哲学史》教科书认为老子是中国第一个唯物主义者；1973 年出版的《中国哲学史简编》（四卷本的缩写本），则认为老子属于唯心主义。主张前说时，没有充分的证据把主张老子属于唯心主义者的观点驳倒；主张后说时（《简编》的观点），也没有充分证据把主张老子属于唯物主义者的观点驳倒。"好像攻一个坚城，从正面攻，背面攻，都没有攻下来，这就迫使我停下来考虑这个方法对不对。"在他看来，如果双方的论点都错了，"首先是我自己的方法错了"。这种敢于反思，并且勇于承认自己的研究方法错误的精神是值得弘扬的，也是留给后人的极为珍贵的精神财富。

任先生对于哲学研究中与此相关的一个重要问题——唯物主义和唯心主义的关系——也是十分重视的，特别是怎样看待唯心主义，在一段时期内存在严重失误。由于长期以来，哲学史界经常把哲学观点与政治混同起来，给人们造成一种印象：政治进步，哲学唯物；政治反动，哲学唯心。任先生认为这种主观框框不打破，既不能认识唯物主义，也无法识别唯心主义。

他认为宗教思想当属唯心主义。但是，放在从原始社会向奴隶制社会转变时期，宗教的产生是一大进步，与宗教相伴而生的唯心主义也标志着人类进步。任先生从哲学发展的角度分析了唯物主义与唯心主义，是随着人类认识发展过程而交互发展的，说明了唯物主义的成长与唯心主义的关系。他认为"有些唯心主义（而不是所有）提出的问题，是当时人类无力解答的。但能够提出这些疑难问题，标志着人类认识的前进，人类认识达到了新的水平"。为此，任先生认为，"唯心主义在历史上起的作用，有三种情况，第一种是以不符合实际的虚假的认识代替符合实际的认识，把认识引向谬误，造成倒退。这种情况在哲学史上是大量存在的；第二种情况是发展了人类认识中的片面性；第三种情况是反映了先进的认识水平，提出了促使认识深化的问题，迫使唯物主义进行解答。这后一种，在哲学史上确实是存在的"。针对一些人的应该抛弃唯心主义的观点，任先生指出，我们要看到唯心主义出现的必然性，更要看到唯心主义产生的客观性，我们不能把辩证唯物主义的基本原理当作驱神赶鬼的符咒，把唯心主义的鬼怪赶跑就算完成使命，何况辩证唯物主义不是符咒，唯心主义也是赶不跑的。

三、中国三大宗教儒、释、道

任继愈先生对于中国宗教研究方面的贡献是极为重要的。他提出儒教的思想产生了很大影响。他不是简单地下一个结论，在《具有中国民族形式的宗教——儒教》《中国的国教》《儒教的再评价》《儒教的彼岸世界》等著作和文章中，他论证了为什么我国存在儒教，为什么儒教是我国的国教。他从宗教的本质、教义、形式、作用等方面说明儒教，使这一思想逐渐得以认同。

任先生指出，世界三大宗教——佛教、基督教、伊斯兰教，分别在不同的国家成为统治思想，却都发生在中世纪时代，中世纪的封建社会离不开宗教。从原始宗教发展为人为宗教，如果说原始宗教主要是对自然界的异己力量的反映，那么人为宗教为中世纪普遍存在的特权、压迫和社会不公正的现象作辩护，为蒙受不幸的人们描绘一个彼岸世界，要求他们忍受现实世界的苦难，去乞求精神的解脱。"儒教是在中国这块土地上生存了几千年的土生土长的宗教。"它既有中世纪的一般宗教的共性，也有自己独特的个性。中国的封建社会没有种姓制，但是有宗法制。在秦汉以前，已经提出"敬天、法祖"的信仰核心。封建统治者把"三纲五常"变成了一种神圣的教条，人们就不能怀疑，更不能反对。所以，董仲舒的神学只是儒教的雏形，宋明理学才是儒教的完成。在这一千余年的历史过程中，不管论证的形式和手段有什么改变，总的目的都是为了把"三纲五常"变为神圣的教条。

一些人因为中国没有经历欧洲中世纪那样黑暗的神学统治时期，就误以为没有儒教。任先生则指出，一是只看到西方中世纪宗教形式与中国儒教的区别，而忽视了儒教的宗教实质；一是只看到儒教具有丰富的哲学思想，而忽视了它的宗教思想核心。儒教讲的第一义谛是"天理"，它不在于启迪人的心智，而是用神秘直观宗教实践去体察涵养，要求人们摒除欲望，存养天理，以期完成作圣之功。针对一些人认为儒教没有出世，没有佛教的彼岸世界，就不承认儒教的观点，他在《儒教的彼岸世界》一文中指出："有些宗教把彼岸世界说成仅只是一种主观精神状态。在中国历史上，隋唐以后的佛教、道教都有这种倾向。"禅宗主张极乐世界不在彼岸而在此岸，不在现实之外，就在现实生活之中。所谓出家、解脱，并不意味着离开这个世界到另一个西天，在日常生活中，只要接受了宗教的世界观，当前的尘世就是西天，每一个接受佛教宗教观的众生即是佛，佛不在尘世之外，而在尘世之中。任先生指出，宋明理学各家各派"都在围绕一个中心问题阐述自己的观点：如何正确处理（对待）'天理'与'人欲'的关系，它不是一个哲学问题而是一个神学问题，即如何拯救灵魂，消灭'罪恶'，进入'天国'（理想的精神境界）的问题"。

对于佛教的研究，任先生是学界公认的大家。他从求学阶段就开始研究佛教，并且他在这方面的研究曾得到毛泽东的赞誉，称他的文章为"凤毛麟角"。任先生关于佛教方面的著述极为丰富，我们只能对其中与本书宗旨有关的文章加以介绍。经过长时间的研究，他认为中国佛教有极为鲜明的特点，在《中国佛教的特点》一文中，任先生总结了四个特点。第一，中国佛教随着历史的前进而前进。佛教传入中国，与汉代神学方术相结合，成为汉代道术的一种。到了魏晋南北朝时期，与玄学配合，使当时士大夫为之倾倒。以后随着中国社会历史的不断前进，密切配合社会时代的需要，不断充实，改变它的形式和内容，所以它的第一个特点是不停顿。第二，中国佛教的协调性。中华民族在秦汉开始即形成了多民族封建专制大一统的国家，几千年来，各民族之间，长期合作，频繁交往，这给各民族文化的融合创造了条件。秦汉以后，中华民族的大融合，约有四次，这四次大融合的意义不限于血统上，主要是在文化上。多次融合，形成了中华民族的共同意识——文化共同体。汉族及其他少数民族，都以儒家三纲五常为治国的唯一合法思想，纲常名教已被各民族所接受。中国佛教与它同时并存的思想流派及不同宗教信仰，也随时采取容纳、吸收、协调的态度，吸收儒家纲常名教，敬君主、敬祖先，一再强调，儒以治身，佛以治心。第三，中国佛教的创造性。他指出佛教传入中国两千年，大致可分为三个阶段，第一阶段以译述的外国译经僧人为主，第二阶段是创造发展阶段，代表人物几乎全是中国僧人。这一时期佛教传播的中心已转移到中国。最能代表佛教创造性的，是中国佛教中许多宗派开创人的著作以及后来各派涌现的中兴祖师，都以注释佛典的方式建立各自的佛教理论体系。这些著述，直抒胸臆。这些著作（经、论、疏、抄）少的几卷，多的几十卷、几百卷，它们丰富了中国佛教内容，开创了佛教理论研究的新局面。第四个特点，中国佛教的"三教合一"，也是佛教历史发展的第三个阶段。这一阶段的佛教，表面上似不及隋唐佛教的声势煊赫，但佛教的宗教精神与儒教传统文化得到进一步糅合，潜移默化，深入到中国文化的中枢部分，以至改造了儒家世界观，把佛教长期酝酿、发展成熟的心性之学渗透到理学内部，在佛教心性之学的参与下，逐渐形成了中国的儒教。从此佛教与儒教同命运，共兴衰，佛教得儒教而广，儒教得佛教而深。

对于道教，任先生的研究鲜明地指出，宗教的发展要靠民众和上层统治阶级的双向认可。这一点道教显得更为明显一些。道教是土生土长的宗教。他虽然与佛教同时出现，但是它错过了大发展的机会。道教的发展也遵循不依国主，则法事难立的原则，它既注意拉拢上层，也注意普及下层。有上层的支持，经济来源有保障，为寺院经济创造条件；有下层群众的广泛信奉，才能壮大宗教的声势，才可能更加促进上层的重视。他们宣传宗教针对不同信徒的需要，推行其宗教宣传内容。道教为了满足世袭的特权阶层精神生活和肉体生活的需要，向他们推销养生、服饰、炼丹、房中等宗教内容。炼丹要耗资财，费人力，穷人不敢问津，中产人家也办不到，只有特权阶层大贵族感兴趣。

综上所述，中国三大宗教（儒、释、道）是中国传统文化的三大支柱。按照封建正统观点，只有儒家的经史子集才有资格代表中国传统文化，佛教、道教典籍属于旁支，文化价值不大。任先生认为："我们从中华民族传统文化的整体来看，佛道两教与儒家传统文化同样重要，同样影响着中华民族的文化生活、家庭生活、社会生活以及政治生活。佛教、道教的影响，其深远程度当不在儒家经史四部之下。"同时还指出，"道教典籍中可供发掘的东西非常丰富，其重要性决不下于佛教，甚至更重要"。现代生活的发展和社会生活的需求可能会加以证实。

四、回应时代的呼唤，绘制绚丽的中国哲学和中国文化

中国哲学屹立于世界民族之林，并对人类文化做出过重要贡献，已为世界公认。随着经济利益的驱动，随着世界各国的文化接触越来越频繁，我们对于中国哲学和中国文化走向世界充满希望。

任先生熟知中国哲学发展的历史过程，从秦汉到清末，中国封建社会的哲学发展到了顶峰。博采众长，吸收一切先进文化成果，是中国哲学的好传统，也是中华民族不断发展壮大的成功经验。中华民族素有吸收一切先进文化成果的魄力，也素有吸收一切有价值的中外哲学遗产构建新哲学体系的胸襟。我们有优秀的传统，善于吸收一切优秀的文化来丰富自己。现在世界对于中国文化越来越需要，汉学遍布世界各地，中国也更加需要加强与世界的联系。同时我们也必须把我们优秀的东西传播出去，让我们在更多的领域发挥更大的作用。更让我们信心满满的是我们已有足够的实力把一切最美的、最精致的文化产品奉献给世界文化的殿堂。

对于中国哲学的未来，任先生更是为我们留下了宝贵的精神财富。他在《我国的哲学发展的正道》里指出，在社会大变革、大发展的时代，人们常说继往开来，"继往"继的是五千年来的中外一切哲学成果，"开来"开的是社会主义新文化、新哲学。文化有继承性。在极"左"思潮泛滥时期，曾提出过"与一切传统思想彻底决裂"。他指出，事实上，这是办不到的。孔庙的石碑砸破了不少，但一些人头脑中的封建专制思想依然存

在。这说明，我们只能批判地吸收前人的成果来创建新业绩，只能在已有基础上不断前进，而不是推倒重来。文化建设不能"白手起家"。哲学体系成长很慢，但它一旦形成，就可以影响千千万万人的生活方向，形成生活准则、社会准则。我国的哲学工作者不可妄自菲薄，而有责任把我国的哲学研究好、发展好，使全社会认识到哲学的重要作用，脱离愚昧，启迪智慧。

怎样实现哲学发展，他认为，最好的方式，也许是唯一的方式，是交流与争鸣。我们应该珍视争鸣，善于利用争鸣，要对不同流派的学术观点予以宽容，不能用"非此即彼"的两分思维方式。任先生语重心长地告诉我们，要建立学术规范，维护科学尊严，纠正浮躁不实、急功近利的短视行为，这也是我们共同的责任。有两点似应成为学界的共识：第一，讲自己懂得的问题。第二，讲自己同意的话，尽量不说违心的话。学术著作是精神文化产品，它的寿命应尽可能延长一些，如果拿不准，想不通，宁可不说，而不能以其昏昏，使人昭昭。以科学的态度，以扎实的治学精神，建设绚丽多彩的中国文化是我们肩负的责任。

哲学与宗教

    人类在认识世界和改造世界的长期过程中逐渐形成了哲学——对世界（包括人生）的总的看法，即世界观。中外历史发展表明哲学出现在阶级社会。在原始公社时期，人与人之间的关系还不能自觉地认识，由于生产力的极度低下，生活的极端困苦，大自然给予人类的考验十分严酷。人类为了生存，把一切力量都用来对付自然。天灾、疾病、部落之间的争夺（部落之间相互争夺作为自然界的存在来对待），无情地摆在人类面前，人类无力克服这些苦难，于是产生了宗教。宗教在进入阶级社会以后，特别是后来的文明社会，它是科学的敌人，是社会前进的障碍。但在原始社会，人类从无宗教到形成宗教倒是一个进步，它是人类思维能力向前发展，人类从与自然界浑然一体的状态下分离出来的标志。动物没有宗教，动物不可能产生一种支配自己的异己力量。只有人类才有宗教。

    宗教是人造的，一旦造出来，它就不再服从人的管辖，反倒管辖起人来。哲学起源于宗教。哲学的发展过程，就是一步一步地摆脱宗教的束缚的过程，征诸中外历史，没有例外。宗教的天国不能用论证的方法来证实它，虽然中外宗教神学家对此作了不少努力，也进行过证明，他们事实上都干了一些无效劳动。因为宗教立足于信仰和虔诚，而不是立足于理性的思辨、逻辑的论证。宗教祈求无上的精神力量援助，而不是教人激发自己的聪明智慧。宗教指示人们一个一个地向上帝投降、忏悔以求得宽恕，而不赞同人们向压迫自己的自然力量与社会力量反抗。天国的大门仅容一人一次通过，而不允许人群一拥而入。虽说上帝的形象是集体塑造的，它对每个信奉者实行各个击破，先当俘虏，后发进天国的门票。

宗教是人类对现实世界的歪曲反映。在古代，人类的生产斗争靠经验，征服自然的能力有限，还得"靠天吃饭"。吃饭靠天，要想思想上不靠天是不可能的。社会组织本来是人类自己安排的。但社会的存在，组织形式以及它的发展规律尚未被认识，人创造了社会，而社会却支配了人，人对自己的命运不能掌握，屈服于一种压迫自己的异己的力量。无论对自然，对社会，古代人类总是显得十分渺小。这就为宗教提供了孳生、蔓延的土壤。

哲学与宗教不同，它是人类生产斗争的知识、阶级斗争的知识的总结。它通过实践，产生思辨活动，在无数的生产斗争和阶级斗争中，犯过错误，也取得了成功。总结成功的经验，吸取错误的教训，使人们变得聪明起来。把宝贵的经验和教训不断积累，并把它抽象概括为原则性的总结性的格言，这就是哲学的雏形。先用诗的形式，为了便于记忆和流传，后来写成文字、著作。总结经验要有科学的方法，有科学的态度。哲学的基础是科学，哲学本身就包含着与宗教分离的内在因素。最早宗教指导着人类生活的全部，后来阵地逐渐被哲学所挤占，才缩小了它管辖的范围。

在原始社会里，人们对自然力量的压迫无法理解和无能为力，是原始宗教产生的主要原因。在阶级社会里，人们除了受自然力量的压迫外，阶级压迫和剥削所造成的社会苦难则是宗教存在和发展的主要根源。历代剥削阶级的统治者，利用宗教作为保护剥削制度、消除人民的反抗意志的思想工具。原始的宗教，产生和存在只是由于人们对自然力量的不理解，阶级社会的宗教，在原来使宗教赖以存在的基础之外，又加上人为的因素，人为地使宗教思想系统化、组织化，使宗教有意识地为政治服务，有助于王化，成为正人心、消乱源的思想武器。而科学的规律却来不得半点人为的虚假。宗教从此成了科学的敌人。宗教利用它的特点——信仰主义以压制理性主义。

哲学是在阶级社会中产生的。哲学对自然现象和社会现象提出了规律性的解释。哲学一开始就存在着符合客观事实的解释和不符合客观事实的解释。因为客观事实是离开主观而独立存在的，独立存在的事实是不断发展变化的。于是哲学发展划分为唯物主义哲学（符合客观事实的）和唯心主义哲学（不符合客观事实的）。对客观事实是否有发展变化，有不同的观点：有一派哲学认为，事物有发展变化，这是辩证法；还有一派哲学认为，事物没有发展变化，这是形而上学。

宗教反对科学实践，而唯心主义哲学则歪曲科学实践。在历史上，宗教和唯心主义哲学经常结成同盟军，如中世纪的神学就是以哲学的形式去完成宗教的任务。宗教是粗糙的哲学；哲学是精致的神学。这两者的任务和目的相同，只是有高低精粗的差别。代表人类正确思维的哲学只有唯物主义和辩证法，它可以称为哲学的主流。但人类认识世界不是沿着直线前进的，要走不少弯路，有时顺利，有时停滞，甚至也有短暂的倒退。哲学前进一步，都要和宗教发生冲突。

虽说自然宗教产生于原始社会，人为的宗教产生于奴隶制社会，但宗教得到广泛的蔓延，无论中外，都是在封建社会。封建社会比奴隶制社会前进了一个阶段。奴隶社会的存在和巩固，靠更多的暴力，而辅之以说教。封建社会的经济特点是个体小农经济，统治者利用的手段比奴隶制有所缓和，不专靠皮鞭和刑罚，而给农民以小块土地，使他们对生产比奴隶有较高的积极性。但这并不等于放松了对农民的压迫和剥削，而是用宗教作为思想武器，推行奴化说教，使更多的人心安理得地被束缚在土地上，永世不得翻身。世界三大宗教的广泛流传，形成世界宗教，都得力于封建社会统治阶级的支持和推广。

中国哲学史发生于奴隶社会，它的成长和壮大，却在封建社会。中国的奴隶制社会和资本主义社会不及欧洲各国具有典型性，而中国的封建社会则在全世界具有典型性，因为它使封建社会的经济、文化、科学技术走在当时世界的前列，有些领域达到高峰。有三千年历史的中国哲学，其主要发展过程是在封建社会进行的。如果说中国哲学史即是中国封建社会的哲学史，也不能算过分。因为中国资本主义没有得到正常的发展，很快就跨进了社会主义阶段。因而反映资本主义的哲学思想比较简单，都还没有达到西方近代资产阶级的水平。

在封建社会，哲学只是宗教的附庸，没有能力从宗教神学的绝对权威下解放出来。中外的历史都已表明这一事实。中国封建社会的历史特别长，哲学从属于宗教的这一事实就更为突出。这一点古人自己也不大清楚。西方资产阶级开始时也不自觉地借用神学的范畴讲哲学，偷运唯物主义私货。欧洲中世纪的唯名论已开其端，斯宾诺莎借用"天"来代讲他的唯物主义泛神论。康德已开始区别哲学与宗教的使命对象，到了黑格尔得到进一步区别。

中国封建社会是全世界最典型的。说它典型，因为它的生产力、科学、文化都达到封建制度下可能达到的最高水平。为了维持封建制度的巩固，历代统治者费尽了心力。中心任务是巩固宗法制度，使宗法制度与封建的政治统治秩序密切结合起来。这一任务，儒家作了不少努力，并收到实效。哲学的发展，中外共同的规律是唯物主义与唯心主义斗争的过程。特别在近代，把思维与存在的关系提高到自觉的程度。过去的哲学，则是人类认识世界的过程。由于科学水平的限制，生产规模狭小，人们的实践范围也受到限制。认识社会、历史、自然及人类思维的一般规律，不得不受到宗教的局限。实质上属于唯物主义与唯心主义的斗争史，具体表现则为哲学摆脱宗教的过程。封建社会的占主要统治地位的思想、意识形态即宗教。哲学的唯心主义"天"与宗教神学唯心主义世界观密切相关。中国的宗教神学不只是简单地宣扬上帝创造世界。它对人世吉凶，历史朝代兴亡，自然界水旱灾害，都有一套神学的解释。西周的天命神学，经历了春秋战国，被打得动摇了。封建地主阶级为了自己取得政治统治地位，在地上取得王权，也要打破西周以来维护旧制度的神权。等到封建统治制度已经建立，它也需要一种神权作为王权的新支柱。这就出现了秦汉以后的神学目的论，对汉代封建王权重新论证，出现了董仲舒、《白虎通》为代表的神学目的论、天命决定论。

王权统治下，不可避免地要发生土地兼并，出现大量的饥民，造成社会动荡。土地兼并，先从平民百姓开始，继而兼并到中小地主阶级，大地主只是少数。于是造成农民起义，社会动荡，推翻旧王朝，土地再分配，人口自然增长，土地重新兼并，又进行第二次农民革命，这样，一治一乱，多次循环，组成了中国的二十四史的历代兴亡盛衰连环图画。天命神学、王权神授这一基本图式没有多少改变。统治者不断总结经验，把哲学与神学巧妙地结合起来，形成官方神学。汉以后，官方神学一度被冲击，哲学从神学中暂时获得解放———即魏晋玄学。魏晋时期，佛、道两大宗教广泛传播，与儒教争地盘。隋唐时，佛教、道教与孔子为教主的儒教号称三教，同时并行，既斗争，又联合。三教中既有宗教教义的宣传，也有宗教哲学理论的宣传，经过几百年的渗透、融合，到了宋代，三教并成一体——形成完整的儒教体系。它吸收了佛教、道教的宗教修养方法，让维护封建宗法制度的儒家出面，表面上摆出批判佛教与道教的姿态。

中国封建社会的后期，长期停滞不进，当然有许多原因，有一个原因应当指出：就是儒教扼杀了科学，扼杀了资本主义萌芽，禁锢了人们的思想，从而推迟了向资本主义迈进的步伐。

中国哲学史是唯物主义与唯心主义的斗争史，但具体表现则是各个不同时期、各种唯物主义流派向当时占统治地位的宗教思想做斗争的历史。哲学史，也就是摆脱宗教羁绊的历史。

道高一尺，魔高一丈。宗教神学并不是一成不变的，宋代儒教体系的完成，表明宗教随时改变着它的形式。在斗争中成长起来的哲学，特别是唯物主义哲学，也逐渐使自己的体系完备，把人类认识推向深化，形成了一浪高一浪的势态。

如果看不到这一点，就看不到中国哲学史的特点及其前进的道路。

科学是人类最可靠的朋友

　　这些年来，由于种种原因，一些人对科学产生了偏见，认为科学的发展固然给人类带来了物质利益，但也造成了环境污染、生态破坏；还有的人认为，科学只追逐物质利益，造成了道德滑坡。这些偏见，从负面影响着"科教兴国"战略的实施，而科学又是无神论的坚实基础，所以我们有必要对这个问题表明态度。

　　科学研究是不断发展着的人类追求与客观实际相符合的确切知识的认识活动。获得与客观实际相符合的确切知识，是科学的唯一使命，也是科学的唯一功能。技术则把科学所获得的知识变成一种可操作的程序。人类获得了知识，是否把这些知识变成操作程序？变成了操作程序后是否就付诸实行？在什么时间、什么地点付诸实行？是在工程或者说是在工业的层面上发生的。迄今为止，有许许多多未曾变成技术的知识，也有许许多多被搁置起来的技术。也就是说，如何运用科学技术，决定因素是人。

　　被指责造成环境污染、生态破坏，还有核军备竞赛的事件，是在工程或工业的层面上发生的，是在人们运用科学技术的过程中发生的。在这里，应受指责的不是科学技术，而是工业或者工程，更确切地说，是从事工业或工程的人。我们不能把核军备竞赛的责任归于发现镭的居里夫妇和发现相对论的爱因斯坦，同样，也不能把环境污染、生态破坏的责任归于科学或者技术。这就是通常所说的科学技术的中性立场。

　　人类从诞生的那一天开始，就改变着原始的自然生态。像发明用火，就开始破坏原有的自然生态了。只要按科学所揭示的自然规律办事，取之有度，用之有节，人与自然是可以并存互利，与万物并育而不相害。科学不会危及生态，而是不懂科学或违反科学规律，或者是只知其一，不知其二，只见局部，不见全体，只顾眼前，不顾长远，甚至仅仅为了自己或者某些小集团的私利，导致了生态环境的破坏。而要保持应有的生态平衡，就必须按科学规律行事。因此，科学不仅能使人类改善生活条件，也能改善人类的生存环境。科学永远是人类最可信赖的朋友。

生态问题是人类生存的自然环境问题，道德问题则是人类生存的社会环境问题。在这个问题上，科学也同样是人类最忠实的朋友。

自然科学以研究自然为对象，揭示了自然界的规律；社会科学以人类社会为对象，揭示社会存在和发展的规律。自然科学不能干涉自然界的运动，而只是认识这种运动；社会科学也只是认识各种社会现象，并不可能制造社会存在和发展的规律。但是，科学的认识可以使人们明白各种言行的前因后果，从而引导人们正确地选择自己的言行。在道德问题上，科学的指导作用与迷信神灵相比，科学的指导才是可靠的指导，科学的特性就是讲实话，揭示真相，而只有在讲实话、揭示真相的基础上，人类才能获得真正的自由。人类获得自由决不是建立在对鬼神的畏惧、谄媚、贿买和奉献财物的基础上的。因此，在道德问题上，科学也是人类最可靠的朋友。千百年来，善良的迷信者向鬼神祈求保佑，从未中断过，但人们并没有真正获得保佑。人类历史表明，人与自然、人与人之间的矛盾（包括利益集团的冲突），旧的矛盾解决了，又产生了新的。凡是科学尚未达到的地方，必然是鬼神迷信孳生的土壤。这是照人类认识世界的一般情况来说的。社会上只要有为了私利而存在的某些集团，就总会有些为私利所驱使的人，利用诈骗手段，害群众，肥自己。当前，屡禁不止的伪科学便是明证。

彻底破除迷信，必须清除迷信赖以孳生的土壤，这不是不可能，但不是短期可以达到的。因为社会充满了矛盾，人们生活在社会矛盾之中，面对多变而复杂的情况。社会科学发展到今天，有了马克思主义，这是解决社会矛盾，使人类进入自由王国的必由之路。历史唯物主义已找出了社会问题的病因，治疗方案还在不断探索、前进之中。其中有些是成功的，有些方案还有待改进。人类社会实践还有待充实。即使有了正确答案，还要取得广大群众的共识，使它化为群众自己的智慧，才能付诸实践，使理想变为现实。这是一个相当长期的过程。未来社会将是一个生产发展、分配合理、人们相互理解和尊重的社会。

科学无神论给人真理和智慧

几年前，我曾经撰文提出，要脱贫，必须脱愚，甚至首先要脱愚。然而，所谓愚昧，不仅是文化程度不高、知识不够，还包括由于思想糊涂、认识错误而把自己的吉凶祸福甚至事业成败托付给那些并不存在的鬼神。英国哲学家罗素曾说过，他为什么不信神，因为神是不存在的。所谓神的指示，不过是那些假借神的名义的人员的指示。这些人不见得就比自己高明，甚至完全不高明。至于近些年来我国出现的那些所谓特异功能大师，那些巫婆神汉，同样并不高明甚至非常愚蠢，但有那么一些人却听信他们的谎言。因此，进行广泛深入的科学无神论的宣传教育，破除迷信，摆脱愚昧，始终是我们面临的一项重要而迫切的任务。

科学无神论是先进文化的重要组成部分

科学无神论是人类在近代产生的最伟大的思想成果之一，也是先进文化的重要组成部分。恩格斯曾把18世纪法国那种彻底的无神论思潮称为"法兰西精神的最高成就"，因为它把一个非常朴素、非常简单、也非常伟大的真理昭示给人们：过去数千年间一直被认为是全知全能的神，原来并不存在，也没有什么救世主。要认识世界以获得行动的自由，要摆脱苦难去争取自己的幸福，只有依靠自己。这个朴素而简单的真理是在近代科学发展的基础上产生的，所以我们称其为科学无神论。这个真理极大地解放了人类的思想，使人类数千年间被压抑的智慧，如同火山爆发一样喷涌而出。人类在此后数百年时间里创造的文明成果，比过去数千年间创造的文明成果的总和还要多得多。

科学无神论告诉人们，主宰个人吉凶祸福、国家前途命运的，不是神，也没有神。这是诞生近代意义的国家的重要基础。国家元首不再需要神的加冕，而是要由选举产生。从这个意义上说，科学无神论乃是近代国家立国的思想基础。在政教一体的封建专制时代，不信神就是不道德的同义语，甚至是罪恶的代名词。近代国家实行信仰自由的政策。信仰神灵的人们可以保持他们的信仰，不信神灵的人们也可以有自己的思想自由。信仰神灵的人们可以信仰这个神，也可以信仰别的神。信仰神灵的人们不得再把他们的信仰强加给那些不信仰的人们，尤其不能强加给尚无辨别能力的青少年和儿童，相互之间也不得强行干涉对方的信仰。由有神论信仰者所组成的团体，也就是宗教组织，不得干预国家政治。这就为保障人权和人的尊严提供了前提条件。

马克思主义把科学无神论提高到新的水平，更加深刻地说明了有神论产生的根源和条件，指明了共产党人应该如何对待有神论信仰者的基本原则。遵照马克思主义的基本原则，中国共产党人一面真诚地尊重宗教信仰者的信仰，在革命、建设和改革中与宗教组织结成广泛的统一战线，共同为民族解放、国家富强、人民幸福而英勇斗争；一面广泛而深入地向广大人民群众宣传科学无神论，唤起千百万人民群众自己起来解放自己，创造自己的美好未来。这种广泛深入的宣传教育工作，是革命、建设和改革取得成功的重要思想条件，也是纯洁民族精神，提高公民素质，促进人的全面发展的重要思想条件。

把进行马克思主义的宣传教育和
进行科学无神论的宣传教育结合起来

在新的历史条件下，我们党作为马克思主义政党，不仅要宣传好马克思主义，而且要大力加强科学无神论的宣传教育。

早在恩格斯健在的时代，在欧洲各工人政党中，无神论就已经是建党的思想基础。恩格斯说，假如不是这样，也就是说，假如在工人群众中还有人信奉神灵的话，那么，最好的办法是在工人中传播18世纪法国唯物主义者的文献。恩格斯认为，这些文献不仅在形式上，而且在内容上，都是法兰西精神的最高成就。同时，恩格斯反对用政权的力量禁止宗教，反对硬性要求所有的人都必须是无神论者；并且认为，这样做只能是给神效劳。

几十年后，列宁又重提恩格斯的意见，他希望当时的苏联共产党人遵照恩格斯的教导，把18世纪法国唯物主义者的著作重新翻译，向人民群众广泛传播。他说，由于广大人民群众被旧的社会制度置于愚昧无知和囿于偏见的地步，所以企图通过"纯粹马克思主义"的教育这条直路使他们摆脱愚昧，乃是一种"最大的而且是最坏的错误"。他认为，应该把各种无神论的材料提供给人民群众，把实际生活中各个方面的事实告诉人民群众，用各种方法影响他们，使他们摆脱鬼神观念，振作起来，争取自己美好的生活。

历史表明，恩格斯和列宁的主张都是非常正确的。在共产党的宣传教育工作中，要把马克思主义的宣传教育和科学无神论的宣传教育结合起来。忽略了这一点，就会导致严重的后果。

共产党人应该是无神论者。但在实际生活中，对于一个共产党员来说，只有接受必要的科学无神论方面的宣传教育，才会成为彻底的真正的无神论者。马克思主义产生的历史表明，无神论思想产生于马克思主义之前，马克思主义的世界观是在无神论思想的基础上建立起来的。从这个意义上说，马克思主义的世界观和无神论的关系，类似高等数学和初等数学的关系。只有具备扎实的初等数学基础，才能学好高等数学；只有具备坚定的科学无神论的立场，才能做一个真正的马克思主义者。马克思主义是科学，要掌握一门科学，必须有坚实的基础知识，科学无神论就是马克思主义的基础知识。

但是，马克思主义和无神论思想的关系，又不完全等同于高等数学和初等数学的关系。不懂初等数学，或者初等数学的基础不好，就不可能谈论高等数学，所以那些有机会学习高等数学的人，必定是具备初等数学基础的人。但有些不具备科学无神论世界观的人，却可以随着马克思主义的发展，涉足那些"纯粹马克思主义"的种种问题，并且自认为是马克思主义者。实际上，这些人还不能算做真正的马克思主义者。他们在有神论的进攻之下，往往是非不辨，善恶不分，以至支持、庇护甚至参与有神论的活动。这样的教训，已经不只一件。如果一个人相信神的存在，向神顶礼膜拜，那就根本谈不上马克思主义，或者说，他的马克思主义是虚假的，是建立在冰雪和沙滩上的楼阁。

因此，我们在进行马克思主义宣传教育的时候，一定要同时进行科学无神论的宣传教育，要用各种生动的形式，向群众普及无神论的知识和原理。这样的宣传教育，对于一般群众是必要的，对于共青团员、共产党员和党、团的领导干部更是必要的。近些年来，少数共产党员支持甚至参与有神论活动的事实，一些熟知辩证唯物主义和历史唯物主义知识的人为"法轮功"鼓吹的事实，再次证明了列宁的论断，证明了宣传无神论思想的必要性和重大意义。同时也不能忘记，一些敌对势力时刻都梦想着颠覆我们以马克思主义为指导思想的社会主义政权。把我国有神论化，就是他们的战略目标之一。从这个意义上说，科学无神论的宣传教育也是关系我国社会主义制度生死存亡的重大问题。

在真实的世界中摘取"真实的花朵"，实现"现实的幸福"

从与客观实际的关系上说，有神论是一种错误的理论，是颠倒的世界观。从历史发展的进程上说，有神论的产生曾是人类文明的重要成果，是当时先进文化的代表。有神论的出现反映了人类认识的进步，是人类精神有了高度概括和抽象思维能力的产物。

从原始有神论发展到以三大宗教为代表的有神论，是人类精神发展的又一个飞跃。新的宗教不再把向神灵贡献祭品的多少作为讨好神灵的条件，更不再实行人祭。它教育人们，只有德行才是取得神灵佑护的条件，从而对人类道德的提升和社会的稳定起到了重要的积极作用。在我国封建社会的历史上，儒教把君主说成是天子，认为君主是代表上天来实施对人民的管理和统治的，所以人民应该忠于君主。在当时的历史条件下，这样的观念对于维护国家的统一和社会的稳定，对于保障社会基本生活，对于安慰人民无法解除的现实苦难，都起到了一定作用。然而，历史上有神论在为维护社会安定、促进民族的形成和统一发挥积极作用的同时，也用一种虚幻的最高权威束缚着人类的创造能力和自我意识。当社会发展到需要更多的社会成员意识到自我的价值、进而能够充分发挥自己的创造能力的时候，有神论的负面作用也就日益暴露出来。

随着社会的不断进步，人类认识的不断发展，人类终于认识到神是不存在的。虚幻的权威必须摆脱，被颠倒的世界观应该得到纠正。那种害怕神灵惩罚或者为讨好神灵以求保佑才实行的道德行为，应该变为为维护社会共同利益而自觉遵守的道德行为；那种把灵魂托付给神灵才能得到的心灵宁静，应该变为对自由和必然的正确认识，从而在真实的基础上获得真正的宁静；那种在神的名义下对君主的忠诚，应该变为在维护民族团结、国家统一和社会共同利益的基础上，对民族对祖国的热爱和忠诚。建立在真实基础上的精神家园，才是真正可靠的家园。尽管这个家园可能不如虚幻的家园那么美妙，但那才是可以托付感情、托付终身的地方。

马克思在《黑格尔法哲学批判》中指出："宗教是被压迫生灵的叹息，是无情世界的心境……宗教是人民的鸦片。"列宁把"宗教是人民的鸦片"这句名言看作"马克思主义在宗教问题上的全部世界观的基石"。马克思和列宁的论断就是要告诉人们，神是不存在的，人们不可把自己的灵魂、自己的前途命运交给神，犹如不可把财物托付给并不存在的主人一样。处于痛苦和无奈、无助境遇的人们可以从神那里得到安慰，但是不能真正解除痛苦；从神那里所获得的帮助和幸福，只是一种虚幻的幸福。要获取真正的幸福，就应该摆脱幻想，面对现实，把跪着的膝盖挺直，脚踏实地地去摘取"真实的花朵"，实现"现实的幸福"。这是一百多年前马克思对处于赤贫状态的广大无产者的期望。这一至理名言，至今仍然具有十分重要的现实指导意义。

中国哲学史的特点

——在"《中国哲学史稿》讨论会"上的发言

中国哲学史断断续续地研究了许多年了，但越研究觉得问题越多。关于中国哲学史发展的规律，我在1964年写了一篇东西，但那时没有像现在的自由空气，特别是三中全会以来的气氛，因此后来也就没有搞下去。再说，规律还得从实际出发，如果我们对断代、对个人或者对个别问题研究得不够，那么这个规律未必真是规律。当然心中无数也不行。这里我想只讲一个问题，即中国哲学史的特点。这个规律以后再讲，或者我们这几卷书写完以后，再回顾一下，也许可以更清楚一些。中国哲学史是怎样一门科学？我们是这么一个提法：中国哲学史是中华民族的认识史，在这个认识的基础上进行中哲史的探索。怎么叫中华民族呢？因为以前写成的多半是用汉文写的，以后我们还要利用汉文以外的其他兄弟民族文字和材料。中哲史所反映的内容，我觉得不能说就是汉民族的认识过程。因为我们这个国家是个多民族的国家，经过长期多民族的交流和融合，互相往来，有些哲学家究竟是什么民族，很难说清楚。就拿老子来说吧，据记载他是楚人，楚人是否就是汉族？看来下不了这个结论。再比如屈原，他是思想家和哲学家。屈原是楚国的贵族，但不能说他就是汉族的前身或者是汉族的先辈。他是兄弟民族的另外一支。这在先秦是这么一种情况。再如讲到后来，孙叔平同志的《中国哲学史稿》上讲到了元朝的许衡，许衡是汉人，但他的思想体系却反映了蒙古贵族的利益和要求。汉人写的东西反映的是蒙古地主阶级的利益，你说他是什么族？再比如说李白这个人，他是什么族呢？也不大好说。再如元朝的文学家萨都刺《登石头城》[1]的诗词，情调不能说只是反映蒙古知识分子的一种怀古感叹，他代表的是当时广大知识分子的一种兴亡之感。因此说，我们中华民族是多民族长期融合的结果。

民族的交流、融合是不断的过程，从历史上看，隋唐两代说是汉族的历史，其实隋唐两代的统治者，都是包含少数民族的血统，所以我们称"中华民族的认识史"。只是就现存的情况来看，用汉字写出来的哲学史并不能看作仅仅是汉族的认识史。文化、艺术、哲学、宗教都带有民族的特点。它与自然科学不同。我们中华民族与世界上其他民族相比较，它经历的过程有共同之处。这共同之处就是社会发展史上所讲的，有五种社会发展的阶段。当然共产主义社会还没有到，从已经经历的来说，由原始公社、奴隶制、封建制、到资本主义社会，这是共同的。不管是中华民族，还是其他民族，都要经历这几个阶段。经历这几个阶段，就要受这几个历史阶段的制约。我们从文字记载上来看，我们已经有了近四千年的历史，在这四千年的历史中间，有两千多年是在封建社会中度过的。就是采取战国封建制的说法，也有两千多年，要是采取西周封建制的说法，封建制就更长了。总之，封建社会的时间维持得很长，在世界上也可以说是最长的，这就是一个特点。社会历史的特点就决定了我们哲学史的特点。

再比如说，中国的封建宗法制度发展得比较完备，这也是个特点。

再比如说，中国长期处在大一统的局面之下，中央集权的专制主义比较强大，这也是一个特点。中国经常是统一的强大的封建专制王朝，分裂的局面也有过，但总的看来，那是暂时的。从历史上看，中华民族认为这是不正常的现象，认为正常的现象应该是统一的局面。就拿分散的、割据的局面来说，比如南北朝，分裂成两半，但那还是很大的王朝，而不是像欧洲那样的小国。这是讲统一维持得长久，比较稳固。

---

1 石头城上，望天低吴楚，眼空无物。指点六朝形胜地，唯有青山如壁。蔽日旌旗，连云樯橹，白骨纷如雪。一江南北，消磨多少豪杰。　　寂寞避暑离宫，东风辇路，芳草年年发。落日无人松径里，鬼火高低明灭。歌舞尊前，繁华镜里，暗换青青发。伤心千古，秦淮一片明月。

还有个特点是农民起义次数多、规模大。《毛泽东选集》中提到这个问题。这个特点与长期的封建专制主义、封建统一的国家是相联系的。因为封建专制的国家力量强大，如果农民的力量小，当时就被镇压下去，起义就不成功。一旦起义成功，势力就很大，燎原之势，不可收拾，成为改朝换代的推动力量。在小的国家就不是这样，只有在大的国家才可以造成大规模的农民起义。

还有一个特点，就是中国的资本主义没有得到发展，这与欧洲相比，是很明显的。欧洲从十六世纪开始就逐渐地萌芽，发展到现在的资本主义。

以上这些特点，就决定了中国哲学史要认真地面对这些历史情况来进行工作。仅仅分析某个哲学家怎么讲，那是很难找出规律性的东西来的。这是从历史的特点来看，决定了中国哲学史有它的特点。

中国封建宗法制维持得较久，发展得比较完备。宗法制度并不是封建社会的产物，它在原始社会氏族公社的后期就已经有了。在一般的情况下，在生产落后、产品的数量十分缺乏的情况下，社会上财富的分配，在很大程度上受血缘关系的支配。一个氏族，它组织生产、维持生产以及分配这些生产成果，都是以氏族为中心。等生产发展以后，达到了更高的水平，它就往往冲破血缘关系的束缚，建立起按地区划分的国家组织。国家组织建立后，以血缘关系为中心的宗法制度就冲淡了，起的作用也就不大了，由国家组织来承担这方面的职能。可是，中国不是这样，国家组织形成以后，从历史上说，从夏朝开始吧，国家形成以后，宗法制度没有被抛弃，反而不断地发展成为社会上一种固定的组织形式，对国家，对社会，起着调节的作用。出现了阶级以后，通过宗族的关系、宗法制度来使得阶级矛盾有所缓和，起着这么一种作用。宗法制度到了阶级社会里，它仍然以血缘关系为纽带，把社会成员联系在一起。共同的生活，共同的风俗习惯，共同的心理状态，共同的行为规范，形成一种民族共同体，在这方面，儒家对维护宗法制度起了重要作用。儒家不断地利用旧的形式，填充新的内容。

为了说明这个问题，我们不妨从西周说起。周族战胜了殷民族，取得了全国的统治地位，这个局面，是少数征服者统治多数统治者。周民族从人数来说是少的，从原来发展的地区来说，也是小的。它从西方到东方，进了函谷关，一直往东发展，征服了好多东方的民族。他们用什么办法来加强统治、维护统治呢？那就是利用血缘关系的宗法制度，封土建国，把周民族的亲属和贵族分封在山东、河北、山西、河南等东方一带重要的战略地区，这样它就稳定了七八百年之久。秦统一以后，分封制就终止了，秦的时间比较短。汉朝以后恢复了以血缘关系为纽带的宗法制度。它是在新的形势下，让它保持，并得到发展。因为从氏族公社，经过奴隶制，就是西周，到秦，汉初，这个社会的变革是很大的，经历了两种社会制度。这时候它要对宗法制作出新的解释。我们看汉朝的礼书，它是西汉初年的东西，这里头那些制度不是编造出来的，而是从氏族公社沿袭下来就有这些制度。有人说《礼》这本书是后人造的，不能这么说。从地下发掘，从社会调查来看，证明这些《礼》书是有根据的，它是原始氏族遗留下来的一些制度，但在新的社会条件下又给予了新的解释。在这个问题上，我还要声明一点，就是哲学起源于宗教，是从宗教分化出来的。这个问题在此就不多讲了。

原始宗教产生得很早，它在有了人类以后不久就有了。原始宗教与后来的人为的宗教有什么区别？原始宗教是全族的，整个氏族都是宗教的信仰者，它没有职业的神职人员，氏族的领袖就是教主，他可以主持宗教的仪式。比如祈求丰年、禳除病灾、求雨、祈祷等等，都是由氏族领袖领导进行。据记载，商汤遇到七年之旱，汤自己就当作牺牲，跪在那里祈雨。这是个宗教活动，一个民族的领袖带头做这件事，这就说明原始宗教的头头与政治上的领袖是一回事。再从少数民族的社会调查来看，据古书记载，我们可以看到，它的生产、社会活动、宗教活动、文娱活动、体育活动等等，都是结合在一起的。庆丰收，是一个祭神的仪式，也是一个文娱活动的节日。战争也是这样，对外族的战争也是在宗教仪式的引导下来进行的。比如在《礼记》上，这些都有规定。这些活动的规定，都可以在原始宗教中找到根据。

从西周经过东周、春秋、战国长期的演变，周朝王室失去了领导地位，鲁国还保持了一套完整的礼乐文物。儒家创始人孔子、孟子出在山东邹鲁，不是偶然的，邹鲁文化继承了西周的传统。"六经"是否为孔子的著作，有些不同的看法，应继续探讨，但是"六经"经过儒家的整理、解释、传授，是大家所公认的。儒家整理礼乐，就是在新的历史条件下对原始宗教的活动做出新的解释。"六经"中间就体现了宗教作为核心的天人观、社会观、伦理观等等。比如说"敬天法祖""尊尊、亲亲""敬德保民"的思想，都可以找到原始宗教的痕迹。后来，对"六经"的注解越来越多了，不断地注入新的时代的内容，但它始终不能摆脱其宗教性。原始宗教没有阶级压迫的内容，它反映了民族公社的共同劳动、共同分配的生活面貌。所以在儒家思想中也有一些平等互助一类的东西。这类思想也是从原始宗教中保留下来的。

秦汉以后，到了魏晋南北朝，儒家在哲学方面、理论方面，像董仲舒的神学目的论有所削弱，而在宗法制度方面，非但没有削弱，反而加强了，形成了魏晋时期的门阀士族制度。魏晋时代门阀制度讲究孝悌，讲谱系。谱系学是过去所没有的新学问，这说明宗法制度加强了。在当时，民族矛盾带来的政治混乱，给宗教造成了蔓延传播的机会，佛教、道教得到了发展。到了唐朝，正式由国家提出了"三教"这个名词，即儒教、佛教、道教。每逢国家大典，就让三教的学者来各自宣讲他们的教义。唐朝的儒者也不否认自己是个"教"。

唐朝以后，从北宋开始直到南宋的朱熹，理学兴起，理学就是儒教。儒教成为中国特殊形式下的宗教，占据正统地位。我们说过，中国哲学史是中华民族的认识史，哲学是关于宇宙、社会、人类思维规律的总的看法的学问。我们从人类认识的发展过程来看，最早是有宇宙论、宇宙构成论，即世界是什么做的，诸如"精气说"这类东西。后来才有本体论。从人类的认识程序看，宇宙论在前，本体论在后，再从认识的深度、广度来看，也有它的不断发展的过程。最早从天道观开始，引导人类打开了哲学的大门。以后，政治问题、社会问题越来越复杂了，阶级矛盾越来越深刻了，人们就被更复杂的问题所吸引，向认识的深度和广度进军。人类先从认识自然开始，然后再回过头来认识人类自己。

比如人性问题，就是认识自己。孔子讲过"性相近也，习相远也"。后人的解释就深奥得不得了。我看不能替孔子来解释。孟子就讲得多了一点了，说是人"性善"，荀子说人"性恶"。后来董仲舒讲"性三品"，扬雄讲"人之性也，善恶混"。再往后，再进一步发展，人性问题就更深化了，涉及人类与社会的关系，人性与生理机能的关系，人性善恶的根源，人性是否可以改变，即人性的可塑性问题。这些问题都是后来提出来的，在先秦是提不出来的。这些问题是对人性的间接探索，对人的感情的分析，对人的意志的分析，对人的心理活动的分析，都是比较晚的事了。佛教传到中国以后，这个问题就讲得更多了。

再比如说，人生在世上是为了什么？人死了以后又到哪里去？这些问题早期的人的认识还没有考虑过这么多。考虑了这么多也没有一个好的答复。后来随着认识的发展，那就讲得具体多了。"三世说"提出："人为什么有富贵？人为什么有贫贱？"解答这些带根本性的大问题，在古代，只有哲学及宗教自以为能够解答这些问题。我们还要看到，哲学与宗教真正划分领域，是从近代开始的。在产业革命后有了现代的工业，有了新的阶级，体现新的生产方式的阶级，才有能力使哲学从宗教中划分出来。在中世纪的时候，不可能这么做。进入近代，标志着人们从长时期的中世纪的冬眠状态中觉醒过来。中世纪的认识水平是比较低的，当时的科学水平就只那么高，哲学是宗教的附庸。哲学上有些问题解决不了，就靠宗教来帮忙。两者分不开，它自己也没有想到要分开。哲学与宗教划不清界限，不仅是中世纪，直到今天也还有些哲学家，资产阶级哲学家划不清，只有马克思主义才能正确对待这一问题。

这就又回到开始提出的问题：中国社会的特点决定了中国哲学的特点。中国的封建社会时间特别长，封建社会的意识形态发展得比较完备。我们说中国封建社会发展得比较完备，那是指在封建的生产关系之下，生产力得到了比较充分的发展。在阶级社会里，生产力的发展总要受到生产关系的束缚，不能得到完全的发展。甚至在社会主义社会，还有些旧的框框在限制生产力的发展，在阶级社会就更是这样。比较的说来，中国封建社会发展得比较典型。在这种生产关系下，生产力在封建社会生产关系允许的范围内得到了比较充分的发展。比起外国来说，在汉朝、唐朝，那时中国的生产力的发展在全世界是走在前面的。科学技术也比较发达。中国无神论思想比起外国来比较丰富、比较成熟。我看这是一个特色。外国历史说他们的封建社会一片黑暗，也许说得过分了，像我们这么灿烂的封建文化，世界上是少有的。

从"五四"以来，很多著作谈到中西文化问题，西方哲学给人一种知识，富于推理，注重理性，注重逻辑推演。中国哲学注重体验，不大注意逻辑论证。中国哲学给人一种安身立命的本领，给人以生活上、精神上的指导。学了西方哲学，它可以给人一种知识上的满足，但不是给人一种感情上的满足和心理上的满足。中国哲学则可以给人一种精神上的享受。这是大家所经常说的，事实上确实如此。我看是不是这么看：进入近代以后，哲学和宗教分了家，它们的任务也划分开了。哲学就管推理、思维、理性思考、逻辑推理等等；精神上的安慰、安身立命、解决思想上的苦闷，就由宗教来管，哲学不管。外国有些科学家经常在实验室做实验，星期天进教堂去个把小时，轻松一下，使心情舒畅。我国长期以来处于封建社会，这二者没有分工，哲学与宗教浑然一体。

为了便于说明，我们和西方的神学家比较一下。西方神学家安瑟伦，生卒年代是 1038 年到 1109 年。他有好多著作。他说信仰是理解的基础，他的著作里好多推理、论证，但最后落脚点归结为对上帝的信仰。安瑟伦生活的时代相当于北宋仁宗到徽宗的时代，也正是理学建立，北宋"五子"周、邵、二程、张的时代。再往后一点，西方托马斯·阿奎那，这个人生活在 1225 年至 1274 年之间，相当于南宋理宗到度宗的时候，比朱熹晚一点。从安瑟伦到托马斯·阿奎那，这些人讲的就是辨天理人欲，也是讲安身立命之学。神学是用论证的方法论证上帝的存在，通过它的哲学的方式来达到宗教的目的。宗教神学是封建社会特殊的产物。我们看世界上的三大宗教——基督教、佛教和伊斯兰教成为世界性的宗教，都是在封建社会完成的。这也不难理解。因为在奴隶社会，统治阶级对于奴隶不要求讲太多的道理，就是用鞭子管好，不让他跑掉就行。封建社会农民得到一部分土地，他们是分散的、个体的经营，不是由人拿鞭子去管，而是自己分头去干活，这就需要一种精神上的枷锁，要讲一些必须服从、安于命运的道理。封建社会真正是宗教兴旺的土壤。如果说中国哲学史的特点，那就不能不说到哲学与宗教不分家这个特点。但是由于阶级斗争的复杂性，人的认识的不断深化，这种宗教的形式、内容就不断修改、补充、发展。中国哲学史是不是和西方完全一样？朱熹是不是就等于安瑟伦、托马斯·阿奎那呢？中国哲学有自己的特点，因为中国的封建社会以宗法制度为基础，中国的哲学、宗教必须适应中国的封建宗法制度。如果适应不好或适应不了，这种宗教神学就没有发展的余地。我们随便举一个例子。在印度，只要一个人出了家，他就是佛的弟子，佛、法、僧是三宝。出了家，他的父母见了他也得行礼、跪拜。中国就不一样，和尚不拜父母、不拜祖先、不拜皇帝，在中国就行不通。因为封建宗法制度力量太强大了，太顽固了。谁要触犯了它，就站不住脚。佛经的翻译比较严密，因为它有宗教信仰，如果有意翻译不准确，就要下地狱，歪曲了佛的教义，就是大逆不道。有些汉译的佛经，与梵文一对，发现触犯了宗法制度的词句都被删改了。佛教徒宁肯冒入地狱的惩罚，也不敢碰三纲五常。这个问题陈寅恪有文章，近来日本学者中村元也讲到这个问题，题目叫《佛教的思想对汉译佛经的影响》。和尚庙里的章程，按说出家人举行宗教仪式应该先祝愿佛、歌颂佛。但中国修改后的宗教仪式，每逢举行宗教仪式先祝愿君王长寿，然后祝佛祖，这都说明三纲五常力量之大。

理学的兴起从北宋开始，理学开始时正是北宋王安石变法的时候。这时整个的宋朝比较多灾多难，有民族矛盾，有阶级矛盾，王安石提出变法，目的在于解救当时社会危机。统治阶级内部要想办法来补救。后来变法有很多人议论，说王安石哪些措施不当，所以不成功，或者说别人不帮忙，或其他种种原因。事实上，北宋的危机，变法也解救不了，不变法也解救不了。王安石不能扭转乾坤，无力改变这个局面。王安石变法的同时，理学兴起了。理学想从哲学上解决社会问题，王安石想从政治措施、经济管理上解决社会危机。南宋时期，危机加重了，国家小了一半，人民头上负担反倒增加了一倍，所以日子更不好过。社会是一个有机体。黄巢起义以后，中国的封建社会开始走下坡路，它不同于生气勃勃、上升阶段的社会。这个危机谁也解决不了，必须等到新的生产关系出来才能改变。由于中国封建社会持续时间比较长，统治阶级统治经验比较丰富，哲学理论上也从各个方面给统治者提供了一些规范，而且宗教与哲学配合较好。所以，让中国的封建社会能够稳定，能够维持，它的危机能够缓解。例如，在宋以前，包括宋在内，取天下是通过宫廷政变的方式，赵匡胤就是黄袍加身，篡夺了后周的政权。但是他也总结经验，从今以后不能这样搞了，他就从哲学、道德各方面制造理论，防止这样搞。所以朱熹的《通鉴纲目》说蜀是正统，曹魏是篡位。通过长期的教育、宣传，的确也有了一定效果。可以从反面论证，宋以后的确没有发现大臣篡位、用宫廷政变方式夺取政权的。改朝换代是有的，那就是农民或少数民族的革命。他们不念哲学、不念《朱子语录》。这就是上层建筑维护旧制度起了作用。有人说中国封建社会为什么这样长？上层建筑拉住它，不让它前进，不让它改变。当然，决定社会前进的力量主要是生产力与生产关系的矛盾和生产力发展水平，但也不能说思想方面没起作用。它解决、调整了统治阶级内部的关系。

理学，我们说它是儒教，因为它有宗教的内在的本质。一切宗教都有一个共同的特点，它承认两个世界，一个是彼岸世界，一个是现实世界。中国的儒教，更多的是从禅宗那儿来的，它缩短了彼岸世界和现实世界的距离，把宗教世俗化，这是它的一个特点。如果说理学不是宗教，禅宗也不是宗教；如果说禅宗是宗教，理学也就是宗教，它使宗教世俗化。如果仅仅讲哲学命题、概念，它是哲学。可是理学家不把他的哲学停留在概念分析上。如他讲天与自然的关系、人性与自然的关系、天与人的关系，他讲的比过去都完备。性善说通过理学家的解释，就有了神学的内容。孟子讲人性里头包含着仁、义、礼、智，这是讲人的社会属性，他把人的社会属性说得很具体。但是，从二程到朱熹，在人性论方面，讲仁、义、礼、智之外，他还讲元、亨、利、贞。他说，人性要真正实现的话，光懂仁、义、礼、智并不能真正理解人性，还必须把天地之性和人性结合起来考虑，天地之性就是元、亨、利、贞。他们讲的天，不像董仲舒那个人格化的天。理学家把天讲成人性化，使人性理性化。朱熹讲最高的理，太极，是极好的、至善的道理。我们说自然界是如何发展的，如何变化的，我们不能说自然界应该如何变化，应该如何发展。"如何"这个问题是哲学上、科学上来解答的问题。"应该"怎么做的问题，是道德上、宗教上要回答的问题。科学问题不同于宗教、道德问题。自然界不能说它是善或者是恶。天地自然就是客观存在。可是，我们看看朱熹讲的仁，他说：天地是以生物为心，创造万物是天地的心，是天地的仁，天地也有仁爱之心。天地的仁，人类的仁爱之心，与天地创造万物的心是一致的。同一个道理表现在天地上就是元、亨、利、贞，表现在人就是仁、义、礼、智。儒教虽然讲好多格物致知的道理，观察外界、认识外界，讲得很详细，最后它不是叫你认识世界而是教人一定要善于体会天地的仁。人心的本性、本质就是天的本质、自然的本质，他把天地自然与人联系在一起。比如程颢，程颐的哥哥，喜欢养个小鸡，小鸡活泼气象，可以体会天地的仁，"观鸡雏可以观仁"。周敦颐不锄窗前草，说是窗前草"与自家的生意一般"，从中体会生物之性。理学家特别强调要善于体会天地之心，认为不体会天地之心，这个学问就是不到家，没入圣门。

我们看朱熹那个时代，人民灾难深重。可是，看看他们的哲学和他们的著作，宋朝理学家那个世界是一片生机，生意盎然、活泼泼地。把他们说的与当时内外交困的现实加以对比，就感到是很大的讽刺。结合当时的艺术、哲学及其他上层建筑综合考察，就会发现中华民族自宋以后变得单调、不活泼、拘束，对外来的事物一般是采取拒绝的态度。与汉、唐气魄很不一样。中华民族本来能歌善舞，经过宋儒长期的教育，搞得发呆、发傻，体质也下降。如果说中国哲学史的特点的话，宗教与哲学混合在一起就是它的特点。儒教用宗教神学把哲学与宗教混合得十分巧妙，显得没有痕迹。儒教还打着反宗教的旗帜，批佛教、批道教。因为打着反宗教的旗号，就更容易迷惑人了。其实，它是用新的宗教代替旧的宗教，用更世俗化的宗教代替出世的宗教。儒教灌输给人们以虚幻的精神境界。宣扬僧侣主义、禁欲主义、蒙昧主义，歌颂贫困，不注意发展生产，在这一点上，不管是程、朱还是陆、王，他们没有什么区别。儒教的影响，一直到今天，对我们的四化还有影响。我们说衡量事物的是非，马克思主义最基本的原理是：实践是检验真理的唯一标准。中世纪宗教盛行时，它是什么标准呢？圣人的话是检验真理的标准。看看"五经""四书"上有没有，只要有，这就能办，只要没有就不能办。这种经院式的学习的方法也影响到我们新中国成立后的一些马克思主义者，我们有人学马克思主义，用了朱熹的《四书集注》的办法，搞的是章句之学。我们的革命是靠马克思主义指导才取得成功，这是人所共见的。但是，也不能忘记，这个封建社会遗留下来的，特别是封建哲学儒教留下来的包袱，还是很沉重的。我们当年民主革命的时候，沾了封建经济的光，我们的游击区、解放区，为什么不怕敌人封锁包围，就是因为我们是自然经济，我们不靠交通发达的交换经济。可是，建设社会主义，我们又吃了封建经济的亏，一步跨到社会主义，好多东西来不及清理，来不及结算，就出现了一个新局面。面临这个新局面，我们感到很不容易应付。

所以讲到中国哲学史的特点，要看到哲学起源于宗教，它一开始就企图从宗教的束缚下分化出来，独立出来。可是，在长期封建社会，由于科学，由于技术，由于种种限制，不可能使它彻底地分化出来。哲学要分化出来，宗教则不让它分化，揪着它不放，在斗争中产生了唯心主义与唯物主义的斗争。封建社会有它的产生、壮大、衰亡和消失的过程，为这么一个社会长期服务的哲学和宗教起的作用也不一样？同样是宗教思想，当封建社会上升时期，如果宗教促进封建社会的巩固、促进封建社会的统一，它在这方面的作用还可以肯定。董仲舒的神学对汉武帝的统一起过推动作用。朱熹的儒学与董仲舒的神学应有所不同，当然，不是全部没有用。如果把它作为人类认识的过程的话，把它作为人的认识过程中间的一个环节，给予充分的研究，把它放在适当地位，这是可以的。当然，同样的唯心论、唯心史观里边，也有高下精粗的区别，也有为后来借鉴的地方，这都可以总结深入研究。人类认识的历史，对搞中国哲学史，对封建社会的特点，是应该好好地来研究，这也不是咱们几个搞哲学史的人所能解决得了的，它要配合经济、政治、文学、艺术等许多方面，就像探讨一个病情要医生会诊一样。要写一部真正科学的哲学史，需要各方面都会诊下来以后，大家都承认是这个病，才算是有了比较接近真相的一个结果，这需要探索。

如何看待哲学史上的唯心主义

在马列主义为指导的新中国，对唯物主义给予应有的重视，是理所当然的，而对唯心主义就不予重视。重视，并不等于赞成。

这些年来的实际现象表明，我们对唯物主义虽说重视，但也有些糊涂认识。例如，把唯物主义与农民的哲学画等号，认为农民是直接从事生产的，从不脱离实际，农民的哲学必然是唯物主义的。也有人把唯物主义与政治上的进步、革命等同起来，政治上的进步集团、阶级、阶层一定是唯物主义的。最明显的例子，如对洪秀全的哲学思想，有人认为是唯物主义的，洪氏讲的上帝不过是个形式，实质是唯物主义。也有人把唯物主义的命题看成一成不变的。比如希腊古代哲学家第一次提出水为万物之源，中国古代哲学家提出"五行""气"为万物之源，这种主张都是唯物主义的。如果今天还有人反对近代科学所证实的世界物质性，还主张"水""五行""气"为万物之源，这种主张是唯心论，是荒诞的。

以上这些看法都不利于识别唯物主义。唯物主义不能识别，对唯心主义也不能正确对待。

由于长期以来，哲学史界经常把哲学观点与政治混同起来，给人们造成一种印象：政治进步，哲学唯物；政治反动，哲学唯心。这个毫无根据的主观框框不打破，既不能认识唯物主义，也无法识别唯心主义。

人类是从动物变来的。饮食、男女这些本能活动，动物和人都有。等到进入人类社会，才有了灵魂观念。周口店山顶洞人的随葬物品中有生活用具，也有生产用具。死者周围还撒上赤铁矿粉。赤铁矿不出产在周口店附近，是从较远的地方运来的，可见，不是无意义地随便撒下的，可能表示把死者安放在篝火包围中，保护死者的灵魂不受侵害。西安半坡村小孩的墓葬用瓮棺，留有小孔，可能为了让死去的儿童的灵魂能够出入。灵魂观念不等于有神论，但已可说明当时人类对精神活动的理解水平，这是原始宗教迷信的开始。宗教思想当然属于唯心主义这一范畴，即使拜物教，也属唯心主义的。

人类从没有宗教到有了宗教，表明人类已经有了一个自己异化的精神世界。这个异化的精神世界，动物就没有。从不知道有宗教，到产生了宗教，这应当看作人类的一大进步。动物没有宗教不必说，就连知识发育不成熟的儿童也没有宗教、迷信、鬼神观念。

宗教是如此，与宗教相伴而生的唯心主义也标志着人类的进步。进步不等于正确、合理，进步甚至带来新的灾难和罪恶。原始社会，不独亲其亲，不独子其子，共同劳动，共同分配劳动成果，没有剥削，没有压迫。但是这种局面不得不被新的生产关系所代替。终于由原始公社进入奴隶制。奴隶制带来了压迫、剥削、罪恶和阶级的苦难。

随着生产斗争、阶级斗争的开展、社会前进了，人们对客观世界有了比较符合实际的认识，有了自觉地认识世界的行动。这时出现了唯物主义。唯物主义是从古代的宗教神学中摆脱出来的。在唯物主义指导下，人类更有效地、更符合实际地推动了生产力的发展，推动了科学的发展。历史上的唯物主义哲学都能代表它们所处各个时代当时认识世界的先进水平。凡是不符合客观实际的认识，外加的主观的东西，对正确认识世界起干扰作用。像天命观，主张天有意志，能赏罚，那是把人类的阶级意志强加给天的，即宗教唯心主义。

人类的认识，不是一帆风顺的，会遇到主观、客观上各种障碍。即使是正确的认识，如果把它不适当地夸大，也会变成谬误。

以古代的哲学史为例。老庄学派提出天道自然，自然界都是早已安排定了的，人类只能顺应自然界，而不能改变自然界。古代生产力低下，生产工具简陋，在自然面前无能为力，出现这样的思想是可以理解的。这种学说对古代上帝决定一切的有神论也有冲决作用，老庄哲学也涉及哲学上的必然性与偶然性问题。一切都是自然决定的，结果导致宿命论。为了纠正这一倾向，突破宿命论的限制，又有人提出发挥人的主观能动作用。承认人的主观能动性，是符合人类认识的实际的，强调过了头，就成了唯心主义。当人类第一次发现自己的思维活动的范围是那样无限广阔，活动的领域没有边界，不禁赞叹人的思维活动"出入无时，莫知其乡"，发出"万物皆备于我"[1]的欢呼。孟子强调了人的主观能动作用，他比老庄教人屈服于自然，听自然摆布的思想高明，他把人的认识水平提高了一步。这种情况下的唯心主义应当被认为起了进步作用。

又如《庄子·养生主》说："吾生也有涯，而知也无涯，以有涯随无涯，殆矣。"这里已接触到有限、无限这一对范畴。前半句是说生命是有限的，知识是无限的，这句话不算错。后半句说以有限的生命追求无限的知识，将会给人类带来灾难，这就错了。范畴的发现和发展，标志着人类认识事物及其规律不断深化的过程。这个不断深化过程，也是不断抽象化的过程。汉代重要唯物主义者王充，有力地驳斥了当时流行的各种宗教迷信思想，发挥了战斗的无神论的作用。但王充的弱点是就事论事的多，抽象概括工夫较差。比如王充提出元气自然论以反对神学目的论，卓有成绩，把中国哲学史的朴素唯物主义推进了一大步。但是元气自然变化有没有一个更根本的规律？世界上的万事万物自然存在着，自然发展着，哲学家们不免要追问，为什么世界上的万事万物是以这样方式来变化发展而不是以那种方式发展变化呢？现象之后、之上有没有更高一层的规律？一些玄学唯心主义者王弼等人，提出了本末、体用、有无等一系列的重要范畴，本末、体用、有无等范畴的出现，标志着中国哲学的前进，说明人类对世界的认识更进步深化了。他给当时的唯物主义出了难题，唯物主义如果不能解答，就无法继续前进。唯心主义对此做出了解答，而这种解答是错误的。在中国哲学史上的唯心主义的功劳，在于善于提出问题，甚至是一些刁钻古怪的问题，这些问题，他们自己也无力做出正确的解答。

---

1 "万物皆备于我"，是一个唯心主义的命题，哲学史工作者多误解为万物品类皆备于一身，《孟子》原义应为万物之理皆备于我。

有些唯心主义（而不是所有的）提出的问题，是当时人类无力解答的。但能够提出这些疑难问题，标志着人类认识的前进，人类认识达到了新的水平。提问题，向唯物主义出难题，这种事实本身也反映出人类认识世界的水平的高低深浅。人类正是从生产及社会生活实践中不断发生问题，解决问题，提出问题，解答问题中不断前进着发展着。这是人类认识史上无尽头链条。唯心主义（严肃的而不是任意的）的出现，不能简单地看作故意和唯物主义捣乱，它有时是人类前进道路上必须经历的中转站。

唯物主义力图纠正唯心主义本体论的错误并回答他们（唯心主义本体论）提出的难题，中国哲学史上出现了唯物主义本体论。如张载提出万物以元气为本体的哲学体系就是与唯心主义本体论斗争形成的，到了王夫之又进一步得到完善。

唯心主义在历史上起的作用，有三种情况，第一种是以不符合实际的虚假的认识代替符合实际的认识，把认识引向谬误，造成倒退。这情况在哲学史上是大量存在的；第二种情况是发展了人类认识中的片面性；第三种情况是反映了先进的认识水平，提出了促使认识深化的问题，迫使唯物主义进行解答。这后一种情况，在哲学史上确实是存在的。不论哪一种情况出现的唯心主义，都不能正确地对待认识问题，他们的答案都是错误的。

唯物主义也有与此相类似的三种情况。第一种是正确地揭示人类认识的规律，反映了当时人类认识的水平；第二种是片面强调了本来是人类认识正确的方面，但走向了邪路，陷入唯心主义；第三种情况是重复过去唯物主义的哲学命题，不解决任何问题，对人类认识不起促进作用。这种情况也是有的，如魏晋时杨泉的《物理论》，是唯物主义命题，但落后于他们那个时代哲学发展的形势，没有提出新东西，对哲学史的发展没有积极意义。

也有人认为唯心主义应重视，因为唯心主义中有唯物主义因素，目的在于发掘唯心主义体系中的唯物主义因素；也有人认为唯心主义的体系中有辩证法因素，应取其辩证法，抛弃其唯心主义。以上这种看法，都认为唯心主义一无可取，应当抛弃。这种看法虽有道理，但不全面。我们要看到唯心主义出现的不可避免的必然性，更要看到唯心主义产生的客观性。我们哲学史工作者的任务，是面对一切哲学史上出现的千奇百怪的现象，分析它，解剖它，剔除其糟粕，吸取其精华。这是一个加工场，要付出创造性的劳动，我们不能把辩证唯物主义的基本原理当作驱神赶鬼的符咒，把唯心主义的鬼怪赶跑就算完成使命，何况辩证唯物主义并不是符咒，唯心主义也是赶不跑的。

中国的国教

儒教在南北朝时与佛、道二教并称为三教。这三教都具有辅助王化、整齐民心的社会功能，都受到政府的重视和支持。

儒教的名称是后起的。孔子为儒家的创始人，属诸子中的一个流派。春秋以前中国已有自己的传统宗教，已有这种宗教信仰，尚未有固定的名称。

中华民族自从开始在黄河、长江流域活动之日起，就产生了自己的宗教。这种宗教以部落神、氏族英雄人物为崇拜对象。相传黄帝是发明舟车、宫室、衣服等器物制造的神，还创制了文字。炎帝、神农发明种植、医药，伏羲发明家畜驯化，燧人发明用火，他们是人，也是神。中国古代民族信仰，往往是氏族领袖，死后为神，受到本族祀奉，带有氏族、宗族的印记，带有乡土气息，与西欧古代神话传说不大相同。

中国古代的祭祀对象，祖先祭祀与天帝信奉相伴相随，纠结在一起。随着地上王国的组织形式日趋完备，上帝的轮廓、形象如影随形，也日趋完整。祭祖先，敬天神，二者紧密纠结胶固，凝为一体，构成中华民族传统信仰的核心。归纳为"敬天、法祖"。

中华民族活动生息的基本地区以长江、黄河流域为基地。由于内外地势的变化，有时向外辐射的远一些，有时向内收缩一些，但总的范围不出长江、黄河两大流域。这是中华民族五千年来生存、栖息的地区。

秦汉以后，以长江、黄河流域两大地区为中心，组成了多民族统一的中央集权大国，这种大国统一的格局保持了两千多年，直到今天。由于社会的变革，文化的发展，国内外的经济文化交流，这个多民族的统一大国在政体、组织形式、领导集团有过多次改变。秦汉统一后，多民族共同组建的统一大国，并不是一帆风顺的。几千年间，它遭受到内忧外患，政权经过多次更迭，社会经过无数动荡，民族之间融会协调为基调，也有过暂时的战争。总之，秦汉以后的中国两千年的经历极不平凡。因为，人民已习惯于在中央高度统一的政权下生活。因为统一大国可以给人民带来实际利益，比如说，在国家有效统一下，消灭了内战，太平盛世，老百姓百年不见兵戎，可以安居乐业地过日子。只有国家失去有效管制时，才发生战乱，生命财产无保障，甚至发生人相食的惨剧。国家发生大水灾等自然灾害是难免的，统一大国，可以借国家的力量调剂各地丰歉，从而避免人民流离失所。国家统一，可以调动全国人力抵御外来侵略势力；国家统一，集中全国人力、物力兴建大规模的物质建设及文化建设，如修长城，开运河，整治大河河道，进行重大项目的文化建设，修纂大的文化典籍，如《永乐大典》《四库全书》，远非一人一地的人才所胜任，要集中全国人才，协同攻关，才能产生第一流的成果。

同时还要看到，古代中国是个自然经济结构的小农经济，一家一户为生产单位，生产的产品除了供全家消费，所余无几。正是借助统一大国的高度集中，把分散、零星的少量财富集中起来，聚沙成塔，集腋成裘，充分发挥大国的综合国力，才能办成几件大事。历史上大国统一，给人民带来了某些不便，但几千年的实践表明，广大人民对统一大国的格局是拥护的，支持的，并在思想观念上取得共识，广大人民一直认为统一大国是正常的，分裂、割据是不正常的。即使在某一阶段处在南北分裂时期，割据者也认为应当统一，要求结束不统一的局面。

在这样一种总的政治形势下，中国的哲学、文学、史学及宗教，都在各自的思想领域发挥了它们的上层建筑的作用。

从秦汉到鸦片战争，中国历代王朝都努力加强有效的大一统的政治管理，努力建立完善、合理的社会秩序。他们除了调动政治、法律的强力的工具外，还要调动思想、文化的教化作用，配合政治、法律的不足。也就是说，法治与教化两者相辅相成。

儒教是在中国这块土地上生存了几千年的土生土长的宗教。在秦汉以前，已经提出"敬天、法祖"的信仰核心。秦汉以后，国家形势日趋完备，地上王国的神光曲折地反射到天上，天帝的形象也日趋完备。天神除了司祸福、赏罚，还要主管人们的内心活动、行为动机。佛教、道教、儒教都从不同的角度，为这个大一统的封建王朝制度的合法化、合理化构建理论体系。

中国人民接受、支持、维护这个大一统的国家制度。佛、道、儒三教不但没有提出过异议，而且论证其合理性。国法中体现天理。忠孝是出自人类天性。不忠、不孝，不但不能成佛、成仙、成圣贤，甚至也不足以为人类。

儒教在古代曾有过功劳，因为它为巩固大一统的封建王朝起过积极作用。古代封建大一统的成就已经证明是符合中国历史法治的实际需要的，为这个制度服务的儒教的功绩不可不给予足够的肯定。

中国传统宗教的核心信仰是"敬天、法祖"，秦汉以后的中国传统宗教核心信仰是"忠孝"三纲。忠孝、三纲的信仰与"敬天、法祖"的古代信仰一脉相承，只是把敬天法祖的宗教内容使之完善化，更能适应大一统国家的生存要求。

先秦敬天法祖的信仰，与当时中央政权的统治不够集中，中央统摄力还不够强大的政治形势相配合。秦汉以后，地上王国势力强大了，皇帝的统摄范围也扩大了，不但山川、日月，连人们的内心活动、一念善恶也要受宗教思想的管束。

秦汉以来，由皇帝直接管理天下的郡县，参与管理的有丞相、三公。但皇帝经常受到大臣、权臣的干扰，甚至发生宫廷政变，皇权有时遭到篡夺。为了加强中央集权，巩固社会秩序，宋朝以后，加强了儒教的教化作用，宋以后，再也没有权臣，没有篡臣。儒教以教化力量巩固了中央集权的稳定性。曹操在唐以前有能臣的形象，宋以后，曹操成为奸臣；扬雄在唐以前在文化思想界有较好的声望，宋以后，由于扬雄做过王莽的官，声望下降。特别是明清两代，以科举取士，官方用考试制度强力推行儒教思想，以宋儒程朱思想体系作为取士的准绳，等于用行政命令强化普及儒教信仰。科举考试是明清两代读书人进仕的必由之路，凡是走这条路的士人都要系统地接受儒教思想的培训，这对儒教的普及起了有力的作用。

中国的儒教还有另外的特点，是高度的政教合一，政教不分，政教一体化。皇帝兼任教主，或称教主兼皇帝。神权、政权融为一体。儒教的教义得以政府政令的方式下达。朝廷的"圣谕广训"是圣旨，等同于教皇的敕书。中世纪欧洲的国王即位，要教皇加冕，才算合乎天意。中国的皇帝即位，只要自己向天下发布诏书就行了。诏书开首必以"奉天承运，皇帝诏曰"开始，皇帝的诏书同时具有教皇敕令的权威。

儒教是中华民族特有的传统宗教，凡是生活在中国这块古老土地上的各民族，包括汉族以外的少数民族，如北方的辽、金、元，西夏及清，都以儒教为国教，孔子被奉为教主（这是孔子生前没有料到的，正如老子被道教奉为教主没有被老子料到一样）。

儒、佛、道三教同为古代传统宗教。唯有儒教利用政教高度结合的优势得以成为国教，儒教的神权与皇权融为一体，不可分割。一旦皇帝被打倒，皇权被废除，儒教也随着一同衰落。行政命令打不倒宗教，早为历史所证明。但政权是可以更迭的，皇帝是可以打倒的。儒教与皇权融为一体，所以才随着皇权的废除而不再行时。反过来看看佛、道二教，当初没有儒教那么显赫，儒教消亡后，佛、道还能继续存在。可见，宗教存在有其长期性。儒教中"敬天法祖"的宗教核心部分，今天还在中国人思想中有影响，而"三纲"思想今天存在的地盘大大缩小，消失殆尽。

按儒教发展进程，大致可以分作以下几个阶段：

（1）前儒教时期——秦汉以前；

（2）准儒教时期——两汉；

（3）三教并立时期——魏晋、隋唐；

（4）儒教形成时期——北宋（张、程）；

（5）儒教完成时期——南宋（朱熹）；

（6）儒教凝固时期——明清。

我很高兴地看过李申同志写成的《中国儒教史》（上）的手稿，觉得李申这部书稿为研究中国文化史、思想史、哲学史打开了一堵墙。这堵墙，堵住了我们的视野。

我们正面临开放的新时代，中华民族正满怀信心地走向世界，我们有吸收外来文化充实自己的优良传统；又有故步自封的保守习惯。有应当保护的民族文化瑰宝，又有黏附在瑰宝上的污垢。创建社会主义新文化大厦，先要清理好我们古老的地基。这时一切外来文化先后涌来，我们长期封闭，一旦接触到五光十色的外来文化，深感应接不暇。对中国自己的古老文化，也要用马克思主义历史唯物主义重新评估。我们学术界对中国传统文化进行了大量研究，成绩卓著。唯独对影响中华民族的伦理观、价值观、社会生活、文化生活以及家庭生活的突击，没有给予应有的注意，以致有许多本来可以找到说明的道理，交臂失之。不研究儒教，就无法正确认识中国的古代社会。经过多年的思考，我相信不是危言耸听。

李申同志好学深思，研究儒教有年。他这部书稿的出版，必将为中国宗教史的研究开创一个新境界，给研究中国文化史提供了一条新思路。

思想体系是一个民族全部物质生活、文化生活的一面镜子。儒教是中华民族土生土长的宗教，道教也是中国土生土长的宗教，但道教没有成为国教。道教影响也很深远，在文化思想领域内，即使在它极盛的时期，势力还不及佛教，更不能与宋明以后占绝对统治地位的儒教相比。只有承认儒教的存在这个事实，进而充分研究儒教的许多分支部门，才能有效地为建设具有中国特色的社会主义新文化增添一些建筑材料。

李申同志的这部著作只能算作关于儒教探索的第一步。刚刚开始，难免有开辟新领域经常遇到的困难和不周到的地方。等到引起更多学者关注以后，必将有丰硕的成果奉献给学术界。抛砖引玉，我们在期待着。

《中国儒教论》序

    儒教是不是宗教，中国有没有宗教，在我国古代本来不成为问题。这是从辛亥革命到"五四"前后，重新提出的一个新问题。学术问题之所以引起争论，总是由于发现了新材料（文献的、考古的）引起大家的兴趣。唯独儒教引发的这场争论，并没有发现新材料，双方的根据都引用"四书"，同样的根据引出不同的结论。这一特异现象，值得引起我们的注意。《韩非子》中说，两人互争年龄谁大的寓言，一个自称与尧同年，另一个说他与尧之兄同年。双方相持不下，又举不出新的证据，只有"后息者胜"。这不是学术争论所应当采用的办法。

    关于儒教的争论，既然不能从儒教本身的解释去争是非，那就不妨暂时离开"四书"（《大学》《中庸》《论语》《孟子》），试从更广泛的范围，如社会学、经济学、宗教学、人类学多方考察，把它放在更广阔的视野里来观察，可能对问题解决有所裨益。

    儒教，这个具有中国古代特色的国教，源远流长。儒教的宗教信仰核心为"敬天法祖"，当它处在原始宗教形态时，已蕴涵着它后来的基本雏形，祭天、祭祖，同等重要。随着国家形态的逐渐完善、成熟，它的"敬天法祖"这个核心未变，不断增添政治内容。古老文化五千年后半的两千五百年间，国家的形式与宗教形式结合得更紧。把"敬天法祖"的中心信仰凝练为忠孝两大精神支柱。春秋战国开始酝酿如何建立一个包括黄河、长江流域广大地区的统一国家。当时出现了百家争鸣的局面，诸子百家都提出了如何"治天下"的问题。各家各派方案不同，但共同关心的是建立一个多民族的长治久安的体制。秦汉统一，奠定了中国两千多年从古到今的基本模式，建成了"多民族的统一大国"。秦汉以来，历代的国土管辖范围以长江、黄河两大流域为基地，有时向外扩张一些，有时向内收缩一些。向外扩张时，南到广东以南的交趾，北到辽河流域的部分；缩小时，又回到长江、黄河流域中原本部。大致说来，这块土地，大约略小于欧洲大陆。在这样一块广土众民的国土上，栖息繁衍着不同民族的群体。环顾世界上几个文明古国，它们都给人类创造了精神财富和物质财富，做出了贡献，但这些文明古国有古而无今，没有持续发展下来，有的衰落了，有的沦为殖民地。只有中华文化，古而不老，历久弥新，儒教曾有力地帮助生养繁衍的人民走过曲折道路，克服种种困难，不断发展壮大起来。

在封建专制且多民族的国家，忠孝既是思想保证，又是组织保证。政治信奉原则为忠，家庭信奉原则为孝。具有中国特色的封建社会，是在宗法制下的统一信仰，即忠孝。忠是对一国的最高统治者的服从原则，孝是对一家一户小农经济社会的最高原则，家庭成员对家长要绝对服从。忠孝又是儒教在古代中国团结教育全国各族人民的实践教材。

几千年来，忠孝原则对社会成员起着稳定平衡作用。古代一家一户的小生产方式，效率低下，借助政府的集中统一调配才能使少量剩余产品发挥出最大效益。精神文明建设，如修纂大型丛书、工具书等；物质文明建设，如修长城、开运河、兴修跨省区水利、抗拒外来侵略、赈济农业自然灾害，都是充分利用多民族统一集权制度，调动全国各族人民共同努力才得以完成的。这是忠孝信仰起着极大的鼓舞作用。

在忠孝教化下，儒教利用政教合一的便利优势，形成团结人民、融合民族团结的纽带。儒教以外，道教、佛教，以及公元7世纪传入中国的伊斯兰教，各以自己的宗教教义与儒教密切配合，共同起着辅助王化的作用。明代中叶以后，西方基督教有几次传入，都由于没有与儒教"敬天法祖"的忠孝信仰配合，虽然多次传入，都未能立足。到1840年以后，靠大炮保护，才在中国生存下来。当年外来佛教传入，也曾与中国的"敬天法祖"、忠孝观念抵牾而遭到抵制。它及时对儒教做出妥协，修正了原来的教义，佛教徒可以敬君王、拜父母，遂与道教有同样的传播机会，在中土得以立足。

忠孝两者的地位曾随着中国社会的发展，政治形势的变化而有所变化。封建社会前期，孝的地位重于忠；封建社会后期，儒教发展更加成熟，中央政府地位逐渐提高，忠的地位又重于孝。遇到忠孝二者必选其一的情况，移孝作忠被认为是合理的选择，受到鼓励。君主代表国家又代表上帝，故称天子。忠君、爱国融为一体。

《礼记》"斋三日乃见其所为斋者"，《论语》"慎终追远，民德归厚矣"，为宗教理论构建神学依据，形成宗教心理，培养宗教感情。一家的孝道与国家治道有机地联系起来。宋儒张载著《西铭》，首先提出天地万物为一体，天地是人类的父母，人人都是天地的子女，所有百姓万民都应看作同胞兄弟。君主是天地的长子，大臣是长子的管家人。《西铭》继承了《孝经》，发挥了"天之经、地之义，民之行"为孝的最高原则，孝既是宇宙的原则，又是行为原则，事君不忠，战阵不勇，都不合于孝道。君主的集权与家长的专制（中央集权政体与小农经济的社会结构）统一起来，君权与神权合一，宗教与政治合一，从而完成了封建社会的宗教神学体系。北宋的二程把张载的《西铭》与《孟子》放在同等重要的地位，给予高度赞扬，是不难理解的。

中国这个多民族统一的国家，区分民族的标志创造了独特的标准。《论语》"夷狄之有君，不如诸夏之亡也"，从孔子开始，把文化标志看作民族标志。凡承认君臣从属关系的族群就是华夏，不遵守君臣从属关系的就是夷狄。韩愈进一步阐明说，"子焉而不父其父，臣焉而不君其君，民焉而不事其事，孔子之作《春秋》也，诸侯用夷礼则夷之，夷而进于中国则中国之"。《原道》孔子曾说过"道不行，乘桴浮于海"，中国如违背华夏传统文化，就宁可离开中国，到海外（夷狄那边）去。"三纲"（君臣、父子、夫妇）是中国的标志。违背"三纲"就是夷狄。区别民族，不在血统而在文统。中国隋唐皇室都杂有北方少数民族的血统，但中国人民都没把隋唐皇帝看作非汉族。也有几代王朝确实不属于汉族，如与北宋对峙的辽，与南宋对峙的金，处在西北地区与宋、辽、金对峙的西夏王朝，及后来的元朝、清朝都是少数民族。但这些非汉族的统治者由于完全接受了儒教文化传统，这些少数民族的皇帝及贵族都接受儒教，尊孔子为圣人。政权尽管更迭，并没有影响儒教的法统。儒教充分利用它的政教合一的特权优势，以行政手段贯彻其忠孝原则。协助推行儒教的教义，下层得到广大个体农民的支持，上层以强有力的中央集权为靠山，把一个多民族的大国，统治得有条不紊，建立了长期稳固的社会秩序，制定了行之有效的文官考试制度（科举），有效地培养了从中央到地方各级儒教教职人员和官吏。以儒教的"四书""五经"为全民教材，在全国推行。规定考试科目必须出于经书，答案必须遵循儒家朱子注解。儒教扩大其影响，得力于政教合一；儒教逐渐僵化，失去生命力，儒教后期教忠教孝流于形式。历代改朝换代，如宋、明亡国时，朝廷有殉国的忠臣，在野有殉国的遗民，也有浪迹江湖、甘心与草木同腐、"不食周粟"、不与新王朝合作的遗民。辛亥革命以后，清朝亡国，既没有殉国的忠臣，也没有殉国的遗民。可见儒教核心精神支柱"忠、孝"轴心已徒具空壳。只有王国维投水自杀，"自称一辱不可再辱"，那已是清朝亡国多年以后的举动，说不上殉国。

儒教享有君主制下独占的特权，神权皇权高度统一。一旦皇权被取消，君主制不复存在，儒教也随着皇权的消亡而消亡。儒教信奉的"天地君亲师"，失去原有的地位。君亲师是封建宗法制度的核心，"四书""五经""十三经"是儒教遵奉的经典，祭天、祭孔、祭祖是封建社会君主制下的从上到下，按等级制度的一套祭祀仪式。儿童入学，对孔子牌位行跪拜礼，中央到地方按行政区划建立的文庙，是儒教徒定期聚会的场所。儒教用科举培养接班人，把俗人变成僧侣。神不超越人间，神就活动在人间。

今天五十岁以上的人们，对 20 世纪 60 年代的造神运动记忆犹新，当时社会上掀起一股如醉如狂的造神运动。这种神，不来源于佛教也不来源于道教，而是儒教回光返照。

时代变了，社会组织变了，下层小农经济的自然经济，随着土地公有而解体。政府为起自下层的劳动人民代表，君主、天子再也没有存在的基础，也就是说，儒教赖以存在的条件已不复存在，儒教已失去政治支持。宗教虽不能用行政命令消灭，但政权却是可以用武力推翻的。两千年来儒教与政权结合得太紧密，紧密到彼此不分的程度，君主制垮台，儒教随之消亡乃势所必然。佛、道、伊斯兰等宗教当年没有享有儒教那样特权的风光，君主制倒台后，佛、道诸教所受到的影响也没有儒教那样严重。

我们指出儒教的消亡，只是指当前的中国本土来说的，在世界各地的儒教照常活动。这是由于世界各地的社会条件与中国不同，儒教在海外不同的国家和地区，生存和活动情况各异，另当别论。

儒教对中国历史文化发展产生深远的影响，直到今天，人们思想深处，仍有这样那样的影响，值得今天认真总结。它留给人们的精神财富，要批判地吸收，那些不适应现代，甚至妨碍现代化的过时的历史沉渣，也要认真清理。

《中国儒教论》这部书，和作者的《中国儒教史》正是成为甲乙篇。《中国儒教史》从历史发展过程叙述、说明儒教兴衰的过程；《中国儒教论》则以问题为中心，对儒教性质、理论价值、社会作用、思维方式各方面进行了横剖面的展示。

由于儒教在中国文化史上的地位和影响，远远超过中国其他诸教，如有机会，希望作者再写一部《中国儒教现象学》。从文化、社会切近生活及今天仍在活动的儒教诸因素，展开剖析，当可发现更多深层次的东西。

儒教的彼岸世界

宗教都主张有一个精神世界或称为天国、西方净土，宗教都有教主、教义、教规、经典，随着宗教的发展形成教派。在宗教内部还会产生横逸旁出的邪说，谓之"异端"。儒家则不讲出世，不主张有一个来世的天国。这是人们通常指出的儒家不同于宗教的根据。

但是我们应当指出，宗教所宣扬的彼岸世界，只是人世间的幻想和歪曲的反映。有些宗教把彼岸世界说成仅只是一种主观精神状态。在中国的历史上，隋唐以后的佛教、道教，都有这种倾向。以影响最大的禅宗为例。中国出现过许多宗派，禅宗受中国封建文化影响最多，他们宣称"菩提只向心觅，何劳向外求玄？听说依此修行，西方只在眼前"（《坛经》）。禅宗主张极乐世界不在彼岸而在此岸，不在现实生活之外，就在现实生活之中，所谓出家、解脱，并不意味着离开这个世界到另一个西天。在日常生活之中，只要接受了宗教的世界观，当前的尘世就是西天，每一个接受佛教宗教观的众生即是佛，佛不在尘世之外，而在尘世之中。

宋明理学吸收了禅宗的这种观点。虽然它不讲出世，不主张有一个来世的天国，但是却把圣人的主观精神状态当作彼岸世界来追求，这和禅宗主张在尘世之中成佛是完全相同的。

宋明理学所普遍关心并反复辨明的几个中心问题有"定性"问题、"义理之性"与"气质之性"的问题、"孔颜乐处"问题、"主敬"与"主静"问题、"存天理，去人欲"问题、"理一分殊"问题、"致良知"问题，等等。这些问题虽以哲学的面貌出现，却具有中世纪经院神学的实质和修养方法。看起来问题虽多，最后都要归结到"存天理，去人欲"这个中心题目上来。

宋明理学各家各派，不论是政治上进步的、保守的、唯心的、唯物的，都在围绕一个中心问题阐述自己的观点：如何正确处理（对待）"天理"与"人欲"的关系，它不是一个哲学问题而是一个神学问题，即如何拯救灵魂，消灭"罪恶"，进入"天国"（理想的精神境界）的问题。中国哲学史涉及社会伦理思想的特别多，而涉及自然的比较少，这也是被中世纪封建社会的特点所决定的。欧洲中世纪的哲学是神学的奴婢，它的注意力也不在认识自然界而在拯救人类的灵魂。恩格斯指出，特别在近代才突出思维与存在、精神与物质的关系问题，古代不是这样，那时是靠天吃饭，是自然的奴隶，也就没有能力摆脱神学的束缚。西方中世纪神学的中心观念是"原罪"，中国中世纪神学的中心观念是"存天理，去人欲"。这不是谁抄袭谁的，而是封建社会的共性决定了的。只要是中世纪封建社会，必讲天理人欲之辨。只是欧洲有欧洲的讲法，印度有印度的讲法，中国有中国的讲法。

中国佛教的特点

佛教起源于古天竺，但佛教传入中国以后，即成为中国传统文化的一部分，成为中华民族文化支柱之一。现在分四部分来阐明中国佛教[1]的特点。

一、中国佛教随着历史前进而前进

佛教传入中国后，与汉代神仙方术相结合，成为汉代道术的一种。桓帝在宫中"立黄老浮屠之祠"，与当时流行的祠祀同样看待。到了魏晋南北朝时期，佛教与玄学配合，使当时士大夫为之倾倒。以后，随着中国社会历史的不断前进，佛教也密切配合不同社会时代的需要，不断充实，改变着它的形式和内容，发展了自己，充实了中国文化、哲学的内容。如果说，中国佛教的特点是什么，它第一个特点是不停顿。

二、中国佛教的协调性

中华民族是在秦汉开始即形成了多民族的封建专制的大一统的国家。

1　过去讲中国佛教仅限于汉地佛教，我们所指的"中国佛教"，包括中原地区汉地佛教以及藏传佛教和云南地区的傣族小乘佛教。

几千年来，中国人认为大一统的形势是正常的，分裂割据是不正常的，形成了中华民族的共同心理。各民族之间长期合作、频繁交往，给民族文化的融合创造了条件。秦汉以前且不说，秦汉以后，中华民族的大融合，约有四次[1]，这四次的民族大融合的意义不限于血统上，主要是在文化上。多次融合，形成了中华民族的共同意识——文化共同体。汉族及其他少数民族，都以儒家三纲五常为治国治家的唯一合法思想，纲常名教已被各族所接受。

除了多民族的文化融合以外，还有广大地区性的文化融合。中国地域辽阔，长江流域与黄河流域是中国文化的摇篮，这两大地区的文化都有自己的传统，长期形成各自的特色。在统一的中央政权领导下，南北各地有了经济的、文化的、人才的交流，互相吸收，互相影响，不断地促进着中华民族文化的发展。在总的趋势下，佛教文化、佛教思想也受到这种协调发展的影响，并有所反映。

印度佛教的大小乘，不同的学派，都先后传入后，出现内部矛盾。译者的偏好不同，教派的宗旨各异，中国佛教则以判教的方法去调和佛教内部教义的分歧，认为各种经典都是佛说，只是由于时间、地点、听众理解水平不齐，才有针对性地宣讲不同的道理。佛教宗派本来门户之见很深，古代印度教派的争论有时以生命为注（失败者，斩首相谢），中国的佛教派别间有争辩，但不像印度那样激烈，有时一个人同时信奉两个宗派[2]。

中国佛教与它同时并存的教化思想流派及不同宗教信仰，也随时采取容纳、吸收、协调的态度。这种协调不是表面的敷演，而是认真的吸收。比如汉地佛教对社会上影响最大的儒家和道教，有争辩，但更多的情况下，采取吸收的手段。儒家的纲常名教是儒家的核心思想，敬君主、敬祖先是儒家悠久传统，佛教对此予以合理的吸收。从牟子《理惑论》开始，千余年来，不断有攻击佛教不忠不孝的说法，中国佛教徒的辩论中总是一

1　第一次晋五胡十六国到南北朝，南北方各民族的大融合；第二次是唐末五代，北方各民族的融合；第三次是宋、西夏、辽、金、元的大融合；第四次是清朝的民族融合。

2　宗密信华严，同时又是禅宗的大师，此例不鲜。社会上甚至佛教、道教之间的界限更不分明。

再强调，儒以治身，佛以治心，或者说佛与周（公）孔（子）之道殊途同归。《中庸》"万物并育而不相害，道并行而不相悖，小德川流，大德敦化，此天地之所以为大也"。

藏传佛教也是尽量与西藏当地宗教取得协调，吸收了西藏地区的民族宗教（苯教），形成了独特形式的藏传佛教体系，它既不同于印度佛教，也不同于西藏当地的原始宗教，建成了俗称"喇嘛教"的藏佛教。它流行的地区已不限于西藏一域[1]。

三、中国佛教的创造性

佛教传入中国两千年间，大致可分为三个阶段，第一阶段为译述介绍阶段，这是从汉代到南北朝，历时约五百年。这一时期佛教的主要代表人物是外国译经僧人，他们是主译者，也是所译经典教派的宣传者。

中华民族有优良文化传统，深厚文化素养，对外来文化经过消化、吸收，继而创造，即使在介绍阶段也有创造。佛教般若学在西晋时期广泛流行，"六家七宗"应时而起。这些流派都是对般若"空"义提出的不同的理解和阐释。僧肇曾指示这些流派对般若性空义的理解都有片面性，这种指摘是有根据的。但是，我们结合当时流行的社会思潮来考查"六家七宗"的出现，是中国佛教学者企图摆脱依傍，提出自己见解的首次尝试。

隋唐时期，中国佛教进入第二阶段，我们称为创造发展阶段，历时约三百年。第一阶段的佛教代表人物几乎都是外国僧人。第二阶段的代表人物几乎全是中国僧人。如果说隋唐以前介绍佛典原著要借重外国僧人，隋唐以后，介绍翻译工作，中国僧人也占了很重要的地位。这一阶段翻译外国典籍的比重减少，中国人自己著作的比重增加。这一时期佛教传播的重心已转移到中国。印度大小乘各流派在中国均有传承，但中国佛教更着重离开佛教词句发挥佛教的微言大义。有些发挥，可以在印度佛教某一流派的著作中找到依据，赋予新义；也有的完全阐发自己的体系。隋唐以后的

---

1 它还传播到甘肃、青海、云南、内蒙古，以及尼泊尔、锡金、不丹、苏联远东一带地区。近二十年来，还传播到欧、美、日本各国。

几个大的佛教宗派，都在印度树立自己的开山远祖，有的自称远绍龙树，有的自称秉承迦叶，有的宗派撰出历历可数的谱系，其实都没有根据。南北朝中期以后，到隋唐，不断出现所谓"伪经"。这些"伪经"反映了当时的时代思潮，有很重要的思想史料价值。

最能代表中国佛教的创造性的，是中国佛教中许多宗派开创人的著作。如智顗、慧能、法藏、澄观，以及后来各派涌现的中兴祖师，如宗密、湛然、知礼等人的著作，都以注释或讲解佛典的方式[1]建立各自的佛教理论体系。这些著述都以述为作，直抒胸臆。这些著作（经、论、疏、抄）少的几卷，多的几十卷、几百卷，它们丰富了中国佛教内容，开创了佛教理论研究的新局面。这些佛教论著，从出世的立场反映了当时人们的认识水平，也反映了时代思潮的一个侧面。从世俗立场，从人类认识史、文化史的角度来看，中国佛教史等于中国文化史、中国思想史。

四、中国佛教的"三教合一"

中国佛教历史发展的第三阶段是儒、释、道三教合一阶段。从北宋到鸦片战争，持续时间近一千年。这一阶段的佛教，表面上似不及隋唐佛教的声势煊赫。但佛教的宗教精神与儒教传统文化得到进一步糅合，潜移默化，深入到中国文化的中枢部分，以至改造了儒家世界观，把佛教长期酝酿、发展成熟的心性之学渗透到理学内部，在佛教心性之学的参与下，逐渐形成了中国的儒教。从此，佛教与儒教同命运、共兴衰，佛教得儒教而广，儒教得佛教而深。

隋唐以前，三教鼎立，各以教派正宗相标榜。教派之间势力互有消长，但总的趋势是在协调前进。三教中，儒家为主流，释、道两家为辅佐。

在隋唐中期以前，三教在朝廷召集的讲论会上不免互相攻击；唐朝后期，三教中有识之士认为理论上应互相包容。北宋以后，历元、明、清各

1　对佛经阐释的，如《华严》《法华》《涅槃》《维摩》等经，《大智度》《摄大乘》《起信》《唯识》等论。

朝，直到鸦片战争（1840 年），儒、释、道三教融合的格局构成了近千年来中国宗教史、中国思想史的总画面。

隋朝李士谦论三教，说"佛日也，道月也，儒五星也"（《佛祖历代通载》卷中）。隋唐以后，中国的"伪经"都强调中国封建伦理，忠君、孝父母等儒教思想。唐代宗密《原人论》中说："孔、老、释迦皆是至圣，随时应物，设教殊途。内外相资，共利群庶。"五代时僧延寿认为"儒道仙家皆是菩萨，示助扬化，同赞佛乘"（《万善同归集》卷六）。北宋元祐年间四川大足县石篆山石窟造像，将儒、佛、道镌刻于一处。宋僧孤山智圆自称"宗儒述孟轲，好道注《阴符》，虚堂踞高台，往往谈浮屠"（《闲居编》卷四十八《潜夫咏》），主张"修身以儒，治心以释"（《中庸子传》上）。

僧人契嵩著《辅教篇》，有《孝论》凡十二章，"拟儒《孝经》发明佛意"，还说"夫孝，诸教皆尊之，而佛教殊尊也"（《孝论·叙》，见《镡津文集》卷三）。

明僧人袾宏、僧真可、僧德清、智旭，这些著名佛教学者，都主张三教合一。智旭说"儒以孝为百行之本，佛以孝为至道之宗"（《题主孝春传》，见《灵峰宗论》卷七），"以真释心行，作真儒事业"（《广孝序》，见《灵峰宗论》卷六）。

宋明理学家没有不"出入于佛老"的。学术界从师承渊源指出，宋儒周敦颐的《太极图》来自道士的"先天图"。张载、二程、南宋朱、陆都深受佛道二教影响，不少学人指出理学家的范畴、概念、讲述方式，如"理一分殊""月印万川"多袭自佛教，从形迹来看，班班可考。若从思想发展实质来考察，可以说佛儒交融 [1] 乃是中国思想史发展的必然归宿，设想它们不交融、不合一，反倒是不符合历史发展的逻辑。

中国佛教史在南北朝时期，先后提出了两个重要问题，引起了全社会的普遍重视。一个是般若性空问题，后来发展为南北朝的"般若学"。另一个是涅槃佛性问题，发展为南北朝的"涅槃学"。前者着重探讨关于本

---

1 道教也有与佛教类似的情况，因为与本题没有直接关系，这里不讲。

体论方面的根本问题，后者着重探讨于心性论方面的根本问题[1]。

由《涅槃经》引发出佛性问题，受到当时朝野的重视，是与南北朝时期的中国社会有关。此后《十地经论》《摄大乘论》《起信论》与《涅槃经》《维摩经》相表里，扇起了讨论佛性问题的热潮，发生了成佛与作圣如何可能？因此才又引发出人性污染而佛性清净，二者将如何发生关系？污染之性能否构成成佛的障碍？如有障碍，能否排除？如何排除？这些问题直接表现为宗教实践问题，间接反映了当时人们处在中国社会的现实苦难及其企图摆脱的愿望。中国佛教不触及社会改造而强化宗教内心修养，即后来宋儒所致力的"身心性命"之学。宇宙生成说秦汉已初具规模，本体论完成于魏晋玄学。唯有成圣、作佛的心理修养，理与心的关系，儒家现成的思想资料不多。《大学》《中庸》略涉及这方面的问题，尚缺乏细致的论证。佛教经历了隋唐的创造阶段，特别在心性之学有不少独到的见解。这些见解恰恰是儒教需要引进的。比如宋儒讲人性论，提出了"义理之性"与"气质之性"这两个重要范畴。此后的儒教继承者对此给以高度的赞扬，认为"有功于圣门，有补于后学"。用义理之性与气质之性以解释恶的起源，及教人弃恶从善的方式，都是从佛教中搬运过来的。可以说，没有中国的佛教，就没有宋、元、明、清的儒教。义理之性与气质之性的划分，由释门正统转入儒门正统，看来没有受到什么阻力，授予者（佛教一方）与接受者（儒教一方）都认为理所当然[2]，水到渠成。

自从佛教融入儒教，儒佛已建立通家之好。学术界一般认为朱子近道，陆子近禅，王阳明近狂禅，这都是从迹上看。事实上离了佛教，就没有儒教。以反佛自命的张载、二程，都是佛教衣钵的传人，其余理学家更不在话下。

从以上这四个方面可以看出，中国的佛教确实有它的特点。这些特点都与中国传统儒家纲常名教的封建宗法思想有关，也与中国多民族长期大

---

1 应当看到，般若学并不是不关心、不涉及心性论，涅槃学也不是不涉及本体论，只是双方各有所侧重。

2 以上只是作为一个例子来讲明儒、佛两教已融为一体，不分彼此。

一统的局势有关，与中华民族善于吸收、融合不同类型的外来文化的传统有关。

儒教得到佛教帮助，在世界观方面增加了它的深刻性，从而稳定了自己，也稳定了中国后期封建社会的统治秩序。16 世纪，世界已起了变化，欧洲中世纪的堡垒已出现裂痕，自然科学也获得从来未有的生机。唯有中国这个坚固堡垒，大门关得更严了。儒教只重心性修养，而不重视物理的探讨。中国在世界上的地位开始落后，但佛教没有直接责任。这属于另外的范畴，这里不谈。

佛教与中国思想文化

——《中国佛教史》第一卷序（代序）

佛教的创始人是悉达多（Siddhārtha），族姓为乔达摩（Gautama），中国古译为瞿昙，相传为净饭王太子，生于迦毗罗卫（Kapilavastu），该地现在尼泊尔王国境内。他一生传教活动在印度北部、中部恒河流域一带。释迦牟尼（śākyamuni）是佛教徒对他的尊号。关于他的生卒年，根据文献史料的推断，约生于公元前 565 年，死于公元前 480—前 490 年之间，略早于中国孔子（孔子的生卒年为公元前 551—前 479 年）[1]。

佛教在印度开始传播时期，正是印度奴隶社会比较发达的时期。印度封建化的过程历时较长，大约从公元前 1 世纪到公元 6 世纪，印度的封建经济才逐渐巩固下来。进入封建社会后，印度奴隶制残余曾延续了很长时期。早期佛教是为当时的印度奴隶主阶级服务的，后期的佛教大乘则为封建地主阶级服务。

佛教开始传播于尼泊尔、印度、巴基斯坦一带，以后南到斯里兰卡、印度支那半岛，北到中亚细亚，随着中国与中亚各国经济、文化的交流，佛教于两汉之际传入中国，在中国的社会历史条件下，开始生根、发展，形成中国封建社会上层建筑的组成部分。

佛教在中国的传播和发展，经历了近两千年的漫长的岁月，它在中国封建社会各阶层中曾起过广泛影响。自从它传入中国那一天起，一直是适

1　参看汤用彤：《印度哲学史略》，中华书局，1960 年版，第 59 页。

应当时封建地主阶级的需要来宣传解释其宗教学说的。不少中外学者认为中国的佛教背离了印度佛教原旨，使印度佛教走了样。这种看法不是没有一定的道理，但这种看法是不太妥当的。

思想意识是一定社会的产物，各种社会有它的成长和衰落的过程。印度佛教也有它生长和衰落的过程，总在不停顿地发展、变化着。印度的佛教，不但在一两千年间有很大的变化，即使拿释氏一生的宗教活动来说，据后人的研究，他早期传教和后期传教，其侧重点也不同。究竟什么是佛教的原样？释氏逝后约百年左右时间，佛教徒中间对教义教规的理解已发生了严重的分歧，形成上座部、大众部两大部派，随后，这两部派又不断发生分化，形成了十八部（或二十部）。接着又出现了佛教大乘教派。大乘教派中先有龙树、提婆倡导的中观学派，后来又有无著、世亲倡导的唯识学派。大乘自称得到释氏的"了义"，而小乘许多学派并不服输，与大乘并存，各立门户，都继续流传。由此可见，在印度事实上并不存在一个标准的佛教样板。如果要把印度佛教的各种教派分化、兴衰变迁的道理讲清楚，就不能只在佛教内部去寻找佛教变迁的原因，而应当从印度的社会历史中去寻找佛教兴衰变迁的原因。这属于另外的题目，不属于中国佛教史的范围。我们的任务是考察中国佛教的历史，揭示出它的发展变化的规律，从而有助于加深认识东汉以后中国的古代封建文化，更好地认识中国的哲学史、文学史以及整个历史。

社会实践表明，一切事物都在发展变化，古人所信奉的"天不变，道亦不变"的观点只能表达取得政权的地主阶级的主观愿望。哲学和宗教看起来高入云霄，好像不食人间烟火，实际上它们仍然是一定的社会的经济生活和政治生活的反映，只是有时是直接的反映，有时是间接的反映，有时是曲折的反映罢了。社会经济生活和政治生活总在不断地发展变化，从而反映经济生活和政治生活的哲学、宗教也相应地改变。我们应当通过考察佛教在中国这块土地上初传、滋长、兴盛、衰微的全部过程，从中找出规律性的东西。

封建社会与近代社会不同，敬天法古，几乎是一切封建社会的共同信条。哲学有许多学派，宗教有许多教派，往往打出不同标志的旗帜以广招徕。但旗帜并不真正代表它的实质。以人们所熟悉的中国儒家为例。从春秋时期儒家创立，经过汉代的儒，宋明的儒，一直到清末"五四"以前的"孔家店"，大家习惯于把孔子所创立的儒家看作一个一成不变，影响中国文化历史达两千年之久的学派。其实汉代所信奉的儒学已经不是孔、孟、荀为代表的儒学。汉代的儒把燕、齐方士推演阴阳五行、占星变、言灾异、信机祥、迎神送鬼、求雨止雨那一套都算作儒家的内容。这是儒、道（道术、道士）合流的儒。宋代程朱理学自命为得到尧舜禹相传的十六字真传[1]，自称为洙泗正宗。其实宋儒是以孔子为招牌，大量吸收了佛教和道教宗教世界观和宗教实践。如提倡涵养静坐，以观喜怒哀乐未发气象，致力于"天理人欲之辨"，要人们"存天理、去人欲"。"存天理、去人欲"不是一个哲学问题，而是一个神学问题，是教人如何消灭罪恶、拯救灵魂、进入天国（理想的精神境界）的问题。近代的康有为也曾抬出孔子的招牌，托古改制。中国历代儒家各派都自称自己的教派得到了教主的真传。中国佛教史的发展，也表明各个时代的佛教学派、学说与释氏的关系甚少，而与它所处的社会制度、阶级利益的关系甚深。"我们不把世俗问题化为神学问题，我们要把神学问题化为世俗问题。"[2] 这是我们研究各种宗教史的态度，也是我们研究佛教史的方法。

东汉时中国人知道西方有佛，一般是通过西方僧人的翻译介绍的。隋唐以后，由于译述介绍的佛教经典的增多，逐渐有了中国人自己的著述，其中包括对佛经的注解和阐明佛教的专著。今存的汉译佛教经典，绝大部分是在东汉到唐中期（前后历时约八百年）这一段时期翻译过来的。唐以后，也有些零星译述，约五百卷左右，其内容多为旧译佛经的补充，且多为零星小品，在社会上起的影响也不大。唐以后，还有大量的佛经译为西藏文字被保存下来，这也是我国佛典文献中一大财富。藏文佛经中，大部分是译自梵文，也有一小部分是由汉译转译成藏文的。可见，西藏地区自古与中原地区文化交流的频繁。

东汉及三国时期汉译佛经都是来自天竺、大月氏、安息、康居等地以及我国西部地区的僧人介绍过来的。当时所根据的是天竺文字还是西域文

---

1 "人心唯危，道心唯微，唯精唯一，允执厥中。"（《尚书·大禹谟》）

2 《马克思恩格斯全集》第1卷，人民出版社，1956年版，第425页。

字，现在还不甚清楚，其中可能有不少是西域当地的语言。到南北朝时，中国人讲到佛教的翻译时还常说"译胡为秦"（秦指苻秦、姚秦）。现存的《四十二章经》，据说为摄摩腾译，从内容看可能是《阿含经》中的某些章节的节译或编译，但今天已难以确指它是《阿含经》中的哪些章节了。"译所不解，则阙不传，故有脱失，多不出者。"[1] 译者不懂的就不译，其中阙失是不可避免的。何况，在佛教传入初期，为传教需要只选译某佛经的一部分，也是十分自然的。事实上，即使译者自以为懂得的，其译文也未必符合佛书的原意，因为当时的佛教信徒，都是用当时当地的中国流行的宗教观念和文化思想来认识佛教的。一种新的宗教思想信仰，初到一个陌生的民族中间，并要求取得当地群众的信任，不是一件容易的事。传教者要善于迎合当地群众的思想和要求，并且采取一些办法以满足他们的要求。理论在一个民族中实现的程度，决定于理论满足于这个民族的需要的程度。

东汉继承了西汉以来的宗教神学目的论的传统，谶纬迷信比西汉更盛行，经王莽、刘秀的利用和提倡，已遍及朝野。东汉社会上流行的宗教迷信有占星、望气、风角、卜筮等。《后汉书·方术列传》序说：

> 自武帝颇好方术，天下怀协道艺之士，莫不负策抵掌，顺风而屈焉。后王莽矫用符命，及光武尤信谶言，士之赴趣时宜者，皆骋驰穿凿，争谈之也。

在两汉当时迷信盛行的风气下，佛教也被中国人看成社会上迷信宗教的一种，这完全是可以理解的。袁宏《后汉纪》说：

> 沙门者，汉言息心，盖息意去欲，而欲归于无为也。

旧译"涅槃"为"无为"，汉人所理解的佛教，是黄老之术的道教。汉代神仙方术，往往通过符咒、治病、占星、禳灾、祈福，预言祸福来吸引信徒群众。汉代佛教徒也往往迎合当时社会上神仙方术之士、道士们的传

---

1 《法句经序》，见《出三藏记集》卷七。

教手法，也兼用占验、预卜吉凶、看病等方术以接近群众。据佛教史籍记载，东来的有名的高僧，都会一些方术。如安世高，"博学多识，综贯神模，七正[1]盈缩，风气吉凶，山崩地动，针脉诸术，观色知病，鸟兽鸣啼，无音不照"[2]。《高僧传》也说安世高通晓"外国典籍及七曜五行，医方异术"。汉末三国时，康僧会"明解三藏，博览六经，天文图纬，多所综涉"[3]。昙柯迦罗"善学四韦陀，风云星宿，图谶运变，莫不该综"[4]。此外，后来的外国僧人求那跋陀罗，"天文书算，医方咒术，靡不该博"[5]，求那毗地"明阴阳，占时验事，征兆非一"[6]。佛教传入中国之所以能被接受，首先不一定是他们那一套"安般守意"的禅法及般若学，看来他们的方术更能吸引一部分群众。

《后汉书·乌桓传》："……使〔犬〕护死者神灵归赤山……如中国死者魂归岱山也。"《水经注·汶水注》引《开山图》曰："太山在左，亢父在右，亢父主生，梁父主死。"因此，三国时汉译佛经，有把"地狱"译为"太山"的。可见汉代人对佛教的态度，不论在理论方面还是在传教僧人的行动方面，都是以对待中国神仙方术、道教的眼光去迎接这一外来宗教。神仙方士、道士的迷信宣传，很适合中国封建贵族们希望长生不死，永远过着他们剥削享乐生活的贪愚妄想。佛教的教义本来和这种中国方术、道士的一套很不接近，但事实上，中国人当时的确把佛教理解为方术的一种。甚至佛教徒和道教徒名称也很接近。道教徒称为道士，佛教徒称为"道人"，这个称谓直到东晋南北朝时还流行[7]。

佛教传入中国的初期，为了在中国站住脚，先要与中国本土的宗教迷信特别是道教相融合，中国人也用看待道教的眼光来看待佛教，所以当时

---

1 七正，即七政，日月五星运行有规律，可用运算推知其变化。

2 《安般守意经序》，《出三藏记集》卷六。

3 《高僧传》卷一。

4 同上。

5 《高僧传》卷三。

6 同上。

7 "愍度道人始欲渡江，与一伧道人为侣。"（《世说新语·假谲篇》）当时僧人自称"贫道"。僧人支孝龙多游朱门，时人讥之，支孝龙答曰："君见其为朱门，贫道如游蓬户。"

的人称赞佛教的主张是：

> 浮屠者，佛也。西域天竺有佛道焉。佛者，汉言觉，其数以修慈心为主，不杀生，专务清净。其精者号沙门。沙门者，汉言息心，盖息意去欲，而欲归于无为也。又以人死精神不灭，随复受形，生时所行善恶，皆有报应，所贵行善修道，以炼精神而不已，以至无为而得为佛也。佛身长一丈六尺，黄金色，项中佩日月光，变化无方，无所不入，故能通百物而大济群生……有经数十万，以虚无为宗，包罗精粗，无所不统，善为宏阔胜大之言，所求在一体之内，而所明在视听之外，世俗之人以为虚诞，然归于玄微深远，难得而测。故王公大人，观死生报应之际，莫不瞿然自失。[1]

东汉社会上一般人所理解的佛教，有神通，项中佩日月光，变化无方，无所不入，这是中国所熟悉的"神人""至人"；"专务清净，息意去欲而欲归于无为"，这是中国的黄老之学和原始道教的口号。

汉末、三国，社会上一般人心目中的佛教，不过如此。虽然佛教的教义在当时已有较系统的介绍，但还不能说在社会上已有广泛的影响。在中国哲学家及其思想文献中，如当时的嵇康、阮籍、王弼、何晏，以及西晋的其他重要思想家的文字及著作中，都尚未发现有受过佛教明显影响的迹象。相反，倒是从早期佛典译文中可以见到佛教迁就中原道教的迹象。这一时期的佛教虽说佛、道融合，实际上是佛教融于道教，佛教迎合了道教。南朝慧皎在评论三国魏地佛教时认为很不符合佛教的规矩：

> 魏境虽有佛法，而道风讹替，亦有众僧未禀戒，正以为剪落殊俗耳。设复斋忏，事法祠祀。[2]

用后来的僧众的清规戒律来衡量汉的僧人，当然认为不合佛教的标准，所

---

1 （晋）袁宏《后汉纪》卷十《孝明皇帝纪》。
2 《昙柯迦罗传》，《高僧传》卷一。

以说"道风讹替"。其实中国佛教当时的面貌就是那个样子，和道教徒的修行方式相近，不能算"讹替"。当时"设复斋忏，事法祠祀"，倒是完全真实的，因为当时的中国士人理解的佛教确是祠祀的一种，是用来祈福的。

中国佛教史的发展，主要是在中国封建社会的前期汉唐和封建社会的后期宋元明清历史时期进行的。因此，中国佛教历史与中国封建社会的经济发展、政治斗争的关系至为密切。中国封建社会历时甚久，佛教传入时，当在西汉末年、东汉初年，当时封建豪强地主当权，以后的察举制度为豪强地主相互援引，相互勾结，形成盘根错节的封建贵族世代拥有特权的权势集团。它是后来魏晋南北朝门阀士族地主阶级的前身。佛教传入时，所依靠的社会力量是汉代的皇室及贵族上层。东汉桓帝延熹九年（公元 166 年）襄楷上书说：

> 又闻宫中立黄老浮屠之祠，此道清虚，贵尚无为，好生恶杀，省欲去奢……

在宫廷帝王及贵族们的特权垄断之下，神仙长生，祠祀求福，也是一种奢侈的精神享受特权，一般老百姓办不到。三国时，佛教传播得更为广泛，一般广大群众只是被作为特权贵族施舍的对象才接触到它。如《三国志》卷四十九《吴志·刘繇传》记载：

> 笮融者，丹杨人……大起浮屠祠，以铜为人，黄金涂身……下为重楼阁道，可容三千余人，悉课读佛经，令界内及旁郡人有好佛者听受道，复其他役以招致之，由此远近前后至者五千余人户。每浴佛，多设酒饭，布席于路，经数十里，民人来观及就食且万人，费以巨亿计。

像笮融这样的贪残的官吏，信佛是为了他个人祈福，下令他管辖下的老百姓，凡信佛诵经的，免其徭役，还多设酒饭，招引来观者及就食者。可见这一带地方已有不少信徒，佛教的影响逐渐扩大。自然也有些群众虽未必真心信佛，只是为了逃避繁重的徭役，才来为他诵经拜佛的。

中国哲学史，以魏晋南北朝作为一个历史断代来划分，因为这一时期的封建社会有它的某些特点，和它以前以后的封建社会都不相同。佛教史接触涉及的问题和中国哲学史有许多共同或相关的地方，因而对佛教史的分期和我们编写的中国哲学史的分期力求一致。哲学史、佛教史所讲的内容分属两个领域，但它们都是从不同的角度反映同一个中国社会。其中也有许多共同相关的问题。我们撰写的佛教史与中国哲学史相互呼应，此略则彼详，此详则彼略，以期相互配合，避免重复。

佛教资料十分丰富，而建国三十年来，还没有一部中国佛教的通史，我们这部佛教史力求取材广泛，叙述详尽。佛教经典有些特殊名词、概念，为一般古籍所罕见，佛经翻译的文体也别具一格，不易为一般读者所理解，我们力求用现代科学的语言，把它本来的意义介绍给读者，并提出我们自己的看法，给以评论。《中国佛教史》以东汉到三国为第一卷。晋、南北朝的佛教内容丰富，印度各派佛教已基本介绍到中国来，并在中国已有所滋长发展，拟把这个时期分为上、下两卷。

隋唐时期，是中国封建社会第二次大一统王朝的重建，国力强盛，文化繁荣，在当时对世界文化有过积极贡献。佛教在这样的社会历史条件下，由南北朝时期的滋长发展到盛大，形成了具有国际影响的许多宗派。对这一时期，我们也拟分为上、下两卷来论述。

宋元明清，是中国封建社会的后期，由于社会政治条件的改变，中国的封建主义从思想意识的各方面都在加强，中央集权的统治也更趋强化。经过隋唐时期三教鼎立，走向宋明以后的三教会同，形成了以儒家为中心的儒教。佛、道两教形式上走向衰微，实际上佛、道两教的宗教精神已渗透到儒教内部。儒教之成为宗教，多得力于佛、道两教为其支柱，而在两教中，佛教则起着主要的作用。从唐中期历宋元明清，我们还要论述西藏佛教，因为它也是中国佛教史的一部分，有它的特色和意义。宋元明清这一时期，也拟分上、下两卷来论述。

清末民初，中国封建社会解体，中国沦为半殖民地半封建的社会。反映中国封建社会的意识形态也起了相应的变化。这一时期的佛教在社会上仍有相当影响，某些佛教宗派又有所抬头，但这时西方现代思潮涌进中国，佛教所服务的对象及其社会作用也与古代佛教有所不同，它是欧亚现代思潮汇合时期的佛教。我们拟把这个时期单独作为一卷，其时间段限于中华人民共和国成立以前。

佛教全书总称三藏。三藏浩如烟海，按内容来说，大致可分为四类：

第一类，关于佛教基本知识入门的书，如名词概念的解释，不论大乘小乘，只要是佛教徒都要具备的佛教常识，即古人所说的事数，如"五蕴""四谛""十二缘生"等，属于"佛教手册"之类的。

第二类，关于佛教戒律，这是用来维持僧众集体生活规范的。

第三类，关于佛的传记、故事的宣传，对佛教信徒来说，是用来坚定佛教徒的信念，树立榜样以资遵循，也是为了普及的。

第四类，关于佛教宗教理论方面的，其中包括宗教修养方法。

前两类多属于佛教徒内部学习的经典，对社会影响不很大。第三类，既是对佛教徒内部的宣传材料，也是面向社会的。第四类影响所及，不限于佛教徒内部，它与当时的主要社会思潮相激荡、交融，息息相关，思想、文学、艺术、哲学，往往与佛经中的这一类著作发生多种联系。因此，本书的重点放在佛教的哲学思想的介绍与批判方面。佛教为了达到宗教宣传的目的，曾充分利用文学、艺术、音乐、壁画与雕塑等各种形式，对中国文化艺术产生过巨大影响。这方面论述也是本书南北朝、隋唐各卷的一个重点。随着佛教在中国的传播，因明学也曾为中国学者所关注，特别在西藏地区有所发展，由于长期缺乏整理，这一部分学问行将湮没，本书在隋唐部分也将给以介绍和评论。既然是中国佛教史，我们还要结合中国社会的特点，对寺院经济的形成及其作用，对佛教寺院组织，也给以适当的论述。

佛经翻译先后历千年之久，由分散到有组织有计划，其分工合作的制度并取得有成效的经验，今天仍有参考价值，本书也将在隋唐时期列为专章，给以介绍。

佛教在中国的传播和发展，与中国的社会经济、政治情况是不可分的；同时也应看到，中国封建社会经济结构和政治结构有它的特殊性，以封建宗法制度为核心，宣扬三纲五常的封建专制主义统治了中国两千多年，而支持这一社会制度的主要思想支柱，是儒家和后来转化成的儒教。佛教对中国的纲常名教起着夹辅作用。在思想方面它是为封建统治者征服人心的一个方面军，但不是主力军。只有在局部地区，如新中国成立前的西藏，它取得过政教合一的绝对统治地位。在广大汉族地区，它和统治者配合得很好，虽也有时遭到过打击，随即又受到重视。中国佛教的命运与中国封建地主阶级的命运共休戚，相终始。如果只看到佛教的活动，而没看到佛教是在一种什么样的更大范围内的全局之下所起的作用，那就会对中国佛教的历史地位和影响难以做出适当的评价。

我们这本书，从佛教开始传入，就把它放在中国本土传统文化的附属地位。东汉三国时期的佛教，属于佛、道融合时期，它依附于方术、道士；晋、南北朝时期的佛教，属于佛、玄融合时期，它依附于玄学，并在依附的情形下逐渐得到滋长。隋唐时期佛教势力比过去有了更大的增长，寺院经济力量也逐渐雄厚，建立宗派，完成体系，并向国际化方向发展，属于三教鼎立时期，它虽然势力比过去盛大，也只是三教（儒释道）中之一支，并未能凌驾于儒教之上。进入封建社会后期的宋元明清时代，随着封建社会的停滞和衰退，佛教势力已趋于衰微，因为儒教已形成，并包容了佛教中对当时封建地主阶级有用的东西。佛教是依靠中国封建地主阶级的成长而起家的，也随着封建地主的没落而没落。对佛教有所偏爱的人们，虽惋惜它的衰败，却不能挽救它的衰颓。一种社会有兴衰，伴随着某种社会的一些宗教也有兴衰，我们不信佛教经典中所说的有什么"末法时期"，我们只相信社会历史发展规律；这个规律对任何伟大人物、伟大历史事件都是无情的，它是不可改变的。

宗教的存在除了思想认识的原因外，还有它的阶级土壤和社会土壤。只要有阶级、有贫富、有压迫，人们不能自己掌握自己命运，就为宗教提供了存在的条件。即使社会制度改变了，旧社会遗留下来的旧思想作为一种社会现象，它不会很快在生活中消逝，看不到它存在的顽固性和相当大的社会影响，也是不对的。

从事中国佛教史的研究工作，前辈学者作过不少努力，也有很大的贡献，如杨仁山、蒋维乔、黄忏华、欧阳竟无、梁启超诸人都有过开创的功劳。稍后，如吕澂、熊十力、汤用彤、陈寅恪、陈垣诸先生的著作，对研究佛教史及佛教思想提供了极为重要的思想资料和发展线索，特别是汤用彤、陈寅恪先生对佛教史研究的贡献，至今仍为国内外学者所称道和尊重。

事物是发展的，社会在前进，人类的智慧也随着社会历史的前进而前进。1949 年新中国成立后，中华书局要重印汤用彤先生的《两汉魏晋南北朝佛教史》，汤先生很不满意他的旧作，多次和我谈起，要我协助他重新写一部中国佛教史。只是多年来，政治运动接连不断，广大知识分子不遑宁处，这个愿望竟未能实现。这十几年我国已有一些断代史的研究，和作为文化史的部分，较详尽的关于佛教史的论著，这是可喜的现象。但这些著作毕竟不能代替中国佛教通史。值得庆幸的是我国经过浩劫，终于走上了光明大道，中国佛教史的研究也获得新的生机。我们自知才力和学识有限，要写出有高度科学水平的中国佛教史还有不少困难有待于克服，但是我们有机会见到前人所没有见过的材料；我们有可能吸收近年国际学者研究的新成果；我们比前人更幸运，因为我们开始运用辩证唯物主义和历史唯物主义这个最新最犀利的工具来解剖中国佛教史，有了这个工具，就可以透过历史的迷雾，比前人看到更多的历史真相。历史发展总有它的前因后果，但因果之间的联系，有时是内在的必然的，有时是表面的偶然的，各种社会现象纷纭复杂，弄不好很容易使人上当受骗。历史上重要的人物对历史的发展往往起着极关键性的作用，这是古今历史学家都注意到的。但个人与社会的关系，个人在社会中的地位，以及个人最终被时代和阶级关系所制约，这样一条真理，只有马克思主义才能给人以正确的答案，而这一条也正是我们的前辈学者所不能认识的。

今人叙述古人，往往有两种毛病，一是站在古人的立场来重述古人的话头，所谓以经解经。这种转手贩运的办法，看起来没有走样，却并不能真正把古人的精神表达出来，使今人看不懂。一是任意发挥，或者把古人所没有的思想说成古已有之，也有人用现代西洋哲学某一学派来比附。这样做，看起来条理清晰，可是由于发挥过多，把不属于古人的思想说成古人的思想，缺少科学性。用这两种办法研究历史都是有害的。如何用科学的语言，把佛教思想中不科学的、但又结构严密的宗教哲学体系讲清楚，这是一个很艰巨的任务，我们力图使我们所介绍的佛教思想尽可能准确、可信，符合历史实际。

我们不信仰佛教，也不认为佛教所宣传的是真理，但是我们认为佛教的产生和发展，有它的社会根源、思想根源。它的产生和发展不是偶然的，而是必然的。它所指出的解脱道路是假的，它所反映的当时的社会苦难却是真的。这就要求我们对它认真对待，不能掉以轻心。几千年来的广大佛教信奉者是受害者。他们信仰虔诚，态度严肃，真心相信佛教可以帮助摆脱现实苦难。他们的行为虽不足效法，但他们成为宗教的俘虏是值得同情的，放在一定的社会历史条件来看待这一现象，是完全可以理解的。我们也还要指出宣传佛教的人们中间确有一些利用佛教作为工具谋取私利的，历代封建统治者确曾利用佛教麻痹人民的反抗意志。看不到这一点，也是不对的。因此，我们只讲清楚道理，对佛教作为宗教，我们批判的锋芒所向是佛教的宗教世界观，而不是当前信奉佛教的群众；揭露的是佛教麻痹人民的宗教本质，而不是针对虔诚的善男信女。这样既尊重曾经存在的历史事实，也尊重千百万宗教信徒的宗教感情。不用讳言，马克思主义的世界观与宗教的世界观是根本对立的，但宗教信仰是个人的自由，我们反对任何人把自己的观点强加于人。信宗教有自由，不信宗教也有自由。宗教问题是可以讨论的，而且也应该讨论的。我们对佛教史上的许多理论问题，采取说理的态度，以理服人。

佛教属于唯心主义宗教体系，它通过唯心主义的理论的论证，把人们引进信仰主义的大门。它的逻辑分析、心理分析相当细致，辩证法思想也相当丰富。佛教哲学比起欧洲中世纪的神学和中国的封建主义哲学都更精密。正是由于佛教的输入，才使得中国的宋明理学改变了它的面貌，完整地构造了儒教的思想体系。也正是由于佛教的传播，才使得中国的道教在某些方面吸收了佛教的内容，形成了佛教道教交互影响的局面。中国佛教是在中国发展成长的，它已成为中国的传统思想的组成部分。它的哲学的解答虽然是错误的，但是它提出了问题，迫使人们进一步寻求正确的答案，它对我国文化有过积极作用。

伴随着佛教的宗教活动，同时丰富了我国的音乐、舞蹈、绘画、建筑、文学等各个领域。伴随着佛教的传播，推进了我国与邻国的文化交流，加深了邻国友谊与了解。如果我们善于总结历史经验，不仅对古代历史研究有意义，对今后的国际文化发展也有积极意义。

最后应当说明，马克思主义的历史唯物主义的原理虽只有简单的几条，但如何正确运用于研究中国佛教史，却是一个艰难的有待于通过科研实践不断解决的问题。就我们来说还是刚刚开始摸索经验，理论水平确实不高，缺点错误一定不少，深望读者指正，以便今后改进。

佛教在中国文化史中的地位

　　佛教起源于印度次大陆，传播地区包括今天的尼泊尔、印度、巴基斯坦、孟加拉、斯里兰卡等国。后又传播到东南亚的缅甸、泰国等国。传入中国时间约有两千年。说"约有两千年"，是因为宗教的传播不同于某一政治事件，可以有确切的年月和时间。宗教是一种文化形态，而文化传播是渐进的。文化有它的群体性、社会性。宗教的传入须有一段被接收的过程。开始传播时，只有少数人。由少数人的传播到拥有一定数量的信徒，绝非一朝一夕的事。因此无法确定佛教传入中国的确切年代为某某年。起码我们目前掌握的史料还无法确定佛教传入中国的确切年代。

　　佛教传入中国，主要有三条途径。一条经中亚细亚，传入新疆以至长安、洛阳；一条经尼泊尔传入西藏地区；一条在云南西部边境，经泰国、缅甸接壤地区传入。

　　这三条途径传入中国的佛教都产生相应的影响，并形成了中国佛教的三个支派。传入黄河流域的一支形成"汉传佛教"，传入西藏地区的一支形成"藏传佛教"，传入云南的一支形成"云南上座部"。由于各地区的文化、地域、社会生活的差异，这三大支派发展的形势也有差别。云南上座部人数最少，传播地区局限于云南省西部边沿地带。藏传佛教传播较广，从西藏开始，沿中国西北到内蒙古、外蒙古以及俄罗斯远东地区，产生广泛影响。这两大支派自成体系。汉传佛教这一支派，影响人口数量最大，信徒最多，对中国传统文化的影响也最为深远。

汉传佛教以汉文化为传播载体，以佛典汉文译本及中华佛教撰著系统地介绍了佛教历史、经典、教义。传播地区从黄河流域扩展到长江流域、珠江流域。此后又以汉文佛教著译为载体向东部邻国扩散，经过朝鲜半岛东传日本，此外还传播到越南。

中华民族自古以来就是一个有高度文明的大国。它有深厚悠久的文化传统，对外来文化有一种鉴别、择取的能力。所以，佛教传入时并不是很顺利地被接受。中华民族的传统文化经历了与佛教的一段长时期的交流、冲撞，才逐渐吸收了其中的适合于中国人的部分。佛教与中国传统文化相结合，从而形成中国佛教。这一特点在汉传佛教中表现得最充分。中国藏传佛教及云南上座部佛教也有类似的情况，这里不具论。

中国汉传佛教有两千年历史，从它与中国传统文化的相互关系看，可大致分为如下三个阶段。

第一阶段为译述阶段，从初传入到南北朝，历时约五百年。这时期的重要的佛教代表人物大都是外国译经僧人，他们是佛教典籍传译的主持人。他们的任务是翻译、介绍佛教的基本内容。这一时期的后期也开始出现中国人撰写的佛教著作，但大都是对印度佛教经典的注疏与介绍。由于中华民族有相当高深的文化素养，因此，即使在注疏与介绍中也有所创造。如佛教般若学是佛教理论中的重要流派。中国学者也十分看重般若学，但他们有独特的看法。如"六家七宗"，反映了中国玄学的不同学派对佛教般若学的理解。因此，从某种角度讲，"六家七宗"的出现，也可以看作是中国佛教学者力图摆脱依傍，提出自己解释的一种尝试。

第二阶段是创造发展阶段，历时约三百年。前一阶段佛教的代表人物主要是外国僧人，这一阶段佛教的创造发展者几乎都是中国僧人。隋唐以前介绍佛教典籍原著要借重外国僧人。隋唐以后，介绍翻译外国典籍比重减少，因为印度佛教的重要经典大多有了汉译本，有的典籍有两种或多种译本，乃至综合不同译本的编译本。中国人的汉文著作比重急剧增加。内容为中国佛教信徒关于该佛教典籍的理解、阐释。这一时期的作者已由外国佛教学者转移为中国佛教学者。著作的内容也从介绍、转述到阐发、发挥。中国佛教学者继承了中国古代以述为作、以述代作的传统方式，他们的著作名为佛经的注疏，其内容主要是论述著者自己的理论体系。佛教传播中心已转移到中国。中国佛教离开印度佛教词句，注重发挥佛教的微言大义。有些发挥是在印度佛教的某些经典中找到凭借而赋予新意；也有些中国人的著作脱离依傍，完全阐发自己的理论。禅宗的理论在印度就几乎找不到什么根据，他们自称"教外别传"，得自佛祖的"心印"。南北朝中期以后，不断出现"伪经"。这些"伪经"，是当时时代思潮的反映，有很重要的思想史料价值，丰富了中国佛教的内容，开创了中国佛教理论研究的新局面。从人类认识史、文化史角度看，佛教史也等于中国文化史、思想史。

中国佛教发展的第三阶段是儒、佛、道"三教合一"，也可称为"佛教儒化"阶段。佛教与中国传统宗教儒、道两教进一步结合，潜移默化，深入到中国文化的中枢部分。这一糅合过程，充实、改造了儒教的世界观，把佛教长期发展的心性之学渗透到理学内部。在佛教心性之学的参与下，中国的儒教逐渐形成。佛教得儒教而广，儒教得佛教而深。三教合一，儒教居中，佛道两教为辅。从此中国的佛教与儒教同命运，共兴衰。学术界一致认为朱子（熹）近道，陆子（九渊）近禅，王守仁（阳明）近狂禅。事实上，没有佛教就没有儒教，以反佛教自命的宋儒，没有不受佛教洗礼的，骨子里是佛教的嫡系传人。

研究佛教文化是研究中华民族文化这个总课题的一个重要组成部分。实际上，佛教作为一个宗教，它所影响的只是社会上某一部分对佛教具有虔诚的宗教信仰或宗教感情的人；而佛教作为一种文化，它已经与中国传统文化融为一体，成为笼罩着整个民族精神生活的巨大背景。任何一个在这个背景中生活的中国人，都不可能不受它的影响。佛教创始人释迦牟尼与中国儒教代表人物孔子、道教代表人物老子并称"三圣"。中国各族人民都没有把佛教祖师当成外国人，而且受到普遍的尊敬。由此也可见佛教文化入人心之深广。

多灾多难的 20 世纪，中华民族走过艰难的路程。20 世纪后半，我们得到真正的独立自主，开始由积贫积弱走向富强之路。21 世纪，我们要在前人创造的基础上创建伟大的社会主义新文化。文化建设是一项继往开来的工程，也是一个长期积累的过程。既不可能暴起，也不会暴落。完成这一伟大任务是中华民族共同的事业，也是我们共同的历史责任。

温故知新，由旧创新，是发展文化的通例。这部《中国佛教文化大观》从佛教与中国传统文化的关系着眼，论述了佛教文化的种种形态，以及它对中华民族文化影响的种种方面，包括宗教生活、民俗习惯、政治观念、伦理思想、价值观念乃至哲学、文学、艺术、科学、饮食等诸多方面，包罗宏富，科学地、系统地向社会广大读者介绍佛教文化的概貌。编者的态度是认真的，所介绍的资料是可信的，在不少方面提出了一系列新的观点。我相信，这部著作的问世，不仅对新中国的文化建设提供了一部可用的资料，也将进一步推动中国佛教文化乃至中国文化的研究向前发展。

　　方广锠和许多编写者的努力和成就值得鼓励。我愿在此书出版之际，向读者推荐这本著作。

《中国道教史》序

中国三大宗教（儒、释、道）是中国传统文化的三大支柱。学术界对儒教经典研究得较多，对佛教经典研究得较少，对道教经典研究得就更少。造成这种状况的原因甚多，由来已久。按照封建正统观点，认为只有儒家的经史子集才有资格代表中国传统文化，佛教、道教典籍属于旁支，文化价值不大。这是长期流行的一种偏见。清朝编纂《四库全书》，这是中国封建社会最后一次文化丛书结集。共收书三千四百六十一种，七万九千三百零九卷。存目的有六千七百九十三种，九万三千五百五十一卷。两项共计一万余种。其中所收佛教典籍，属于《子部·释家类》，共十三部三百一十二卷。所收道教典籍，归于《子部·道家类》，共收四十四部，四百三十卷。佛、道两家的典籍共计不到一千卷。

封建儒家学者们总认为佛道两教的典籍价值不大。我们从中华民族传统文化的整体来看，佛道两教与儒家传统文化同样重要，同样影响着中华民族的文化生活、家庭生活、社会生活以及政治生活。佛教、道教的影响，其深远程度当不在儒家经史四部之下。三教交互融摄，构成唐宋以来中国近一千多年来的文化总体。不研究中国佛教就无从了解中国文化和中国历史，这一点已逐渐被学术界人士所承认；对道教研究的重要性，似乎没有像对佛教那样重视。事实表明，道教典籍中可供发掘的东西非常丰富，其重要性决不下于佛教，甚至更重要。

道教生长在中国本土，约与佛教同时活跃在舞台上。但道教的命运不济，错过了大发展的机会，让佛教占先了一步。一步落后，步步落后，两千年来，一直没有能超过佛教。唐朝时道教可谓极盛，它得到皇帝的支持，受到特殊的恩宠，道教的信徒人数和天下道观的数量也只有佛教的二十分之一。

汉末、魏晋，天下大乱，老百姓走投无路，往往投靠宗教。那时中央政权对全国失去控制，正是宗教发展的良好时机。由于黄巾起义打过道教的旗帜，黄巾被打败，道教也受牵连，统治阶层对道教存有戒心，有很长时期对道教不敢信任。这时佛教接受了中国封建宗法思想，乘机宣传其三世因果报应轮回之说，扩大了地盘，在帝王、贵族支持下，招纳了大量的信徒。

南北朝时期，北朝道教经过寇谦之的改造，南朝道教经过葛洪、陆修静、陶弘景的改造，取得上层统治者的支持，才有了较大的发展。这中间已比佛教的发展落后了若干年，错过了大发展的时机。在道教典籍的搜集、整理方面，道教丛书的集结工作也比佛教落后了一步。道教有很多做法是从佛教那里学来的。佛教最早把自己的全集称为"一切经"，道教编集道教的全集也称"一切经"。由于"一切经"这个名称被佛教占用在先，后出现的道教的"一切经"则称为"一切道经"，以区别佛教的"一切经"。唐玄宗时，曾令编纂《一切道经音义》，也就是当时的《道教大辞典》。唐武后时已出现过"道藏"一词，但未能通行，"道藏"一词正式确立，是在宋代佛教"大藏经"以后的事。

宗教的存在和发展要靠民众，为了更大的发展则须依靠政权上层的支持。东晋时期，佛教最有名的推动者道安也懂得"不依国主，则法事难立"。道教的发展、宣传也遵循这一个原则，既注意拉拢上层，也注意普及于下层。有上层的支持，经济来源有保证，为寺院经济创造条件；有下层群众的广泛信奉，才能壮大宗教的声势，才可以更加促进上层的重视。只有上层而下层信徒不足，则缺少存在的基础，难以发展；有下层群众而没有上层的支持，也不能长久[1]。佛教、道教在中国都有悠久的历史，历久

---

1 隋唐时期的"三阶段"，在下层流传颇广，后被政府取缔，终归消失。

不衰，除了社会的客观原因外，与道教、佛教的主观努力也有极大的关系。他们宣传宗教，既要结交上层权贵，又要俘虏下层群众，针对不同信徒的需要，推行其宗教宣传内容。

道教开始拥有群众是从下层开始的，如东汉的黄巾（内地道教）、张鲁（巴蜀的道教）多以下层群众为对象。中国农村长期愚昧落后，缺医少药[1]，以符水治病，驱妖捉鬼，祈福禳罪，与民间巫术、占卜、星相、图谶等迷信相结合，道教活动得以广泛蔓延，道教典籍中也保存了这一部分内容。

道教为了取得上层统治阶层的信赖和支持，也尽力满足他们的需要。地主阶级自南北朝以来，形成世袭的特权阶层，他们生活优裕，总希望长期活下去，即使不能永生，也想长寿。道教为了迎合他们的精神生活和肉体生活的需求，向他们推销养生、服食、炼丹、房中等宗教内容。道教外丹教法在南北朝隋唐盛行不衰，即得力于上层贵族特权阶层的信奉和支持。炼丹要耗资财、费人力，穷人不敢问津，中产人家也办不到，只有特权阶层大贵族对此有兴趣。

道教和其他宗教一样，着重宣传神的启示，自称他们的典籍，为神仙颁赐，他们制造文书，以宣达神意，因而道教中颇多书法家。最有名的王羲之手写《黄庭经》与道士换鹅的故事流传甚广，王羲之是世代信奉天师道的道教徒。

道教宣传的重点和宣传内容都保留在道教的典籍里，从今天保存下来的《道藏》可以窥见道教发展变迁的各个侧面。从汉末到明清，社会思潮不断变化，与社会思潮相适应，佛、道、儒也在变化，三教之间又有互相影响、互相渗透的关系，这种互相融通、渗透的关系也表现在道教的典籍里。

综观道教发展的历史，可以分为四个段落（或称为发展时期）。

南北朝时期，道教得到当时帝王贵族统治者的支持，跻身社会上层，这是它的第一个发展时期。唐朝皇族与老子攀亲，自称李耳的后裔，政治上予以扶持，大力推行道教，这是第二个发展时期。北宋真宗开始，后来

1　当前尚且如此，两千年前的农村可想而知。

徽宗继续崇奉道教，用道教麻痹人民，陶醉自己，借以遮盖北方强邻压境造成的耻辱，这是道教发展的第三个时期。明代中叶，帝王迷信道教，妄图成仙，道教曾受到皇帝宠遇。皇帝纵容道士干预政治，参加政府内部的权力争夺，这是道教发展的第四个时期。

元朝初年道教也曾受到皇帝的重视（如丘处机），但元朝统治者不专重某一种宗教，对基督教、伊斯兰教、汉地佛教、藏传佛教也都重用[1]。中间还有一次焚毁道经的劫难。

明中叶以后，国力衰竭，内忧外患，朝廷自顾不暇，对道教不能从财力上支持。清朝当权者及上层贵族起自关外，承袭萨满教传统，对道教不感兴趣，道教历代享受的特殊宠遇有所裁抑。道教发展在上层社会受阻，势力转入民间，转变成秘密宗教团体。这些民间宗教也有自己的经典，但不被政府承认，不能公开传播。日后如重新编辑"道教全书"（或称"新道藏"）时，流传于民间的这部分道教典籍应当收入。

《道藏》中所保存的若干思想资料在中国思想史上占有重要的地位。它与佛教一样，在这里都有所反映，各个时代的重要哲学思潮及其资料丰富了中国哲学史的内容。如魏晋以后，哲学界关心和讨论的中心问题是"本体论"。以本体论取代两汉的宇宙构成论。这一变化，说明中华民族理论思维的深入和提高。从本体论转入心性论，是中国哲学史发展的又一次提高。在隋唐时期，佛教各大宗派，如天台、华严、禅宗都各在自己学术领域里有所建树，佛教的心性论处在时代思潮的领先地位。道教的理论也适应了这一时代思潮。世人论道教内丹之学，多认为它由外丹发展而来，这种说法不为无据，但还不能算全面地说明问题。内丹说，实际上是心性之学在道教理论上的表现，它适应时代思潮而生，不能简单地认定内丹说的兴起是由于外丹毒性强烈，服用者多暴死，才转向内丹的。"内丹说"在道教，"佛性说"在佛教，"心性说"在儒教，三教的说法有差异，而他们所探讨的实际上是同样的问题。以道教来看，《抱朴子》的"道"的理论已偏重于本体论，但不纯熟。唐代司马承祯的坐忘学说则是典型的心

---

1 道教为了装点自己，故意把元朝皇帝说成一个道教信奉者，正如印度佛教徒把阿育王说成佛教信奉者一样。阿育王除保护佛教外，也保护其他宗教。

性论。当时道教与佛教相呼应，各自从自己的立场阐发心性之学。佛教道教倡导于前，儒教反而显得落后，后来韩愈、李翱等人也跟着探索这一领域，这种理论兴趣和思维水平到唐末、五代更加成熟，成为学术界的中心议题。宋代理学兴起心性论与治国平天下的封建政治学说相结合，形成理论完备的儒教体系，成为心性论的主力。佛、道二教没有能够继续发展，仍停留在原来的水平上，反而落后了。

金元时期出现的全真道及其相关的教派，它与以前及后来的许多道教流派不同，这些特异的道教的政治背景前辈学者有很好的论述[1]。应当指出，金元时期的全真教把出家修仙与世俗的忠孝仁义相为表里，把道教社会化，实际上是儒教的一个支派。儒教在宋代形成后，成为中国封建社会后期的思想支柱的中心力量。南宋灭亡，儒教并未受到损伤，朱熹建立起来的儒教体系在元代几乎全部得到继承，政统转移，而道统赓续。皇帝换了姓氏，中华民族的传统文化反而凭借元朝强大武力推广到更边远的地区。儒教势力强大，体系完整，超过佛道二教，其实，它包含了佛教、道教的心性修养内容。

研究道教，不能离开佛教，也不能离开儒教。佛教与道教看起来长期有争论，事实上这两教基本上同兴衰、同荣辱、同命运。佛道两教均受过政治压迫、迫害，佛教遭受的政治打击的次数比道教还要多些，原因在于他们的势力强大，达到与国争利的地步，政府就出来干预。佛道两教互相吸收，道教吸收佛教的东西更多于佛教吸收道教的。唐代为三教鼎立，唐中叶以后的总趋势为三教合一。宋以后儒教形成自己的庞大体系，以釜底抽薪的方式，从内部吸取佛道二教的修炼方法，如静坐、养神、明心、见性等，这都是孔孟所未讲的新内容。儒教从佛道二教那里补充了新内容。

中国的佛教早已中国化，佛道两教相比较，道教更具有中国封建社会农民型的朴素意识，道教似不及佛教机巧。道教在佛教初传入时帮了佛教的忙，佛教势力壮大后却反戈相击。像《老子化胡经》这一段公案，先后聚讼达千年之久。老子化胡本属无稽之谈。佛道两教争高下，道教没有倾全力从理论上争是非，而是采用农村乡里间争辈分的方法，编造事实，抬

1　见陈垣先生《河北新道教考》等有关著作。

高老子。佛教初传入中国，为了便于立足，希望与中国名人拉上关系。佛教徒中不乏饱学之士，他们并不是看不出老子化胡说的荒谬，但他们忍让着，任凭《化胡经》广为流布，并不进行反驳。佛教显然是利用道教为自己开路[1]，可以认为双方互相利用，毕竟佛教利用道教的成分更多。等到佛教势力强大到足以自张一军时，则发动教徒，利用一切手段攻击《化胡经》，最后一次大辩论发生在元朝，假借元朝统治者的干预，连道藏的经版都销毁掉。当然，流传了千百年的《化胡经》，山陬海隅，所在多有，光靠一次行政禁令是毁不尽的。

道教研究室的多数同志，曾以集体力量，花了多年时间把道教全集——《道藏》检阅了一遍，并撰成《道藏提要》一书，现已交中国社会科学出版社出版。对几千卷道教典籍的内容、时代、作者，提出了自己的看法。在这样扎实的基础上，我们写出这部《中国道教史》。有几分材料说几分话，我们不尚空谈，力图避免华而不实的学风。撰写人承担的篇章，基本上是他们研究的专题的一部分，对作者来说，比较驾轻就熟。各章节之间，看来是独立的专题，但各专题之间独立而不是孤立，我们照顾到其上下左右的联系，向读者提供中国道教发展的整体印象。

这部《中国道教史》是集体撰写的，文体作风难求划一，我们力求规范化一些；篇章之间难免略有交叉，我们力图安排得合理一些。学术研究有继承性，我们尽量利用前辈研究的成果，如刘师培、陈垣、陈寅恪、汤用彤、陈国符、王明诸先生的著作；日本学者吉冈义丰、大渊忍尔、福永光司等教授的成果，也给我们以重要参考帮助，这些都随文注明。

本书在上海人民出版社积极安排下得以早日问世，在这里表示感谢。

---

1 汤用彤先生说："汉世佛法初来，道教亦方萌芽，纷歧则势弱，相得则益彰。故佛道均借老子化胡之说，会通两方教理，遂至帝王列二氏而并祭，臣下亦合黄老、浮屠为一，固毫不可怪也。"（《汉魏两晋南北朝佛教史》，中华书局，1983 年版，第 43 页）

道家与道教

世界有三大宗教，即佛教、基督教、伊斯兰教；中国也有三大宗教，即佛教、道教、儒教。中国的佛教与世界三大宗教有交叉。

佛教与道教主张出世，宗教职业者、专一的信奉者要出家，不过世俗人的生活。儒教主张入世。儒教、道教是中国自己的土壤里生长起来的，具有中国特色，佛教为外来宗教，其生活习惯、服装、礼仪与儒、道不同。儒、释、道三教并称，并得到社会广泛认可，那是在隋唐时期。南北朝已有三教的说法，但不普遍。国家每逢重大节日，诏三教公开辩论，北周已开始，唐代成为制度。大文学家白居易有好几次在三教辩论中代表儒教发言，《白氏长庆集》还保留有他参加辩论的发言提纲。佛教的著作和教义比较明确，唯独对道教的意义的理解比较含混，道教内部和反对道教的人士也没有讲清楚。

先说道家。学术界长期流行一种见解，认为老子、庄子为道家，这是一种误解。春秋战国时期，只有老子学派、庄子学派。老子与庄子没有直接的传授关系。老子或庄子从未自称为"道家"，只在儒家自称为儒，墨家自称为墨。儒墨两家各有自己一派的传承关系。孔子、子思、曾子、子夏、孟、荀均有传授关系，墨家有巨子相袭制度。儒墨两家，系统清楚，号称显学。汉代司马谈《论六家要旨》第一次提出"道家"名称。司马谈的道家反映了汉朝政治统一后，思想界趋向统一的思潮趋势。秦及汉初有许多学派反映统一的趋势，秦朝有《吕氏春秋》，汉初有《淮南子》，后来有董仲舒的哲学思想。汉初道家是吸收儒、墨、阴阳、名、法各家思想的长处而创立的新体系。老子、庄子都是阴阳、名、法出现以前的人，前人怎能吸收他们死后的人的思想？这个"道家"乃是黄老思想的一个分支，与先秦老子、庄子关系不大。

老子是哲学家，不是宗教家，也未创立宗教，与古印度的释迦牟尼一开始就是宗教家，创立佛教的情况不同。老子的著作是学术性的，不是宗教性的，也与佛教经典不同。老子被拉进道教，并奉为教主，那是很晚的事了。东汉末年，汉中张鲁信奉五斗米道，令信徒们念《老子》五千文。念《老子》的也只是巴蜀的五斗米道，影响地区仅限于汉中地区。中原广大地区的道教徒信奉《太平经》，这是一百多卷的大书，内容庞杂，没有多少老子的思想。

道教是中国本土的宗教，它形成于东汉末年，方术、巫术是它的前身。神仙方术信仰由来已久，古代巫、史、祝、卜是与神打交道的专家，他们处在国家的领导层。民间巫术用符水治病，借卜筮占吉凶。战国以后，神仙方士宣传不死之药可以长生，投合上层贵族要求长期享乐的欲望，得到他们的支持；广大群众缺医少药，方士们用符水治病，驱鬼祭神，在下层群众中也得到推广。早期道教还没有系统的理论。到了东汉末年，天下大乱，民生困苦，于是出现了《太平经》。此书成书时间约在东汉安帝、顺帝统治时期、此书为集体创作，书成于于吉、宫崇等人之手。[1]

关于老子如何被道教捧上教主的地位，现在还无法做出准确的说明。从时间推断，应在东汉时期。首先出现在宫廷和上层贵族阶层。光武帝儿子楚王刘英，"晚节喜黄老，学为浮屠斋戒祭祀"。明帝诏书也说"楚王诵黄老之微言，尚浮屠之仁祠"（《后汉书·光武十王列传》）。到桓帝时（在位时间是147—167），延熹八年（165）正月遣中常侍左悺赴苦县祠老子，十一月使中常侍管霸赴苦县祀老子，九年（166）在濯龙宫祠老子。桓帝"好神，数祀浮屠老子。百姓稍有奉者，后遂转盛"（《后汉书·西域传》）。这里透露老子被道教奉为神，与先秦的老子无甚关系，而是与西方

---

1 见熊德基：《太平经的作者思想及其与黄巾和天师道的关系》，《历史研究》1962 年第 2 期。

的佛教与本土的黄老信仰搭伴，以教主的形象出现的。求神佛保佑，祈福延年，是少数上层贵族享有的奢侈品，然后再普及到下层社会，"后遂转盛"。

道教建立后，沿着两条路线传播。上层路线与历代朝廷、官方相配合，可以称为正统的官方道教。还有在社会下层广大群众中传播的道教，它与民间巫术、符咒结合得比较紧。农民起义也往往利用道教这个组织形式。黄巾起义就是第一次道教与农民运动相结合的例子。宋代的方腊，清末的义和团也大体归为这一类。

理论研究，典籍著作，教义发挥，与佛教之间长期互相争辩，也属于官方道教。从北宋开始编辑道教全集《道藏》，多达七千多卷。

官方道教与民间道教并不是绝对对立。如符咒、炼丹、气功等民间与官方的道教都很重视。佛教到后期，大乘兴起，崇拜的偶像越来越多，引出了许多佛，不止释迦牟尼一位。道教到了南北朝时，老子已不占重要地位，老子这个形象也被塑造得更加神秘，演变成"太上老君"。道教的神也越来越多，有等级品位。道教的神与佛教不同处，还在于除了男神之外，还有许多女神，女神也不像庄子寓言中的藐姑射之山的不食人间烟火的女神，更多的神是结了婚的某某夫人。

历代反对道教的学者，对作为思想家的老、庄和作为宗教组织的说教不甚区别。唐朝的韩愈反对佛老，"佛"是宗教的佛，明显无误；"老"是太上老君，还是《道德经》作者老子，他没有讲清楚。宋代的大哲学家朱熹，直接继承了韩愈的道统说，崇儒家，排佛老，佛老并称"二氏"。朱熹驳斥佛教也指明是释迦氏之教，他驳斥的道教更多的情况下指的是老庄。这种长期的误解，连清代大思想家王夫之也未能避免。他批判"二氏"，涉及道教系统时，重点没有放在道教上，而是指向老庄哲学。老子哲学讲无为、清静、抱一，与道教的宗教修养有关，但老子的哲学思想体系，与道教毕竟有所不同。"道家""道教"长期混用，成为习惯，如近人陈垣先生搜集历史道教碑刻，汇编成集，名为《道家金石略》。陈先生是研究宗教史的专家，老庄哲学与东汉以后的道教，他是清楚的，他也把"道教"写作"道家"。可见积重难返。

为了避免长期积累下来的观念含混，有必要把道家与道教严格区别开来。总括起来，有以下四点值得注意：

（1）先秦无道家，只有老子哲学、庄子哲学，以及与他们的哲学相应的老子学派、庄子学派。

（2）汉代的道家代表西汉时期融合各派的一种思潮，它以黄老清静无为思想为基础，包括儒、墨、阴阳、名、法各家的部分内容。

（3）学术界习惯把老庄学派称为道家，是后起的一种学派分类观念。东汉时期严君平《老子指归》开始有了以老庄为道家的倾向。魏晋玄学早期"老庄"联称，后期"庄老"联称。魏晋以后，以老庄为道家的分类法得到承认。这个"道家"不同于司马谈的道家，仍属于哲学。

（4）道教是宗教。它有团体、教派、教义、宗教规范仪式、宗教组织、固定数量的信徒、固定的教派传授系统、共同信奉的经典、固定的传布地区等。以上这些特点，使它区别于道家，与儒、佛并称为三教[1]。

以上四点是用来区别道家与道教的标志。

道教是中国土生土长的宗教，不像佛教那样有广泛的国际影响。但也不能说道教作为宗教的影响只限于中国，道教对日本影响就很大。日本的神道教与日本天皇及朝廷的制度，有不少道教的影子。最近日本道教研究专家指出：（1）日本天武十三年（685），为行使中央集权，制定"八色之姓"，八姓中"真人"列为第一等级，"真人"为道教术语。"天皇"一词也源于道教。（2）象征天皇的两种神器，镜和剑，都是道教的法器，用以照妖降魔，天皇传位时，以镜和剑授予新天皇。（3）天皇宫廷尚紫色，道教称上帝居紫微垣，天皇宫殿门称"紫门"。推古女帝即位第十一年（603），圣德太子制定六色十二阶冠位，大化三年（647）制定七色十三阶冠位，只有最高官位阶得用紫色。唐宋规定紫色为高级官员的服色，和尚、道士中有声誉、地位的得赐紫衣。唐文化习尚，也影响到日本宫廷贵族。（4）祝天皇长寿的祝词，据《延喜式》载，"谨请皇天上帝，三极大君，日月星辰，八方诸神，司命司籍，左东王父，右西王母，五方五常，四时四气，捧以银人，请除灾祸。捧以金刀，请延帝祚。咒曰：东至扶

1　三教中儒教算不算宗教，学术界有争论。我在 1980 年《中国社会科学》第一期有专文论述，这里不重复。

桑，西至虞渊，南至炎火，北至弱水，千城百国，精治万岁，万岁。"这完全是抄自道教的祠祀词句。只有在中国方位才好说东至扶桑，日本即扶桑，不必称东至。（5）天皇拜四方仪式，据《江家次第》载，圆融天皇天禄四年（974）元旦拜四方仪式，天皇朝北遥拜北斗七星中的本命星，并念咒文曰："贼寇之中，过度我身，毒魔之中，过度我身……魍魅之中，过度我身，万病除愈，所欲随心。急急如律令。"这咒文也是照抄道教的。（6）神道教。《日本书纪》在《孝德纪》中"惟神也者，随神道也"，"天皇信佛法，亦尊神道"，"佛法"与"神道"对置。从奈良到江户，把天皇家族的始祖天照皇大神当作国家神祭祀，立伊势神宫。日本是神国，天皇是神的子孙，是人间神[1]。

道教的宗教影响，除日本外，朝鲜及越南也有经过改变的道教信仰。

近三十年学术界道教研究的风气遍布全世界。北美洲、澳大利亚、法国、意大利、西德、英国，都有研究道教的学者及研究组织，也出版了不少有价值的著作，日本学者的研究成绩尤为显著。

1　参见福永光司教授《日本文化与道教》，该文发表于 1982 年中日学术座谈会《世界宗教研究》1982 年第 2 期，有中文本。

道教研究的重要性

　　中国三大宗教（儒、释、道）是中国传统文化的三大支柱。学术界对儒教经典研究得较多，对佛教经典研究得较少，对道教经典研究得就更少。造成这种状况的原因甚多，由来已久。按照封建正统观点，认为只有儒家的经史子集才有资格代表中国传统文化，佛教、道教典籍属于旁支，文化价值不大。这是长期流行的一种偏见。清朝编纂《四库全书》，这是中国封建社会最后一次文化丛书结集。共收书三千四百六十一种，七万九千三百零九卷。存目的有六千七百九十三种，九万三千五百五十一卷。两项共计一万余种。其中所收佛教典籍，属于《子部·释家类》，共十三部三百一十二卷。所收道教典籍，归于《子部·道家类》，共收四十四部，四百三十卷。佛、道两家的典籍共计不到一千卷。

　　封建儒家学者们总认为佛道两教的典籍价值不大。我们从中华民族传统文化的整体来看，佛道两教与儒家传统文化同样重要，同样影响着中华民族的文化生活、家庭生活、社会生活以及政治生活。佛教、道教的影响，其深远程度当不在儒家经史四部之下。三教交互融摄，构成唐宋以降中国近一千多年来的文化总体。不研究中国佛教就无从了解中国文化和中国历史，这一点已逐渐被学术界人士所承认；对道教研究的重要性，似乎没有像对佛教那样重视。事实表明，道教典籍中可供发掘的东西非常丰富，其重要性决不下于佛教，甚至更重要。

后 记

　　1984 年，梁漱溟、冯友兰、张岱年、季羡林、任继愈五位著名学者，联合其他众多学者，共同发起成立中国文化书院，成为中国文化全面复苏与再次崛起年代里的一面旗帜。他们被尊称为中国文化书院"创院五老"。

　　中国文化书院建院四十周年之际，书院决定编辑出版《五老文萃：大师视角下的中国传统文化》，以纪念他们为推动中国文化以及中国文化书院发展所做出的巨大贡献。

　　本书在规划设计时，充分考虑到选目及导语的权威性与专业性，特邀请五位老先生的学生，即北京大学李中华、魏常海、林娅、王守常四位教授以及复旦大学钱文忠教授，负责精选老先生们在不同时期、从不同角度撰写的，既有学术高度又不失可读性的精华文章若干篇，并专门撰写"导语"，合编成集。

　　这些后辈学者均毕业于北京大学。其中，李中华、魏常海、林娅、王守常四位教授是当年与五位老先生一同参与创院的年轻学者。如今，他们也均年逾八旬，在其专业学术领域成果颇丰，被称为书院"新四老"；钱文忠教授虽未参与书院创院，但他是书院早期最年轻的导师，同样毕业于北京大学，为季羡林先生最优秀门徒之一，请他参与此工作也属必然。由他们完成选目与导语，也是要彰显中国文化书院四十年来一代代学者薪火相传的精神。感谢五位后辈学者为该书出版所付出的辛勤劳动，向他们致敬！

还要感谢李中华教授为本书的编辑体例给予的专业指教，以及陈越光院长、江力老师为本书出版所做的工作；特别感谢东方出版中心的大力支持，编辑王婷女士为此做了大量的细致工作，在此一并致谢！

张　军
2024年仲夏于北大燕园